CB060028

O HERÓI
DE MIL FACES

As Obras Completas de Joseph Campbell

– *Thou Art That: Transforming Religious Metaphor*

– *The Inner Reaches of Outer Space: Metaphor as Myth and as Religion*

– *Flight of the Wild Gander: Selected Essays 1944-1968*

– *Sake & Satori: Asian Journals*

– *Baksheesh & Brahman: Asian Journals – India*

– *The Hero's Journey: Joseph Campbell on his Life and Work*

– *Myths of Light: Eastern Metaphors of the Eternal Mythic Worlds, Modern Words: Joseph Campbell on the Art of James Joyce*

– *Pathways to Bliss: Mythology and Personal Transformation*

– *A Skeleton Key to Finnegans Wake: Unlocking James Joyce's Masterwork*

– *The Mythic Dimension: Selected Essays 1959-1987*

– *The Hero with a Thousand Faces*

– *Mythic Imagination: Collected Short Fiction*

– *Goddesses: Mysteries of the Feminine Divine*

– *Romance of the Grail: The Magic and Mystery of Arthurian Myth*

Outros títulos ainda estão por vir.

Joseph Campbell

O HERÓI DE MIL FACES

Tradução
Camilo Francisco Ghorayeb
Heráclito Aragão Pinheiro

JOSEPH CAMPBELL
FOUNDATION

Palas Athena

Título original: *The Hero with a Thousand Faces*
Copyright © 2008 Joseph Campbell Foundation (jcf.org), from The Collected Works of Joseph Campbell, Robert Walter, Executive Editor/ David Kudler, Managing Editor

Grafia segundo o Acordo Ortográfico da Língua Portuguesa de 1990, que entrou em vigor no Brasil em 2009.

Coordenação editorial: Lia Diskin
Capa e projeto gráfico: Book Designers - www.bookdesigners.com
Diagramação: Tony Rodrigues
Revisão técnica: Tônia Van Acker
Revisão: Rejane Moura

Dados Internacionais de Catalogação na Publicação (CIP)
(Câmara Brasileira do Livro, SP, Brasil)

Campbell, Joseph, 1904-1987.
   O herói de mil faces / Joseph Campbell ; [tradução Heráclito Aragão Pinheiro, Camilo Francisco Ghorayeb]. -- 1. ed. -- São Paulo : Palas Athena Editora, 2023.

Título original: The hero with a thousand faces.
ISBN: 978-65-86864-29-8

1. Mitologia 2. Psicanálise I. Título.

23-182245   CDD-201.3

Índices para catálogo sistemático:
1. Mitologia   201.3
Aline Graziele Benitez - Bibliotecária - CRB-1/3129

3ª edição - novembro de 2024

Todos os direitos reservados e protegidos pela
Lei 9610 de 19 de fevereiro de 1998.
É proibida a reprodução total ou parcial, por quaisquer meios, sem a autorização prévia, por escrito, da Editora.

Direitos adquiridos para a língua portuguesa por
Palas Athena Editora
Alameda Lorena, 355 – Jardim Paulista
01424-001 – São Paulo, SP – Brasil
Fone (11) 3050-6188
www.palasathena.org.br
editora@palasathena.org.br

PARA MEU PAI E MINHA MÃE

Índice

Sobre as Obras Completas de Joseph Campbell............ 13
Prefácio à edição de 1949.. 14

Prólogo: O monomito.. 17
   1. Mito e sonho.. 17
   2. Tragédia e comédia.. 35
   3. O herói e o deus.. 40
   4. O Umbigo do Mundo... 49

Parte I
A AVENTURA DO HERÓI

Capítulo I: Partida... 57
   1. O chamado à aventura... 57
   2. A recusa ao chamado... 65
   3. O auxílio sobrenatural... 73
   4. A travessia do primeiro limiar................................. 80
   5. O ventre da baleia... 91

Capítulo II: Iniciação... 99
   1. A estrada de provações.. 99
   2. O encontro com a deusa.. 109
   3. A mulher como sedutora... 119
   4. A reconciliação com o pai....................................... 123
   5. Apoteose.. 145
   6. A dádiva suprema.. 167

Capítulo III: Retorno.. 187
    1. A recusa de retornar.. 187
    2. A fuga mágica 190
    3. O resgate vindo de fora 199
    4. O cruzamento do limiar do retorno 209
    5. Mestre de dois mundos 218
    6. Liberdade para viver 227

Capítulo IV: As chaves.. 235

Parte II
O CICLO COSMOGÔNICO

Capítulo I: Emanações 243
    1. Da psicologia à metafísica 243
    2. O ciclo universal... 247
    3. A partir do vazio – espaço 255
    4. Dentro do espaço – vida 258
    5. A divisão do Uno em multiplicidade 264
    6. Histórias folclóricas sobre a criação 271

Capítulo II: O nascimento virginal 279
    1. Mãe-Universo.. 279
    2. Matriz do destino 283
    3. O útero da redenção 288
    4. Histórias folclóricas de maternidade virginal........ 291

Capítulo III: As transformações do herói 295
   1. O HERÓI PRIMORDIAL E O HERÓI HUMANO 295
   2. A INFÂNCIA DO HERÓI HUMANO 297
   3. O HERÓI COMO GUERREIRO 311
   4. O HERÓI COMO AMANTE 318
   5. O HERÓI COMO IMPERADOR E TIRANO 320
   6. O HERÓI COMO REDENTOR DO MUNDO 324
   7. O HERÓI COMO SANTO 328
   8. A PARTIDA DO HERÓI 331

Capítulo IV: Dissoluções 339
   1. O FIM DO MICROCOSMO 339
   2. O FIM DO MACROCOSMO 346

Epílogo: Mito e sociedade 353
   1. O METAMORFO 353
   2. A FUNÇÃO DO MITO, DO CULTO E DA MEDITAÇÃO 354
   3. O HERÓI HOJE 357

   AGRADECIMENTOS 363
   NOTAS 365
   BIBLIOGRAFIA 389
   LISTA DE ILUSTRAÇÕES 407
   ÍNDICE REMISSIVO 419
   SOBRE O AUTOR 441
   SOBRE A FUNDAÇÃO JOSEPH CAMPBELL 443

SOBRE AS OBRAS COMPLETAS
DE JOSEPH CAMPBELL

Ao falecer, em 1987, Joseph Campbell nos deixou um corpo significativo de obras publicadas nas quais explorou sua paixão da vida inteira: o complexo de mitos e símbolos universais que batizou de "única e vasta história da humanidade". Mas deixou também um grande volume de obras não publicadas: artigos esparsos, notas, cartas e diários, bem como palestras gravadas em áudio e vídeo.

A Fundação Joseph Campbell, criada em 1990 com a finalidade de preservar, proteger e perpetuar a obra de Campbell, assumiu a tarefa de criar um arquivo digital de seus escritos e gravações e de publicar *The Collected Works of Joseph Campbell* [Obras Completas de Joseph Campbell].

The Collected Works of Joseph Campbell
Robert Walter, editor executivo
David Kudler, gerente editorial

O Herói de Mil Faces

PREFÁCIO À EDIÇÃO DE 1949

"No final das contas, as verdades contidas nas doutrinas religiosas acabam sendo tão deformadas e sistematicamente disfarçadas", escreveu Sigmund Freud,

> que a maior parte da humanidade não consegue identificá-las como verdades. Acontece algo semelhante quando contamos a uma criança que os bebês recém-nascidos são trazidos pela cegonha. Neste caso, também estamos contando a verdade numa roupagem simbólica, pois sabemos o que a grande ave significa. Mas a criança não sabe. Ela ouve somente a parte deturpada do que dissemos e sente que foi enganada. Sabemos que, com frequência, a desconfiança, assim como a refratariedade que as crianças demonstram em relação aos adultos, começa por causa dessa má impressão. Acabamos nos convencendo de que é melhor evitar tais disfarces simbólicos da verdade ao falar com a criança e dar a ela acesso ao conhecimento do verdadeiro estado das coisas, compatível com seu nível intelectual.[1]

O propósito do presente livro é desvelar algumas das verdades que nos chegam disfarçadas de figuras religiosas e mitológicas, reunindo uma multitude de exemplos não muito difíceis e permitindo que o sentido ancestral se torne aparente por si mesmo. Os antigos mestres sabiam o que estavam dizendo. Uma vez que tenhamos reaprendido a ler sua linguagem simbólica, não será preciso mais do que o talento de um antologista para permitir que seus ensinamentos sejam ouvidos. Mas, primeiramente, precisamos aprender a gramática dos símbolos e, como chave para esse mistério, não conheço qualquer ferramenta moderna melhor do que a psicanálise. Sem tomá-la como última palavra nesse assunto, ainda é possível permitir que ela nos sirva como via de abordagem. O segundo passo será reunir uma série de mitos e histórias folclóricas de todos os cantos do mundo e deixar que os símbolos falem por si. Os paralelos ficarão imediatamente aparentes; e estes desenvolverão uma vasta e incrivelmente constante afirmação das verdades básicas segundo as quais os humanos viveram ao longo dos milênios de sua residência neste planeta.

Alguém poderá objetar que, ao revelar as correspondências, eu tenha negligenciado as diferenças entre as várias tradições orientais e ocidentais, modernas, antigas e primitivas. Contudo, a mesma objeção pode ser levantada contra qualquer manual ou quadro de anatomia no qual as variações anatômicas étnicas são desconsideradas em prol da compreensão geral básica do corpo humano. Há, sem dúvida, diferenças entre as inúmeras mitologias e religiões da humanidade, mas este é um livro que trata das semelhanças; e uma vez compreendidas as semelhanças, descobriremos que as diferenças são muito menos substantivas do que se supõe popularmente (e politicamente). Minha esperança é que esta elucidação comparativa possa contribuir à causa, talvez não tão perdida, daquelas forças que atuam no mundo de hoje em prol da unificação – não em nome de algum império eclesiástico ou político, mas no sentido de promover a compreensão mútua entre os humanos. Como se afirma nos Vedas: "A verdade é uma, os sábios falam dela sob muitos nomes".[2]

Pela ajuda na longa tarefa de ajustar meus materiais a uma forma mais legível, gostaria de agradecer ao Sr. Henry Morton Robinson, cujos conselhos me auxiliaram consideravelmente nos primeiros e últimos estágios desta obra, às Sras. Peter Geiger, Margaret Wing e Helen McMaster, que analisaram o manuscrito várias vezes e ofereceram valiosas sugestões, e à minha esposa, que trabalhou comigo do princípio ao fim ouvindo, lendo e revisando.

J. C.
Nova York, 10 de junho de 1948

Figura 1. *Medusa*. Mármore esculpido, Roma, Itália, data incerta.

PRÓLOGO

O monomito

1. Mito e sonho

QUER ESCUTEMOS COM zombeteira indiferença à ladainha onírica de algum curandeiro de olhos avermelhados do Congo, ou leiamos com cultivado arrebatamento as sutis traduções dos sonetos do místico Lao Tsé, ou rompamos, aqui e ali, a dura casca de um argumento de São Tomás de Aquino, ou subitamente compreendamos o brilhante sentido de um bizarro conto de fada esquimó – encontraremos sempre a mesma narrativa que muda de forma e, no entanto, é maravilhosamente constante, e acompanhada da persistente e desafiadora sugestão de que nos resta mais por experimentar do que jamais será conhecido ou contado.

Em todo o mundo habitado, em todas as épocas e sob todas as circunstâncias, os mitos humanos floresceram; e sempre constituíram viva inspiração para tudo o mais que possa ter brotado das atividades do corpo e da mente humanos. Não seria exagero dizer que o mito é a abertura secreta pela qual as energias inexoráveis do cosmos se derramam para dentro das manifestações culturais humanas. As religiões, as filosofias, as artes, as formas sociais do homem primitivo e histórico, os primeiros descobrimentos científicos e tecnológicos, os próprios sonhos que atormentam o sono emanam do elo mágico, básico, do mito.

O espantoso é que aquela eficácia característica, que toca e inspira nossos profundos centros criativos, reside no conto infantil mais singelo, assim como o sabor do oceano está contido numa gota de água do mar, e todo o mistério da vida está comprimido no ovo de uma pulga. Isto porque os símbolos da mitologia não são fabricados, não podem ser ordenados, inventados ou permanentemente suprimidos. São produtos espontâneos da psique e cada um deles leva dentro de si, intacta, a força germinal de sua fonte.

Qual é o segredo da visão atemporal? De que profundidade da mente ela provém? Por que a mitologia é a mesma em toda parte, por trás de variados costumes? O que ela nos ensina?

Atualmente, muitos cientistas vêm contribuindo para a análise desse enigma. Arqueólogos estão sondando as ruínas do Iraque, de Honã, Creta e Yucatán. Etnólogos estão questionando os ostiacos do rio Ob, os bubis de Fernando Pó. Recentemente, uma geração de orientalistas decifrou para nós os escritos sagrados do Oriente, assim como as fontes pré-hebraicas de nossa própria Sagrada Escritura. Enquanto isso, outra série de acadêmicos, dando continuidade às investigações iniciadas no século XIX no campo da psicologia do folclore, vem tentando estabelecer as bases psicológicas da linguagem, do mito, da religião, do desenvolvimento artístico e dos códigos morais.

Contudo, o mais extraordinário são as revelações que surgiram nas clínicas de saúde mental. Os ousados escritos dos psicanalistas, que verdadeiramente marcaram época, são indispensáveis para o estudioso de mitologia. Seja qual for nossa opinião sobre suas interpretações minuciosas (e algumas vezes contraditórias) de problemas e casos específicos, Freud, Jung e seus seguidores demonstraram irrefutavelmente que a lógica, os heróis e os feitos mitológicos sobrevivem até os tempos modernos. Na ausência de uma mitologia geral, eficaz, cada um de nós tem seu próprio panteão de sonho, privado, sem reconhecimento, rudimentar, mas secretamente potente. A última encarnação de Édipo e a continuadora do romance *A Bela e a Fera* estão em pé, esta tarde mesmo, na esquina da rua 42 com a 5ª Avenida, esperando que o semáforo abra.

"Eu sonhei", escreveu um jovem americano ao colunista de um jornal,

> que estava reformando nosso telhado. De repente ouvi a voz de meu pai, lá embaixo, me chamando. Virei-me de súbito para escutar melhor e, ao fazê-lo, o martelo escorregou de minha mão, deslizou pelo telhado inclinado e desapareceu na beirada. Ouvi um golpe forte, como o de um corpo caindo.
>
> Terrivelmente assustado, desci do telhado. Lá estava meu pai, caído no chão, morto, com a cabeça coberta de sangue. Fiquei arrasado e comecei a chamar pela minha mãe, em meio a soluços. Ela saiu da casa e me abraçou. "Não se preocupe, filho, foi tudo um acidente", disse ela. "Sei que você vai cuidar de mim, mesmo que ele tenha partido." Enquanto ela me beijava, acordei.

PRÓLOGO – *O monomito*

Sou o filho mais velho da família e tenho 23 anos. Estou separado de minha mulher há um ano; por alguma razão, não conseguimos nos dar bem. Amo muito meus pais e nunca tive nenhum problema com meu pai, exceto pelo fato de ele ter insistido que eu voltasse a viver com minha mulher, e eu não consegui ser feliz com ela. E nunca serei.[1]

Figura 2. *Vishnu sonhando o universo*. Pedra esculpida, Índia, c.400-700.

Esse marido fracassado revela, com uma inocência verdadeiramente maravilhosa, que, em vez de dirigir suas energias espirituais para o amor e para os problemas de seu casamento, ele repousa nos recessos secretos de sua imaginação, estacionado na situação agora ridiculamente anacrônica e dramática de seu primeiro e único envolvimento emocional, ou seja, o triângulo tragicômico da primeira infância: o filho contra o pai pelo amor da mãe. Ao que parece, as mais persistentes disposições da psique humana são aquelas que derivam do fato de que, dentre todos os animais, somos os que ficam mais tempo junto ao seio materno. Os seres humanos nascem cedo demais; não estão prontos nem preparados para conhecer o mundo. Por conseguinte, sua única defesa contra um universo de perigos é a mãe, sob cuja proteção o período intrauterino é prolongado.[2] Assim, a criança dependente e sua mãe constituem, por meses após a catástrofe do nascimento, uma unidade dual, não só física, mas também psicológica.[3] Qualquer ausência prolongada da mãe causa tensão na criança e surgem impulsos agressivos correspondentes. Da mesma maneira, quando a mãe é forçada a contrariar o filho, eclodem reações agressivas. Assim, o primeiro objeto de hostilidade da criança é idêntico ao primeiro objeto de seu amor, e seu primeiro ideal (que daí em diante permanece como base inconsciente de todas as imagens de felicidade, beleza, verdade e perfeição) é o da unidade dual entre a Madona e o Menino.[4]

O desafortunado pai é a primeira intrusão radical de outra ordem de realidade na beatitude desta reafirmação terrena da excelência da situação intrauterina. O pai, portanto, é vivenciado primariamente como um inimigo. Para ele é transferida a carga de agressão que originalmente estava ligada à mãe "má" ou ausente, enquanto o desejo ligado à mãe "boa", presente, nutridora e protetora, é (normalmente) mantido por ela mesma. Esta fatídica distribuição infantil dos impulsos de morte (*thanatos, destrudo*) e amor (*eros, libido*) constitui a base do agora famoso complexo de Édipo, que Sigmund Freud apontou, no início do século XX, como a grande causa de nosso fracasso adulto em nos comportarmos como seres racionais. Como afirmou o Dr. Freud: "O Rei Édipo, que matou seu pai Laio e casou com sua mãe Jocasta, simplesmente nos mostra a realização de nossos desejos infantis. Contudo, somos mais afortunados do que ele pois, por enquanto, temos conseguido desvincular nossos impulsos sexuais de nossa mãe e esquecer nosso ciúme em relação ao nosso pai sem nos tornarmos neuróticos".[5]*

Ou, como escreve o mesmo autor: "Toda desordem patológica da vida sexual pode ser corretamente considerada uma inibição do desenvolvimento".[6]

---

* Observe que o pai também pode ser vivenciado como protetor e a mãe, então, como sedutora. Este é o caminho que vai de Édipo a Hamlet: "Ó Meu Deus! Poderia ficar confinado numa casca de noz e, mesmo assim, considerar-me-ia rei do espaço infinito, se não fossem os meus pesadelos" (*Hamlet* II.ii). "Todos os neuróticos", escreve o Dr. Freud, "são Édipo ou Hamlet". E no que se refere à filha (que representa um grau acima em complicação) a seguinte passagem se faz suficiente para os fins desta miniexposição: "Na noite passada, sonhei que meu pai esfaqueava minha mãe no coração. Ela morria. Eu sabia que ninguém o culpava pelo que fez, ainda que eu chorasse amargamente. O sonho pareceu mudar: ele e eu parecíamos sair de viagem juntos, e eu estava muito feliz". Este é o sonho de uma jovem mulher solteira de 24 anos (Wood, *Dreams*, p. 130).

*Pois muitos homens já dormiram com sua mãe em sonhos.
Quem a um fato assim não dá importância,
Facilita em muito sua sina.*[7]

A lamentável situação da esposa de um amado cujos sentimentos, ao invés de amadurecerem, permanecem aprisionados no romance da infância, pode ser avaliada pelo aparente absurdo de outro sonho moderno. Aqui começamos, verdadeiramente, a sentir que adentramos o reino dos mitos antigos, porém, com uma curiosa reviravolta.

"Sonhei", escreve uma mulher preocupada,

> que um cavalo branco me seguia aonde quer que eu fosse. Fiquei com medo dele e o espantei para longe. Olhei para trás para ver se ainda me seguia, e ele parecia ter se tornado um homem. Disse-lhe que fosse a um barbeiro raspar sua crina, e ele assim o fez. Quando saiu, parecia-se exatamente com um homem, exceto pelo fato de que tinha a face e os cascos de um cavalo, e me seguia por onde eu fosse. Ele se aproximou de mim e eu acordei. Sou uma mulher casada de 35 anos e com dois filhos. Estou casada há 14 anos e tenho certeza de que meu marido me é fiel.[8]

O inconsciente envia toda sorte de emanações, seres estranhos, terrores e imagens ilusórias para a mente – seja em sonho, em plena luz do dia ou na insanidade; pois o reino humano, sob o assoalho da casinha relativamente arrumada que chamamos de nossa consciência, desce até as insuspeitas cavernas de Aladim. Lá residem não apenas joias, mas também gênios perigosos: forças psicológicas inconvenientes ou reprimidas que não cogitamos ou ousamos integrar à nossa vida. E elas podem permanecer insuspeitas ou pode acontecer que uma palavra qualquer, o cheiro de uma paisagem, o sabor de uma xícara de chá, o relance de um olhar, toquem uma fonte mágica, e mensageiros perigosos comecem a aparecer no cérebro. São perigosos porque ameaçam a trama de segurança sobre a qual construímos a nós mesmos e nossa família. Mas também são tremendamente fascinantes, pois carregam chaves que abrem todo o reino da desejada e temida aventura da descoberta do eu – a destruição do mundo que construímos e no qual vivemos, e de nós mesmos dentro dele; mas que traz, em seguida, a maravilhosa reconstrução de uma vida mais ousada, mais limpa, mais espaçosa e totalmente humana. Tal é a sedução, a promessa e o terror desses sediciosos visitantes noturnos do reino mitológico que carregamos dentro de nós.

A psicanálise, a ciência moderna de leitura dos sonhos, nos ensinou a dar atenção a essas imagens imateriais. Também encontrou uma maneira de deixá-las atuarem. As perigosas crises de autodesenvolvimento têm permissão para acontecer sob o olhar protetor de um experiente iniciado na tradição e na linguagem dos sonhos, que assume o papel e o personagem do antigo mistagogo, ou guia das almas, o curandeiro iniciador dos primitivos santuários florestais de iniciação por provações. O médico é o mestre moderno do reino mitológico, o conhecedor de todos os caminhos secretos e palavras de poder. Seu papel é precisamente o do Velho Sábio dos mitos e contos de fada, cujas palavras ajudam o herói ao longo das provas e dos terrores da estranha aventura. Ele é aquele que aparece e aponta para a espada mágica e brilhante que matará o dragão-terror; que fala da noiva prometida e do castelo de muitos tesouros, aquele que aplica um bálsamo curativo a feridas quase fatais e, por fim, leva o conquistador de volta ao mundo da vida normal depois da grande aventura na noite encantada.

Com esta imagem em mente, quando passarmos a considerar os inúmeros e estranhos rituais de tribos primitivas e grandes civilizações do passado que nos foram relatados, ficará evidente que seu propósito e seu efeito real era conduzir as pessoas através dos difíceis umbrais de transformação que exigem uma mudança nos padrões, não apenas da vida consciente, mas também da vida inconsciente. Os chamados ritos de passagem, que ocupam lugar tão proeminente na vida de uma sociedade primitiva (cerimônias de nascimento, nominação, puberdade, casamento, sepultamento etc.), destacam-se por seus exercícios formais de rompimento, geralmente muito severos, por meio dos quais a mente é radicalmente removida das atitudes, dos apegos e padrões de vida do estágio que está sendo deixado para trás.* Segue-se então um intervalo de isolamento mais ou menos prolongado, durante o qual são encenados rituais destinados a apresentar ao aventureiro da vida as formas e sentimentos próprios de seu novo estado, de modo que, quando finalmente chegar o momento do retorno ao mundo normal, o iniciado terá praticamente renascido.[9]

O mais surpreendente é o fato de um grande número de provas e imagens rituais corresponder àquelas que aparecem espontaneamente em sonhos no momento em que o paciente psicanalisado começa a

---

* Em cerimônias como as de nascimento e sepultamento, os efeitos significativos são, é claro, vivenciados pelos pais e pela família. Todos os ritos de passagem têm por objetivo tocar não apenas o candidato, mas também todos os membros de seu círculo.

abandonar suas fixações infantis e progredir para o futuro. Entre os aborígines da Austrália, por exemplo, uma das principais características da prova de iniciação (pela qual o menino púbere é separado da mãe e introduzido na sociedade e no conhecimento secreto dos homens) é o rito da circuncisão.

> Quando um garotinho da tribo murngin está para ser circuncidado, os pais e os anciãos dizem a ele: "O Grande Pai Cobra sente o cheiro de seu prepúcio, e o está reivindicando". Os meninos acreditam ser literalmente verdade e ficam terrivelmente assustados. Em geral, refugiam-se junto à mãe, à avó materna, ou alguma outra parenta favorita, pois sabem que os homens estão se organizando para levá-lo ao terreno masculino onde a grande cobra vocifera. As mulheres lamentam-se cerimonialmente pelos meninos para evitar que a grande cobra os engula.[10]

Agora, considere esta correspondência inconsciente: "Um de meus pacientes", escreve o Dr. C. G. Jung, "sonhou que uma cobra saiu em disparada de uma caverna e o picou na região genital. Esse sonho ocorreu no momento em que o paciente estava convencido da verdade da análise e começava a se libertar dos laços de seu complexo materno".[11]

Sempre foi função primordial da mitologia e do rito fornecer os símbolos que levam o espírito humano adiante, em contraposição às constantes fantasias humanas que tendem a prendê-lo ao passado. Na verdade, pode bem ser que a alta incidência de neuroses no homem moderno decorra do declínio entre nós dessa ajuda espiritual tão eficaz. Permanecemos fixados nas imagens não trabalhadas de nossa infância e, portanto, sem inclinação para as passagens necessárias que levam à vida adulta. Nos Estados Unidos há até um *pathos* de ênfase invertida: a meta não é envelhecer, mas permanecer jovem; não amadurecer longe da mãe, mas se apegar a ela. E assim, enquanto os maridos oferecem culto em seus santuários da infância, sendo os advogados, comerciantes ou professores que seus pais queriam que fossem, suas esposas, mesmo depois de quatorze anos de casamento e dois bons filhos produzidos e criados, ainda estão em busca de amor – que pode vir a elas apenas dos centauros, seres encantados da floresta, sátiros e outros íncubos concupiscentes que trilham a rota de Pã, seja como no segundo sonho citado acima, ou como os que vemos nos populares templos da deusa Vênus, cobertos de açúcar e baunilha, sob a maquiagem dos últimos heróis da tela.

No final, o psicanalista precisa aparecer para reafirmar a comprovada sabedoria antiga e revolucionária dos ensinamentos dos curandeiros dançarinos mascarados e dos feiticeiros-médicos-circuncisadores. Através disso descobrimos, como no sonho da picada da serpente, que o simbolismo eterno da iniciação é produzido espontaneamente pelo próprio paciente no momento da liberação. Ao que parece, há algo nessas imagens iniciáticas tão necessário à psique que, se não forem fornecidas de fora, através do mito e do ritual, terão de ser anunciadas através do sonho, vindas de dentro – para que nossas energias não permaneçam trancadas em uma sala de brinquedos banal e obsoleta, no fundo do mar.

Em seus escritos, Sigmund Freud enfatiza as passagens e dificuldades da primeira metade do ciclo da vida humana – as de nossa infância e adolescência, quando nosso sol está subindo em direção ao seu zênite. C. G. Jung, por outro lado, enfatizou as crises da segunda metade da vida – quando, para avançar, a esfera brilhante deve se submeter à descida e por fim ao desaparecimento no útero noturno do túmulo. Os símbolos normais de nossos desejos e medos se convertem em seus opostos no entardecer da biografia, pois nesse ponto o desafio não é mais a vida, mas sim a morte. Nessa fase, o difícil de deixar não é o útero, mas o falo – a não ser, é claro, que o cansaço da vida já tenha se apoderado do coração, e nesse caso, então, a morte é quem chama com a promessa de felicidade, que antes era a isca do amor. Assim se completa o ciclo, do túmulo do útero ao útero do túmulo. Viemos numa incursão ambígua e enigmática em um mundo de matéria sólida que logo se diluirá, como a substância de um sonho. Olhando para trás, para o que prometia ser nossa aventura única, imprevisível e perigosa, no final tudo o que encontramos é uma série de metamorfoses padrão, pelas quais passaram homens e mulheres em todos os quadrantes do mundo, em todos os séculos de que temos notícia, e sob todos os disfarces estranhos das civilizações.

Conta-se, por exemplo, a história do grande Minos, rei da ilha-império de Creta no período de sua supremacia comercial. Ele contratou o célebre artista-artesão Dédalo para conceber e construir um labirinto onde pudesse esconder algo do qual a corte estava ao mesmo tempo envergonhada e com medo. Pois havia um monstro no palácio – que nasceu de Pasífae, a rainha. Minos, o rei, estivera ocupado, diz a lenda, com guerras importantes para proteger as rotas comerciais. Enquanto isso, Pasífae fora seduzida por um magnífico touro nascido do mar, branco como a neve. Na verdade, isto não foi em nada pior do que aquilo que a própria mãe de Minos permitira acontecer. A mãe de Minos era Europa, e é sabido que ela foi carregada por um touro para Creta. O touro era o deus Zeus, e o filho honrado dessa sagrada união foi o próprio Minos – agora respeitado em todos os lugares e servido com prazer. Como, então, poderia Pasífae ter sabido que o fruto de sua indiscrição seria um monstro, esse filhinho com corpo humano, mas cabeça e cauda de touro?

A sociedade culpou amplamente a rainha; mas o rei não estava inconsciente de sua parcela de culpa. O touro branco fora enviado pelo deus Posídon há muito tempo, quando Minos estava lutando com seus irmãos pelo trono. Minos afirmava que o trono era dele por direito divino, e que tinha orado a deus para enviar um touro do mar como sinal; e que tinha selado a oração com a promessa de sacrificar o animal imediatamente, como oferenda e símbolo de servidão. O touro apareceu e Minos assumiu o trono; mas quando contemplou a majestade da

Figura 3. *Silenos e Mênades*. Ânfora de figuras negras, helênico, Sicília, *c.*500-450 a.C.

besta que lhe fora enviada, e pensou na vantagem que seria possuir tal espécime, decidiu arriscar uma substituição comercial – supondo que o deus não faria questão. Oferecendo no altar de Posídon o melhor touro branco que possuía, ele adicionou o outro ao seu rebanho.

O império cretense prosperou muito sob a jurisdição sensata desse celebrado legislador e modelo de virtude pública. Cnossos, a capital, tornou-se o centro luxuoso e elegante da principal potência comercial do mundo civilizado. As frotas cretenses chegavam a todas as ilhas e portos do Mediterrâneo. Os artigos de Creta eram apreciados na Babilônia e no Egito. Seus pequenos e ousados navios chegaram até mesmo a atravessar os portões de Hércules em direção ao mar aberto, navegando pela costa na direção norte para trazer o ouro da Irlanda e o estanho da Cornualha,[12] bem como para o sul, passando em torno da saliência do Senegal, em direção à remota terra dos iorubás e os distantes mercados de marfim, ouro e escravos.[13]

Mas em casa, inspirada por Posídon, a rainha foi tomada de uma paixão ingovernável pelo touro. Ela persuadiu o artista-artesão de seu marido, o incomparável Dédalo, a moldar-lhe uma vaca de madeira que enganaria o touro – na qual ansiosamente entrou; e o touro foi enganado. Ela deu à luz seu monstro que, no devido tempo, começou a se tornar um perigo. Dédalo, então, foi novamente convocado, desta vez pelo rei, a fim de construir um enorme labirinto com passagens sem saída para esconder a coisa. A invenção era tão enganosa que o próprio Dédalo, quando a terminou, mal conseguiu encontrar o caminho de volta à entrada. Lá foi acomodado o Minotauro; e então passou a ser alimentado com grupos de jovens e donzelas vivas, enviados como tributo das nações conquistadas que faziam parte do domínio cretense.[14]

Assim, de acordo com a antiga lenda, o erro primário não fora da rainha, mas do rei; e ele realmente não podia culpá-la, pois sabia o que tinha feito. Ele convertera um evento público em ganho pessoal, ao passo que todo o sentido de sua investidura como rei era que ele não seria mais apenas uma pessoa privada. A devolução do touro deveria ter simbolizado sua submissão absolutamente altruísta às funções de seu cargo. Por outro lado, sua retenção representou um impulso de autoengrandecimento egocêntrico. E, portanto, aquele que se tornara rei "pela graça de Deus" transformou-se no perigoso tirano Holdfast*

---

* Originalmente Holdfast refere-se à estrutura botânica que permite à alga fixar-se ao leito rochoso do mar. Na literatura, esse nome foi dado a personagens caracterizados por seu egoísmo e ganância. [N.Ts.]

– que sai agarrando tudo para si mesmo. Assim como os ritos de passagem tradicionais costumavam ensinar o indivíduo a morrer para o passado e renascer para o futuro, também os grandes cerimoniais de investidura o despojavam de seu caráter privado e o revestiam com o manto de sua vocação. Esse era o ideal, fosse o homem um artesão ou um rei. Pelo sacrilégio da recusa do rito, no entanto, o indivíduo se separa, como unidade, da unidade maior de toda a comunidade; e assim o Um é dividido em muitos, e estes então lutam uns contra os outros – cada um por si – e só podem ser governados pela força.

A figura do monstro-tirano é conhecida nas mitologias, tradições folclóricas, lendas e até pesadelos do mundo; e suas características são essencialmente as mesmas em todo lugar. Ele é o acumulador das benesses gerais. Ele é o monstro ávido pelos direitos gananciosos do "meu e para mim". A destruição causada por ele é descrita na mitologia e nos contos de fada como sendo generalizada: por todo o seu domínio. Pode não ir além de sua família, sua própria psique torturada ou as vidas que ele destrói com o toque de sua amizade e assistência; ou pode atingir a extensão de sua civilização inteira. O ego inflado do tirano é uma maldição para ele e seu mundo – não importa o quanto seus negócios pareçam prosperar. Autoaterrorizado, assombrado pelo medo, atento a todos os lados para poder enfrentar e combater as agressões que espera de seu ambiente, que são principalmente reflexos dos impulsos de aquisição incontroláveis dentro de si mesmo, o gigante da independência autoconquistada é o mensageiro do desastre no mundo, embora em sua mente ele possa estar movido por intenções humanas. Onde quer que ele coloque a mão, surge um grito (que, se não proclamado aos quatro ventos, vem com mais pesar de dentro de cada coração); um grito que chama pelo herói redentor, o portador da lâmina brilhante, cujo golpe, cujo toque, cuja existência libertará a terra.

> *Aqui não podemos ficar de pé, nem deitados ou sentados*
> *Nem mesmo silêncio há nas montanhas*
> *Mas trovões estéreis e secos, sem chuva*
> *Nem mesmo solidão há nas montanhas*
> *Mas sombrias faces rubras, que zombam e rosnam*
> *Atrás das portas de casas de barro ressecado.*[15]

O herói é o homem da submissão autoconquistada. Mas, submissão a quê? Este é precisamente o enigma que hoje devemos nos colocar e que, em todo lugar, cabe ao herói resolver como sua virtude primária e feito histórico. Como indica o professor Arnold J. Toynbee em seu estudo de seis volumes sobre as leis da ascensão e desintegração das civilizações,[16] um cisma na alma, no corpo social, não será resolvido por qualquer esquema de retorno aos bons e velhos tempos (arcaísmo), ou por programas que garantam um futuro ideal projetado (futurismo), ou mesmo pelo trabalho mais realista e obstinado de soldar, juntando novamente os elementos em deterioração. Só o nascimento pode vencer a morte – o nascimento não da coisa velha novamente, mas de algo novo. Dentro da alma, dentro do corpo social – se quisermos experimentar uma longa sobrevivência – deve haver uma contínua "recorrência do nascimento" (palingenesia) para anular as recorrências incessantes da morte. Se não formos regenerados, será por meio de nossas próprias vitórias que a obra de Nêmesis se realizará: o destino fatal irrompe da casca de nossa própria virtude. A paz, neste sentido, é uma armadilha; a guerra é uma armadilha; a mudança é uma armadilha; a permanência, uma armadilha. Quando chega nosso dia de ser vencido pela morte, ela se aproxima; não há nada que possamos fazer, exceto ser crucificados – e ressuscitados; totalmente desmembrados e depois renascidos.

Teseu, o herói que mata o Minotauro, chega à Creta vindo de fora, como símbolo e braço da civilização grega em expansão. Isto é o novo e vivo. Mas também é possível que o princípio da regeneração seja buscado e encontrado dentro das paredes do próprio império do tirano. O professor Toynbee usa os termos "desapego" e "transfiguração" para descrever a crise por meio da qual uma dimensão espiritual superior é atingida, possibilitando a retomada do trabalho de criação. O primeiro passo, desapego ou retirada, consiste em uma transferência radical de ênfase do mundo externo para o interno, do macro para o microcosmo, um recuo dos desesperos da terra devastada para a paz do reino eterno que está dentro. Mas esse reino, como sabemos pela psicanálise, é precisamente o inconsciente infantil. É o reino no qual entramos durante o sono. Carregamos isso dentro de nós para sempre. Todos os ogros e ajudantes secretos de nossa infância estão lá, toda a magia da infância. E, mais importante, todas as potencialidades que nunca conseguimos trazer à realização na vida adulta. Essas outras partes de nós mesmos estão todas lá, pois tais sementes douradas não morrem. Se ao menos uma parte dessa totalidade perdida pudesse ser desenterrada e trazida à luz do dia, experimentaríamos uma maravilhosa expansão de nossas faculdades, uma renovação vívida da existência. Ganharíamos a estatura de uma torre. Além disso, se pudéssemos desenterrar algo esquecido não apenas para nós mesmos, mas para toda a nossa geração ou nossa civilização inteira, nos tornaríamos de fato os portadores da bênção, os heróis culturais de nossos dias – personagens do momento histórico não apenas local, mas mundial. Em resumo: o primeiro trabalho do herói é retirar-se do cenário mundial de efeitos secundários para as zonas causais da psique onde as dificuldades residem de fato, e ali elucidá-las, erradicá-las dentro de si (isto é, combater os demônios infantis de sua cultura local) e irromper em direção à experiência e assimilação direta e não distorcida do que C. G. Jung chamou de "as imagens arquetípicas".[17] Esse é o processo conhecido na filosofia hindu e budista como *viveka*, "discernimento".

Como aponta o Dr. Jung, a teoria dos arquétipos não é, de modo algum, invenção sua.[18]
Compare a Nietzsche: "Quando dormimos e sonhamos, passamos por todos os pensamentos da humanidade que veio antes. Creio que da mesma forma que o homem raciocina hoje ao sonhar, ele raciocinou em estado de vigília, por muitos séculos... O sonho nos transporta para estados longínquos da cultura humana, colocando em nossas mãos meios que nos ajudam a compreendê-lo melhor".[19]

Compare à teoria de Adolf Bastian, das "Ideias Elementares" étnicas (*Elementargedanken*), que, em seu caráter psíquico primordial (correspondendo ao *logoi spermatikoi* dos estoicos), deve ser considerada como "as disposições germinativas espirituais (ou psíquicas) a partir das quais toda a estrutura social foi organicamente desenvolvida" e, como tal, deve servir como base da pesquisa indutiva.[20]

Compare a Franz Boas: "Desde a discussão minuciosa de Waitz sobre a questão da unidade da espécie humana, não pode haver dúvida de que, em geral, as características mentais do homem são as mesmas em todo o mundo [...] Bastian foi levado a falar da terrível monotonia das ideias fundamentais da humanidade em todo o globo [...] Certos padrões de ideias associadas podem ser reconhecidos em todos os tipos de cultura".[21]

Compare a Sir James G. Frazer: "Não precisamos, como alguns investigadores de tempos antigos e modernos, supor que os povos ocidentais tomaram emprestado da civilização mais antiga do Oriente a concepção do Deus--que-Morre-e-Resnace, junto com o ritual solene em que esta concepção foi dramaticamente proposta diante dos olhos dos adoradores. Mais provavelmente a semelhança que podemos detectar entre as religiões do Oriente e do Ocidente não é mais do que aquilo que comumente (embora de forma incorreta) chamamos de coincidência fortuita – o efeito de causas similares agindo da mesma forma sobre a constituição semelhante da mente humana em diferentes países e sob céus diversos".[22]

> Compare a Sigmund Freud: "Eu reconheci a presença do simbolismo nos sonhos desde o início. Mas foi apenas aos poucos e à medida que minha experiência aumentava que cheguei a uma avaliação completa de sua extensão e significado; e o fiz sob a influência de [...] Wilhelm Stekel [...] Stekel chegou às suas interpretações de símbolos por meio da intuição, graças a um peculiar dom para a compreensão direta deles [...]. Os avanços na experiência psicanalítica trouxeram ao nosso conhecimento pacientes que mostraram uma surpreendente compreensão direta do simbolismo onírico [...]. Este simbolismo não é peculiar aos sonhos, mas é característico da ideação inconsciente, em particular entre o povo, e pode ser encontrado no folclore e nos mitos populares, lendas, expressões linguísticas, sabedoria proverbial e piadas atuais, numa extensão mais completa do que nos sonhos".[23]
>
> O Dr. Jung aponta que pegou emprestado de fontes clássicas o termo "arquétipo": Cícero, Plínio, o *Corpus Hermeticum*, Agostinho etc.[24] Bastian percebeu a correspondência entre sua própria teoria de "Ideias Elementares" e o conceito estoico do *logoi spermatikoi*. A tradição das "formas subjetivamente conhecidas" (sânscrito: *antarjñeya-rūpa*) coincide, na verdade, com a tradição do mito, e é a chave para a compreensão e uso de imagens mitológicas, como ficará abundantemente claro nos próximos capítulos.

Os arquétipos a serem descobertos e assimilados são precisamente aqueles que inspiraram, ao longo dos anais da cultura humana, as imagens básicas do ritual, da mitologia e da visão. Esses "Seres Eternos do Sonho"[25] não devem ser confundidos com as figuras simbólicas, pessoalmente modificadas, que aparecem no pesadelo e na loucura para o indivíduo ainda atormentado. O sonho é o mito personalizado, o mito é o sonho despersonalizado. Tanto o mito quanto o sonho são simbólicos, da mesma maneira geral, na dinâmica da psique. Mas no sonho as formas são distorcidas pelos problemas peculiares do sonhador, enquanto no mito os problemas e soluções que aparecem são válidos para toda a humanidade.

O herói, portanto, é o homem ou mulher que conseguiu lutar e ultrapassar suas limitações históricas pessoais e locais para assim chegar às formas válidas em geral e normalmente humanas. As visões, ideias e inspirações de tal pessoa surgem puras das fontes primárias da vida e do pensamento humanos. Portanto, elas são eloquentes, não em relação ao presente, que desintegra a sociedade e a psique, mas em relação à fonte inesgotável por meio da qual a sociedade renasce. O herói morreu como homem moderno; mas como homem eterno – homem perfeito, não específico, universal – ele renasceu. Desse modo, sua segunda ação e tarefa solenes (como declara Toynbee e como indicam todas as mitologias da humanidade) é retornar depois para nós, transfigurado, e ensinar a lição que aprendeu sobre a vida renovada.

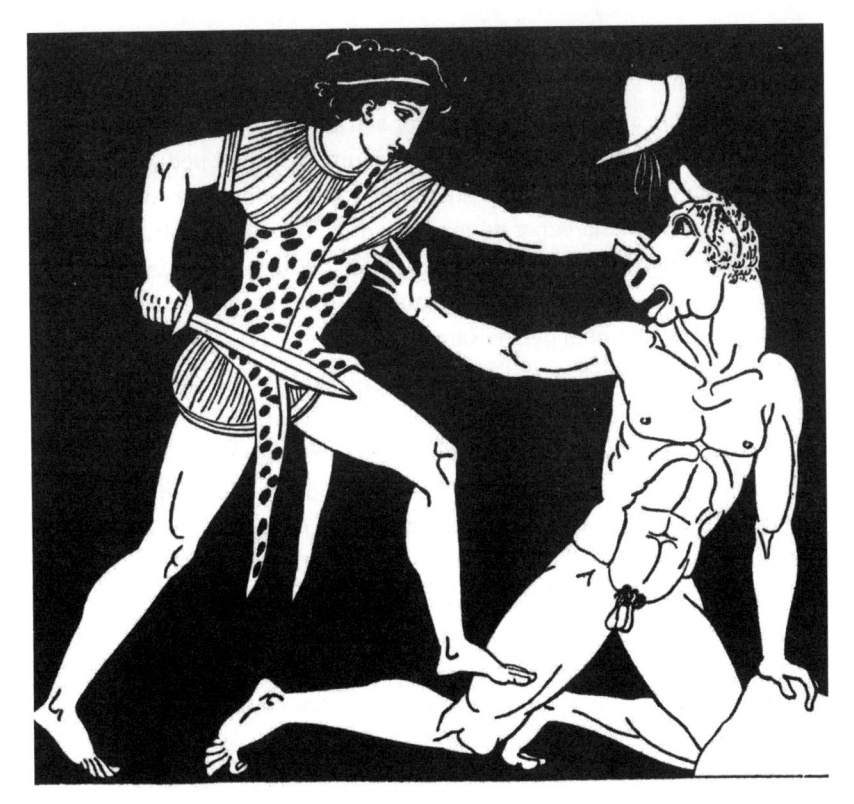

Figura 4. *Minotauromaquia*. Cratera de figuras vermelhas, Grécia, *c*.470 a.C.

Deve-se notar, entretanto, que o professor Toynbee interpreta consideravelmente mal o cenário mitológico ao anunciar o cristianismo como única religião que ensina essa segunda tarefa. *Todas* as religiões a ensinam, assim como todas as mitologias e tradições populares em toda parte. O professor Toynbee chega a essa construção errônea por meio de uma interpretação corriqueira e incorreta das ideias orientais sobre nirvana, Buda e bodisatva; em seguida, por comparar esses ideais, mal interpretados, com uma releitura muito sofisticada da ideia cristã da Cidade de Deus. Isso é o que o leva ao erro de supor que a salvação da atual situação mundial poderia estar em um retorno aos braços da Igreja Católica Romana.

"Eu estava andando sozinha na parte alta de uma cidade grande, através de ruas miseráveis e lamacentas ladeadas por casinhas duras", escreve uma mulher moderna, descrevendo um sonho que teve.

Não sabia onde estava, mas gostei de explorar. Escolhi uma rua extremamente lamacenta que conduzia ao que parecia ser um esgoto a céu aberto. Segui por entre filas de barracos e então descobri um pequeno riacho fluindo entre mim e um terreno alto e firme onde havia uma rua pavimentada. Este era um rio agradável, perfeitamente límpido, correndo sobre a grama. Dava para ver a grama se movendo sob a água. Não havia como atravessar, então fui até uma casinha e pedi um barco. Um homem disse que certamente poderia me ajudar a atravessar. Ele trouxe uma pequena caixa de madeira que colocou na beira do rio e eu vi imediatamente que com essa caixa eu conseguiria passar para o outro lado com facilidade. Eu sabia que todo perigo terminara e queria recompensar o homem generosamente.

Ao pensar neste sonho, tenho a nítida sensação de que não precisava ir para onde fui, que poderia ter escolhido uma caminhada confortável por ruas pavimentadas. Eu tinha ido para o bairro miserável e lamacento porque preferia a aventura e, tendo começado, tive que continuar [...]. Quando penso em quão persistentemente segui em frente no sonho, parece que sabia que havia algo de bom à frente, como aquele rio adorável e o gramado e a estrada segura, elevada e pavimentada mais além. Pensando nele nestes termos, é como uma determinação para nascer – ou melhor, para nascer de novo – uma espécie de sentido espiritual. Talvez alguns de nós tenhamos que passar por caminhos obscuros e tortuosos antes de encontrar o rio da paz ou a estrada elevada para o destino da alma.[26]

A sonhadora é uma cantora lírica de renome e – como todos os que optaram por não seguir as estradas mais comuns do seu tempo, demarcadas e seguras, mas a aventura do chamado especial, vagamente audível, que chega àqueles cujos ouvidos estão abertos para o interior, bem como para o exterior – ela teve de fazer seu caminho sozinha, através de dificuldades invulgares, "através de ruas miseráveis e lamacentas"; ela conheceu a noite escura da alma, a "floresta escura de Dante, no meio da jornada de nossa vida" e as tristezas das profundezas do inferno:

> *Por mim se vai à cidade dolente,*
> *Por mim se vai à eterna dor,*
> *Por mim se vai à perdida gente.*[27]

O notável neste sonho é que o esboço básico da fórmula do universo mitológico da aventura do herói é reproduzido em detalhes. Esses temas profundamente significativos dos perigos, dos obstáculos e da boa sorte no caminho, nós os encontraremos nas páginas seguintes, flexionados em uma centena de formas. A travessia, primeiro do esgoto a céu aberto,* depois do rio perfeitamente límpido e fluindo sobre a grama,† o aparecimento do ajudante de boa vontade no momento crítico,‡ e o terreno elevado e firme além da correnteza final (o Paraíso Terrestre, a Terra para além do Jordão)§: estes são os temas eternamente recorrentes da canção maravilhosa da grande aventura da alma. E cada um que se atreveu a ouvir e seguir o chamado secreto conheceu os perigos da arriscada e solitária passagem:

> O fio afiado de uma navalha, difícil de percorrer,
> Caminho difícil é este, os poetas declaram!²⁸

Para atravessar a água, a sonhadora é ajudada ao ganhar uma pequena caixa de madeira que, neste sonho, toma o lugar da ponte ou do esquife, mais comuns. Este é um símbolo de seu próprio talento e virtude especiais, pelos quais ela foi transportada pelas águas do mundo.

A sonhadora não nos forneceu qualquer relato de suas associações, de modo que não sabemos que conteúdo especial a caixa teria revelado; mas é certamente uma variante da caixa de Pandora – aquele presente divino dos deuses para uma mulher bonita, repleto das sementes de todos os problemas e bênçãos da existência, mas também provido da virtude sustentadora, a esperança. Através dela, a sonhadora cruza para a outra margem. E por um milagre semelhante também será transportado pelo oceano da vida todo aquele cujo trabalho é a difícil e perigosa tarefa de autodescoberta e autodesenvolvimento.

A grande maioria dos homens e das mulheres escolhe o caminho menos aventureiro das rotinas cívicas e tribais comparativamente inconscientes. Mas esses buscadores são salvos, também, em virtude das ajudas simbólicas herdadas da sociedade, os ritos de passagem, os

---

* Compare com Dante, "Inferno", XIV, 76-84 (Dante Alighieri, *A Divina Comédia*): "um pequeno riacho, cuja vermelhidão ainda me faz estremecer [...] que as mulheres pecadoras compartilham entre elas".
† Compare com Dante, "Purgatório," XXVIII, 22-30: "Uma correnteza [...] que com suas pequenas ondas curvava para a esquerda a grama que brotava em sua margem. Todas as águas que são mais puras aqui na terra parecem ter alguma mistura nelas, em comparação com aquela que não esconde nada.
‡ Virgílio de Dante.
§ "Aqueles que outrora cantaram a Idade de Ouro, e de seu estado feliz, talvez, sobre Parnaso, sonharam com este lugar: aqui estava a raiz da humanidade inocente; aqui é sempre primavera e estão todos os frutos; este é o néctar do qual cada um deles fala" ("Purgatório", XXVIII, 139-144; op. cit., vol. II, p. 219).

sacramentos que infundem a graça, dados à humanidade de outrora pelos redentores e transmitidos de geração em geração. Apenas aqueles que não conhecem um chamado interno nem uma doutrina externa se encontram em condição verdadeiramente desesperadora; ou seja, a maioria de nós hoje, neste labirinto fora e dentro do coração. Ai de nós! Onde está a guia, aquela virgem afetuosa, Ariadne, para fornecer a pista simples que nos dará coragem para enfrentar o Minotauro, e os meios para achar o caminho que leva à liberdade quando o monstro tiver sido encontrado e morto?

Figura 5. *Ritual do fogo xintoísta.*
Fotografia de Joseph Campbell, Japão, 1956.

Ariadne, filha do rei Minos, apaixonou-se pelo formoso Teseu no momento em que o viu desembarcar do navio que trouxera o desafortunado grupo de jovens e donzelas atenienses para o Minotauro. Ela encontrou uma maneira de falar com ele e declarou que forneceria um meio de ajudá-lo a sair do labirinto se ele prometesse levá-la para longe de Creta e a fizesse sua esposa. A promessa foi feita. Ariadne pediu ajuda, então, ao astuto Dédalo, através de cuja arte o labirinto fora construído, e que permitira à mãe de Ariadne dar à luz seu habitante.

Dédalo simplesmente a presenteou com um novelo de fio de linho que o herói visitante poderia fixar na entrada e desenrolar ao entrar no labirinto. De fato, precisamos de muito pouco. Mas sem isso, a aventura no labirinto ficaria sem esperança.

    O pouco está à mão. Curiosamente, o próprio cientista, a serviço do rei pecador, que foi o cérebro por trás do horror do labirinto, pode prontamente servir aos propósitos da liberdade. Mas deve haver por perto um coração de herói. Durante séculos, Dédalo representou o tipo artista-cientista: aquele fenômeno humano estranhamente desinteressado, quase diabólico, além dos limites normais do julgamento social, dedicado à moral, não de seu tempo, mas de sua arte. Ele é o herói do caminho do pensamento – sincero, corajoso e cheio de fé de que a verdade, como ele a percebe, nos libertará.

    E agora podemos recorrer a ele, como fez Ariadne. Ele colheu o linho para seu fio nos campos da imaginação humana. Séculos de agricultura, décadas de abate seletivo diligente, o trabalho de numerosos corações e mãos foram usados para cortar, separar e fiar este fio retorcido. Além disso, não temos nem que arriscar a aventura sozinhos, pois os heróis de todos os tempos nos precederam. O labirinto é totalmente conhecido. Temos apenas que seguir o fio do caminho do herói. E quando pensamos encontrar uma abominação, encontraremos um deus; quando pensamos matar um outro, mataremos a nós mesmos; quando pensamos viajar para fora, chegaremos ao centro de nossa própria existência; quando pensamos estar sozinhos, estaremos com o mundo inteiro.

2. Tragédia e comédia

"FAMÍLIAS FELIZES SÃO todas semelhantes; cada família infeliz é infeliz à sua maneira." Com essas palavras fatídicas, o conde Liev Tolstoi abriu o romance do desmembramento espiritual de sua heroína moderna, Anna Karenina. Durante as sete décadas que se passaram desde que aquela distraída esposa, mãe e amante cegamente apaixonada se jogou sob as rodas do trem – encerrando assim, com um gesto que simbolizava o que já havia acontecido em sua alma, sua tragédia de desorientação – um tumultuado e incessante ditirambo de romances, notícias e gritos de angústia não registrados vem se erguendo em honra ao demônio-touro do labirinto: o aspecto colérico, destrutivo e enlouquecedor do mesmo deus que, quando benigno, é o princípio vivificante do mundo. O romance moderno, como a tragédia grega, celebra o mistério do desmembramento, que é a vida no tempo. O final feliz é justamente desprezado como uma deturpação; pois o mundo, como o conhecemos, como o vimos, tem apenas um final: morte, desintegração, desmembramento e a crucificação de nosso coração com a morte das formas que amamos.

"Piedade é o sentimento que prende a mente à presença de tudo que é grave e constante nos sofrimentos humanos, unindo-a ao sofredor. Pavor é o sentimento que toma a mente na presença de tudo o que é grave e constante nos sofrimentos humanos e a une à causa secreta."[29] Como Gilbert Murray observou em seu prefácio à tradução de Ingram Bywater da *Poética de Aristóteles*,[30] a *katharsis* trágica (ou seja, a "purificação" ou "purgação" das emoções do espectador da tragédia por meio de sua experiência de piedade e terror) corresponde a uma catarse ritual anterior ("uma purificação da comunidade das impurezas e venenos do ano passado, o velho contágio do pecado e da morte"), que era a função do festival e da peça de mistério do deus-touro desmembrado, Dioniso. A mente meditativa está unida, na peça de mistério, não com o corpo que parece morrer, mas com o princípio da vida contínua que por um tempo o habitou, e por aquele período era a realidade vestida da aparição (ao mesmo tempo o sofredor e a causa secreta), o substrato no qual nosso ser se dissolve quando a "tragédia que quebra a face do homem"[31] dividiu, despedaçou e dissolveu nossa estrutura mortal.

> *Apareça, apareça, qualquer que seja vossa forma ou nome,*
> *Ó Touro da Montanha, Cobra das Cem Cabeças,*
> *Leão da Chama Ardente!*
> *Ó Deus, Besta, Mistério, vem!*[32]

Essa morte para a lógica e para os compromissos emocionais de nosso momento fortuito no mundo do espaço e do tempo, esse reconhecimento e mudança de nossa ênfase na vida universal que palpita e celebra sua vitória no beijo mesmo de nossa própria aniquilação, este *amor fati*, "amor ao destino", amor ao destino que é inevitavelmente a morte, constitui a experiência da arte trágica – aí reside seu júbilo, seu êxtase redentor:

> Meus dias se passaram, o servo, eu,
> Iniciado, de Zeus do Monte Ida;
> Onde Zagreus da meia-noite vagueia, eu vagueio;
> Eu suportei seu grito tempestuoso;
> Compareci a seus banquetes vermelhos e sangrentos;
> Mantive a chama da montanha da Grande Mãe;
> Eu sou Liberto e nomeado pelo nome
> Um Baco dos Sacerdotes Enviados.[33]

A literatura moderna se dedica, em grande medida, a uma observação corajosa, de olhos abertos, das figurações asquerosamente fragmentadas que abundam diante de nós, ao nosso redor e dentro de nós. Embora o impulso natural de reclamar contra o holocausto tenha sido suprimido – de clamar culpas ou anunciar panaceias –, a magnitude de uma arte trágica (para nós) mais potente que a grega encontra realização: a realista, íntima e de muitos modos interessante tragédia da democracia, onde o deus é visto crucificado nas catástrofes, não apenas das grandes casas, mas de todas as casas comuns, de cada rosto açoitado e dilacerado. E não há faz de conta sobre o paraíso, sobre a futura felicidade ou uma compensação que alivie a amarga majestade. Resta somente a escuridão total, o vazio da insatisfação, para receber e devorar as vidas que foram lançadas do útero apenas para fracassarem.

Comparadas a tudo isso, nossas pequenas histórias de realização parecem lamentáveis. Conhecemos muito bem a amargura do fracasso, da perda, da desilusão e a irônica insatisfação que amarga o sangue até mesmo dos invejados deste mundo! Consequentemente, não estamos dispostos a atribuir à comédia a alta patente da tragédia. A comédia como sátira é aceitável, como diversão é um agradável reduto de fuga, mas o conto de fada da felicidade para todo sempre não pode ser levado a sério; pertence à terra do nunca da infância, protegida das realidades que se tornarão terrivelmente conhecidas em breve, assim como o mito do paraíso eterno é para os velhos, cujas vidas ficaram para trás e cujos corações devem ser preparados para o último portal da transição para a noite. Este julgamento ocidental sóbrio e moderno está fundamentado numa total falta de compreensão das realidades retratadas nos contos de fada, nos mitos e nas divinas comédias de redenção. No mundo antigo as comédias eram consideradas como pertencentes a uma categoria mais elevada do que a tragédia, de uma verdade mais profunda, de uma compreensão mais difícil, de uma estrutura mais sólida e de uma revelação mais completa.

O final feliz do conto de fada, do mito e da divina comédia da alma, deve ser lido não como a contradição, mas como a transcendência da tragédia universal do homem. O mundo objetivo permanece o que era mas, devido à mudança de ênfase dentro do sujeito, ele passa a ser visto como se estivesse transformado. Se antes a vida e a morte brigavam, agora o ser duradouro se manifesta – tão indiferente aos acidentes temporais como a água fervente na panela em relação ao destino de uma bolha, ou como o cosmos ao aparecimento e desaparecimento de uma galáxia cheia de estrelas. A tragédia é a destruição das formas e de nosso apego às formas. A comédia é a selvagem e descuidada, inesgotável alegria da vida invencível. Assim, as duas são partes de um único tema e experiência mitológicos e de uma experiência que as incluem e que as confinam: aquilo que desce e o que sobe (cátodo e ânodo). Juntas constituem a totalidade da revelação que é a vida, e que o indivíduo deve conhecer e amar se quiser ser purgado (catarse = purgatório) do contágio do pecado (desobediência à vontade divina) e da morte (identificação com a forma mortal).

"Todas as coisas mudam; nada morre. O espírito vagueia, passa uma hora aqui, outra hora ali, e ocupa o corpo que lhe agrada [...]. Pois aquilo que certa vez existia não existe mais, e aquilo que não existia veio a existir; e assim todo o ciclo de movimento é executado novamente."[34]

"Apenas os corpos, dos quais este Ser eterno, imperecível e incompreensível é o habitante interno, diz-se que têm um fim."[35]

Cabe à mitologia, e ao conto de fada, revelar os perigos e técnicas específicos do obscuro caminho interior que leva da tragédia à comédia. Por isso os incidentes são fantásticos e "irreais": eles representam triunfos psicológicos, não físicos. Mesmo quando a lenda é sobre um personagem histórico real, os feitos da vitória são representados, não em figurações realistas, mas oníricas. A questão é que antes que tal e tal coisa tenha sido realizada sobre a face da terra, aquela outra coisa, mais importante e primária, teve de acontecer dentro do labirinto que todos nós conhecemos e visitamos em nossos sonhos. A passagem do herói mitológico pode ser incidentalmente pela superfície; mas fundamentalmente, ela é interior – nas profundezas, onde resistências obscuras são superadas e poderes há muito perdidos e esquecidos são revividos para serem então disponibilizados a serviço da transfiguração do mundo. Consumada essa façanha, a vida não sofre mais desesperadamente sob as terríveis mutilações do desastre onipresente, castigada pelo tempo, hedionda no espaço. Com seu horror ainda visível, seus gritos de angústia ainda tumultuosos, ela é penetrada por um amor que tudo permeia e tudo sustenta, e um conhecimento de seu próprio poder invicto. Algo da luz que resplandece invisível dentro dos abismos de sua materialidade normalmente opaca irrompe com um alvoroço crescente. As terríveis mutilações são vistas, então, como meras sombras de uma eternidade imanente e imperecível. O tempo cede à glória; e o mundo canta com a prodigiosa, angelical, mas talvez, no fim das contas, monótona música da sereia das esferas. Como as famílias felizes, os mitos e os mundos redimidos são todos semelhantes.

Figura 6. *O Domador de Monstros*. Concha incrustada e lápis-lazúli, Suméria, Iraque, c.2650-2400 a.C.

3. O herói e o deus

O CAMINHO PADRÃO da aventura mitológica do herói é uma ampliação da fórmula representada nos ritos de passagem: *separação – iniciação – retorno*, que pode ser chamada de unidade nuclear do monomito[36].

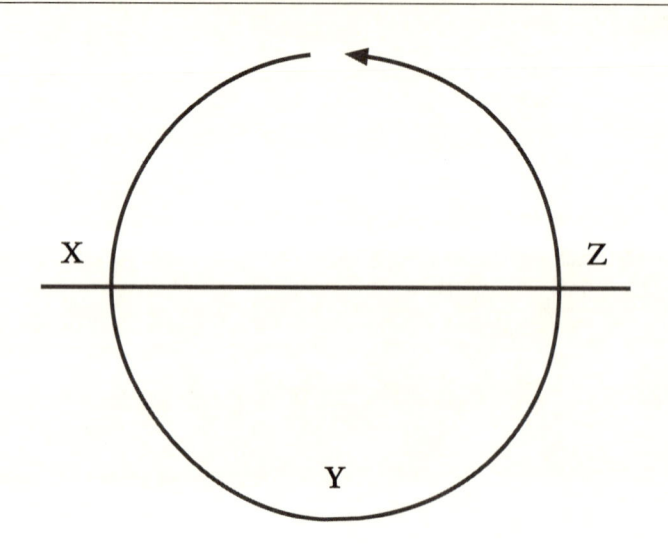

Um herói se aventura saindo do mundo do dia comum para uma região de maravilhas sobrenaturais (x); ele encontra forças fabulosas e alcança uma vitória decisiva (y); o herói retorna desta misteriosa aventura com o poder de conferir bênçãos a seus semelhantes (z).

Prometeu ascendeu aos céus, roubou o fogo dos deuses e desceu. Jasão navegou através das rochas que se chocam em um mar de maravilhas, enganou o dragão que guardava o Velocino de Ouro e voltou com o velo e o poder de arrebatar seu trono legítimo de um usurpador. Eneias desceu ao mundo inferior, cruzou o terrível rio dos mortos, jogou um bocado para o cão de guarda de três cabeças, Cérbero, e conversou, por fim, com a sombra de seu pai morto. Todas as coisas lhe foram reveladas: o destino das almas, o destino de Roma (que ele estava prestes a fundar) "e de que maneira poderia evitar ou suportar cada fardo".[37] Ele voltou para seu trabalho no mundo através do portal de marfim.

PRÓLOGO – *O monomito*

Uma representação majestosa das dificuldades da tarefa do herói e de sua sublime importância (quando é profundamente concebida e solenemente empreendida) nos é apresentada na lenda tradicional da Grande Luta do Buda. O jovem príncipe Gautama Shakyamuni partiu secretamente do palácio de seu pai no principesco corcel Kanthaka, passou milagrosamente pelo portal guardado, cavalgou durante a noite acompanhado pelas tochas de quatro vezes sessenta mil divindades, cruzou sem dificuldades um majestoso rio de 1.128 cúbitos de largura e, então, com um único golpe de espada, cortou seus próprios cachos reais. Na mesma hora o cabelo restante, de dois dedos de comprimento, enrolou-se para a direita e ficou rente à sua cabeça. Adotando as vestes de um monge, ele caminhou como um mendigo pelo mundo e durante esses anos de andanças aparentemente sem rumo, adquiriu e transcendeu os oito estágios da meditação. Retirou-se para um eremitério, concentrou seus poderes na grande luta por mais seis anos, levou a austeridade ao extremo e desabou em uma morte aparente, mas logo se recuperou. Então, retornou para a vida menos rigorosa de asceta errante.

Um dia ele se sentou sob uma árvore contemplando a parte oriental do mundo, e a árvore foi iluminada por sua radiância. Uma jovem chamada Sujata veio e ofereceu-lhe arroz com leite em uma tigela de ouro, e quando ele jogou a tigela vazia no rio, ela flutuou rio acima. Este foi o sinal de que o momento de seu triunfo estava próximo. Ele se levantou e seguiu por uma estrada que os deuses haviam adornado e que tinha 1128 cúbitos de largura. Cobras, pássaros e divindades dos bosques e campos o homenagearam com flores e perfumes, e coros celestiais produziram música; os dez mil mundos estavam cheios de aromas, guirlandas, harmonias e gritos de aclamação; pois ele se encaminhava para a grande Árvore da Iluminação, a árvore Bodhi, sob a qual ele redimiria o universo. Ele se colocou com firme determinação sob a árvore Bodhi, no Lugar Imóvel, e imediatamente foi abordado por Kama-Mara, o deus do amor e da morte.

O perigoso deus apareceu montado em um elefante e empunhava armas em suas mil mãos. Chegou cercado por seu exército, que se estendia por doze léguas à sua frente, doze à direita, doze à esquerda e na retaguarda até os confins do mundo; tinha nove léguas de altura. As divindades protetoras do universo levantaram voo, mas o Buda do Futuro permaneceu imóvel sob a Árvore. E o deus então o atacou, tentando quebrar sua concentração.

Figura 7. *Buda Shakyamuni sob a Árvore Bodhi.* Xisto esculpido, Índia, *c.* final do século IX ao início do século X.

A iluminação do Buda é o momento mais importante na mitologia oriental, uma contrapartida da crucificação no Ocidente. O Buda sob a Árvore da Iluminação (a Árvore Bodhi) e Cristo no lenho sagrado (a Árvore da Redenção) são figuras análogas, incorporando o tema arquetípico do Salvador do Mundo, da Árvore do Mundo, que é de antiguidade imemorial. Muitas outras variantes do tema serão encontradas nos próximos episódios. O Ponto Imóvel e o Monte Calvário são imagens do Umbigo do Mundo, ou Eixo Mundial (ver p. 49).

O chamado da Terra como testemunha é representado na arte budista tradicional por imagens do Buda sentado na clássica postura búdica, com a mão direita apoiada no joelho direito e os dedos tocando levemente o solo. A questão é que o estado de Buda, a Iluminação, não pode ser comunicado, mas apenas o *caminho* para a Iluminação. Essa doutrina da incomunicabilidade da Verdade, que está além dos nomes e das formas, é básica para as grandes tradições orientais, assim como para as tradições platônicas. Enquanto as verdades da ciência são comunicáveis, sendo hipóteses demonstráveis racionalmente e fundadas em fatos observáveis, o ritual, a mitologia e a metafísica são apenas guias que levam ao limiar de uma iluminação transcendente – o passo final deve ser dado por cada um em sua própria experiência silenciosa. Portanto, um dos termos sânscritos para sábio é *muni*, "o silencioso". *Shakyamuni* (um dos títulos de Gautama Buda) significa "o silencioso ou sábio (*muni*) do clã Shakya". Embora ele seja o fundador de uma religião mundial amplamente difundida, o núcleo fundamental de sua doutrina permanece oculto, necessariamente, no silêncio.

PRÓLOGO – *O monomito*

Redemoinhos, pedras, trovões e chamas, armas fumegantes com pontas afiadas, brasas vivas, cinzas quentes, lama fervente, areias escaldantes e escuridão quádrupla, tudo isso foi arremessado pelo Antagonista contra o Salvador, mas os projéteis foram todos transformados em flores celestiais e unguentos pelo poder das dez perfeições de Gautama. Kama-Mara então enviou suas filhas, Desejo, Anseio e Luxúria, cercadas por atendentes voluptuosas, mas a mente do Grande Ser não foi distraída. O deus finalmente desafiou o direito de ele estar sentado no Lugar Imóvel, atirou com raiva seu disco, afiado como uma navalha, e ordenou que seu enorme e imponente exército lançasse rochedos sobre ele. Mas o Futuro Buda apenas moveu sua mão tocando o solo com as pontas dos dedos e, assim, pediu à deusa Terra que testemunhasse seu direito de estar sentado onde estava. Ela o fez com cem, mil, cem mil rugidos, de modo que o elefante do Antagonista caiu de joelhos em reverência ao Futuro Buda. O exército foi imediatamente dispersado e os deuses de todos os mundos espalharam guirlandas.

Tendo obtido a vitória preliminar antes do pôr do sol, o conquistador adquiriu na primeira vigília da noite o conhecimento de suas existências anteriores, na segunda vigília o olho divino da visão onisciente e na última vigília o entendimento da cadeia de causação. Ele experimentou a iluminação perfeita ao raiar do dia.

Então, por sete dias, Gautama – agora o Buda, o Iluminado – ficou imóvel em êxtase; por sete dias permaneceu afastado e contemplou o local em que havia recebido a iluminação; por sete dias caminhou entre o lugar onde se sentou e o lugar onde ficou em pé; por sete dias residiu em um pavilhão provido pelos deuses e revisou toda a doutrina de causalidade e libertação; por sete dias se sentou sob a árvore onde a garota Sujata lhe trouxera arroz com leite em uma tigela de ouro, e ali meditou sobre a doutrina da doçura do nirvana; então, retirou-se para outra árvore e uma impetuosa tempestade rugiu por sete dias, mas o Rei das Serpentes emergiu das raízes e protegeu o Buda com seu capuz expandido; finalmente, o Buda sentou-se por sete dias sob uma quarta árvore, desfrutando ainda da doçura da liberação. Então, duvidou que sua mensagem poderia ser comunicada e pensou em reter a sabedoria para si próprio; mas o deus Brahma desceu do zênite para implorar que ele se tornasse o professor de deuses e homens. O Buda foi então persuadido a proclamar o caminho. E voltou para as cidades dos homens, onde caminhou entre os cidadãos do mundo concedendo a bênção inestimável do conhecimento do Caminho.[38]

O Antigo Testamento registra um feito comparável em sua lenda sobre Moisés que, no terceiro mês da partida de Israel da terra do Egito, chegou com seu povo ao deserto do Sinai. Ali Israel armou suas tendas contra a montanha. E Moisés subiu a Deus, e o Senhor o chamou da montanha. O Senhor deu a ele as Tábuas da Lei e ordenou que voltasse com elas para Israel, o povo do Senhor.[39]

A lenda do folclore judaico afirma que, durante o dia da revelação, diversos estrondos soaram do Monte Sinai.

> Relâmpagos, acompanhados por um estrondo sempre crescente de trompas moviam o povo com grande medo e tremor. Deus dobrou os céus, moveu a terra e abalou os limites do mundo, de modo que as profundezas tremeram e os céus foram ficando assustados. Seu esplendor passou pelos quatro portais de fogo, terremoto, tempestade e granizo. Os reis da terra tremeram em seus palácios. A própria terra pensava que a ressurreição dos mortos estava para acontecer e que ela teria de prestar contas pelo sangue dos falecidos que absorvera e pelos corpos dos assassinados que cobrira. A terra não se acalmou até que ouviu as primeiras palavras do Decálogo.
>
> Os céus se abriram e o Monte Sinai, libertado da terra, ergueu-se no ar, de modo que seu cume se elevou aos céus, enquanto uma nuvem espessa cobriu os flancos e tocou os pés do Trono Divino. Acompanhando Deus, de um lado surgiram 22.000 anjos com coroas para os levitas, a única tribo que permaneceu fiel a Deus quando o restante adorava o Bezerro de Ouro. No segundo lado estavam 60 miríades, 3.550 anjos, cada um carregando uma coroa de fogo para cada israelita. O dobro deste número de anjos estava no terceiro lado; enquanto no quarto lado eles eram simplesmente inumeráveis. Pois Deus não apareceu de uma direção, mas de todas simultaneamente, o que, entretanto, não impediu Sua glória de preencher o céu assim como a terra. Apesar dessas inumeráveis hostes, não havia aglomeração no Monte Sinai, nenhuma multidão, havendo espaço para todos.[40]

Como veremos em breve, seja apresentada nas vastas imagens quase oceânicas do Oriente, nas vigorosas narrativas dos gregos, ou nas majestosas lendas da Bíblia, a aventura do herói normalmente segue o padrão da unidade nuclear descrita acima: uma separação do mundo, uma penetração em alguma fonte de poder e um retorno que melhora a vida. Todo o Oriente foi abençoado pela dádiva trazida de volta por Gautama Buda – seu prodigioso ensinamento da Lei Maravilhosa – assim como foi o Decálogo de Moisés para o Ocidente. Os gregos atribuíram o fogo, primeiro suporte de toda a cultura humana, ao feito de Prometeu, que transcendeu o mundo; e os romanos atribuíram a fundação de sua cidade sustentadora do mundo a Eneias, após sua partida da decaída Troia e sua visita ao misterioso mundo inferior dos mortos. Em todo lugar, não importa a esfera de interesse (seja religiosa, política ou pessoal), os atos realmente criativos são representados como aqueles que derivam de algum tipo de morte para o mundo, e do que acontece nesse intervalo de nulidade do herói para que ele volte como um renascido, engrandecido e cheio de poder criativo – isso também a humanidade é unânime em declarar. Portanto, teremos apenas que seguir uma multidão de figuras heroicas através dos estágios clássicos da aventura universal para rever o que sempre foi revelado. Isso nos ajudará a compreender não apenas o significado dessas imagens para a vida contemporânea, mas também a unicidade do espírito humano em suas aspirações, poderes, vicissitudes e sabedoria.

As páginas a seguir apresentarão, na forma de uma única aventura composta, a história de vários portadores simbólicos do destino do homem comum deste mundo. O primeiro grande estágio, o da *separação* ou *partida*, será demonstrado na parte I, capítulo I, em cinco subseções:

1. "O chamado à aventura", ou os sinais da vocação do herói
2. "A recusa ao chamado", ou a loucura de fugir do deus
3. "O auxílio sobrenatural", a ajuda inesperada que vem para aquele que empreendeu sua própria aventura
4. "A travessia do primeiro limiar"
5. "O ventre da baleia", ou a passagem para o reino da noite

O estágio das *provas e vitórias da iniciação* aparecerá no capítulo II em seis subseções:

1. "A estrada de provações", ou o aspecto perigoso dos deuses
2. "O encontro com a deusa" (*Magna Mater*), ou a bem-aventurança da infância recuperada
3. "A mulher como sedutora", a compreensão e agonia de Édipo
4. "A reconciliação com o pai"
5. "Apoteose"
6. "A dádiva suprema"

O retorno e a reintegração à *sociedade*, indispensáveis para a circulação contínua da energia espiritual no mundo – e que, do ponto de vista da comunidade, é a justificativa do longo retiro – é a exigência que o próprio herói pode achar a mais difícil de todas. Pois se ele venceu todas as etapas, como o Buda, até chegar ao profundo repouso da iluminação completa, há o perigo de que a bem-aventurança dessa experiência possa aniquilar toda lembrança, interesse ou esperança em relação às mazelas do mundo; ou então o problema de dar a conhecer o caminho da iluminação a pessoas envolvidas em problemas econômicos pode parecer grande demais para ser resolvido. E se, por outro lado, o herói, ao invés de ter se submetido a todos os testes iniciáticos, como Prometeu, simplesmente disparou em direção ao seu objetivo (por violência, artifício breve ou sorte) e colheu a dádiva que pretendia para o mundo, então os poderes que ele desequilibrou podem reagir tão fortemente que ele será detonado por dentro e por fora – crucificado, como Prometeu, na rocha de seu próprio inconsciente violado. Ou se o herói, em terceiro lugar, faz seu retorno seguro e voluntário, ele pode ser recebido com tal incompreensão e desprezo por aqueles a quem veio ajudar que sua carreira desmoronará. O terceiro dos capítulos a seguir concluirá a discussão dessas perspectivas em seis subtítulos:

1. "A recusa de retornar", ou o mundo negado
2. "A fuga mágica", ou a fuga de Prometeu
3. "O resgate vindo de fora"
4. "O cruzamento do limiar do retorno", ou o retorno para o mundo do dia comum
5. "Mestre de dois mundos"
6. "Liberdade para viver", a natureza e função da dádiva final

---

Esta aventura circular do herói aparece em forma negativa nas histórias do tipo dilúvio, onde não é o herói que vai até o poder, mas o poder que se levanta contra o herói, e depois arrefece. Histórias de dilúvio ocorrem em todos os quadrantes da Terra. Eles formam parte integrante do mito arquetípico da história do mundo e, portanto, pertencem propriamente à Parte II da presente discussão: "O ciclo cosmogônico". O herói do dilúvio é um símbolo da vitalidade germinativa do humano, sobrevivendo até mesmo às piores marés de catástrofe e pecado.

PRÓLOGO – O monomito

O herói composto do monomito é uma personagem de dons excepcionais. Frequentemente honrado por sua sociedade, mas muitas vezes não reconhecido ou mesmo desprezado. Ele e/ou o mundo em que se encontra sofrem de uma deficiência simbólica. Nos contos de fada, isso pode ser tão sutil quanto a falta de um certo anel de ouro, ao passo que na visão apocalíptica a vida física e espiritual de toda a terra pode ser representada como decaída, ou a ponto de se arruinar.

Tipicamente, o herói do conto de fada obtém um triunfo doméstico e microcósmico, e o herói do mito, um triunfo histórico mundial e macrocósmico. Enquanto o primeiro – a criança mais jovem ou desprezada que se torna mestre de poderes extraordinários – triunfa sobre seus opressores pessoais, o último traz de volta de sua aventura os meios para a regeneração de sua sociedade como um todo. Heróis tribais ou locais, como o imperador Huang Ti, Moisés ou o asteca Tezcatlipoca, dedicam suas dádivas a um único povo; heróis universais, como Muhammad, Jesus, Gautama Buda, trazem uma mensagem para o mundo inteiro.

Seja o herói ridículo ou sublime, grego ou bárbaro, gentio ou judeu, sua jornada varia pouco no plano essencial. Os contos populares representam a ação heroica do ponto de vista físico; as religiões superiores mostram que o ato é moral; no entanto, surpreendentemente, encontraremos poucas variações na morfologia da aventura, nos papéis dos personagens envolvidos, nas vitórias obtidas. Se um ou outro dos elementos básicos do padrão arquetípico for omitido de um determinado conto de fada, lenda, ritual ou mito, está destinado a aparecer implícito sob uma forma ou outra – e a própria omissão pode ser muito eloquente em termos da história e patologia do exemplo, como veremos em breve.

A Parte II, "O ciclo cosmogônico", expõe a grande visão da criação e destruição do mundo que é concedida como uma revelação ao herói de sucesso. O capítulo I, "Emanações", trata do surgimento das formas do universo a partir do vazio. O capítulo II, "O nascimento virginal", é uma revisão dos papéis criativos e redentores do poder feminino, primeiro em uma escala cósmica como a Mãe do Universo, depois novamente no plano humano como a Mãe do Herói. O capítulo III, "As transformações do herói", traça o curso da lendária história da raça humana por meio de seus estágios típicos, o herói aparecendo em cena sob várias formas de acordo com as necessidades mutáveis da raça. E o capítulo IV, "Dissoluções", fala do fim predito, primeiro do herói, depois do mundo manifesto.

O ciclo cosmogônico é apresentado com assombrosa consistência nas escrituras sagradas de todos os continentes,[41] e dá à aventura do herói uma nova e interessante reviravolta; pois agora parece que a jornada perigosa foi um trabalho não de conquista, mas de reconquista; não de descoberta, mas de redescoberta. Os poderes divinos procurados e perigosamente obtidos são revelados como tendo estado no coração do herói desde o princípio. Ele é "o filho do rei" que veio a saber quem é e, com isso, entrou no exercício de seu real poder. Ele é o "filho de Deus", que aprendeu o quanto esse título significa. Desse ponto de vista, o herói é um símbolo da imagem divina criadora e redentora que está oculta dentro de todos nós, apenas esperando para ser conhecida e vivificada.

"Pois Aquele que se tornou muitos, continua sendo o Uno indiviso, mas cada parte é toda de Cristo", lemos nos escritos de São Simeão, o Jovem (949-1022). E o santo continua:

> Eu O vi em minha casa, entre todas as coisas cotidianas. Ele apareceu de repente e tornou-se indizivelmente unido e fundido comigo, e saltou sobre mim sem nada no meio, como o fogo sobre o ferro, como a luz sobre o vidro. E Ele me fez como fogo e como luz. E eu me tornei aquilo que antes via e contemplava de longe. Não sei como relatar este milagre a você [...] Eu sou homem por natureza, e Deus pela graça de Deus.[42]

Uma visão comparável é descrita no apócrifo Evangelho de Eva.

> Eu estava em pé numa montanha grandiosa e vi um homem gigantesco e um anão; e ouvi algo como a voz de um trovão, e aproximei-me para ouvir; e Ele falou comigo e disse: Sou vós, e vós sois Eu, e onde quer que estiveres, aí estarei. Em tudo estou disperso e quando desejares, Me reunireis; e reunindo-Me, tu te reunirás.[43]

Os dois – o herói e seu deus supremo, o buscador e o encontrado – são assim entendidos como o exterior e o interior de um único mistério autoespelhado, que é idêntico ao mistério do mundo manifesto. O grande feito do herói supremo é chegar ao conhecimento dessa unidade na multiplicidade, e então torná-la conhecida.

4. O Umbigo do Mundo

O EFEITO DA aventura bem-sucedida do herói é o desbloqueio e a liberação de novo fluxo de vida no corpo do mundo. O milagre desse fluxo pode ser representado em termos físicos como a circulação de substância alimentar, em termos dinâmicos como um fluxo de energia ou, em termos espirituais como uma manifestação da graça. Essas variadas imagens se alternam facilmente, representando três graus de condensação da única força vital. Uma colheita abundante é sinal da graça de Deus; a graça de Deus é o alimento da alma; o raio é o prenúncio da chuva fertilizante e, ao mesmo tempo, a manifestação da energia liberada por Deus. Graça, substância alimentar e energia: tudo isso se derrama no mundo dos vivos e, onde quer que falte, a vida se decompõe em morte.

A torrente jorra de uma fonte invisível, e o ponto de entrada é o centro do círculo simbólico do universo, o Ponto Imóvel da lenda do Buda,[44] em torno do qual pode-se dizer que gira o mundo. Abaixo desse ponto está a cabeça da serpente cósmica, o dragão, que sustenta a terra, símbolo das águas do abismo, que são a energia criadora da vida divina e a substância do demiurgo, o aspecto gerador de mundo do ser imortal.[45] A árvore da vida, ou seja, o próprio universo, cresce a partir desse ponto. Ele está enraizado na escuridão que o sustenta; o pássaro dourado do sol está empoleirado em seu ponto mais alto; uma fonte, o poço inexaurível, borbulha a seus pés. Ou a imagem pode ser a de uma montanha cósmica, que sustenta a cidade dos deuses com um lótus de luz em seu cume, tendo no seu interior as cidades dos demônios, iluminadas por pedras preciosas. Mas a imagem pode ser a do homem ou mulher cósmicos (por exemplo, o próprio Buda, ou a deusa dançarina hindu, Kali) sentados ou em pé nesse local, ou mesmo fixados na árvore (Átis, Jesus, Wotan); pois o herói, sendo a encarnação de Deus, é, ele próprio, o Umbigo do Mundo, o ponto umbilical através do qual as energias da eternidade irrompem no tempo. Assim, o Umbigo do Mundo é o símbolo da criação contínua: o mistério da manutenção do mundo por meio daquele milagre contínuo de vivificação que aflora dentro de todas as coisas.

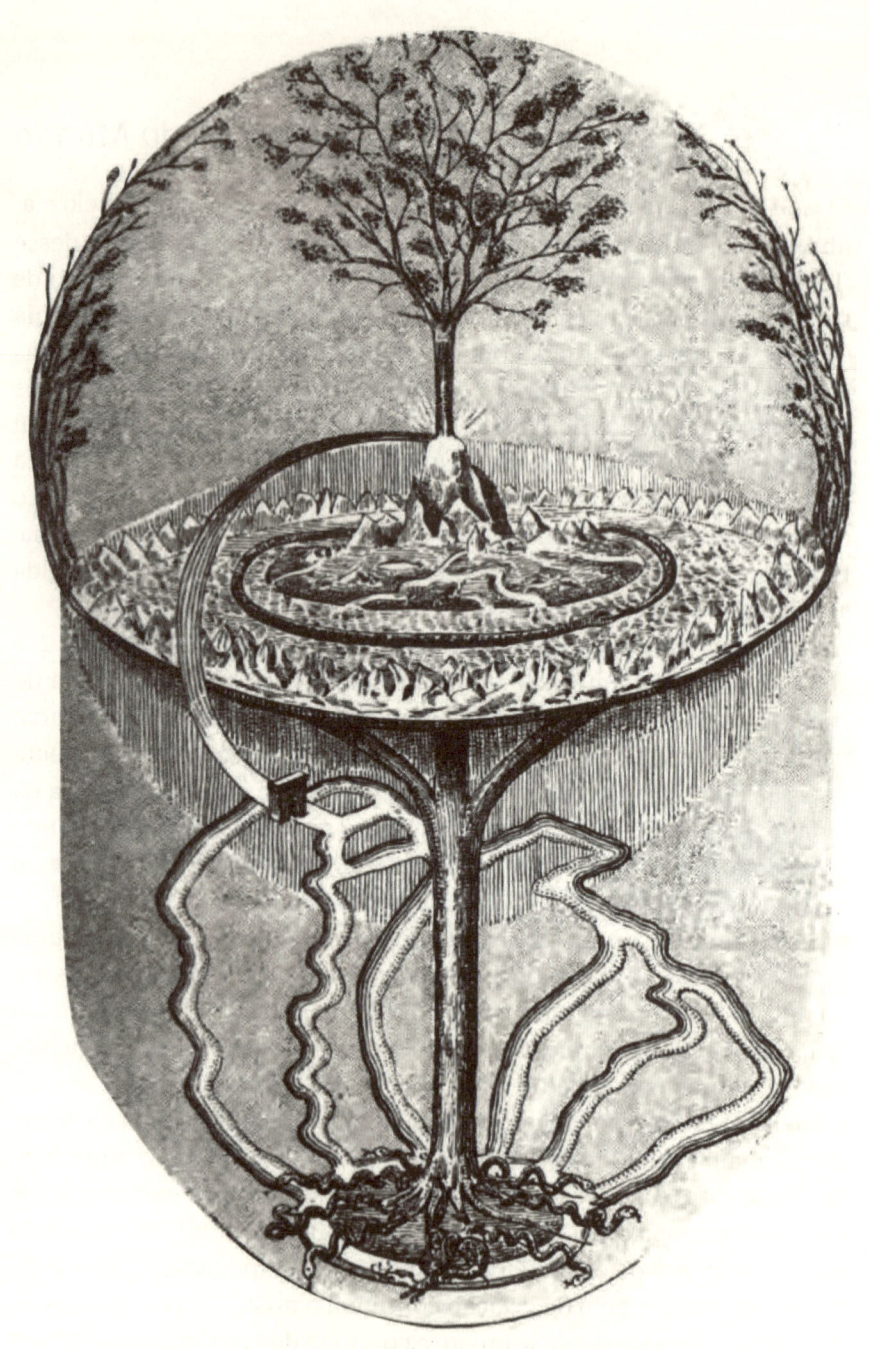

Figura 8. *Yggdrasil, a Árvore do Mundo.* Gravura, Escandinávia, início do século XIX.

PRÓLOGO – *O monomito*

Entre os pawnees do norte do Kansas e do sul do Nebraska, o sacerdote, durante o cerimonial do Hako, desenha um círculo com o dedo do pé. Afirma-se que um tal sacerdote teria dito:

> O círculo representa um ninho e é traçado pelo dedo do pé porque a águia constrói o ninho com suas garras. Embora estejamos imitando o pássaro fazendo seu ninho, há outro significado para esta ação; estamos pensando em Tirawa fazendo o mundo para as pessoas viverem. Se você for a uma colina alta e olhar em volta, verá o céu tocando a terra por todos os lados e dentro desse recinto circular as pessoas vivem. Portanto, os círculos que fizemos não são apenas ninhos, mas também representam o círculo que Tirawa-atius fez para a morada de todas as pessoas. Os círculos também representam o grupo de parentesco, o clã e a tribo.[46]

A abóbada do céu repousa sobre os quadrantes da terra, às vezes apoiada por quatro cariátides em forma de reis, anões, gigantes, elefantes ou tartarugas. Daí a importância tradicional do problema matemático da quadratura do círculo: ele contém o segredo da transformação das formas celestiais em terrestres. A lareira da casa, o altar do templo são o centro da roda da terra, o útero da Mãe Universal, cujo fogo é o fogo da vida. E a abertura no topo da cabana – ou a coroa, pináculo ou lanterna da cúpula – é o centro ou ponto médio do céu: a porta do sol, através da qual as almas passam do tempo para a eternidade, como o sabor das oferendas queimadas no fogo da vida e alçadas no eixo de fumaça que ascende do centro da roda terrena para a roda celestial.[47]

Preenchido dessa maneira, o sol se torna a tigela de comer de Deus, um graal inesgotável, abundando com a substância do sacrifício, cuja carne é, de fato, alimento; e cujo sangue é, de fato, bebida.[48] Ao mesmo tempo, é o nutridor da humanidade. O raio solar que acende a lareira simboliza a comunicação da energia divina ao útero do mundo – e é novamente o eixo que une e gira as duas rodas. Através da porta solar a circulação de energia é contínua. Deus desce e o homem sobe por meio dela. "Eu sou a porta: por mim, se alguém entrar, será salvo, e entrará e sairá e encontrará pastagem."[49] "Aquele que come a minha carne e bebe o meu sangue habita em mim, e eu nele."[50]

Para uma cultura ainda nutrida pela mitologia, a paisagem, assim como todas as fases da existência humana, é vivificada por conotações simbólicas. As colinas e bosques têm seus protetores sobrenaturais e estão associados a episódios popularmente conhecidos na história local da criação do mundo. Além disso, aqui e ali, há santuários especiais. Onde quer que um herói tenha nascido, forjado ou retornado ao vazio, o lugar é marcado e santificado. Nele um templo é erguido para significar e inspirar o milagre do centramento perfeito; pois este é o lugar da descoberta da abundância. Naquele lugar, alguém descobriu a eternidade. O local pode servir, portanto, de suporte para uma meditação frutífera. Esses templos são projetados, via de regra, para simular as quatro direções do horizonte do mundo; o santuário ou altar fica no centro como símbolo do Ponto Inesgotável. Aquele que entra no complexo do templo e segue para o santuário está imitando o feito do herói original. Seu objetivo é ensaiar o padrão universal como meio de evocar interiormente a lembrança da forma que centra e renova a vida.

As cidades antigas são construídas como templos, tendo portais voltados para as quatro direções, e no centro fica o santuário principal do fundador da cidade divina. Os cidadãos vivem e trabalham dentro dos limites desse símbolo. E no mesmo espírito, os domínios das religiões nacionais e mundiais estão centrados em torno do eixo de alguma cidade-mãe: a cristandade ocidental em torno de Roma, o islamismo em torno de Meca. A reverência orquestrada, três vezes ao dia, da comunidade muçulmana em todo o mundo, todos apontando como os raios de uma roda mundial para a Caaba centralizadora, constitui um vasto e vivo símbolo da "submissão" (Islã) de cada um e de todos à vontade de Alá. "Pois é Ele", lemos no Alcorão, "que lhes mostrará a verdade de tudo que vocês fazem".[51] Em outras palavras: um grande templo pode ser estabelecido em qualquer lugar. Porque, no final das contas, o Tudo está em toda parte, e qualquer lugar pode se tornar a sede do poder. Qualquer folha de grama pode assumir, no mito, a figura do salvador e conduzir o errante questionador ao *sanctum sanctorum* de seu próprio coração.

O Umbigo do Mundo, então, é onipresente. E por ser a fonte de toda a existência, produz a plenitude do bem e do mal no mundo. A feiura e a beleza, o pecado e a virtude, o prazer e a dor são igualmente produtos seus. "Para Deus todas as coisas são justas, boas e corretas", declara Heráclito, "mas os homens julgam algumas coisas erradas e outras certas".[52] Portanto, as figuras adoradas nos templos do mundo não são, de modo algum, sempre belas, benignas ou mesmo necessariamente virtuosas. Como a divindade do Livro de Jó, elas transcendem em muito as escalas de valor humanas. Da mesma forma, a mitologia não tem como seu maior herói o homem meramente virtuoso. A virtude é apenas o prelúdio pedagógico para o insight culminante, que vai além de todos os pares de opostos. A virtude subjuga o ego autocentrado e possibilita a centralidade transpessoal; mas, quando isso já foi alcançado, o que ocorre com a dor ou o prazer, o vício ou a virtude, seja de nosso próprio ego ou de qualquer outro? A força transcendente que vive em tudo é percebida como tal através de tudo, em tudo é maravilhosa, em tudo é digna de nossa profunda reverência.

Figura 9. *Ônfalo*. Frasco de ouro, Trácia, Bulgária, século IV-III a.C.

Pois, como declarou Heráclito: "O dessemelhante é reunido, e das diferenças resulta a mais bela harmonia, e todas as coisas ocorrem através da contenda".[53] Ou ainda, como vemos nas palavras do poeta Blake: "O rugido dos leões, o uivo dos lobos, a fúria do mar tempestuoso e a espada destrutiva são porções da eternidade grandes demais para os olhos do homem".[54]

Essa difícil questão se torna muito vívida em uma anedota da terra iorubá (África Ocidental) sobre a divindade-trapaceira Exu.

Certo dia, esse estranho deus veio andando por uma trilha entre dois campos. Ele observou um fazendeiro trabalhando em cada um dos lados e se propôs a pregar uma peça nos dois. Vestiu um chapéu que era vermelho de um lado, mas branco do outro, verde na frente e preto atrás [sendo essas as cores das quatro direções do mundo, isto é, Exu era uma personificação do centro, era o *axis mundi*, ou o Umbigo do Mundo]; de modo que quando os dois fazendeiros amigáveis voltaram para casa em sua aldeia e um disse ao outro "Você viu aquele velho de chapéu branco passar hoje?", o outro respondeu: "Ora, o chapéu era vermelho". Ao que o primeiro retrucou: "Não era; era branco". "Mas era vermelho", insistiu o amigo, "eu vi com meus próprios olhos". "Bem, você deve ser cego", declarou o primeiro. "Você deve estar bêbado", respondeu o outro. E assim a discussão foi escalando e os dois começaram a brigar. Quando passaram a se esfaquear, foram levados pelos vizinhos ao chefe para julgamento. Exu estava entre a multidão no julgamento e, quando o chefe ficou sem saber o que era justo, o velho trapaceiro se revelou, deu a conhecer sua travessura e mostrou o chapéu. "Os dois não tinham como deixar de brigar", disse ele. "Eu queria assim. Espalhar contendas é minha maior alegria."[55]

O moralista se encheria de indignação e o poeta trágico de piedade e horror, mas a mitologia decupa a vida em uma vasta, horrenda Divina Comédia. Seu riso olímpico não é nem um pouco escapista, porém duro, com a dureza da própria vida – e que, podemos supor, seja a dureza de Deus, o Criador. Neste sentido, a mitologia faz com que a atitude trágica pareça um tanto histérica e um julgamento meramente moral, míope. No entanto, tal dureza é equilibrada por uma garantia de que tudo o que vemos é apenas reflexo de um poder que perdura, intocado pela dor. Assim, as lendas são, a um só tempo, impiedosas e sem terror – repletas da alegria de um anonimato transcendente que contempla a si mesmo em todos os egos autocentrados e lutadores que nascem e morrem no tempo.

Parte I

A aventura do herói

Figura 10. *Psiquê entrando no Jardim de Cupido.*
Óleo sobre tela, Inglaterra, 1903.

CAPÍTULO I

Partida

1. O chamado à aventura

HÁ MUITO, MUITO tempo, quando o desejar ainda podia levar a algo, vivia um rei cujas filhas eram todas lindas, no entanto, a mais jovem era tão formosa que o próprio sol, que tinha visto tantas coisas, simplesmente se maravilhava cada vez que reluzia sobre seu rosto. Ora, perto do castelo desse rei havia uma grande floresta escura, e na floresta, sob a velha tília, uma nascente, e quando o dia estava muito quente, a filha do rei ia para a floresta e sentava-se à beira da nascente de água fresca. E para passar o tempo ela pegava uma bola de ouro, jogava para cima e a agarrava; e esta era sua brincadeira favorita.

Aconteceu um dia que a bola dourada da princesa não caiu em sua mãozinha erguida no ar, mas passou por ela, quicou no chão e rolou direto para a água. A princesa acompanhou-a com os olhos, mas a bola desapareceu; e a nascente era profunda, tão funda que o fundo não podia ser visto. Em seguida, ela começou a chorar, e seu choro ficou cada vez mais alto, e ela não conseguia se consolar. Enquanto se lamentava dessa maneira, ouviu alguém chamá-la: "O que foi, princesa? Você está chorando tanto que mesmo uma pedra seria obrigada a se compadecer". Ela olhou em torno para ver de onde vinha a voz e deparou-se com um sapo, com a cabeça gorda e feia para fora da água. "Oh, é você, Velho Mergulhador", disse ela. "Estou chorando por causa da minha bola dourada, que caiu na fonte." "Fique calma, não chore", respondeu o sapo. "Eu posso certamente ajudar. Mas o que você me dará se eu buscar seu brinquedo?" "O que você quiser, querido sapo", disse ela. "Minhas roupas, minhas pérolas e joias, até mesmo a coroa de ouro que uso." O sapo respondeu: "Suas roupas, suas pérolas e joias, e sua coroa de ouro, eu não quero; mas se você cuidar de mim e deixar que eu me torne seu companheiro e parceiro, permitir que eu me sente ao seu lado na sua mesinha, que eu coma do seu pratinho de ouro, beba do seu copinho, durma na sua cama: se você me prometer isso, descerei agora e pegarei sua bola de ouro". "Está bem", disse ela. "Eu prometo a você tudo o que você quiser, se você me trouxer de volta minha bola." Mas ela pensou: "Como é tagarela esse simples sapo! Lá está, sentado na água com sua própria espécie; nunca poderia ser o companheiro de um ser humano".

Assim que o sapo obteve o consentimento da princesa, abaixou a cabeça e afundou na água. Depois de um tempo voltou nadando; estava com a bola na boca e a jogou na grama.

A princesa ficou eufórica quando viu seu lindo brinquedo. Pegou a bola e saiu correndo. "Espere, espere", chamou o sapo, "leve-me junto; eu não consigo correr como você". Mas de que adiantou? Embora ele coaxasse atrás dela o mais alto que podia, a princesa não prestou a menor atenção, correu para casa, e logo esqueceu completamente do pobre sapo – que deve ter saltado de volta para a fonte.[1]

Este é um exemplo de uma das maneiras pelas quais a aventura pode começar. Um erro – aparentemente um mero acaso – revela um mundo insuspeito, e o indivíduo é levado a se relacionar com forças que não são corretamente compreendidas. Como Freud demonstrou,[2] asneiras não são mero acaso. Elas são resultado de desejos e conflitos reprimidos. São ondulações na superfície da vida, produzidas por fontes inesperadas. E estas podem ser muito profundas – tão profundas quanto a própria alma. O erro pode significar a abertura de um destino. Assim foi nesse conto de fada, em que o desaparecimento da bola é o primeiro sinal de que algo acontecerá para a princesa; o sapo é o segundo sinal, e a promessa irrefletida é o terceiro.

Como uma manifestação preliminar dos poderes que estão entrando em ação, o sapo, surgindo por milagre, pode ser denominado o "arauto". A crise de sua aparência é o "chamado à aventura". A convocação do arauto pode ser para viver, como no caso presente, ou, em um momento posterior de uma biografia, para morrer. Ele talvez soe o chamado para algum grande empreendimento histórico. Ou pode marcar o início da iluminação religiosa. Como apreendido pelo místico, ele marca o que foi denominado "o despertar do eu"[3]. No caso da princesa do conto de fada, significa nada mais do que a chegada da adolescência. Mas seja pequeno ou grande, e não importa o estágio ou tipo de vida, o chamado sempre faz subir a cortina de um mistério de transfiguração – um rito, ou momento de passagem espiritual que, quando

CAPÍTULO I – *Partida*

completo, leva a uma morte e a um nascimento. O horizonte da vida conhecida foi superado; os velhos conceitos, ideais e padrões emocionais não se encaixam mais; a hora de atravessar um limiar está próxima.

Típicas das circunstâncias do chamado são a floresta escura, a grande árvore, a fonte balbuciante e a aparência repugnante e subestimada do portador do poder do destino. Reconhecemos na cena os símbolos do Umbigo do Mundo. O sapo, o pequeno dragão, é a contraparte infantil da serpente do mundo inferior, cuja cabeça sustenta a terra e que representa os poderes demiúrgicos do abismo que geram a vida. Ele sobe com a bola de sol dourada, que fora tragada pelas águas profundas e escuras: neste momento, assemelha-se ao grande Dragão Chinês do Oriente, entregando o sol nascente em suas mandíbulas, ou o sapo em cuja cabeça cavalga o belo jovem imortal, Han Hsiang, carregando em uma cesta os pêssegos da imortalidade. Freud sugeriu que todos os momentos de ansiedade reproduzem os

Figura 11. *Ápis na forma de touro transporta o falecido na forma de Osíris para o inframundo.* Madeira entalhada, Egito, c.700-650 a.C.

sentimentos dolorosos da primeira separação da mãe – aperto na respiração, congestão do sangue, etc., próprios da crise do parto.[4] Todos os momentos de separação e novo nascimento produzem ansiedade. Esteja o filho do rei prestes a ser tirado da felicidade da unidade dual estabelecida com o Rei Papai, ou a filha de Deus, Eva, agora madura para partir do idílio do Jardim, ou ainda o futuro Buda soberanamente concentrado, ultrapassando os últimos horizontes do mundo criado – as mesmas imagens arquetípicas são ativadas, simbolizando perigo, confirmação, provação, passagem e a estranha santidade dos mistérios do nascimento.

O repulsivo e rejeitado sapo (ou dragão) do conto de fada traz a bola de sol na boca; pois o sapo, a serpente, o rejeitado, são representantes da profundidade inconsciente ("tão profundo que o fundo não pode ser visto") onde estão acumulados todos os fatores, leis e elementos da existência que foram rejeitados, não admitidos, não reconhecidos, desconhecidos ou não desenvolvidos. Essas são as pérolas dos lendários palácios submarinos das nixes, dos tritões e guardiões da água; as joias que iluminam as cidades demoníacas do mundo inferior; as sementes do fogo no oceano da imortalidade, que sustentam a terra e a envolvem como uma serpente; as estrelas no seio da noite imortal. Essas são as pepitas do tesouro de ouro escondido do dragão; as maçãs guardadas das Hespérides; os filamentos do Velocino de Ouro. Portanto, o arauto ou anunciador da aventura muitas vezes é sombrio, repugnante ou assustador, julgado pelo mundo como um mal. No entanto, se alguém o seguisse, abrir-se-ia o caminho através dos muros do dia em direção à escuridão onde as joias brilham. Ou então o arauto pode ser uma besta (como no conto de fada), representante da fecundidade instintiva reprimida dentro de nós, ou ainda uma figura velada e misteriosa – o desconhecido.

Por exemplo, conta-se a história do Rei Artur, e como ele se preparou com muitos cavaleiros e saiu a cavalo para caçar.

> Assim que adentrou a floresta, o rei viu um grande cervo à sua frente. "Perseguirei este cervo", disse o Rei Artur, e esporeou seu cavalo e cavalgou por muito tempo, e graças à sua refinada habilidade chegou muito perto de atingir o animal. Mas o Rei perseguiu o cervo por tanto tempo que seu cavalo perdeu o fôlego e caiu morto. Um camponês foi buscar outro cavalo para o rei. Mas o rei viu o cervo acuado e seu cavalo morto. Ele se sentou perto de uma fonte, e lá caiu em reflexão profunda.

E enquanto estava ali sentado, pensou ter ouvido um barulho de cães de caça, cerca de trinta. Nisso, o Rei notou, vindo em sua direção, a besta mais estranha que já tinha visto ou ouvido falar; então a besta foi até o poço e bebeu, e o barulho estava no ventre da besta e se parecia com o de parelhas de trinta cães de caça; mas durante todo o tempo em que a besta bebia, não houve barulho em seu ventre. E assim a besta partiu fazendo grande alarido, com o qual o Rei se espantou.[5]

Figura 12. Ísis na forma de falcão se junta a Osíris no inframundo. Pedra esculpida, Egito ptolomaico, c. século I.

Há também o caso, vindo de uma parte muito diferente do mundo, da menina arapaho das planícies da América do Norte. Ela avistou um porco-espinho perto de um choupo. Tentou acertar o animal, mas ele correu para trás da árvore e começou a subir. A garota o perseguiu para pegá-lo, mas ele continuou fora do alcance. "Muito bem!", disse ela, "Estou escalando para pegar o porco-espinho, pois quero aqueles espinhos e, se necessário, irei até o topo". O porco-espinho chegou ao topo da árvore, mas quando a menina se aproximou e estava prestes a colocar as mãos nele, a árvore, de repente, se alongou e o porco-espinho retomou sua escalada. Olhando para baixo, ela viu seus amigos esticando o pescoço e acenando para que ela descesse; mas estando sob a influência do porco-espinho e temerosa pela grande distância entre ela e o solo, continuou a escalar, até que se tornou um mero ponto para aqueles que a olhavam lá de baixo e, junto com o porco-espinho, finalmente alcançou o céu.[6]

Dois sonhos bastarão para ilustrar o aparecimento espontâneo da figura do arauto na psique que está pronta para a transformação. O primeiro é o sonho de um jovem que busca o caminho para uma nova orientação no mundo:

"Estou em uma terra verde onde muitas ovelhas pastam. É a 'terra das ovelhas'. Na terra das ovelhas encontra-se uma mulher desconhecida que indica o caminho."[7]

O segundo é o sonho de uma jovem cuja amiga morreu recentemente de tuberculose; ela tem medo de ter, ela própria, a doença:

"Eu estava em um jardim florido; o sol se punha com um brilho vermelho-sangue. Então apareceu diante de mim um nobre cavaleiro negro que me falou com uma voz muito séria, profunda e assustadora: 'Queres ir comigo?'. Sem esperar a minha resposta, ele me pegou pela mão e me levou embora."[8]

Sonho ou mito, nessas aventuras há uma atmosfera de irresistível fascínio pela figura que surge de repente como guia, marcando uma nova fase, uma nova etapa da biografia. Aquilo que deve ser enfrentado, e é de alguma forma profundamente familiar para o inconsciente – embora desconhecido, surpreendente e até assustador para a personalidade consciente – se faz conhecer. E o que antes fazia sentido pode se tornar estranhamente esvaziado de valor: como o mundo da filha do rei, após o súbito desaparecimento da bola de ouro na fonte. Depois disso, mesmo que o herói retorne por um tempo às suas ocupações rotineiras, elas podem ser consideradas infrutíferas. Uma série de sinais, cada vez mais fortes, se tornarão visíveis até que a convocação não poderá mais ser recusada – como na lenda abaixo, dos "Quatro Sinais", que é o exemplo mais celebrado do chamado à aventura em toda a literatura mundial.

O jovem príncipe Gautama Shakyamuni, o futuro Buda, fora protegido por seu pai de todo o conhecimento sobre a velhice, a doença, a morte ou a vida monástica, para que não fosse levado a pensar na renúncia à vida mundana; pois fora profetizado em seu nascimento que ele se tornaria um imperador do mundo ou um Buda. O rei, que tinha predileção pela vocação real, concedeu a seu filho três palácios

CAPÍTULO I – *Partida*

e quarenta mil dançarinas para manter sua mente ligada ao mundo. Mas isso só serviu para promover o inevitável; pois ainda relativamente jovem já havia exaurido os campos da alegria carnal e tornou-se maduro para outra experiência. No momento em que estava pronto, os arautos adequados apareceram automaticamente:

> Certo dia, o Futuro Buda desejou ir ao parque e disse a seu cocheiro para aprontar a carruagem. Então, o homem trouxe uma carruagem suntuosa e elegante e, adornando-a ricamente, atrelou a ela quatro cavalos majestosos, da raça *sindhava*, tão alvos como as pétalas do lótus branco, e anunciou ao Futuro Buda que tudo estava pronto. E o Futuro Buda subiu na carruagem, que se assemelhava a um palácio dos deuses, e prosseguiu em direção ao parque.
>
> "A hora da iluminação do príncipe Sidarta se aproxima", pensaram os deuses, "devemos mostrar-lhe um sinal". E transformaram um dentre eles em um velho decrépito, de dentes quebrados, cabelos grisalhos, corpo torto e encurvado, apoiado em um cajado, trêmulo, e o mostraram ao Futuro Buda, mas de maneira que apenas ele e o cocheiro vissem.
>
> Então o Futuro Buda disse ao cocheiro: "Amigo, me diga, quem é este homem? Nem mesmo seu cabelo é igual ao de outros homens". E quando ouviu a resposta, ele disse: "Que o nascimento se envergonhe, pois cada um que nasce deve chegar à velhice". E com o coração agitado ele voltou e subiu ao palácio.
>
> "Por que meu filho voltou tão rápido?", perguntou o rei.
>
> "Senhor, ele viu um velho", foi a resposta. "E por ter visto um homem ancião, está prestes a se retirar do mundo."
>
> "Você quer me matar ao dizer essas coisas? Prepare rapidamente algumas peças para serem encenadas diante de meu filho. Se pudermos ao menos levá-lo a desfrutar o prazer, ele deixará de pensar em se retirar do mundo." E o rei então estendeu a guarda mais meia légua em cada direção.
>
> De novo, num certo dia, o Futuro Buda, dirigindo-se ao parque, viu um homem doente que os deuses haviam criado; e tendo inquirido novamente, voltou, com o coração agitado, e subiu ao palácio.
>
> E o rei fez a mesma indagação e deu a mesma ordem de antes; e estendendo a guarda novamente, posicionou-a três quartos de légua ao redor.
>
> E, uma vez mais, num certo dia, quando o Futuro Buda estava indo ao parque, viu um homem morto que os deuses haviam criado; e tendo indagado ainda mais uma vez, voltou com o coração agitado e subiu ao palácio.

E o rei fez a mesma indagação e deu as mesmas ordens de antes; outra vez estendendo a guarda, colocou-a uma légua ao redor.

E novamente, certo dia, quando o futuro Buda estava indo ao parque, ele viu um monge cuidadosa e decentemente vestido, que os deuses haviam criado; e perguntou ao seu cocheiro: "Diga-me, quem é este homem?". "Senhor, este é aquele que se retirou do mundo"; e o cocheiro então passou a exaltar os méritos do afastamento do mundo. A ideia de se retirar do mundo era agradável ao Futuro Buda.[9]

Esta primeira etapa da jornada mitológica, que designamos "chamado à aventura", significa que o destino convocou o herói e transferiu seu centro de gravidade espiritual de dentro de sua sociedade para uma zona desconhecida. Esta região fatídica de tesouros e perigos pode ser representada de várias maneiras: como uma terra distante, uma floresta, um reino subterrâneo, sob as ondas ou acima do céu, uma ilha secreta, um alto topo de montanha ou um profundo estado de sonho. Mas é sempre um lugar de seres estranhamente fluidos e polimórficos, tormentos impensáveis, feitos sobre-humanos e deleite inimaginável. O herói pode sair por sua própria vontade para realizar a aventura, como fez Teseu quando chegou à cidade de seu pai, Atenas, e ouviu a horrível história do Minotauro; ou pode ser carregado ou enviado ao exterior por algum agente benigno ou maligno, como foi Odisseu, levado por todo o Mediterrâneo pelos ventos do irado deus Posídon. A aventura pode começar como um mero erro, como o da princesa do conto de fada; ou ainda, pode-se estar apenas caminhando casualmente, quando algum fenômeno passageiro captura o olhar errante e o atrai para longe dos caminhos frequentados pelo homem. Os exemplos se multiplicam *ad infinitum* em todos os cantos do mundo.

Na seção acima e nas páginas seguintes, não fiz qualquer tentativa de esgotar as evidências. Se o houvesse feito (à maneira, por exemplo, de Frazer, em *O ramo de ouro*) teria aumentado prodigiosamente meus capítulos sem deixar a linha principal do monomito mais clara. Em vez disso, escolhi oferecer, em cada seção, alguns exemplos notáveis de uma série de tradições representativas e amplamente dispersas. No decorrer do trabalho, mudo minhas fontes gradualmente, para que o leitor possa saborear as qualidades peculiares dos vários estilos. Quando chegar à última página, o leitor terá revisado um imenso número de mitologias. Caso deseje comprovar se todas foram citadas em cada seção do monomito, então, bastará recorrer a alguns dos volumes de origem enumerados na bibliografia e divagar por esta multidão de contos.

2. A recusa ao chamado

FREQUENTEMENTE, NA VIDA real, e não raro nos mitos e contos populares, encontramos o caso tedioso do chamado não respondido. É sempre possível dar ouvidos a outros interesses. A recusa à convocação converte a aventura em seu negativo. Cercado pelo tédio, trabalho árduo ou "cultura", o sujeito perde o poder de uma ação afirmativa de peso e se torna uma vítima a ser salva. Seu mundo florescente se torna uma terra inóspita de pedras secas, e sua vida parece sem sentido – embora, como no caso do Rei Minos, ele possa, por meio de um esforço titânico, ter sucesso na construção de um renomado império. Qualquer que seja a casa que ele construa, será uma casa de morte: um labirinto de paredes ciclópicas para esconder dele seu Minotauro. Tudo o que ele pode fazer é criar novos problemas para si mesmo e aguardar a aproximação gradual de sua desintegração.

"Porque eu chamei e vós recusastes [...] também eu me rirei no dia da vossa calamidade e zombarei quando vos sobrevier o medo, quando vos sobrevier o temor como desolação, quando vos sobrevier a vossa destruição como um redemoinho, quando vos sobrevierem a tribulação e a angústia [...]. Pois o afastamento dos simples os matará, e a prosperidade dos tolos os destruirá."[10]

Time Jesum transeuntem et non revertentem: "Temei a passagem de Jesus, pois ele não retorna".[11]

Os mitos e contos folclóricos de todo o mundo deixam claro que a recusa é essencialmente negar-se a abrir mão daquilo que consideramos ser nosso próprio interesse. O futuro não é visto em termos de uma série incessante de mortes e nascimentos, mas como se nosso presente sistema de ideais, virtudes, objetivos e vantagens devesse ser fixo e seguro. O rei Minos reteve o touro divino quando seu sacrifício significaria submissão à vontade do deus de sua sociedade, pois ele preferiu o que concebeu ser uma vantagem econômica para si. Assim, falhou no avanço em direção ao papel vital que havia assumido – e vimos que o efeito foi calamitoso. A própria divindade tornou-se seu terror pois, obviamente, se alguém é seu próprio deus, então Deus mesmo, a vontade de Deus, o poder que destruiria o sistema egocêntrico de uma pessoa, se torna um monstro.

Dele fugi, noites e dias adentro;
Dele fugi, pelos arcos dos anos;
Dele fugi, pelos caminhos dos labirintos
De minha própria mente; e em meio a lágrimas
Dele me ocultei, e sob riso incessante.[12]

Somos assediados, dia e noite, pelo ser divino que é a imagem do eu vivo dentro do labirinto trancado de nossa própria psique desorientada. Os caminhos para os portões foram todos perdidos: não há saída. Só é possível, como Satanás, agarrar-se furiosamente a si mesmo e permanecer no inferno; ou então entrar em colapso e ser finalmente aniquilado, em Deus.

"Ah, meu mais querido, mais cego, mais fraco,
Eu sou Aquele que procuras!
Se tu Me afastas, afastas o amor de ti."[13]

A mesma voz angustiante e misteriosa era ouvida no chamado de Apolo grego à fugitiva donzela Dafne, filha do rio Peneu, enquanto ele a perseguia pela planície. "Ó ninfa, ó filha de Peneu, fica!", a divindade a chamou – como o sapo chamou a princesa do conto de fada.

"Eu, que vos persigo, não sou inimigo. Não sabeis de quem foges e por isso foges. Correi com menos velocidade, rogo-vos, e retardai vossa fuga. Eu também seguirei com menos pressa. Mais que isso, parai e perguntai quem é aquele que vos ama."

Ele teria dito [segundo reza a lenda] mais alguma coisa; no entanto, a donzela seguiu seu caminho, assustada, e o deixou com palavras inacabadas, linda mesmo em sua deserção. Os ventos desnudaram seus membros, as brisas opostas esvoaçaram suas roupas enquanto ela corria, e uma aragem fez fluir ao vento as mechas de seus cabelos. Sua beleza foi realçada pela fuga. Mas a perseguição chegou ao fim, pois o jovem deus não mais perderia seu tempo com palavras de persuasão e, impulsionado pelo amor, prosseguiu com velocidade máxima. Exatamente como quando um cão de caça gaulês vê uma lebre numa planície aberta e persegue sua presa voando. Enquanto a lebre busca segurança, ele, agora prestes a agarrá-la, pensa que a tem, e roça em seus calcanhares com o focinho estendido; mas ela não sabe se já foi apanhada ou não, e por pouco escapa daquelas presas afiadas e deixa para trás as mandíbulas que se fecham sobre ela. Assim correram o deus e a donzela, ele acelerou pela

CAPÍTULO I – *Partida*

Figura 13. *Apolo e Dafne*. Marfim esculpido, copta, Egito, século V.

esperança e ela pelo medo. Mas ele corria com mais rapidez, carregado nas asas do amor, não dando a ela tempo para descansar. Pairou sobre os ombros da donzela em fuga e respirou no cabelo que esvoaçava sobre seu pescoço. Agora que suas forças se esvaíam, pálida de medo e totalmente vencida pelo esforço da veloz fuga, vendo que as águas do rio de seu pai estavam próximas, gritou: "Ó pai, socorro! Se suas águas contêm divindade, muda e destrói esta beleza pela qual encantei de modo exagerado". Mal havia orado dessa forma, quando um entorpecimento e um peso se apoderou de seus membros, e seus flancos macios foram cobertos por uma fina casca. Seu cabelo foi transformado em folhas, seus braços em galhos. Seus pés, há pouco tão ligeiros, transformaram-se rapidamente em raízes lentas, e sua cabeça agora era apenas o topo de uma árvore. Só sua beleza resplandecente permaneceu.[14]

Este é realmente um final sem brilho e sem recompensa. Apolo, o Sol, senhor do tempo e da maturidade, não mais insistiu em fazer a corte de modo assustador. Em vez disso, simplesmente nomeou o louro como sua árvore favorita e ironicamente recomendou suas folhas aos produtores de coroas da vitória. A menina se recolheu sob a imagem de seu pai e lá encontrou proteção – como o marido malsucedido cujo sonho de amor materno o preservou da condição de apego a uma esposa.[15]

A literatura psicanalítica está repleta de exemplos dessas fixações desesperadas. Elas representam a impotência para afastar o ego infantil, com sua esfera de relacionamentos e ideais emocionais. O sujeito está confinado pelas paredes da infância; o pai e a mãe são os guardiões do limiar, e a alma tímida, temerosa de algum castigo*, deixa de fazer a passagem pela porta e não nasce no mundo exterior.

O Dr. Jung relatou um sonho que se assemelha muito à imagem do mito de Dafne. O sonhador é o mesmo jovem que se viu (ver acima, p. 62) na terra das ovelhas – ou seja, a terra da não independência. Uma voz dentro dele diz: "Eu devo primeiro me afastar de meu pai"; então algumas noites depois, "uma cobra traça um círculo ao redor do sonhador e ele fica em pé como uma árvore, tendo crescido rapidamente em direção à terra".[16] Esta é uma imagem do círculo mágico traçado ao redor da personalidade† pelo poder do dragão advindo do pai que causa fixação. Brunhilda, da mesma forma, ficou protegida em sua virgindade, presa em seu estado de filha por anos, pelo círculo de fogo do pai total, Wotan. Ela dormiu na atemporalidade até a chegada de Siegfried.

A pequena Briar-Rose (a Bela Adormecida) foi adormecida por uma bruxa ciumenta (uma imagem inconsciente da mãe má). E não só a criança, mas todo o seu mundo adormeceu. Porém, finalmente, "depois de longos e longos anos", chega um príncipe para acordá-la.

---

* Ver Freud: complexo de castração.
† A serpente (símbolo das águas terrestres na mitologia) corresponde precisamente ao pai de Dafne, o rio Peneu.

CAPÍTULO I – Partida

O rei e a rainha (as imagens conscientes dos bons pais), que tinham acabado de chegar em casa e estavam entrando no salão, começaram a adormecer, e com eles todo o reino. Todos os cavalos dormiram nas baias, os cães no pátio, os pombos no telhado, as moscas nas paredes, sim, e o fogo que tremeluzia na lareira acalmou-se e adormeceu, e o assado parou de cozinhar. E o cozinheiro, que ia puxar as orelhas do menino da copa porque tinha esquecido alguma coisa, soltou-o e caiu no sono. E o vento cessou, e nem uma folha se movia nas árvores. Então, ao redor do castelo, uma sebe de espinhos começou a crescer, e ficando mais alta a cada ano, finalmente fechou todo o reino. Cresceu mais alto que o castelo, de modo que nada mais se via, nem mesmo o cata-vento do telhado.[17]

Certa vez, uma cidade persa foi "petrificada em pedra" – rei e rainha, soldados, habitantes e tudo mais – porque seu povo recusou o chamado de Alá.[18] A esposa de Ló tornou-se uma estátua de sal por olhar para trás após ser convocada por Jeová a deixar sua cidade.[19] E há a história do judeu errante, amaldiçoado a permanecer na terra até o Dia do Juízo, pois quando Cristo passou por ele carregando a cruz, este homem, que estava no meio do povo ao longo do caminho, disse: "Mais rápido! Um pouco de velocidade!". O Salvador não reconhecido e insultado virou-se e falou: "Eu vou, mas você estará esperando aqui por mim quando eu voltar".[20]

Algumas das vítimas permanecem enfeitiçadas para sempre (ao menos, nas histórias que contam), mas outras estão destinadas a serem salvas. Brunhilda foi preservada para seu herói apropriado e a pequena Briar-Rose foi resgatada por um príncipe. Além disso, o jovem transformado em árvore sonhou posteriormente com uma mulher desconhecida que apontava o caminho, como um guia misterioso para percursos desconhecidos.[21] Nem todos os que hesitam estão perdidos. A psique reserva muitos segredos. E estes não são divulgados a menos que seja necessário. Assim é que, às vezes, a situação que se segue à recusa obstinada ao chamado acaba sendo ocasião da revelação providencial de algum princípio insuspeito de libertação.

A introversão voluntária, de fato, é um dos instrumentos clássicos do gênio criativo e pode ser empregada como um dispositivo intencional. Ela aprofunda as energias psíquicas e ativa o continente perdido das imagens inconscientes infantis e arquetípicas. O resultado, é claro, pode ser uma desintegração mais ou menos completa da consciência (neurose, psicose: a situação de Dafne enfeitiçada). Mas, por outro lado, se a personalidade for capaz de absorver e integrar as novas forças, experimentará um grau quase sobre-humano de autoconsciência e magistral autocontrole. Este é um princípio básico das disciplinas indianas do yoga. Tem sido o caminho, também, de muitos espíritos criativos no Ocidente.[22] Não pode ser descrita exatamente como uma resposta a um chamado específico. Em vez disso, seria mais uma recusa tremenda e deliberada a responder a qualquer coisa que não seja a reação mais profunda, mais elevada e mais rica à demanda ainda desconhecida de algum vazio interior: uma espécie de greve total ou rejeição da condição de vida oferecida, o que faz com que algum poder de transformação leve o problema a um plano de nova magnitude, onde é repentina e definitivamente resolvido.

Esse é o aspecto do problema do herói ilustrado na maravilhosa aventura das *Mil e Uma Noites* do príncipe Kamar al-Zaman e da princesa Budur. O jovem e belo príncipe, único filho do rei Shahriman da Pérsia, recusou persistentemente as repetidas sugestões, pedidos, exigências e, por fim, determinações de seu pai no sentido de que ele deveria fazer a coisa normal e tomar para si uma esposa. A primeira vez que o assunto foi abordado, o rapaz respondeu: "Ó meu pai, saiba que não tenho desejo de me casar, nem minha alma se inclina para as mulheres; sobre seus artifícios e perfídias, li muitos livros e ouvi muito falar, até mesmo nas palavras do poeta:

> *Agora, se de mulheres me perguntais vós, eu respondo:*
> *– Em seus assuntos sou versado, um doutor raro!*
> *Quando a cabeça do homem esbranquece e seu dinheiro diminui,*
> *Das afeições delas, ele não mais participa.*

E outro diz:

> *Rebelai-vos contra as mulheres e assim servirás mais a Alá;*
> *O jovem que dá rédeas às mulheres deve perder toda a esperança de se elevar.*
> *Elas o impedirão de procurar o estranho dispositivo, o Excelso,*
> *Mesmo que desperdice mil anos no estudo da ciência e da sabedoria."*

E ao terminar estes versos, continuou: "Ó meu pai, o casamento é uma coisa com a qual eu nunca consentirei; não, ainda que beba o cálice da morte".

Quando o sultão Shahriman ouviu estas palavras de seu filho, a luz tornou-se escuridão em seus olhos e ele se encheu de tristeza; no entanto, pelo grande amor que nutria pelo filho, não estava disposto a repetir seus desejos nem ficou zangado, mas mostrou-lhe todo tipo de bondade.

Passado um ano, o pai voltou a insistir na pergunta, mas o jovem persistiu na recusa, citando mais estrofes dos poetas. O rei consultou seu vizir, e o ministro aconselhou:

> Ó rei, esperai mais um ano e, se depois disso quiserdes falar com ele sobre a questão do casamento, não falai em particular, mas dirijai-vos a ele num dia de audiência pública, quando todos os emires e vizires estiverem presentes com todo o exército diante de vós. E quando todos estiverem reunidos, então mandai chamar vosso filho, Kamar al-Zaman, e o convocai; e, quando ele vier, abordai a questão do casamento perante os vizires, nobres e autoridades de estado e capitães; pois ele certamente ficará com vergonha e intimidado pela presença deles e não ousará opor-se à vossa vontade.

No entanto, quando chegou o momento e o rei Shahriman deu sua ordem diante da corte, o príncipe inclinou a cabeça por um momento, depois a ergueu para o pai e, movido por tolice juvenil e ignorância pueril, respondeu: "Quanto a mim, nunca me casarei; não, não, ainda que eu beba o cálice da morte! Quanto a ti, és grande em idade e pequeno em inteligência: não me interrogaste duas vezes antes deste dia e antes desta ocasião sobre a questão do casamento, tendo eu recusado meu consentimento? Na verdade, tu és louco e não és digno de governar um rebanho de ovelhas!". Assim dizendo, Kamar al-Zaman tirou as mãos das costas e arregaçou as mangas acima dos cotovelos diante do pai, num acesso de fúria. Além disso, falou muito mais coisas ao seu senhor, sem saber o que fazia, por força da angústia de seu espírito.

O rei ficou confuso e envergonhado, pois isso aconteceu na presença de seus nobres e oficiais militares reunidos em uma grande festa e ocasião estatal. Mas logo foi tomado de majestade e realeza, e gritou com seu filho e o fez tremer. Então chamou os guardas diante dele e ordenou: "Prendam-no!". Eles se aproximaram e o agarraram e, amarrando-o, trouxeram-no diante de seu senhor, que lhes ordenou que prendessem os cotovelos do príncipe atrás das costas e o fizessem ficar assim diante de sua presença. E o príncipe baixou a cabeça de medo e apreensão, e sua testa e rosto estavam cobertos de gotas brilhantes de suor; e vergonha e confusão o perturbavam muito. Então seu pai o insultou, injuriou e clamou: "Ai de ti, filho do adultério e fruto da abominação! Como ousas responder-me desta maneira diante de meus capitães e soldados? Mas até agora ninguém te castigou. Não sabes que este ato que fizeste seria tua desgraça se tivesse sido feito pelo mais mesquinho dos meus súditos?". E o rei ordenou a seus mamelucos que soltassem as amarras dos cotovelos e o aprisionassem em um dos bastiões da cidadela.

Então, pegaram o príncipe e o forçaram para dentro de uma velha torre, na qual havia um salão dilapidado e, no meio dele, um poço em ruínas; após varrido e limpo o piso, foi trazido um catre sobre o qual depuseram um colchão, um tapete de couro e uma almofada. Trouxeram, então, uma grande lamparina e uma vela de cera; pois aquele lugar era escuro mesmo de dia. Por fim, os mamelucos levaram Kamar al-Zaman para lá e colocaram um eunuco de guarda na porta. E quando tudo isso foi feito, o príncipe se jogou no catre, triste e com o coração pesado, culpando-se e arrependendo-se de sua conduta injuriosa para com seu pai.

Enquanto isso, no distante império da China, a filha do rei Ghazur, Senhor das Ilhas e dos Mares e dos Sete Palácios, passava por situação semelhante. Quando sua beleza se tornou conhecida e seu nome e fama correram pelos reinos vizinhos, todos os monarcas encaminharam a seu pai pedidos de casamento, e ele a consultou sobre o assunto, mas ela não gostou nem mesmo da palavra casamento. "Ó meu pai", respondeu "não tenho intenção de me casar; não, de jeito nenhum; pois sou uma dama soberana e uma rainha suserana que governa sobre os homens, e não desejo um homem que me governe". E quanto mais pretendentes ela recusava, mais a ânsia destes aumentava, e de todas as casas reais das ilhas do interior da China eram enviados presentes e raridades ao pai dela, com cartas pedindo-a em casamento. Então ele a pressionou repetidas vezes aconselhando-a sobre a questão do matrimônio; mas ela sempre se opunha, até que finalmente virou-se para ele com raiva e gritou: "Ó meu pai, se falares em matrimônio mais uma vez, irei para meu quarto, pegarei uma espada e, fixando o punho da espada no chão, colocarei a ponta em minha cintura; então a pressionarei até que saia pelas minhas costas e, assim, me matarei".

Quando o rei ouviu estas palavras, a luz tornou-se escuridão em sua vista e seu coração ardeu por ela como uma chama de fogo, pois ele temia que ela se matasse; e foi tomado de perplexidade diante do caso dela e dos monarcas, seus pretendentes. Então disse à filha: "Se estás decidida a não se casar e não há como evitar, abstenha-te de entrar e sair". E colocou a filha em uma casa e a fechou em um quarto, nomeando dez anciãs como aias para guardá-la, e a proibiu de ir aos Sete Palácios. Além disso, fez parecer que estava indignado com ela enviando cartas a todos os monarcas dando-lhes a saber que ela havia sido acometida de loucura, vítima de um gênio.[23]

Tendo o herói e a heroína ambos seguido o caminho negativo, e havendo entre eles todo o continente da Ásia, será necessário um milagre para consumar a união desse casal predestinado desde a eternidade. De onde pode vir o poder capaz de quebrar o feitiço que nega a vida, e dissolver a ira dos dois pais da infância?

A resposta a esta pergunta permanece a mesma em todas as mitologias do mundo. Pois, como está escrito tão frequentemente nas páginas sagradas do Alcorão: "Bem capaz é Alá de salvar". O único problema está em qual deve ser o mecanismo do milagre. E esse é um segredo a ser desvelado apenas nos estágios seguintes deste divertimento das *Mil e Uma Noites*.

3. O auxílio sobrenatural

PARA AQUELES QUE não recusaram o chamado, o primeiro encontro da jornada do herói é com uma figura protetora (frequentemente uma velhinha ou um ancião) que fornece ao aventureiro amuletos contra as forças dragontinas que está prestes a encarar.

Uma tribo do leste da África, por exemplo, os wachaga de Tanganica, conta a história de um homem muito pobre chamado Kyazimba, que se lançou em desesperada busca pela terra onde o sol se levanta. Ele viajou muito e ficou cansado, e estava simplesmente de pé, olhando sem esperança na direção de sua busca, quando ouviu alguém se aproximando por trás. Ao voltar-se viu uma velhinha decrépita. Ela chegou perto e perguntou sobre seus afazeres ali. Quando ele lhe contou, ela enrolou sua capa nele, e levantando voo, transportou-os ao zênite, onde o sol faz uma pausa ao meio-dia. Então, com poderoso estrondo, um grande grupo de homens veio do leste para aquele local, e no meio deles havia um brilhante cacique, que quando chegou, matou um touro e sentou-se para banquetear-se com seus vassalos. A velha senhora pediu ao cacique ajuda para Kyazimba. O cacique abençoou o homem e o enviou para casa. E está registrado que ele viveu em prosperidade para sempre.[24]

Entre os indígenas do sudoeste americano, a personagem favorita que desempenha este papel benigno é a Mulher Aranha – uma pequena dama com jeito de vovozinha que vive no subterrâneo. Os Deuses da Guerra Gêmeos dos navajos no caminho até a casa de seu pai, o Sol, mal haviam partido de sua morada, seguindo uma trilha sagrada, quando se depararam com essa diminuta e maravilhosa personagem.

> Os garotos viajavam rapidamente pela trilha sagrada, e pouco depois do amanhecer, próximo a Dsilnaotil, avistaram fumaça se elevando do solo. Foram até o local, e descobriram que a fumaça subia de um buraco ligado a uma câmara subterrânea. Uma escada, enegrecida pela fumaça, se projetava pelo buraco. Olhando para baixo, avistaram uma anciã, a Mulher Aranha, que os viu lá de baixo e disse: "Bem-vindas, crianças. Entrem. Quem são vocês, e de onde vieram caminhando juntos?". Eles não responderam, mas desceram a escada. Quando alcançaram o chão, ela falou com eles novamente e perguntou: "Para onde estão indo, caminhando juntos?". "Nenhum lugar em especial", eles responderam, "nós viemos aqui porque não tínhamos outro lugar para ir". Ela perguntou quatro vezes, e a cada vez recebeu uma resposta similar. Então a senhora disse: "Porventura vocês procuram seu pai?". "Sim", eles responderam, "se nós ao menos soubéssemos o caminho para a sua morada". "Ah!", disse a mulher, "é um caminho longo e perigoso para a casa de seu pai, o Sol. Daqui até lá habitam muitos monstros, e talvez, quando lá chegarem, seu pai poderá ficar descontente ao ver vocês, e quem sabe os puna por aparecerem. Vocês precisam passar por quatro locais de perigo – as pedras que esmagam o viajante, os caniços que o cortam em pedaços, os cactos bengala que o rasgam em tiras, e as areias ferventes que o subjugam. Mas eu lhes darei algo para dominar seus inimigos e preservar suas vidas". Ela lhes deu um encantamento chamado "pena dos deuses estrangeiros", que consistia em um aro com duas penas da vida (penas arrancadas de uma águia viva) para preservar sua existência. Ela os ensinou uma fórmula mágica, que, uma vez dita a seus inimigos, subjugaria sua ira: "Abaixe seus pés com pólen. Abaixe suas mãos com pólen. Abaixe sua cabeça com pólen. Então seus pés são pólen; suas mãos são pólen; seu corpo é pólen; sua mente é pólen; sua voz é pólen. A trilha é bonita. Fiquem imóveis".[25]*

---

* Pólen é um símbolo de energia espiritual entre os índios americanos do sudoeste do país. É usado em profusão em todas as cerimônias, tanto para espantar o mal quanto para marcar o caminho simbólico da vida.

CAPÍTULO I – *Partida*

Figura 14. *As rochas que se chocam e os caniços que cortam.*
Pintura navajo em areia. América do Norte, 1943.

A velhinha prestativa e fada madrinha são características da tradição dos contos de fada europeus. Em lendas de santos cristãos esse papel é comumente desempenhado pela Virgem Maria. A Virgem pode interceder perante o Pai para ganhar sua misericórdia. A Mulher Aranha pode controlar o movimento do sol com sua teia. O herói que conseguiu a proteção da mãe cósmica não pode ser ferido. O fio de Ariadne levou Teseu com segurança através da aventura do labirinto. Esse é o poder orientador que perpassa as obras de Dante nas figuras femininas de Beatriz e da Virgem, e aparece no *Fausto* de Goethe sucessivamente como Gretchen, Helena de Troia e a Virgem. "Vós sois a fonte viva da esperança", reza Dante, ao final de sua travessia segura através dos perigos dos Três Mundos; "Senhora, sois tão grande e preciosa, que quem quer graça e não recorre a vós, quer que sem asas voe o seu desejo. Vós, que sois benigna, não apenas socorreis a quem vos pede, mas frequentemente vos adiantais ao pedido de socorro. Em vós misericórdia, em vós piedade, em vós magnificência, em vós repousa tudo o que na criatura há de bondade".[26]

O que tal figura representa é o poder benigno e protetor do destino. A fantasia é uma reafirmação – a promessa de que a paz do Paraíso, inicialmente conhecida no útero materno, não será perdida; de que ela sustenta o presente e está no futuro bem como no passado (é ômega assim como é alfa); de que apesar da onipotência aparentemente estar em perigo durante as passagens pelos limiares e os despertares da vida, o poder protetor reside incessante e eternamente no santuário do coração e mesmo imanente em nosso interior, ou logo atrás das aparências desconhecidas do mundo. É preciso apenas saber e confiar, pois os guardiões eternos aparecerão. Tendo respondido ao chamado que lhe foi dirigido, e prosseguindo corajosamente à medida que as consequências se desdobram, o herói descobre que todas as forças do inconsciente estão ao seu lado. A própria Mãe Natureza apoia a tremenda tarefa. E enquanto os atos do herói coincidirem com aquilo para o qual a sociedade já está pronta, ele parece cavalgar o grande ritmo do processo histórico. "Eu me sinto", disse Napoleão no início da invasão da Rússia, "movido em direção a um fim que desconheço. Assim que o tiver alcançado, terei então me tornado desnecessário, um átomo bastará para me despedaçar. Até lá, nem mesmo todas as forças da humanidade podem algo contra mim".[27]

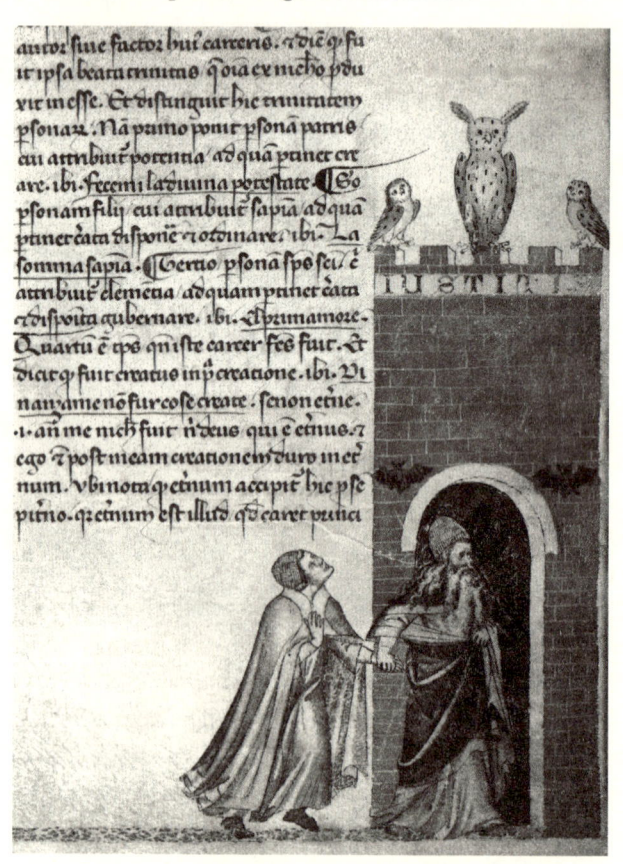

Figura 15. *Virgílio guiando Dante*. Tinta sobre velino, Itália, século XIV.

CAPÍTULO I – *Partida*

Não raro, o ajudante sobrenatural aparece em forma masculina. Na tradição dos contos de fada ele pode ser um pequeno camarada da floresta, algum mago, eremita, pastor, ou ferreiro, que aparece para fornecer os amuletos e conselhos que o herói precisará. As mitologias mais elevadas desenvolvem a grande figura do guia, do professor, do barqueiro, o condutor de almas ao além. No mito clássico este é Hermes-Mercúrio; na mitologia egípcia, usualmente é Tot (o deus Íbis, ou o deus babuíno); no cristianismo é o Espírito Santo.[28] Em *Fausto*, Goethe apresenta o guia masculino como Mefistófeles – e não raro o aspecto perigoso da figura "mercurial" é sublinhado; pois ele é quem atrai a alma inocente aos reinos das provações. Nas visões de Dante esse papel é desempenhado por Virgílio, que se rende a Beatriz no limiar do Paraíso. Protetor e perigoso, paternal e maternal ao mesmo tempo, esse princípio sobrenatural de tutela e orientação reúne em si toda a ambiguidade do inconsciente – significando dessa forma o apoio que nossa personalidade consciente recebe desse outro âmbito, esse sistema mais amplo. Mas significa igualmente o caráter inescrutável do guia que estamos seguindo, que coloca em perigo todos os nossos objetivos racionais.

O sonho a seguir fornece um exemplo vívido da fusão dos opostos no inconsciente: "Sonhei que fui a uma rua de bordéis e procurei uma das garotas. Assim que entrei, ela se transformou num homem, que estava deitado, seminu, em um sofá. Ele disse: 'Não te perturba (que agora eu seja um homem)?'. O homem parecia velho, possuía suíças brancas. Ele me lembrava um ministro da agricultura, que era um bom amigo do meu pai".[29] "Todos os sonhos", Dr. Stekel afirma, "possuem essa tendência bissexual. Onde a bissexualidade não pode ser percebida, está escondida no conteúdo latente do sonho".[30]

O herói a quem tal ajudante aparece é tipicamente aquele que respondeu ao chamado. O chamado, de fato, foi o primeiro anúncio da aproximação do sacerdote da iniciação. Mas o guardião sobrenatural pode surgir mesmo àqueles que parecem ter endurecido seus corações pois, como vimos, "Alá é bem capaz de salvar".

Então aconteceu, como por acaso, que na antiga e desabitada torre onde Kamar al-Zaman, o príncipe persa, estava dormindo, havia um antigo poço romano*, e este era habitado por uma Jinniyah da linha-

---

* O poço é um símbolo do inconsciente. Compare com o conto de fada do Rei Sapo, p. 57-58.

gem de Íblis o maldito, chamada Maymunah, filha de Al-Dimiryat, um renomado rei dos gênios.

> Compare Maymunah, o gênio, ao sapo do conto de fada. Na Arábia pré-muçulmana os gênios, ou Jinn (transliterado do árabe para o inglês -singular: *m.* Jinni; *f.* Jinniyah), ou gênios, eram demônios que assombravam os desertos e regiões selvagens. Cabeludos e disformes, ou então com aparência de animais, avestruzes ou serpentes, eles representavam grande perigo para pessoas desprotegidas. O profeta Muhammad admitia a existência desses espíritos pagãos,[31] e os incorporou no sistema muçulmano, que reconhece três inteligências criadas sob Alá: Anjos formados de luz, gênios de fogo sutil, e o Homem do pó da terra. Os gênios muçulmanos possuem o poder de assumir qualquer forma que quiserem, mas não mais grosseira do que a essência do fogo e da fumaça, e então eles podem se tornar visíveis aos mortais. Existem três ordens de gênios: voadores, caminhantes e mergulhadores. Muitos supostamente aceitaram a Fé Verdadeira, e são vistos como bons; o restante são maus. Estes últimos habitam e trabalham em íntimo contato com Anjos Caídos, cujo chefe é Íblis ("o Desesperador").

E como Kamar al-Zaman continuou dormindo até o primeiro terço da noite, Maymunah saiu do poço romano e subiu mirando o firmamento, pensando em escutar furtivamente a conversa dos anjos. Mas quando chegou à borda do poço viu luzes brilhando no outro cômodo. Contrariando seu costume, ela admirou-se, acercou-se, entrou pela porta, e contemplou o catre onde havia uma forma humana com uma vela de cera queimando próxima à sua cabeça e uma lamparina aos seus pés. Ela relaxou suas asas e postou-se ao lado da cama. Afastando a colcha que o cobria, desvelou o rosto de al-Zaman. Ficou paralisada por uma hora inteira em admiração e maravilhamento. "Bendito seja Alá", exclamou ao recobrar-se, "o melhor dos Criadores!", pois ela era um gênio que cria verdadeiramente em Alá.

Ela então prometeu a si mesma que não feriria Kamar al-Zaman, e se preocupou, pois descansando nesse local desabitado ele poderia ser morto pelos parentes dela, os marids*. Inclinando-se sobre ele, beijou-o entre os olhos, e cobriu novamente sua face com a colcha; após um certo tempo ela abriu novamente as asas, e ascendendo no ar, voou para o alto até estar próxima dos mais baixos céus.

Quis o acaso ou o destino que a ifrita Maymunah que ascendia aos céus repentinamente ouvisse na sua cercania um ruidoso ruflar

---

* Um ifrite (ifrita) é um gênio poderoso. Os marids são uma classe de gênios especialmente poderosos e perigosos.

de asas. Voltando-se para esse som, descobriu que vinha de um ifrite chamado Dahnash. Ela, então, precipitou-se sobre ele como se fosse um falcão. Quando ele a viu e soube que era Maymunah, a filha do rei dos gênios, teve tanto receio que seus músculos laterais estremeceram, e implorou a ela que tolerasse a sua presença ali. Mas ela exigiu que ele declarasse de onde vinha àquela hora da noite. Ele respondeu que retornava das Ilhas do Mar Interno de uma região da China, o reino do Rei Ghayur, Senhor das Ilhas, dos Mares e dos Sete Palácios.

"Ali", ele disse, "vi a filha do rei, e Alá não criou ninguém mais bela do que ela em seu tempo". E se lançou em um grande louvor à princesa Budur. "Ela possui um nariz", disse ele,

> como o fio de uma lâmina polida e maçãs do rosto como vinho-púrpura ou flores de anêmona vermelho-sangue; seus lábios brilham como o coral e a cornalina, e sua saliva é mais doce do que vinho envelhecido; seu sabor poderia extinguir a dor ardente do inferno. Sua língua é movida pelo mais alto grau de sagacidade, pronta com respostas rápidas e espirituosas; seus seios, sedução para todos que os veem (glória a Ele que os idealizou e os fez!); e ligados a eles, há dois braços macios e arredondados, que mesmo o poeta Al-Walahan se exprimiu sobre ela:
>
> *Ela possui pulsos que, se suas pulseiras não os pudessem conter,*
> *Se derramariam por suas mangas numa chuva prateada.*

A celebração de sua beleza continuou, e enquanto Maymunah ouvia tudo aquilo, permaneceu em silenciosa perplexidade. Dahnash prosseguiu, e descreveu o poderoso rei, pai dela, seus tesouros e os Sete Palácios, assim como a história da recusa de sua filha em casar. "E eu", disse ele, "minha senhora, vou a ela toda noite para me preencher, alimentar a minha visão com a sua face e a beijo entre os olhos; e por amor, não faço mal a ela". Ele desejou que Maymunah voasse de volta com ele até a China e contemplasse a beleza, graça, estatura, e a perfeição de proporções da princesa. "E depois, se desejardes", disse ele, "castigai-me, ou escravizai-me; pois é vosso o poder de propor e proibir".

Maymunah estava indignada que alguém presumisse celebrar qualquer criatura no mundo depois do vislumbre que acabara de ter de Kamar al-Zaman. "Bah!", gritou ela, e riu de Dahnash e cuspiu em seu rosto. "Em verdade, esta noite eu vi um jovem", disse ela, "o qual se o visses mesmo que em sonho, estarias paralisado de admiração e a saliva escorreria de tua boca". E ela descreveu o jovem. Dahnash expressou sua incredulidade que qualquer um pudesse ser mais formoso do que a princesa Budur, e Maymunah ordenou-lhe que descesse com ela para olhar.

"Eu escuto e obedeço", disse Dahnash.

Eles então desceram e pousaram no salão. Maymunah posicionou Dahnash ao lado do catre e, chegando sua mão sobre a colcha de seda que cobria o rosto de Kamar al-Zaman, o desvelou, quando então sua face reluziu, brilhou e rutilou e resplandeceu como o sol nascente. Ela o contemplou por um momento, então virou-se bruscamente para Dahnash e falou: "Olhe, Ó amaldiçoado, e não seja o mais rasteiro dos lunáticos; eu sou uma dama, e mesmo assim ele emboscou meu coração".

"Por Alá, Ó minha senhora, vós estais perdoada", declarou Dahnash; "mas ainda há outra coisa a considerar, e é isso: o estado de feminilidade difere do de masculinidade. Pelo poder de Alá, esse vosso amado é o mais parecido, dentre todas as coisas criadas, à minha senhora em beleza, graça e perfeição; é quase como se ambos tivessem sido fundidos iguais no mesmo molde da formosura".

A luz se transformou em trevas na visão de Maymunah. Quando ela ouviu essas palavras, golpeou Dahnash na cabeça com sua asa, com tanta ferocidade que poderia ter sido seu fim. "Eu vos conjuro", ela ordenou, "pela luz do glorioso semblante do meu amado, ide imediatamente, Ó amaldiçoado. Trazei cá vossa senhora que amais tão apaixonada e tolamente, e retornais bem rápido para que possamos deitá-los juntos e contemplar os dois enquanto dormem lado a lado. Assim saberemos quem é o mais atraente e belo dentre eles".

E, por causa de algo que acontecia em uma esfera da qual ele era inteiramente inconsciente, o destino de Kamar al-Zaman, que era relutante quanto à vida, começou a se cumprir sem a cooperação de sua vontade consciente.[32]

4. A travessia do primeiro limiar

Tendo as personificações de seu destino para guiá-lo e ajudá-lo, o herói avança em sua aventura até chegar ao "guardião do limiar" que o espera na entrada da zona do poder ampliado. Tais guardiões delimitam o mundo nas quatro direções e também acima e abaixo, representando os limites da esfera presente do herói, ou seu horizonte de vida. Para além deles está a escuridão, o desconhecido e o perigo; assim como para além da vigilância dos pais está o perigo para a criança e para além da proteção da sociedade, o perigo para o membro da tribo. Uma pessoa comum fica mais do que contente, até tem orgulho de permanecer dentro dos limites indicados, e a crença popular lhe dá todos os motivos para temer até mesmo o primeiro passo em direção ao inexplorado. Assim, os marinheiros das audaciosas naus de Colombo, rompendo o horizonte da mente medieval – navegando, segundo pensavam, no oceano sem limites do ser imortal que circunda o cosmos, como uma serpente mitológica sem fim, mordendo sua própria cauda[33] – tiveram de ser persuadidos e instigados como crianças, por causa de seu medo dos lendários leviatãs, das sereias, reis, dragões e outros monstros das profundezas.

As mitologias folclóricas povoam de presenças enganosas e perigosas todos os lugares desertos fora do trânsito normal da aldeia. Por exemplo, os hotentotes descrevem um ogro que foi ocasionalmente encontrado entre arbustos e dunas. Seus olhos estão fixos no peito do pé, de modo que, para descobrir o que está acontecendo, ele precisa se abaixar, ficar de quatro e levantar um pé. O olho então olha para trás; caso contrário, olha continuamente para o céu. Este monstro é um caçador de homens, a quem despedaça com dentes cruéis e compridos como dedos. Diz-se que esta criatura caça em bandos.[34] Outra

Figura 16. *Odisseu e as sereias*. Detalhe, lécito branco com figuras policromadas, Grécia, século V a.C.

aparição hotentote, chamada Hai-uri, caminha saltando sobre tufos de arbusto em vez de contorná-los.³⁵ É uma figura perigosa que tem uma perna, um braço e um lado – é o meio-homem – invisível apenas se visto pelo lado que falta, encontrado em muitas partes do mundo. Na África Central conta-se que tal meio-homem diz à pessoa que o encontra: "Já que você me encontrou, vamos lutar juntos". Se for derrotado, ele implorará: "Não me mate. Vou te ensinar muitos remédios"; e então essa pessoa sortuda se torna um médico proficiente. Mas se o meio-homem (chamado Chiruwi, "uma coisa misteriosa") vencer, sua vítima morre.³⁶

As regiões do desconhecido (deserto, selva, mar profundo, terra desconhecida, etc.) são campos livres para a projeção de conteúdos inconscientes. A libido incestuosa e a *destrudo* patricida são ali projetadas e aparecem para o indivíduo e sua sociedade em formas que sugerem ameaças de violência e fantasias de prazeres perigosos – não apenas como ogros, mas também como sereias de beleza misteriosamente sedutora e nostálgica. Os camponeses russos conhecem, por exemplo, as "Mulheres Selvagens" das matas, que moram nas cavernas das montanhas onde têm suas residências, como se fossem seres humanos. São belas fêmeas, com elegantes cabeças quadradas, tranças fartas e corpos peludos. Elas jogam os seios sobre os ombros quando correm e quando amamentam seus filhos. Andam em grupos. Ao se besuntarem com unguentos preparados a partir de raízes da floresta, tornam-se invisíveis. Gostam de dançar ou fazer cócegas até a morte nas pessoas que vagam sozinhas pela floresta, e qualquer um que acidentalmente se depare com suas festas de dança invisíveis morre. Por outro lado, para as pessoas que deixam alimentos para elas lá fora, elas colhem o grão, fiam, cuidam das crianças e arrumam a casa; e se uma garota pentear o cânhamo para que fiem, elas lhe darão folhas que se transformam em ouro. Gostam de amantes humanos, casam-se frequentemente com jovens camponeses e são conhecidas por serem excelentes esposas. Mas como todas as noivas sobrenaturais, no momento em que o marido ofende minimamente suas noções caprichosas de etiqueta conjugal, elas desaparecem sem deixar vestígios.³⁷

Mais um exemplo, para ilustrar a associação libidinosa do perigoso ogro travesso com o princípio da sedução: Dyedushka Vodyanoy, é o "Avô da Água" russo. Ele é um metamorfo hábil e diz-se que afoga as pessoas que nadam à meia-noite ou ao meio-dia. Casa-se com garotas afogadas ou deserdadas. Tem um talento especial para persuadir mulheres infelizes a assumir sua labuta. Gosta de dançar nas noites de luar. Sempre que uma esposa dele está prestes a ter um bebê, ele vai às aldeias para procurar uma parteira. Mas pode ser detectado pela água que escorre pela beira de suas vestes. Ele é calvo, barrigudo, bochechudo, usa roupas verdes e um chapéu alto de junco; mas também pode aparecer como um jovem atraente, ou como algum personagem bem conhecido na comunidade. Este Mestre da Água não é forte em terra, mas em seu próprio elemento ele é supremo. Habita as profundezas dos rios, córregos e lagoas, preferindo estar perto de um moinho. Durante o dia ele fica escondido, como uma velha truta ou salmão, mas à noite vem à tona, chapinhando e se debatendo como um peixe, para levar seu gado subaquático, ovelhas e cavalos, à terra para pastar. Ou então empoleira-se na roda de moinho e penteia silenciosamente sua barba e longos cabelos verdes. Na primavera, quando desperta de sua longa hibernação, ele quebra o gelo ao longo dos rios, empilhando grandes blocos. E se diverte destruindo rodas de moinho. Mas quando está de bom humor, lança seus rebanhos de peixes na rede do pescador ou dá aviso de enchentes que se aproximam. À parteira que o acompanha ele paga ricamente com prata e ouro. Suas lindas filhas, altas, pálidas e com ar de tristeza, vestidas em transparências verdes, torturam e atormentam os afogados. Elas gostam de balançar nas árvores, cantando lindamente.[38]

Pã, o deus arcadiano, é o mais conhecido exemplo clássico dessa presença perigosa que habita logo além da zona protegida da fronteira da vila. Silvano e Fauno eram seus equivalentes latinos.* Ele inventou a flauta do pastor, que tocava para as ninfas dançarem, e os sátiros eram seus companheiros masculinos.† A emoção que ele suscitava nos seres humanos que por acaso se aventurassem em seus domínios era o medo ou "pânico": um susto súbito e infundado. Qualquer causa insignificante – a quebra de um galho, o esvoaçar de uma folha – inundava a mente com um perigo imaginário, e no esforço frenético de escapar de seu próprio inconsciente despertado, a vítima morria em fuga apavorada.

No entanto, Pã era benigno para com aqueles que o cultuavam, concedendo as bênçãos da higiene divina da natureza: fartura para os agricultores, pastores e pescadores que lhe dedicavam seus primeiros

---

* Nos tempos alexandrinos, Pã era identificado com a divindade egípcia itifálica Min, que era, entre outras coisas, a guardiã das estradas desertas.
† Compare com Dioniso, a contraparte de Pã na Trácia.

frutos, e saúde para todos que se aproximavam adequadamente de seus santuários de cura. Também a sabedoria, a sabedoria do ônfalo, o Umbigo do Mundo, era sua para conceder; pois a travessia do limiar é o primeiro passo para a zona sagrada da fonte universal. Em Licônia havia um oráculo, presidido pela ninfa Érato, a quem Pã inspirou, assim como Apolo inspirava a profetisa em Delfos. E Plutarco enumera os êxtases dos ritos orgiásticos de Pã junto ao êxtase de Cibele, o frenesi báquico de Dioniso, o frenesi poético inspirado nas Musas, o frenesi guerreiro do deus Ares (Marte) e, o mais feroz de todos, o frenesi do amor, como ilustrações desse "entusiasmo" divino que subverte a razão e libera as forças da escuridão destrutiva-criativa.

"Sonhei", afirmou um cavalheiro casado de meia-idade, "que queria entrar em um jardim maravilhoso. Mas antes havia um vigia que não me deixava entrar. Vi que minha amiga, Fräulein Elsa, estava lá dentro; ela queria me estender a mão, por cima do portão. Mas o vigia a impediu, me pegou pelo braço e me conduziu para casa. 'Seja sensato, afinal!', disse ele. 'Você sabe que não deve fazer isso.'"[39*]

Este sonho traz à tona o sentido do primeiro aspecto, ou aspecto protetor, do guardião do limiar. É melhor não desafiar o vigia dos limites estabelecidos. No entanto, é apenas avançando além desses limites, provocando o outro aspecto destrutivo do mesmo poder, que o indivíduo passa, vivo ou morto, para uma nova zona de experiência. Na linguagem dos pigmeus das Ilhas Adamão, a palavra *oko-jumu* ("sonhador", "aquele que fala a partir dos sonhos") designa os indivíduos altamente respeitados e temidos que se distinguem de seus companheiros pela posse de talentos sobrenaturais, que só podem ser adquiridos pelo encontro com os espíritos – diretamente na selva, por sonho extraordinário, ou pela morte e retorno.[40] A aventura é sempre e em toda parte uma passagem para além do véu do conhecido, na direção do desconhecido. Os poderes que vigiam a fronteira são perigosos; lidar com eles é arriscado, no entanto, para qualquer pessoa com competência e coragem, o perigo esmaece.

---

* O vigia simboliza, segundo Wilhelm Stekel, "a consciência, ou, se preferir, o agregado de toda a moralidade e restrições presentes na consciência". "Freud", continua o Dr. Stekel, "descreveria o vigia como o 'superego', mas ele é realmente apenas um 'interego'. A consciência impede que irrompam desejos perigosos e ações imorais. É nesse sentido que vigias, policiais e oficiais devem ser interpretados nos sonhos em geral" (Wilhelm Stekel, *Fortschritte und Technik der Traumdeutung*. Wien-Leipzig--Bern: Verlag für Medizin, Weidmann und Cie., 1935, p. 37-38).

CAPÍTULO I – *Partida*

Se um jovem nas Ilhas Banks das Novas Hébridas, voltando de sua pesca nas rochas, caminhando em direção ao pôr do sol, por acaso avistar

> uma menina com a cabeça enfeitada de flores acenando para ele da encosta do penhasco, para o qual seu caminho o conduz; e se ele reconhecer nela o semblante de alguma moça de sua aldeia ou de uma aldeia vizinha, ele para, hesita e pensa que ela deve ser uma mae;* se olhar mais de perto e observar que seus cotovelos e joelhos dobram para o lado errado, isto revelará a verdadeira natureza da menina, e ele fugirá. Se um jovem puder golpear a tentadora com uma folha de dracena, ela assumirá sua verdadeira forma e, então, deslizará para longe como uma cobra.

Mas acredita-se que essas mesmas cobras, as *mae*, tão temidas, se tornem familiares daqueles que mantêm relações sexuais com elas.⁴¹ Tais demônios – ao mesmo tempo perigosos e outorgadores de poder mágico – serão fatalmente encontrados por todo herói que pisar um centímetro sequer fora dos muros de sua tradição.

Duas vívidas histórias orientais servirão para iluminar as ambiguidades dessa passagem desconcertante e mostrar que, embora os terrores recuem diante de uma prontidão psicológica genuína, o aventureiro excessivamente ousado, que excede sua capacidade, pode ser vergonhosamente derrocado.

A primeira história é sobre um líder de caravana de Benares, que se atreveu a conduzir sua expedição de quinhentas carroças, ricamente carregadas, por um deserto demoníaco sem água. Advertido dos perigos, tomou a precaução de colocar nas carroças enormes ânforas cheias de água, de modo que, a julgar pela razão, sua perspectiva de ter sucesso na travessia de menos de sessenta léguas no deserto era das melhores. Mas quando chegou ao meio da travessia, um ogro que habitava aquele deserto pensou: "Farei com que esses homens joguem fora a água que trouxeram". Então, criou uma carroça deslumbrante, puxada por novilhos brancos imaculados, e com rodas sujas de lama desceu pela estrada na direção da caravana. À sua frente e atrás marchavam os demônios que formavam seu séquito: cabeças molhadas, roupas encharcadas, enfeitadas com guirlandas de lírios aquáticos

---

* Uma cobra marinha anfíbia marcada com faixas de cores claras e escuras, sempre mais ou menos temida quando é vista.

azuis e brancos, carregando nas mãos cachos de flores de lótus vermelhas e brancas, mastigando os talos fibrosos dos lírios, dos quais escorriam gotas de água e lama. E quando a caravana e a companhia de demônios se afastaram para deixar um ao outro passar, o ogro cumprimentou o líder de maneira amigável. "Para onde vai?" perguntou educadamente. Ao que o líder da caravana respondeu: "Nós, senhor, estamos vindo de Benares. Mas você está coberto com lírios aquáticos azuis e brancos, tem flores de lótus vermelhas e brancas nas mãos, mastiga os talos fibrosos dos lírios, ensopados de lama e pingando água. Está chovendo ao longo da estrada por onde você veio? Os lagos estão completamente cobertos de lírios aquáticos azuis e brancos e flores de lótus vermelhas e brancas?".

O ogro disse: "Você vê aquela faixa verde escura de floresta? Além desse ponto, toda a floresta é uma massa de água; chove o tempo todo; as depressões estão cheias de água; em todos os lugares há lagos completamente cobertos de flores de lótus vermelhas e brancas". E então, enquanto as carroças passavam uma após a outra, ele perguntou: "Que mercadorias você tem nesta carroça? E naquela? A última se move pesadamente; que bens você leva nela?".

"Temos água", respondeu o líder.

"Você agiu sabiamente, é claro, ao trazer água até aqui; mas além deste ponto não há necessidade de se sobrecarregar. Quebre as ânforas de cerâmica, jogue fora a água, viaje tranquilo." O ogro seguiu seu caminho e, quando sumiu de vista, voltou novamente para sua cidade dos ogros. Ora, aquele líder da caravana, por sua própria tolice, aceitou o conselho do ogro, quebrou as ânforas e fez com que as carroças avançassem. À frente não havia a menor partícula de água. Por falta de água para beber, os homens se cansaram. Viajaram até o sol se pôr, e então desamarraram as carroças, puxaram-nas formando um círculo fechado e amarraram os bois às rodas. Não havia água para os bois nem mingau e arroz cozido para os homens. Enfraquecidos, deitaram-se aqui e ali e adormeceram. À meia-noite os ogros se aproximaram vindo da cidade dos ogros, mataram bois e homens, todos, e devoraram suas carnes, deixando apenas os ossos nus e, tendo feito isso, partiram. Os ossos de suas mãos assim como todos os seus outros ossos foram espalhados nas quatro direções e nas quatro direções intermediárias; quinhentas carroças ficaram ali, tão carregadas quanto chegaram.[42]

CAPÍTULO I – *Partida*

A segunda história é de um estilo diferente. Conta-se que um jovem príncipe acabara de completar seu treinamento militar com um professor de renome mundial. Tendo recebido, como símbolo de sua distinção, o título de Príncipe Cinco Armas, aceitou as cinco armas que seu professor lhe ofereceu, curvou-se e, assim armado, partiu para a estrada que levava à cidade de seu pai, o rei. No caminho, chegou a uma certa floresta. As pessoas na entrada da floresta o avisaram: "Senhor príncipe, não entre nesta floresta; um ogro mora aí, chamado Cabelo Pegajoso; ele mata todo homem que vê".

Mas o príncipe era confiante e destemido como um leão jubado. Entrou na floresta assim mesmo. Quando chegou ao coração dela, o ogro apareceu. Ele havia aumentado sua estatura à altura de uma palmeira; criara para si uma cabeça do tamanho de uma casa de veraneio com pináculo em forma de sino, olhos do tamanho de tigelas de esmola, duas presas do tamanho de bulbos ou botões gigantes; tinha bico de falcão; sua barriga estava coberta de manchas; suas mãos e pés eram verde-escuros. "Aonde vai?", inquiriu. "Pare! Você é minha presa!"

O Príncipe Cinco Armas respondeu sem medo, mas com grande confiança nas artes e ofícios que aprendera: "Ogro, eu sabia o que estava fazendo quando entrei nesta floresta. É bom você ter cuidado ao me atacar; pois com uma flecha impregnada de veneno perfurarei tua carne e te derrubarei na hora!".

Tendo ameaçado o ogro dessa maneira, o jovem príncipe encaixou em seu arco uma flecha impregnada de veneno mortal e atirou. Ela grudou bem no cabelo do ogro. Então o príncipe disparou, uma após a outra, cinquenta flechas. Todas ficaram grudadas no cabelo do ogro. O ogro sacudiu todas aquelas flechas, deixando-as cair aos seus pés, e se aproximou do jovem príncipe.

O Príncipe Cinco Armas ameaçou o ogro pela segunda vez e, desembainhando sua espada, desferiu um golpe magistral. A espada, de trinta e três polegadas de comprimento, grudou no cabelo do ogro. Então o príncipe o golpeou com uma lança. Esta também grudou em seu cabelo. Percebendo que a lança havia grudado, ele o golpeou com um porrete. Esse também ficou preso no cabelo pegajoso.

Quando viu que o porrete tinha ficado preso, disse: "Mestre ogro, você nunca ouviu falar de mim antes. Eu sou o Príncipe Cinco Armas. Quando entrei nesta floresta infestada por você, não levei em conta arcos e armas semelhantes; quando entrei nesta floresta, contava

Figura 17. *Baal com lança de raio*. Estela de calcário, Assíria, século XV-XIII a.C.

apenas comigo mesmo. Agora vou bater em você e transformá-lo em poeira e pó!". Tendo assim dado a conhecer a sua determinação, lançando um grito atingiu o ogro com a mão direita. Sua mão grudou no cabelo do ogro. Ele o golpeou com a mão esquerda. Esta também grudou. Então com o pé direito. Também grudou. Golpeou com o pé esquerdo. Também ficou preso. Pensou ele: "Vou bater em você com a minha cabeça e transformá-lo em poeira e pó!". Golpeou-o com a cabeça. Também grudou no cabelo do ogro.*

O Príncipe Cinco Armas, preso cinco vezes, em cinco lugares, estava pendurado no corpo do ogro. Mas, apesar de tudo isso, não tinha medo, não se intimidava. Já o ogro pensou: "Este é um homem leão, um homem de nascimento nobre – não um mero homem qualquer! Pois embora tenha sido pego por um ogro como eu, ele parece não tremer e nem se abalar! Em todo o tempo que percorri essa estrada, nunca vi um único homem que se comparasse a ele! Por que, me pergunto, ele não está com medo?". Não ousando comê-lo, o ogro perguntou: "Jovem, por que você não tem medo? Por que você não está aterrorizado com o medo da morte?".

"Ogro, por que eu deveria ter medo? Pois na vida a morte é absolutamente certa. Além do mais, tenho na barriga um raio como arma. Se você me comer, não conseguirá digerir essa arma. Ela rasgará suas entranhas em farrapos e pedacinhos, e o matará. Nesse caso, ambos pereceremos. É por isso que não tenho medo!"

O Príncipe Cinco Armas, o leitor já sabe, estava se referindo à Arma do Conhecimento que estava dentro dele. De fato, esse jovem herói não era outro senão o futuro Buda, em uma encarnação anterior.

O raio (*vajra*) é um dos principais símbolos da iconografia budista, significando o poder espiritual do estado de Buda (iluminação indestrutível) que destrói as realidades ilusórias do mundo. O Absoluto, ou Adi-Buda, é representado nas imagens tibetanas como Vajradhara (tibetano: Dorjechang), "O Detentor do Raio Adamantino".

---

* Foi observado que esta aventura do Príncipe Cinco Armas é o mais antigo exemplo conhecido da célebre e quase universal história do folclore popular do bebê de piche. (Ver Aurelio M. Espinosa: "Notes on the Origin and History of the Tar-Baby Story", *Journal of American Folklore*, 43 [1930]: 129–209; "A New Classification of the Fundamental Elements of the Tar- Baby Story on the Basis of Two Hundred and Sixty-Seven Versions", *Journal of American Folklore*, 56 [1943]: 31–37; e Ananda K. Coomaraswamy, "A Note on the Stick Fast Motif", *Journal of American Folklore*, 57 [1944]: 128-131.)

> Nas figuras dos deuses que vieram da antiga Mesopotâmia (Suméria e Acádia, Babilônia e Assíria), o raio, na mesma forma do *vajra*, é um elemento de destaque (ver Figura 62); Vindo desses deuses, foi herdado por Zeus.
>
> Sabemos também que entre os povos primitivos os guerreiros podem chamar suas armas de raios. *Sicut in coelo et in terra*: o guerreiro iniciado é um agente da vontade divina; seu treinamento não é apenas em habilidades manuais, mas também espirituais. A magia (o poder sobrenatural do raio), assim como a força física e o veneno químico, dão a energia letal a seus golpes. Um consumado mestre não precisaria de qualquer arma física; o poder de sua palavra mágica seria suficiente. A parábola do Príncipe Cinco Armas ilustra esse tema. Mas também ensina que aquele que confia ou se orgulha de seu caráter meramente empírico, físico, já está perdido. "Temos aqui a imagem de um herói", escreve o Dr. Coomaraswamy, "que pode acabar envolvido nas circunvoluções de uma experiência estética ["os cinco pontos" sendo os cinco sentidos], mas consegue, por uma superioridade moral intrínseca, libertar a si próprio, e até mesmo libertar os outros".[43]

"O que esse jovem diz é verdade", pensou o ogro, aterrorizado pelo medo da morte. "Meu estômago não seria capaz de digerir um fragmento de carne do corpo deste leão humano, mesmo que fosse tão pequeno como um feijão. Vou soltá-lo!" E libertou o Príncipe Cinco Armas. O futuro Buda pregou a Doutrina ao ogro, subjugou-o, tornou-o abnegado e depois o transformou em um espírito autorizado a receber oferendas na floresta. Tendo advertido o ogro a ser cuidadoso, o jovem partiu dali e, na saída contou sua história aos seres humanos; depois seguiu seu caminho.[44]

Como símbolo do mundo ao qual os cinco sentidos nos colam, e que não pode ser deixado de lado pelas ações dos órgãos físicos, Cabelo Pegajoso foi subjugado apenas quando o futuro Buda, não mais protegido pelas cinco armas de seu nome e caráter físico momentâneos, recorreu à sexta arma, invisível, sem nome: o raio divino do conhecimento do princípio transcendente, que está além do reino fenomênico dos nomes e formas. Com isso a situação mudou. Ele não ficou mais preso, mas foi libertado; pois aquilo que ele agora se lembrou que era, é livre para sempre. A força do monstro da fenomenalidade foi dissipada e ele se tornou abnegado. Abnegado, se tornou divino – um espírito autorizado a receber oferendas – como o próprio mundo, quando é conhecido não como algo último, mas como mero nome e forma daquilo que transcende e, ainda assim, está imanente dentro de todos os nomes e formas.

O "Muro do Paraíso", que esconde Deus da vista humana, é descrito por Nicolau de Cusa como constituído da "coincidência dos opostos".

Seu portão é guardado pelo "mais alto espírito da razão, que barra o caminho até que ele tenha sido superado".⁴⁵ Os pares de opostos (ser e não ser, vida e morte, beleza e feiura, bem e mal, e todas as outras polaridades que vinculam as faculdades à esperança e ao medo, e conectam os órgãos de ação a atos de defesa e aquisição) são as rochas que se chocam (Simplégades) que esmagam o viajante, mas entre as quais os heróis sempre passam. Este é um tema conhecido em todo o mundo. Os gregos as associavam a duas ilhas rochosas do mar Euxino que se chocavam entre si impulsionadas pelos ventos; mas Jasão, a bordo do Argo, navegou entre elas, e desde então, elas ficaram separadas.⁴⁶ Os Heróis Gêmeos da lenda navajo foram avisados sobre o mesmo obstáculo pela Mulher Aranha; mas protegidos pelo símbolo de pólen do caminho e pelas penas de águia arrancadas de um pássaro do sol vivo, passaram por elas.⁴⁷

Como a fumaça que sobe de uma oferenda atravessando a porta do sol, assim vai o herói, liberado do ego, através das paredes do mundo – deixando o ego preso ao Cabelo Pegajoso e seguindo adiante.

5. O ventre da baleia

A IDEIA DE que a passagem do limiar mágico constitui um trânsito à esfera do renascimento é simbolizada no mundo inteiro pela imagem uterina da barriga da baleia. O herói, ao invés de conquistar ou atingir uma conciliação com o poder do limiar, é engolido pelo desconhecido, e parece ter morrido.

> *Mishe-Nahma, Rei dos Peixes,*
> *Em sua ira, dardejou para o alto,*
> *Como um raio saltou para a luz do sol,*
> *Abriu suas grandes mandíbulas e engoliu*
> *A ambos, canoa e Hiawatha.*⁴⁸

Os Esquimós do Estreito de Bering contam a história do herói embusteiro Corvo que, um dia, enquanto estava sentando secando suas roupas na praia, observou uma baleia fêmea nadando solenemente próximo à costa. Ele a chamou dizendo: "Da próxima vez que você emergir para respirar, querida, abra a sua boca e feche os olhos".

Então, rapidamente vestiu suas roupas de corvo, colocou sua máscara de corvo, juntou uns bastões de madeira de fazer fogo, e os colocou debaixo do braço, e voou sobre a água. A baleia subiu. Ela fez como tinha sido solicitado. Corvo disparou para dentro de suas mandíbulas abertas diretamente para seu esôfago. Chocada, a baleia fêmea emitiu estalidos e assovios; Corvo permaneceu dentro dela e olhou ao redor.[49]

Os zulus têm uma história de duas crianças e sua mãe que foram engolidas por um elefante. Quando a mulher chegou ao estômago do animal, "ela viu imensas florestas e grandes rios, e muitas terras altas; de um lado havia um grande número de rochas; e muitas pessoas que construíram sua vila ali; e muitos cães e muito gado; tudo ali dentro do elefante".[50]

O herói irlandês Finn MacCool foi engolido por um monstro de formato indefinido, de um tipo conhecido no mundo celta como *peist*. A garotinha alemã Chapeuzinho Vermelho foi engolida por um lobo. O favorito da Polinésia, Mauí, foi engolido por sua tataravó, Hine-nui-te--po. E todo o panteão grego, com a única exceção de Zeus, foi engolido por seu pai, Cronos.

O herói grego Héracles, durante uma parada em Troia no caminho de volta para casa, trazendo o cinto da Rainha das Amazonas, descobriu que a cidade vinha sendo atormentada por um monstro enviado contra ela pelo deus do mar, Posídon. A besta vinha até a costa e devorava as pessoas enquanto elas se moviam pela planície. A bela Hesíone, filha do rei, acabara de ser amarrada pelo seu pai às rochas do mar como um sacrifício apotropaico, e o grande herói que estava de visita concordou em resgatá-la por um preço. O monstro, no tempo devido, surgiu na superfície da água e abriu suas mandíbulas enormes. Héracles mergulhou pela garganta e cortou seu caminho de saída pela barriga, matando o monstro.

Esse tema popular dá ênfase à lição de que a passagem pelo limiar é uma forma de autoaniquilação. Sua semelhança com a aventura das Simplégades é óbvia. Mas aqui, ao invés de simplesmente atravessar para além do confinamento do mundo visível, o herói vai para dentro a fim de renascer. O desaparecimento corresponde à passagem do devoto para o interior do templo – onde ele deve ser vivificado pela recordação de quem e o que ele é, ou seja, pó e cinzas, a não ser que seja imortal. O interior do templo, a barriga da baleia, e a terra celestial além, acima e abaixo dos confins do mundo, são uma e a mesma coisa. É por isso que os caminhos para os templos e

CAPÍTULO I – *Partida*

Figura 18. *Saturno engolindo seus filhos*. Detalhe, óleo sobre gesso montado sobre tela, Espanha, 1819.

suas entradas são flanqueados e defendidos por gárgulas colossais: dragões, leões, matadores de demônios com espadas desembainhadas, anões ressentidos, touros alados. Esses são os guardiões do limiar que afugentam todos aqueles que são incapazes de encontrar o silêncio mais elevado em seu interior. Eles são corporificações preliminares do aspecto perigoso da presença, que correspondem aos ogros mitológicos que delimitam o mundo convencional, ou as duas fileiras de dentes da baleia. Eles ilustram o fato de que o devoto, no momento da entrada no templo, passa por uma metamorfose.

Seu caráter secular permanece do lado de fora, ele se desfaz deste como uma cobra se desfaz de sua pele. Uma vez no interior, pode-se dizer que ele morreu para o tempo e retornou ao Mundo do Útero, o Umbigo do Mundo, o Paraíso Terrestre. O fato de que qualquer um pode fisicamente caminhar pelos guardiões do templo não invalida o seu significado; pois se o intruso for incapaz de abraçar o santuário, ele na verdade permanece do lado de fora. Qualquer um incapaz de

Figura 19 *Guardiões do limiar, armados com relâmpagos.*
Madeira policromada, Japão, 1203.

CAPÍTULO I – *Partida*

compreender um deus o vê como demônio e, portanto, se defende de sua aproximação. Alegoricamente, a passagem para o interior do templo e o mergulho heroico nas mandíbulas da baleia são aventuras idênticas, ambas denotando, em linguagem pictórica, a centralidade da vida, o ato de renovação da vida.

"Nenhuma criatura", escreve Ananda Coomaraswamy, "pode obter uma natureza de grau mais elevado sem deixar de existir".[51] De fato, o corpo físico do herói pode realmente ser morto, desmembrado, ou espalhado pela terra ou pelo mar – como no mito egípcio do salvador Osíris, que foi jogado em um sarcófago e atirado no Nilo por seu irmão Set.* Quando retornou dos mortos, seu irmão o matou novamente, partiu o corpo em quatorze pedaços, e os espalhou sobre a terra. Os Heróis Gêmeos navajo tiveram de passar não apenas pelas rochas que se chocavam, mas também pelos caniços que cortavam o viajante em pedaços, pelas areias escaldantes que o subjugavam. O herói cujo apego ao ego já foi aniquilado vai e volta pelos horizontes do mundo, entrando e saindo do dragão tão facilmente quanto um rei através de todos os quartos da casa. Nisso repousa o poder de salvar; pois esse passar e retornar demonstra que, mesmo em meio a todos os opostos do mundo fenomênico, o Não Criado Imperecível se mantém, e não há nada a temer.

Por isso, no mundo inteiro, homens cuja função é tornar visível na Terra o mistério da frutificação da vida, que vem pelo extermínio do dragão, têm posto em prática em seus próprios corpos os grandes atos simbólicos, mutilando sua carne, como o corpo de Osíris, para a renovação do mundo. Na Frígia, por exemplo, em honra à crucificação e ressurreição do salvador Átis, um pinheiro era cortado no vigésimo segundo dia de março, e trazido ao santuário da deusa mãe, Cibele. Ali era enfaixado como um cadáver com tiras de lã e adornado com guirlandas de violetas. A efígie de um jovem era amarrada ao meio do tronco. No dia seguinte, acontecia um lamento cerimonial e o soar de trompetes. O vigésimo quarto dia de março era conhecido como o dia do sangue: o alto sacerdote sangrava seus próprios braços, que ele apresentava como oferendas; o clero de menor hierarquia rodopiava numa dança como a de um dervishe, ao som de tambores, cornetas, flautas e címbalos, até que, arrebatados em êxtase, eles talhavam seus

---

* O sarcófago ou caixão é uma forma alternativa da barriga da baleia. Compare com Moisés no cesto de vime.

corpos com facas para salpicar o altar e a árvore com seu sangue; e o noviços, imitando o deus cuja morte e ressurreição eles celebravam, castravam-se e desmaiavam.[52]

O sacrifício de Átis é o sacrifício que o Rei Minos se recusou a fazer quando reteve o touro enviado por Posídon. Como explica Frazer, o regicídio ritual foi uma tradição generalizada no mundo antigo. "No sul da Índia", escreve, "a vida e o reinado do soberano terminavam com a revolução do planeta Júpiter ao redor do Sol. Na Grécia, por outro lado, o destino do rei parecia estar por um fio ao final de cada oito anos [...]. Sem querer chegar a conclusões apressadas, podemos depreender que o tributo de sete jovens e sete virgens – que os Atenienses estavam obrigados a enviar a Minos a cada oito anos – possuía alguma conexão com a renovação do poder do rei por mais um ciclo de oito anos".[53] O sacrifício do touro requerido ao rei Minos implicava que ele iria sacrificar a si mesmo, de acordo com o padrão da tradição herdada, ao término de seu mandato de oito anos. Mas ele parece ter oferecido, em vez disso, o substituto de jovens e virgens Atenienses. Talvez por isso o divino Minos tenha se tornado o monstro Minotauro, o rei tirano Holdfast que se autoaniquila, e o estado hierático, no qual cada homem desempenha seu papel, o império mercantil, no qual cada um está por conta própria. Tais práticas de substituição parecem ter sido generalizadas por todo o mundo antigo próximo ao fechamento do grande período dos primeiros estados hieráticos, durante o terceiro ou segundo milênio a.C.

No mesmo espírito, o rei da província de Kilacarai no sul da Índia, ao completar o 12º ano do seu reinado, em um dia de festival solene, mandava erigir um palanque de madeira coberto de faixas de seda. Depois de se banhar ritualmente em um tanque, com grandes cerimônias e ao som de música, ele então ia ao templo, onde prestava culto às divindades. Em seguida, subia no palanque e, diante de todos, pegava uma faca muito afiada e começava a cortar seu próprio nariz, e depois suas orelhas e lábios e todos os seus membros, e quanto de sua carne fosse possível. Agarrava os nacos de sua própria carne e os arremessava ao redor, até que tanto de seu sangue tivesse escorrido que ele começasse a desmaiar, momento em que ele sumariamente cortava sua própria garganta.[54]

CAPÍTULO I – *Partida*

Figura 20. *O retorno de Jasão*. Cálice de figuras vermelhas etrusco, Itália, *c*.407 a. C.

Figura 21. *A tentação de Santo Antão*. Gravura em cobre, Alemanha, c.1470.

CAPÍTULO II

Iniciação

1. A estrada de provações

TENDO ATRAVESSADO O limiar, o herói se move em uma paisagem onírica de formas ambíguas, curiosamente fluidas, onde ele deve sobreviver a uma sucessão de provações. Essa é a fase favorita da aventura mítica. Ela produziu uma literatura mundial de provações miraculosas e suplícios. O herói é secretamente auxiliado pelos conselhos, amuletos, e agentes secretos do ajudante sobrenatural que ele conheceu antes de sua entrada nessa região. Ou pode ser que aqui ele descubra pela primeira vez um poder benigno em toda a parte, apoiando-o nessa passagem sobre-humana.

Um dos mais conhecidos e encantadores exemplos do tema das "tarefas difíceis" é o da busca de Psiquê por seu amante perdido, Cupido.[1] Aqui todos os papéis principais estão invertidos: ao invés do amante tentando conquistar sua noiva, é a noiva que tenta conquistá-lo. Em vez do pai cruel guardar zelosamente sua filha do amante, é a mãe ciumenta, Vênus, que esconde seu filho, Cupido, de sua noiva. Quando Psiquê implora a Vênus, a deusa a agarra violentamente pelos cabelos e arremessa sua cabeça no chão; então pega uma grande quantidade de trigo, cevada, painço, semente de papoula, ervilhas, lentilhas e feijões, mistura todos juntos em uma pilha, e manda a garota separar tudo antes do anoitecer. Psiquê é auxiliada por um exército de formigas. Vênus diz a ela, depois, que recolha a lã dourada de certas ovelhas selvagens e perigosas, de chifres afiados e mordida venenosa, que habitavam um vale inacessível numa floresta inóspita. Mas um junco verde a instruiu a recolher dos caniços ao redor os flocos dourados de lã deixados pelas ovelhas em sua passagem. A deusa agora exige uma garrafa de água de uma fonte congelante que ficava bem no alto de um gigantesco rochedo assolado por dragões que jamais dormiam. Uma águia a abordou e realizou a tarefa maravilhosa. Finalmente, Psiquê foi ordenada a trazer do abismo do mundo inferior uma caixa cheia de beleza sobrenatural. Uma alta torre, porém, lhe disse como descer ao mundo ínfero, deu a ela moedas para pagamento de Caronte e um suborno para Cérbero, e a apressou a seguir caminho.

A viagem de Psiquê ao mundo inferior é apenas uma das inumeráveis aventuras desse tipo empreendidas pelos heróis de contos de fada e mitos. Entre as jornadas mais perigosas estão as dos xamãs do norte mais remoto (lapões, siberianos, esquimós e certas tribos indígenas norte-americanas), quando vão procurar e recuperar as almas perdidas ou abduzidas dos doentes. O xamã siberiano veste-se para a aventura com um traje mágico que representa um pássaro ou uma rena, o princípio sombrio do próprio xamã, a forma da sua alma. Seu tambor é o seu animal – sua águia, rena, ou cavalo; diz-se que ele voa ou cavalga nele. O bastão que carrega é outro de seus auxiliares. E ele é servido por uma hoste de familiares invisíveis.

Um dos primeiros viajantes a se avistar com os lapões deixou uma vívida descrição das bizarras performances de um desses estranhos emissários ao reino dos mortos.[2] Como o além-mundo é um lugar de noite eterna, o cerimonial do xamã deve ser realizado após escurecer. Os amigos e vizinhos se reúnem na cabana parcamente iluminada do paciente, sob a luz tremeluzente, e seguem atentamente as gesticulações do mago. Primeiro ele invoca a ajuda dos espíritos; estes chegam, invisíveis para todos a não ser para ele. Como auxiliares, estão presentes duas mulheres em trajes cerimoniais, mas sem cintos e usando capuzes de linho, um homem sem capuz ou cinto, e uma garota que ainda não atingiu a idade adulta.

O xamã descobre sua cabeça. Afrouxa seu cinto e cadarços, cobre sua face com as mãos e começa a girar em uma variedade de círculos. Repentinamente, com gestos muito violentos, ele grita: "Equipem a rena! Preparem o barco!". Agarrando um machado, começa a se golpear na altura do joelho e a balançá-lo em direção às três mulheres. Ele arrasta pedaços de lenha incandescentes para fora do fogo com suas mãos nuas. Corre três vezes ao redor de cada uma das mulheres e finalmente colapsa, "como um morto". Durante todo o tempo, ninguém pode tocá-lo. Enquanto ele repousa, agora em transe, deve ser observado tão atentamente que nem mesmo uma mosca deve pousar

CAPÍTULO II – *Iniciação*

Figura 22. *Psiquê e Caronte*. Óleo sobre tela, Inglaterra, c.1873.

sobre ele. Seu espírito partiu, e ele está contemplando as montanhas sagradas com os deuses que as habitam; as mulheres presentes sussurram umas para as outras tentando adivinhar em que parte do além ele pode estar agora.

> As mulheres podem não conseguir localizar a posição do xamã no além; nesse caso seu espírito pode não conseguir retornar ao corpo. Ou o espírito errante de um xamã inimigo talvez o ataque, ou então o desvie de seu caminho. Dizem que muitos xamãs não conseguiram retornar.[3]

Se elas mencionarem a montanha correta, o xamã mexe a mão ou o pé. Após certo tempo ele inicia seu retorno. Numa voz fraca e baixa ele profere as palavras que ouviu no mundo inferior. As mulheres começam a cantar. O xamã acorda lentamente, declarando tanto a causa da doença quanto o tipo de sacrifício a ser feito. Ele anuncia, então, o tempo que levará para que o paciente melhore.

"Em sua laboriosa jornada", outro observador reporta,

o xamã precisa encontrar e superar certo número de diferentes obstáculos (*pudak*) que nem sempre são fáceis de superar. Depois de errar por florestas sombrias e extensas cadeias de montanhas, onde ele ocasionalmente se depara com os ossos de outros xamãs e de seus animais de montaria que morreram ao longo do caminho, ele chega até uma abertura no solo. Começam agora os estágios mais difíceis de sua aventura, quando as profundezas do mundo inferior com suas impressionantes manifestações se abrem para ele [...]. Depois de aplacar o vigia do mundo dos mortos e atravessar inúmeros perigos, ele chega finalmente ao senhor do mundo inferior, o próprio Erlik. E este se precipita sobre ele, urrando horrivelmente; mas se o xamã for habilidoso o suficiente, conseguirá aplacar o monstro e acalmá-lo com promessas de oferendas luxuosas. O momento do diálogo com Erlik é a crise do cerimonial. O xamã entra em êxtase.[4]

"Em toda tribo primitiva", escreve o Dr. Géza Róheim, "encontramos o curandeiro no centro da sociedade e é fácil demonstrar que ele é neurótico ou psicótico; ou, ao menos, que sua arte é baseada nos mesmos mecanismos que a neurose e a psicose. Grupos humanos são acionados por seus ideais grupais, esses são sempre baseados em situações infantis".[5] "A situação infantil é modificada ou invertida pelo processo de amadurecimento, e novamente modificada pela necessária adaptação à realidade; ainda assim, continua presente e fornece as ligações libidinais invisíveis sem as quais nenhum grupo humano poderia existir."[6] O curandeiro, portanto, está simplesmente tornando visíveis e públicos os sistemas de fantasias simbólicas presentes na psique de cada membro adulto da sociedade. "Eles são os líderes nesse jogo infantil e os para-raios da ansiedade do grupo. Eles combatem demônios para que os outros possam caçar as presas e engajar-se de modo geral no combate com a realidade."[7]

Portanto, se qualquer um, em qualquer sociedade, empreender por si mesmo a perigosa jornada para o interior das trevas, descendo voluntária ou involuntariamente pelas vias tortuosas de seu próprio labirinto espiritual, ele logo se encontrará em uma paisagem de figuras simbólicas (qualquer uma delas pode engoli-lo), não menos maravilhosa do que o mundo siberiano selvagem do *pudak* e das montanhas sagradas. No vocabulário dos místicos, esse é o segundo estágio do Caminho, aquele da "autopurificação", quando os sentidos são "purificados e humilhados", e as energias e interesses "concentrados sobre coisas transcendentais";[8] ou, usando um vocabulário mais moderno: esse é o processo de dissolver, transcender ou transmutar as imagens infantis de nosso passado pessoal. Em nossos sonhos os perigos eternos, gárgulas, provações, ajudantes secretos, e figuras que oferecem instrução ainda são encontrados como visões noturnas; e em suas formas nós talvez vejamos refletido não apenas o panorama completo de nosso caso, mas também a pista do que precisamos fazer para sermos salvos.

"Eu estava em pé diante de uma caverna sombria, querendo entrar", foi o sonho de um paciente no começo da análise. "Estremeci ao pensar que talvez não conseguisse encontrar meu caminho de volta."[9] "Eu via uma fera depois da outra", Emanuel Swedenborg anotou em seu livro de sonhos, na noite de 19-20 de outubro de 1744, "e elas abriam suas asas, e eram dragões. Eu voava sobre eles. Mas eu estava apoiado sobre um deles".[10*] E o dramaturgo Friedrich Hebbel registrou, um século depois (em 13 de abril de 1844): "No meu sonho eu estava sendo arrastado com grande força pelo mar; havia abismos terríveis e aqui e acolá uma rocha onde podia me agarrar".[11] Temístocles sonhou que uma cobra se enroscava ao redor de seu corpo, e se esgueirava até o seu pescoço, e quando tocava sua face se tornava uma águia que o levava em suas garras e, carregando-o para cima, o levou a uma longa distância, e o depositou sobre o bastão dourado de um arauto que aparecera repentinamente; e o fez de modo tão seguro que ele de repente foi aliviado de sua grande ansiedade e temor.[12]

As dificuldades psicológicas específicas do sonhador frequentemente são reveladas com tocante simplicidade e força:

"Eu tinha que escalar uma montanha. Havia toda sorte de obstáculos no caminho. Eu precisava saltar sobre uma vala, depois passar por uma sebe, e finalmente permanecer parado pois tinha perdido o fôlego." Esse foi o sonho de um gago.[13]

"Eu estava parada ao lado de um lago que parecia estar completamente imóvel. Uma tempestade apareceu abruptamente e ondas altas se ergueram, então toda minha face foi salpicada de água"; o sonho de uma garota com medo de ficar ruborizada (ereutofobia), cuja face, quando ela corava, ficava molhada de transpiração.[14]

---

* O comentário do próprio Swedenborg sobre esse sonho é o seguinte: "Dragões dessa espécie, que não se revelam como dragões até que alguém veja suas asas, simbolizam amor falso. Estou justamente agora escrevendo sobre esse tema (Jezower, *Das Buch der Träume*, p. 490).

"Eu estava seguindo uma garota que ia à minha frente, ao longo de uma rua escura. Eu só podia vê-la pelas costas e admirava seu belo corpo. Fui tomado por um poderoso desejo, e corria atrás dela. Repentinamente uma viga, como se tivesse sido lançada por uma mola, atravessou a rua e bloqueou o caminho. Acordei com o coração disparado." O paciente era homossexual; e a viga transversal, um símbolo fálico.[15]

"Eu entrava num carro, mas não sabia dirigir. Um homem sentado atrás de mim me deu instruções. Finalmente, as coisas estavam indo muito bem e nós chegamos a uma praça onde havia certo número de mulheres de pé. A mãe da minha noiva me recebeu com grande alegria." O homem era impotente, mas havia encontrado um instrutor no psicanalista.[16]

"Uma pedra quebrou meu para-brisa. Eu estava agora à mercê da tempestade e da chuva. Lágrimas escorriam dos meus olhos. Será que conseguiria alcançar meu destino nesse carro?" A sonhadora era uma jovem mulher que perdera a virgindade e não conseguia superar isso.[17]

"Eu vi metade de um cavalo estendido no solo. Ele tinha apenas uma asa e estava tentando se erguer, mas não conseguia fazê-lo." O paciente era um poeta. Que tinha de ganhar o pão de cada dia trabalhando como jornalista.[18]

"Eu fui mordido por uma criança." O sonhador sofria de um infantilismo psicossexual.[19]

"Estou trancado com o meu irmão em um quarto escuro. Ele tem uma faca grande na mão. Estou com medo dele. 'Você vai me enlouquecer e me levar para um hospício', digo a ele. Ele ri com um prazer malicioso, e responde: 'Você vai sempre estar preso a mim. Tem uma corrente enrolada ao redor de nós.' Eu espio as minhas pernas e noto pela primeira vez uma grossa corrente de ferro nos prendendo juntos, meu irmão e eu." O irmão, Dr. Stekel comenta, era a doença do paciente.[20]

"Eu estava passando por uma ponte estreita", sonha uma garota de dezesseis anos. "Repentinamente, ela se quebra sob meus pés e eu mergulho na água. Um oficial mergulha em minha direção, e me traz, com seus braços fortes, para a margem. De repente, me parece que sou um corpo sem vida. O oficial também parece muito pálido, como um cadáver."[21]*

---

* Naturalmente, escreve o Dr. Stekel, "'estar morto' aqui significa 'estar vivo' e o oficial 'vive' com ela. Eles morrem juntos. Isso lança uma luz gritante na fantasia popular do suicídio duplo. Deve ser notado também que esse sonho inclui a quase universal imagem mitológica da ponte de espada (o fio da navalha, p. 43) que aparece no romance do resgate da rainha Guinevere do castelo do Rei da Morte por Lancelot.

CAPÍTULO II – *Iniciação*

"O sonhador está absolutamente abandonado e sozinho em um buraco profundo numa adega. As paredes de seu quarto vão se estreitando cada vez mais, tanto que ele não consegue se mover." Nessa imagem estão combinadas as ideias do útero materno, aprisionamento, cela e túmulo.[22]

"Estou sonhando e preciso passar por corredores intermináveis. Então permaneço por longo tempo em um pequeno aposento que se parece com uma piscina dos banhos públicos. Eles me compelem a deixar a piscina, e eu tenho que me deslocar novamente por uma passagem estreita, úmida e escorregadia, até que atravesso uma pequena porta de treliça que dá para um local a céu aberto. Me sinto como alguém que acaba de nascer e penso: 'Isso significa um renascimento espiritual para mim por meio da análise.'"[23]

Não resta qualquer dúvida: os perigos psicológicos que gerações anteriores enfrentaram, guiadas por símbolos e exercícios espirituais de sua herança religiosa e mitológica, nós hoje (pois somos descrentes ou, se somos crentes, nossas crenças herdadas não conseguem representar os problemas reais da vida contemporânea) devemos encarar sozinhos, ou, na melhor das hipóteses, apenas com orientação hesitante, improvisada e frequentemente não muito eficaz. Esse é o nosso problema como indivíduos modernos e "esclarecidos", para quem todos os deuses e demônios foram racionalizados para fora da existência.* Não obstante, na multitude de mitos e lendas que foram preservadas, ou coletadas dos confins da terra, nós ainda podemos ver delineada um pouco de nossa trajetória humana. Entretanto, para escutar e se beneficiar, talvez seja preciso se submeter a alguma forma de purgação e entrega. E isso é parte de nosso problema: como fazer isso? "Ou pensais que entrareis no Jardim da Bem-Aventurança sem passar pelas provações às quais foram submetidos aqueles que morreram antes de vós?"[24]

O registro mais antigo de uma narrativa da passagem pelos portões da metamorfose é o mito sumério da descida da deusa Inanna ao mundo inferior.

---

* "O problema não é novo", escreve o Dr. C. G. Jung, "pois todas as eras antes de nós acreditavam em deuses em uma ou outra forma. Somente o empobrecimento simbólico sem paralelos nos habilitou a redescobrir os deuses como fatores psíquicos, ou seja, como arquétipos do inconsciente [...]. O céu se tornou para nós o espaço cósmico dos físicos, o divino Empíreo uma bela memória de como as coisas foram um dia. Mas 'o coração resplandece', e uma secreta agitação corrói as raízes de nosso ser". (Jung, "Archetypes of the Collective Unconscious", parágrafo 50.)

Do "grande acima" ela se decidiu em direção ao "grande abaixo",
A deusa, do "grande acima" se decidiu em direção ao "grande abaixo"
Inanna, do "grande acima" se decidiu em direção ao "grande abaixo"
Minha senhora abandonou o céu, abandonou a terra, e desceu ao mundo inferior,
Inanna abandonou o céu, abandonou a terra, e desceu ao mundo inferior,
Abandonou o senhorio e a soberania, ao mundo inferior ela desceu.

Ela se adornou com vestes e joias majestosas, sete divinos decretos ela amarrou em seu cinto. Estava pronta a entrar na "terra do não retorno", o mundo inferior da morte e da escuridão, governado por sua irmã deusa e inimiga Ereshkigal. Amedrontada, com medo de que sua irmã a executasse, Inanna instruiu Ninshubur, seu mensageiro, a ir ao céu e organizar um protesto por ela no salão onde se reuniam os deuses caso depois de três dias ela não conseguisse retornar.

Inanna desceu. Ela se aproximou do templo feito de lápis-lazúli, e no portão encontrou o chefe dos guardiões dos portais, que exigiu saber quem ela era e por que tinha vindo. "Eu sou a rainha do céu, o local onde o sol se levanta", retrucou. "Se sois a rainha do céu", ele disse, "do local onde o sol se levanta, por que, me diga, viestes à terra sem retorno? Pela estrada por onde nenhum viajante retorna, como vos conduziu a este local vosso coração?". Inanna declarou que fora participar de ritos funerários do marido de sua irmã, o senhor Gugalanna. Diante disso, Neti, o guarda do portal, pediu que ela ali permanecesse até que ele pudesse se reportar a Ereshkigal. Neti foi instruído a abrir os sete portais para a rainha do céu, mas ela deveria cumprir o costume, e remover, a cada portal, uma peça de roupa.

À pura Inanna ele diz:
"Venha, Inanna, entre."

Mediante sua entrada no primeiro portal,
Foi retirada de sua cabeça a shugurra, a "coroa da planície"
"O que, rogo me responda, é isso?"
"Extraordinariamente, Ó Inanna, os decretos do mundo inferior foram
 cumpridos,
Ó Inanna, não questiones os ritos do mundo inferior."

Mediante sua entrada no segundo portal,
Seu bastão de lápis-lazúli foi removido.
"O que, rogo me responda, é isso?"
"Extraordinariamente, Ó Inanna, os decretos do mundo inferior foram
 cumpridos,

CAPÍTULO II – *Iniciação*

Ó Inanna, não questiones os ritos do mundo inferior."

Mediante sua entrada no terceiro portal,
As pequenas pedras de lápis-lazúli de seu pescoço foram removidas.
"O que, rogo me responda, é isso?"
"Extraordinariamente, Ó Inanna, os decretos do mundo inferior foram cumpridos,
Ó Inanna, não questiones os ritos do mundo inferior."

Mediante sua entrada no quarto portal,
As pedras cintilantes de seu peito foram removidas.
"O que, rogo me responda, é isso?"
"Extraordinariamente, Ó Inanna, os decretos do mundo inferior foram cumpridos,
Ó Inanna, não questiones os ritos do mundo inferior."

Mediante sua entrada no quinto portal,
O anel de ouro de sua mão foi removido.
"O que, rogo me responda, é isso?"
"Extraordinariamente, Ó Inanna, os decretos do mundo inferior foram cumpridos,
Ó Inanna, não questiones os ritos do mundo inferior."

Mediante sua entrada no sexto portal,
O peitoral de sua veste foi removido.
"O que, rogo me responda, é isso?"
"Extraordinariamente, Ó Inanna, os decretos do mundo inferior foram cumpridos,
Ó Inanna, não questiones os ritos do mundo inferior."

Mediante sua entrada no sétimo portal,
Todas as vestes senhoriais foram removidas de seu corpo.
"O que, rogo me responda, é isso?"
"Extraordinariamente, Ó Inanna, os decretos do mundo inferior foram cumpridos,
Ó Inanna, não questiones os ritos do mundo inferior."

Nua, ela foi trazida diante do trono. Fez uma profunda reverência. Os sete juízes do mundo inferior, os Anunnaki, sentados diante do trono de Ereshkigal, fixaram seus olhos sobre Inanna – os olhos da morte.

A uma ordem deles, a ordem que tortura o espírito,
A mulher doente foi transformada em um cadáver
O cadáver foi dependurado em uma estaca.[25]

Inanna e Ereshkigal, as duas irmãs, luz e escuridão respectivamente, juntas representam, de acordo com a antiga maneira de simbolização, uma só deusa em seus dois aspectos. E sua confrontação é a epítome de todo o sentido da difícil estrada de provações. O herói, quer seja deus ou deusa, homem ou mulher, personagem de um mito ou o sonhador de um sonho, descobre e assimila o seu oposto (seu próprio insuspeitado Si-Mesmo) engolindo ou sendo ele mesmo engolido. Uma a uma as resistências são quebradas. Ele deve colocar de lado o orgulho, sua virtude, beleza e vida, e se curvar ou ser submetido ao absolutamente intolerável. Ele descobre, então, que o seu oposto não é de uma espécie diferente, mas uma só carne.*

Este ordálio é um aprofundamento do problema do primeiro limiar e a questão persiste: pode o ego matar a si mesmo? Pois de muitas cabeças

Figura 23. *Mãe dos deuses*. Madeira entalhada, egba-iorubá, Nigéria, data incerta.

---

* Ou, como colocou James Joyce: "iguais de opostos, evoluídos por um mesmo poder da natureza ou do espírito, como a única condição e meio para a sua manifestação andrógina, e polarizados para a união pela sínfise de suas antipatias" (Joyce, *Finnegans Wake*, p. 92).

é essa hidra circundante; quando uma cabeça é cortada, duas mais aparecem – a não ser que o corrosivo correto seja aplicado ao coto mutilado. A partida original em direção à terra das provações representa apenas o começo de um longo e realmente perigoso caminho de conquistas iniciatórias e momentos de iluminação. Agora dragões terão de ser mortos, e surpreendentes barreiras, ultrapassadas – de novo, de novo e de novo. Nesse meio tempo, haverá inúmeras vitórias preliminares, êxtases passageiros, e vislumbres momentâneos da terra das maravilhas.

2. O encontro com a deusa

A AVENTURA FINAL, depois de terem sido superadas todas as barreiras e os ogros, é comumente representada como um casamento místico (ιερός γάμος) da alma-herói triunfante com a Rainha Deusa do Mundo. Esta é a crise no nadir, no zênite, ou na extremidade da terra, no ponto central do cosmos, no tabernáculo do templo, ou na escuridão da câmara mais profunda do coração.

No oeste da Irlanda ainda se conta a história do Príncipe da Ilha Solitária e da Senhora de Tubber Tintye. Na esperança de curar a Rainha de Erin, o heroico jovem se compromete a ir buscar três garrafas da água de Tubber Tintye, o poço flamejante das fadas. Seguindo o conselho de uma tia sobrenatural com quem se encontrou no caminho, e montado em um maravilhoso cavalinho sujo, magro e desgrenhado que ela lhe deu, ele atravessa um rio de fogo e escapa do bosque de árvores venenosas. O cavalo, na velocidade do vento, passa como um projétil pela extremidade do castelo de Tubber Tintye; o príncipe salta de seu dorso para dentro de uma janela aberta e aterrissa lá dentro, são e salvo.

> O lugar todo, enorme em extensão, está cheio de gigantes adormecidos e monstros do mar e da terra – grandes baleias, longas enguias escorregadias, ursos e animais de todas as formas e espécies. O príncipe passa por eles e por cima deles até chegar a uma grande escadaria. No alto da escada, ele entra em um quarto, onde encontra a mulher mais linda que já tinha visto, deitada em um divã, dormindo. "Não tenho nada a dizer a você", pensa ele, e passa para o próximo quarto; e assim ele percorre doze câmaras. Em cada uma delas encontra uma mulher mais bonita

que a anterior. Mas quando chega à décima terceira câmara e abre a porta, a radiância do ouro ofusca seus olhos. Ele fica parado por algum tempo até que a visão retorne e, então, entra. Na grande e brilhante câmara ele vê um divã dourado, apoiado em rodas de ouro. As rodas giram continuamente; o divã dá voltas e voltas sem parar nem de dia nem de noite. No divã está a Rainha de Tubber Tintye; e se suas doze damas eram belas, não seriam belas se vistas perto dela. Ao pé do divã está o próprio Tubber Tintye – o poço de fogo. Há uma tampa dourada sobre o poço, e ela gira continuamente com o leito da Rainha.

"Palavra de honra", disse o príncipe, "que descansarei aqui um pouco". E ele subiu no divã e não saiu de lá por seis dias e noites.[26]

A Dama da Casa do Sono é uma figura familiar nos contos de fada e mitos. Já falamos dela, sob as formas de Brunhilda e da pequena Briar-Rose.[27] Ela é o modelo de todos os modelos de beleza, a resposta a todos os desejos, o objetivo que concede felicidade na busca terrena e sobrenatural de todo herói. Ela é mãe, irmã, amante, noiva. Tudo o que seduz neste mundo, tudo o que parece prometer alegria, foi premonitório de sua existência – tanto no sono profundo, quanto nas cidades e florestas do mundo. Pois ela é a encarnação da promessa de perfeição; a certeza anímica de que, ao final de seu exílio em um mundo de inadequações organizadas, a bem-aventurança que se conheceu antes será conhecida novamente; a mãe reconfortante, nutritiva, "boa" – jovem e bonita – que conhecemos, e até saboreamos no passado mais remoto. O tempo a isolou em outro lugar, mas ela continua habitando no fundo do mar atemporal, como alguém que dorme na atemporalidade.

A imagem lembrada não é apenas a benigna; mas a mãe "má" também – (I) a mãe ausente e inatingível, contra a qual se dirigem fantasias agressivas e de quem se teme uma contra-agressão; (II) a mãe que dificulta, proíbe e pune; (III) a mãe que gostaria de reter junto a si a criança em desenvolvimento que tenta se afastar; e, finalmente (IV) a mãe desejada, mas proibida (complexo de Édipo), cuja presença é uma atração para o desejo perigoso (complexo de castração) – as duas persistem na terra oculta da lembrança infantil do adulto e é, algumas vezes, a maior força que atua ali. Ela está na raiz da imagem de grandes deusas tão inatingíveis como a casta e terrível Diana, cuja ação destruidora do jovem esportista Actéon ilustra a explosão de medo que está contida em tais símbolos dos desejos da mente e do corpo que foram bloqueados.

CAPÍTULO II – *Iniciação*

Actéon por acaso viu a perigosa deusa ao meio-dia; aquele momento fatídico em que o sol irrompe em sua ascensão juvenil e forte, equilibra-se e começa o poderoso mergulho para a morte. Depois de uma manhã de caça, ele se afastara de seus companheiros para descansar junto com seus cães sujos de sangue e, sem propósito consciente, foi vagando, afastando-se dos campos e ravinas de caça familiares, explorando os bosques vizinhos. Descobriu um vale apinhado de ciprestes e pinheiros. Penetrou com curiosidade no denso arvoredo. Havia ali uma gruta, regada por uma fonte suave e borbulhante, e um riacho que se alargava formando um lago circundado de grama. Este recanto sombreado era o reduto de Diana, e naquele momento ela se banhava com suas ninfas, totalmente nua. Ela deixara de lado sua lança de caça, sua aljava, seu arco desarmado, assim como suas sandálias e seu manto. Uma das ninfas nuas amarrara suas tranças em um nó; algumas das outras estavam despejando água de bojudas ânforas.

Figura 24. *Diana e Actéon*. Métopa de mármore, helênico, Sicília, *c.*460 a.C.

Quando o jovem errante invadiu o agradável refúgio, estridentes gritos de terror feminino se ergueram, e todos os corpos se aglomeraram ao redor de sua senhora tentando escondê-la do olhar profano. Mas ela ficou cabeça e ombros acima deles. O jovem a tinha visto e continuava a ver. Ela olhou em volta procurando seu arco, mas estava fora de alcance, então rapidamente pegou o que estava à mão, ou seja, água, e lançou no rosto de Actéon, gritando, furiosa: "Agora, se conseguir, você está livre para contar que viu a deusa nua".

Chifres brotaram da cabeça de Actéon. Seu pescoço cresceu e se alongou, as orelhas ficaram pontudas. Seus braços se alongaram e tornaram-se pernas e suas mãos e pés se tornaram cascos. Apavorado, ele saltou – maravilhado por ter se movido tão rapidamente. Mas quando parou para respirar e beber e viu suas feições refletidas nas águas claras, recuou horrorizado.

Um terrível destino recaiu sobre Actéon. Seus próprios cães de caça, sentindo o cheiro do grande veado, vieram latindo pela floresta. Num momento de alegria ao ouvi-los, ele parou, mas depois, de modo espontâneo, se assustou e fugiu. A matilha o seguiu, aproximando-se gradualmente. Quando chegaram em seus calcanhares, e o primeiro deles voou em seu flanco, ele tentou gritar seus nomes, mas o som em sua garganta não era humano. Os cães cravaram nele as suas presas. Ele caiu, e seus próprios companheiros de caça, gritando e encorajando os cães, chegaram a tempo de dar o golpe de misericórdia. Diana, milagrosamente consciente da fuga e da morte dele, podia agora descansar em paz.[28]

A figura mitológica da Mãe Universal imputa ao cosmos os atributos femininos da primeira presença, nutridora e protetora. A fantasia é primariamente espontânea; pois existe uma correspondência próxima e óbvia entre a atitude da criança pequena em relação à mãe e a do adulto em relação ao mundo material circundante.[29] Mas também tem havido, em numerosas tradições religiosas, uma utilização pedagógica conscientemente controlada desta imagem arquetípica com o propósito de purgar, equilibrar e iniciar a mente na natureza do mundo visível.

Nos livros tântricos da Índia medieval e moderna, a morada da deusa é chamada Mani-dvipa, "A Ilha das Joias". Seu divã e trono estão lá, em um bosque de árvores que realizam desejos. As praias da ilha são de areia dourada. Elas são banhadas pelas águas calmas do oceano do néctar da imortalidade. A deusa é vermelha, a cor do fogo da vida; a Terra, o sistema solar, as galáxias do espaço longínquo, tudo cresce dentro de seu útero. Pois ela é a criadora do mundo, sempre mãe, sempre virgem. Ela abrange o abrangente, nutre o nutrir e é a vida de tudo o que vive.

> Os escritos sagrados (Shastras) do hinduísmo são divididos em quatro classes: (1) Shruti, que são considerados como revelação divina direta; estes incluem os quatro Vedas (antigos livros de salmos) e alguns das Upanishads (antigos livros de filosofia); (2) Smrti, que inclui os ensinamentos tradicionais dos sábios ortodoxos, instruções canônicas para cerimoniais domésticos e certas obras sobre lei secular e religiosa, bem como o grande épico hindu, o Mahabharata, que naturalmente inclui a Bhagavad Gita; (3) Purana, que são as obras mitológicas e épicas hindus por excelência; estes tratam do conhecimento cosmogônico, teológico, astronômico e físico; e (4) Tantra, textos que descrevem técnicas e rituais para a adoração de divindades e a obtenção de poder supranormal. Dentre os Tantras há um grupo de escrituras particularmente importantes (chamadas Agamas) que supostamente foram reveladas diretamente pelo Deus Universal Shiva e sua Deusa Parvati (são denominados, portanto, "O Quinto Veda"). Estes apoiam uma tradição mística conhecida especificamente como "O Tantra", que exerceu influência generalizada nas formas posteriores da iconografia hindu e budista. O simbolismo tântrico foi levado pelo budismo medieval da Índia para o Tibete, China e Japão.

Ela é também a morte de tudo que morre. Todo o ciclo da existência é realizado sob seu domínio, desde o nascimento, passando pela adolescência, maturidade e senescência, até o túmulo. Ela é o útero e o túmulo: a porca que come os frutos de seu ventre. Assim, ela une o "bom" e o "mau", exibindo os dois modos da mãe, evocada não apenas como pessoal, mas como universal. Espera-se que o devoto contemple os dois com a mesma equanimidade. Através deste exercício, seu espírito é purgado de sentimentalismos e ressentimentos infantis e inadequados, e sua mente se abre à presença inescrutável que existe, não primariamente como "boa" e "má" (à luz da infantil conveniência humana, seu bem-estar ou aflição), mas como lei e imagem da natureza do ser.

O grande místico hindu do século XIX, Ramakrishna (1836-1886), foi sacerdote em um templo que havia sido recém-erigido para a Mãe Cósmica em Dakshineswar, um subúrbio de Calcutá. A imagem do templo mostrava a divindade em seus dois aspectos simultaneamente, o terrível e o benigno. Seus quatro braços exibiam os símbolos de seu poder universal: a mão superior esquerda brandindo um sabre ensanguentado, a inferior segurando pelos cabelos uma cabeça humana decepada; a superior direita levantada com o gesto de "não temas", a inferior estendida em concessão de dádivas. À guisa de colar, ela usava uma guirlanda de cabeças humanas; sua saia era um cinturão de onde pendiam braços humanos; sua língua comprida estava para fora para lamber sangue. Ela era o Poder Cósmico, a totalidade do universo, a harmonização de todos os pares de opostos, combinando maravilhosamente o terror da destruição absoluta com uma tranquilidade materna, ainda que impessoal.

Assim como a mudança, o rio do tempo, a fluidez da vida, a deusa ao mesmo tempo cria, preserva e destrói. O nome dela é Kali, a Negra; seu título: A Balsa através do Oceano da Existência.[30]

Figura 25. *Kali Devoradora*. Madeira entalhada, Nepal, séculos XVIII-XIX.

CAPÍTULO II – *Iniciação*

Em uma tarde tranquila, Ramakrishna viu uma bela mulher subir do Ganges e se aproximar da caverna em que ele meditava. Percebeu que ela estava prestes a dar à luz uma criança. Num instante o bebê nasceu, e ela gentilmente o amamentou. Logo, porém, ela tomou um aspecto horrível, pegou o bebê em suas mandíbulas, agora horrendas, e o esmagou, mastigou. Engolindo-o, ela voltou novamente ao Ganges, onde desapareceu.[31]

Somente gênios capazes da mais alta realização podem suportar a plena revelação do caráter sublime desta deusa. Para os homens menos evoluídos, ela reduz seu esplendor e se permite aparecer em formas condizentes com seus poderes não desenvolvidos. Contemplá-la em sua totalidade seria um terrível acidente para qualquer pessoa despreparada espiritualmente: como testemunho, temos o infeliz caso do jovem gamo Actéon. Este não era nenhum santo, mas um esportista despreparado para a revelação da forma que deve ser contemplada sem as nuances humanas normais (isto é, infantis) de desejo, surpresa e medo, de mais ou de menos.

A mulher, na linguagem pictórica da mitologia, representa tudo o que pode ser conhecido. O herói é aquele que vem a conhecer. À medida que ele progride na lenta iniciação que é a vida, a forma da deusa sofre para ele uma série de transfigurações: ela nunca pode ser maior do que ele, embora sempre possa prometer mais do que ele ainda é capaz de compreender. Ela atrai, ela guia, ela pede que ele rompa seus grilhões. E se ele puder alcançar seu significado, os dois, o conhecedor e o conhecido, serão liberados de todas as limitações. A mulher é o guia para o ápice sublime da aventura sensual. Por um olhar deficiente ela é reduzida a estados inferiores; pelo mau-olhado da ignorância, ela é enfeitiçada pela banalidade e pela feiura. Mas ela é redimida pelos olhos do entendimento. O herói que pode tomá-la pelo que ela é, sem comoção indevida, mas com a bondade e a segurança que ela exige, é potencialmente o rei, o deus encarnado de seu mundo criado.

Conta-se, por exemplo, uma história sobre os cinco filhos do rei irlandês Eochaid. Tendo um dia saído à caça, eles se perderam, viram-se presos por todos os lados. Sedentos, partiram, um a um, em busca de água. Fergus foi o primeiro:

> Ele chega a um poço, sobre o qual encontra uma velha mulher de sentinela. O estilo da bruxa é este: mais escuros do que o carvão eram cada junta e segmento dela, da cabeça aos pés; comparável ao rabo de um

cavalo selvagem era a massa cinzenta e crespa de cabelo que brotava da superfície superior do couro cabeludo; com a foice que se formava na ponta de presas de aparência esverdeada, e que se enrolavam até tocar sua orelha, ela podia podar o ramo verdejante de um carvalho em pleno vigor; tinha olhos enegrecidos e embaçados pela fumaça; nariz torto, narinas largas; uma barriga enrugada e sardenta, doentia de várias maneiras; canelas deformadas e tortas, guarnecidas com tornozelos enormes e um par de pés esparramados; tinha joelhos nodosos e unhas lívidas. Toda a descrição desta anciã na verdade era nojenta. "É o que estou vendo?", disse o rapaz, e "É isso mesmo", ela respondeu. "Estás guardando o poço, não estás?", ele perguntou, e ela disse: "Sim". "Permita que eu leve um pouco de água?" "Permito", ela consentiu, "mas somente se receber de você um beijo na minha bochecha". "Nada feito", disse ele. "Então a água não será concedida por mim." "Palavra de honra", continuou ele, "que antes de te dar um beijo eu morreria de sede!". Então o jovem partiu para o lugar onde estavam seus irmãos, e disse-lhes que não havia conseguido água.

Olioll, Brian e Fiachra, da mesma maneira, continuaram a busca e alcançaram o mesmo poço. Cada um deles pediu água à velha, mas negaram-lhe o beijo.

Finalmente foi Niall quem se aventurou, e acabou por chegar ao mesmo poço.

"Deixe-me beber água, mulher!" gritou. "Eu deixarei", disse ela, "se me concede um beijo". Ele respondeu: "Além de te dar um beijo, eu até te abraçarei!" Então ele se inclinou para abraçá-la e lhe deu um beijo. Assim que a operação terminou, e quando olhou para ela, não havia no mundo inteiro jovem de porte mais gracioso, ou em aparência mais bela do que ela: da cabeça aos pés, cada parte dela podia ser comparada à última neve caída nas trincheiras; antebraços rechonchudos e majestosos, dedos longos e afilados, pernas retas de um lindo tom de pele; sandálias de bronze branco se colocavam entre seus pés lisos, macios e alvos e a terra; ao redor dela havia um amplo manto da melhor lã de puro carmesim, e na roupa um broche de prata branca; ela tinha dentes brilhantes como pérolas, grandes olhos régios e boca vermelha como a sorva. "Aqui, mulher, há uma galáxia de encantos", disse o jovem. "De fato, é verdade." "E quem és tu?", ele prosseguiu. "'Regra Real' sou eu", ela respondeu, e pronunciou:

"Rei de Tara! Eu sou a Regra Real" [...]

"Vá agora", disse ela, "a teus irmãos, e leva contigo a água; além disso, o reino e o poder supremo serão teus e de teus filhos para sempre. [...] E como no início me vistes feia, bruta, repugnante – no final, bonita – assim é a regra real: pois sem batalhas, sem um feroz conflito, não pode ser vencida; mas no fim, aquele que é rei, não importa de que, emana graciosidade e beleza".[32]

É assim a regra real? É assim a própria vida. A deusa guardiã do poço inesgotável exige que o herói – Fergus, ou Actéon, ou o Príncipe da Ilha Solitária que a descobriu – seja dotado do que os trovadores e *minnesingers* chamavam de "coração gentil". Ela não pode ser compreendida e bem servida pelo desejo animal de um Actéon, nem pela repugnância fastidiosa de Fergus, mas apenas pela gentileza: *aware* ("coração gentil") foi o nome dado pela poesia cortês romântica do Japão do século X ao XII.

Dentro do coração manso o Amor se abriga,
Como os pássaros na sombra verde do bosque.
Antes do coração gentil, no esquema da natureza,
O Amor não existia, nem o coração gentil antes do Amor.
Pois com o Sol, de uma vez, assim surgiu a luz imediatamente;
Nem ela nasceu antes do nascimento do Sol.
E o Amor tem seu efeito na gentileza
Do próprio ser; assim como
Dentro do fogo, em seu meio, o excesso de calor.[33]

O encontro com a deusa (encarnada em todas as mulheres) é o teste final do talento heroico de conquistar a dádiva do amor (caridade: *amor fati*), que é a própria vida desfrutada como o invólucro da eternidade.

E quando o aventureiro, nesse contexto, não é um jovem, mas uma donzela, é ela que, por suas qualidades, sua beleza, ou seu anseio, está apta a se tornar consorte de um imortal. Então o marido celestial desce até ela e a conduz para sua cama – quer ela queira ou não. Se ela o evitava, as escamas caem de seus olhos; se ela o buscava, seu desejo encontra a paz.

A garota arapaho, que seguiu o porco-espinho pela árvore telescópica, foi atraída para o círculo do acampamento do povo do céu. Lá ela se tornou a esposa de um jovem celestial. Foi ele quem, sob a forma do atraente porco-espinho, a seduziu para seu lar sobrenatural.

A filha do rei do conto infantil, no dia seguinte à aventura no poço, ouviu uma pancada na porta do castelo: o sapo chegou para exigir o que ela prometera. E apesar do grande desgosto da princesa, ele a seguiu até seu lugar à mesa, dividiu a refeição de seu pratinho e xícara de ouro, até insistiu em ir dormir com ela em sua caminha de seda. Em um acesso de raiva, ela o arrancou do chão e o atirou na parede. Quando ele caiu, já não era um sapo, mas o filho de um rei com olhos gentis e bonitos. E então ficamos sabendo que eles se casaram e foram levados em uma bela carruagem de volta ao reino do jovem, onde os dois se tornaram rei e rainha.

Ou ainda: quando Psiquê cumpriu todas as suas difíceis tarefas, o próprio Júpiter deu a ela um gole do elixir da imortalidade, de modo que ela está, agora e para sempre, unida a Cupido, seu amado, no paraíso das formas aperfeiçoadas.

As igrejas grega ortodoxa e católica romana celebram o mesmo mistério na Festa da Assunção:

"A Virgem Maria é levada para a câmara nupcial do céu, onde o Rei dos Reis está sentado em seu trono estrelado."

"Ó Virgem prudente, para onde vais, brilhante como a manhã? Toda bela e doce és tu, ó filha de Sião, formosa como a lua, eleita como o sol."[34]

Figura 26. *Vierge Ouvrante* (A Virgem que se abre).
Madeira policromada, França, século XV.

CAPÍTULO II – *Iniciação*

3. A mulher como sedutora

O CASAMENTO MÍSTICO com a deusa rainha do mundo representa a maestria completa da vida adquirida pelo herói; pois a mulher é vida, o herói é aquele que conhece e domina a vida. E as provas do herói, que são preliminares à sua experiência e façanha definitiva, são simbólicas daquelas crises de compreensão por meio das quais sua consciência foi ampliada e se tornou apta a suportar a completa possessão da mãe-destruidora, a noiva inevitável. Com isso ele sabe que ele e o pai são um: ele assume o lugar do pai.

Expresso dessa maneira, em termos os mais extremos, o problema talvez soe distante dos assuntos das criaturas humanas normais. No entanto, todo fracasso em lidar com uma situação da vida se deve, no final das contas, a uma restrição da consciência. As guerras e ataques de raiva infantis são improvisações da ignorância, o arrependimento é a iluminação que chega tarde demais. O sentido da ubiquidade do mito da jornada do herói é que ele serve como um padrão geral para homens e mulheres, onde quer que estejam ao longo do caminho. Portanto, ele é formulado em termos muito abrangentes. O indivíduo só precisa descobrir sua própria posição com referência à fórmula humana geral, e então permitir que ela o auxilie a atravessar as muralhas que o confinam. Quem são e onde estão os ogros? Estes são reflexos dos enigmas não resolvidos de sua própria humanidade. Quais são os seus ideais? Estes são os sintomas de sua compreensão da vida.

No consultório do psicanalista moderno, os estágios da aventura heroica vêm à luz novamente nos sonhos e alucinações do paciente. Camadas e mais camadas de ignorância sobre si são exploradas, com o analista no papel de ajudante, de sacerdote da iniciação. E sempre, depois do primeiro entusiasmo de começar o caminho, a aventura se desenvolve revelando uma jornada de trevas, horror, nojo, e temores fantasmagóricos.

O ponto crucial dessas curiosas dificuldades está no fato de que nossa visão consciente do que a vida deveria ser dificilmente corresponde ao que a vida realmente é. Geralmente nos recusamos a admitir para nós mesmos, ou para nossos amigos, a plenitude daquela febre exigente, autoprotetora, malcheirosa, carnívora, lasciva que é a própria natureza da célula orgânica. Pelo contrário, tendemos a perfumar, caiar de branco e reinterpretar; enquanto imaginamos que alguma outra pessoa desagradável é culpada por todas as moscas no unguento, todos os cabelos na sopa.

Mas quando subitamente desponta em nós (ou quando somos forçados a prestar atenção) que tudo o que fazemos ou pensamos é necessariamente contaminado pelo odor da carne, então, não raro, experimenta-se um momento de repulsa: a vida, os atos da vida, os órgãos da vida, a mulher em particular como o grande símbolo da vida, tornam-se intoleráveis para a alma que é puríssima, mais pura do que a pureza.

> Ó, se esta carne sólida, tão sólida derretesse,
> Se desfizesse, fundindo-se em orvalho!
> Ou se ao menos a lei do eterno não houvesse condenado
> O suicídio! Ó Deus! Ó Deus!

Assim exclama o grande porta-voz desse momento, Hamlet:

> Como se me parecem velhas, fastidiosas, sem graça e fúteis
> Todas as coisas deste mundo! Jardim sem cultivo
> Que dá semente, que só possui coisas de natureza ruim e grosseira.
> Que chegasse a isto![35]

O inocente deleite de Édipo em sua primeira noite com a rainha se transforma em agonia espiritual quando ele descobre quem ela é. Como Hamlet, ele é atormentado pela imagem moral do pai. Como Hamlet, ele vira as costas às coisas belas do mundo para vascular as trevas em busca de um reino mais elevado do que o da mãe, que é dominado pelo incesto, pelo adultério, pela luxúria e é incorrigível. Aquele que aspira à vida além vida deve ir além dela, superar as tentações de seu chamado e elevar-se ao éter imaculado do além.

> Pois um Deus o chamou – o chamou muitas vezes
> De muitos lados ao mesmo tempo: "Ó, Édipo,
> Tu Édipo, por que tardas?
> É longo demais o tempo que tu permaneceste; venha!".[36]

Sempre que essa repulsa de Édipo-Hamlet insiste em atormentar a alma, o mundo, o corpo, e a mulher acima de todos esses se tornam símbolos não mais de vitória, mas de derrota. Um sistema ético, monástico-puritano, de negação do mundo transfigura imediata e radicalmente todas as imagens do mito. O herói já não pode mais repousar em inocência com a deusa da carne; pois ela se tornou a rainha do pecado.

CAPÍTULO II – *Iniciação*

"Enquanto o ser humano possuir qualquer consideração por esse corpo similar a um cadáver", escreve o monge hindu Shankaracharya,

> ele é impuro, e sofre tanto por causa de seus inimigos quanto pelo nascimento, doença e morte; mas quando ele se pensa tão puro como a essência do Bem, e do Inamovível, ele se liberta [...]. Atira longe as limitações deste corpo que é inerte e sujo por natureza. Não pensa mais nele. Pois algo que foi vomitado (como você deve vomitar o seu corpo) só pode suscitar nojo quando é trazido uma vez mais à lembrança.[37]

Esse ponto de vista é familiar ao Ocidente a partir das vidas e escritos dos santos.

> Quando São Pedro observou que sua filha Petronila era bonita demais, obteve de Deus o favor de que ela adoecesse de febre. Então, um dia, quando seus discípulos estavam com ele, Titus lhe disse: "Você que pode curar todas as enfermidades, por que não cura Petronila para que ela possa se levantar da cama?". E São Pedro retrucou a ele: "Porque estou satisfeito com a situação da maneira como está". Isso não era o mesmo que dizer que ele era incapaz de curá-la, por isso disse imediatamente a ela: "Levante-se, Petronila, e se apresse a nos servir". A jovem, curada, levantou-se e veio servi-los. Mas, quando ela terminou, seu pai lhe disse: "Petronila, retorne para sua cama!". Ela retornou, e foi imediatamente tomada pela febre mais uma vez. Depois, quando começou a ser perfeita em amor a Deus, seu pai a fez novamente ter uma saúde perfeita.
>
> Naquele tempo, um nobre cavalheiro chamado Flaccus, impressionado por sua beleza, veio pedir sua mão em casamento. Ela respondeu: "Se você deseja se casar comigo, envie um grupo de moças para me conduzir à sua casa". Mas quando elas chegaram, Petronila começou imediatamente a jejuar e orar. Recebendo a comunhão, ela se deitou na cama, e após três dias entregou sua alma a Deus.[38]
>
> Quando era criança, São Bernardo de Claraval sofria de dores de cabeça. Uma jovem veio visitá-lo certo dia, para aliviar seus sofrimentos com suas canções. Indignado, Bernardo a expulsou do quarto. E Deus o recompensou por seu zelo; ele se levantou da cama imediatamente, estava curado.
>
> Mas o antigo inimigo do homem, percebendo que o pequeno Bernardo tinha tal disposição e integridade, esforçou-se em colocar armadilhas para sua castidade. Quando ainda jovem, todavia, sendo instigado pelo diabo, um dia encarou uma dama por algum tempo. Repentinamente

corou, e entrou num lago de água gelada como penitência, onde permaneceu até que seus ossos congelassem. Em outra ocasião, quando dormia, uma jovem veio nua à sua cama. Bernardo, percebendo a presença dela, cedeu em silêncio a parte da cama em que estava deitado, e rolando para o outro lado tornou a dormir. Tendo acariciado e afagado o rapaz por algum tempo, a infeliz criatura foi tomada por tamanha vergonha, que a despeito de sua imodéstia, levantou e fugiu, cheia de horror de si mesma e admiração pelo jovem.

Ainda mais uma vez, quando Bernardo, junto de alguns amigos, aceitou a hospitalidade da casa de uma certa dama muito abastada, ela, observando sua beleza, foi tomada pelo desejo apaixonado de dormir com ele. Levantou-se à noite de sua cama e se deitou ao lado de seu hóspede. Mas, no instante em que ele sentiu alguém perto dele, começou a gritar: "Ladrão! Ladrão!". Imediatamente, a mulher fugiu apressada, a casa inteira estava de pé, lanternas foram acesas, e todos começaram a caçar o ladrão. Mas como não encontraram nenhum, todos retornaram às suas camas para dormir, com a única exceção da dama, que, incapaz de pregar os olhos, levantou-se novamente e deslizou para a cama de seu convidado. Bernardo começou a gritar: "Ladrão!". E novamente os alarmes e investigações! Depois dessa, a dama foi desdenhada de maneira similar ainda mais uma terceira vez. Ela afinal desistiu de seu projeto maligno, por medo ou desânimo. No dia seguinte, na estrada, os companheiros de Bernardo lhe perguntaram o motivo de ter tido tantos sonhos sobre ladrões. E ele lhes respondeu: "Eu tive realmente que repelir os ataques de um ladrão; minha anfitriã tentou me roubar um tesouro, que se o tivesse perdido, jamais seria capaz de recuperar".

Tudo isso convenceu Bernardo de que era muito arriscado viver junto a uma serpente. Ele então planejou abandonar o mundo e entrar na ordem monástica dos cistercienses.[39]

Todavia, nem mesmo as muralhas de um mosteiro, nem mesmo o isolamento do deserto, pode nos defender contra a presença feminina; pois enquanto a carne do eremita estiver presa a seus ossos e em seu pulso correr sangue quente, as imagens da vida estarão alertas para tomar de assalto sua mente. Santo Antão, praticando austeridades em Thebaid no Egito, era perturbado por alucinações voluptuosas perpetradas por demônias atraídas por sua magnética solidão. Aparições dessa ordem, com quadris de irresistível atração, e seios transbordando para serem tocados, são conhecidas de todos os eremitérios da história. *"Ah! bel ermite! bel ermite! [...] Si tu posais ton doigt sur* mon épaule, ce serait comme une traînée de feu dans tes veines. La possession de la moindre place de mon corps t'emplira d'une joie plus véhémente que la conquête d'un empire. Avance tes lévres [...]."⁴⁰*

Escreve Cotton Mather, da Nova Inglaterra:

> A natureza selvagem pela qual estamos passando em direção à terra prometida é repleta de ardentes serpentes aladas. Mas, louvado seja Deus, nenhuma delas até então se prendeu a nós como que para nos confundir completamente! Todo o nosso caminho para o céu passa por covis de leões e montanhas de leopardos, há incríveis multidões de demônios em nosso caminho [...]. Nós somos pobres viajantes em um mundo que é tanto o campo quanto a prisão do demônio; um mundo em que a cada recanto o demônio está acampado com bandos de salteadores para atazanar todos os que têm seus rostos voltados na direção de Sião.⁴¹

4. A reconciliação com o pai

"O ARCO DA ira de Deus está retesado, e a flecha ajustada no cordel; e a Justiça mira a flecha no seu coração e estica o arco, e nada, a não ser a mera boa vontade de Deus, de um Deus irado, sem qualquer promessa ou obrigação, é que impede a flecha a qualquer momento de se embriagar com seu sangue [...]."

Com essas palavras, Jonathan Edwards ameaçou os corações de sua congregação da Nova Inglaterra, revelando-lhes, sem mitigação, o aspecto ogro do pai. Ele manteve seus ouvintes pregados a seus bancos na igreja através das imagens da provação mitológica; pois embora os puritanos proibissem a imagem esculpida, a verbal era permitida. "A ira", Jonathan Edwards trovejou,

> a ira de Deus é como grandes águas ainda represadas; elas aumentam cada vez mais, e sobem cada vez mais alto até que seja dada vazão; e quanto mais tempo a correnteza permanece interrompida, mais rápido e poderoso é seu curso quando é liberada. É verdade que o julgamento contra suas más obras não foi executado até o momento; as torrentes da

---

* [Esse súcubo é o espírito da Rainha de Sabá: Ah, belo eremita, belo eremita! [...]. Se seu dedo tocar a minha carne, seria uma vertente de fogo em tuas veias. A possessão da menor parte do meu corpo te encherá de uma alegria mais veemente do que a conquista de um império. Aproxima teus lábios [...]. – Ed.]

vingança de Deus foram retidas; mas tua culpa nesse meio tempo está aumentando constantemente, e a cada dia estás acumulando mais ira; as águas estão continuamente subindo e se tornam cada vez mais poderosas; e não há nada além do mero beneplácito de Deus retendo as águas que não desejam ser detidas e pressionam com força para seguir em frente; se Deus somente removesse sua mão do portão do dilúvio, ele imediatamente se abriria, e os dilúvios ardentes da ferocidade da ira de Deus se precipitariam com fúria inconcebível, e cairiam sobre ti com poder onipotente; e mesmo se sua força fosse dez mil vezes maior do que é, sim, dez mil vezes maior do que a força do diabo mais forte e resistente do inferno, não seria nada para resistir ou suportá-la [...].

Tendo ameaçado com o elemento água, o pastor Jonathan volta-se para a imagem do fogo.

O Deus cuja mão o segura sobre o poço do Inferno, assim como alguém segura uma aranha ou algum inseto repugnante sobre o fogo, o abomina e está terrivelmente irritado: Sua ira contra ti queima como chama; Ele o considera digno apenas de ser lançado no fogo; Ele possui olhos tão puros que não suportaria tê-lo sob Seu olhar; tu és dez mil vezes mais abominável aos olhos Dele do que a serpente venenosa mais odiosa o é aos nossos olhos. Tu O ofendeste infinitamente mais do que um rebelde teimoso jamais fez com seu príncipe e, no entanto, apenas a mão Dele que o impede de cair no fogo a cada momento [...].

Ó Pecador! [...] Tu pendes por um fio tênue, com as chamas da ira divina fulgindo ao redor, e está prestes, a cada momento, a chamuscá-lo, queimá-lo e deixá-lo em pedaços; e não tens interesse em nenhum mediador, e nada a que se apegar para se salvar, nada para afastar as chamas da ira, nada teu, nada que já tenhas feito, nada que possas fazer, para induzir Deus a poupar um momento teu [...].

Mas agora, finalmente, ele chega à grande imagem final do segundo nascimento – mas apenas por um instante:

Assim são todos vocês que nunca passaram por uma grande conversão, pelo grande poder do Espírito de DEUS sobre suas almas, todos que nunca nasceram de novo, nunca foram transformados em novas criaturas e ressuscitaram da morte do pecado para um estado nunca antes experimentado de Luz e Vida renovados (ainda que possam ter reformado sua vida em muitas coisas, e possam ter tido afeições religiosas, e possam ter mantido uma forma de religião em suas famílias e na intimidade, e na casa de Deus, e por mais que tenham sido rigorosos) ainda assim vocês estão nas mãos de um Deus irado; nada além de seu mero beneplácito os impede de serem tragados, neste momento, pela destruição eterna.[42]

"O mero beneplácito de Deus", que protege o pecador da flecha, do dilúvio e das chamas, é denominado no vocabulário tradicional do cristianismo como a "misericórdia" de Deus; e "o grande poder do espírito de Deus", pelo qual o coração é transformado, esta é a "graça" de Deus. Na maioria das mitologias, as imagens de misericórdia e graça são representadas de modo tão vívido quanto as de justiça e ira, de modo que o equilíbrio é mantido, e o coração é apoiado em vez de açoitado ao longo do caminho. "Não temas!", diz o gesto da mão do deus Shiva enquanto executa diante de seu devoto a dança da destruição universal. "Não temas, pois tudo jaz bem em Deus. As formas que vêm e vão – das quais seu corpo é apenas uma – são os lampejos de meus membros dançantes. Conhece-me em tudo, e de que terás medo?" A magia dos sacramentos (realizada pela paixão de Jesus Cristo, ou em virtude das meditações do Buda), o poder protetor dos amuletos e encantos primitivos, e os ajudantes sobrenaturais dos mitos e contos de fada do mundo, são as garantias dadas à humanidade de que a flecha, as chamas e o dilúvio não são tão brutais quanto parecem.

Figura 27. *Criação*. Detalhe; afresco, Itália, 1508-1512.

Pois o aspecto ogro do pai é um reflexo do próprio ego da vítima – derivado da sensacional cena da infância que foi deixada para trás, mas que é projetada no futuro; e a paralisante idolatria daquele pedagógico nada é, em si mesma, o erro que nos mantém mergulhados no sentimento de pecado, isolando o espírito potencialmente adulto de uma visão mais equilibrada e mais realista do pai e, com isso, do mundo. A reconciliação (estado de tornar-se um) consiste em nada mais do que o abandono daquele duplo monstro autogerado – o dragão que imaginamos ser Deus (superego)* e o dragão que imaginamos ser o pecado (id reprimido). Mas isso requer um abandono do apego ao próprio ego; e essa é a parte difícil. Deve-se ter fé de que o pai é misericordioso, e então confiar nessa misericórdia. Com isso, o centro da crença é transferido para fora do anel escamoso e apertado do deus tormentoso, e os terríveis ogros se dissolvem.

O simbolismo desta imagem eloquente (Figura 28) foi bem exposto por Ananda K. Coomaraswamy [43] e por Heinrich Zimmer.[44] Resumindo: a mão direita estendida segura o tambor, cuja batida é a batida do tempo, sendo o tempo o primeiro princípio da criação; a mão esquerda estendida segura a chama, que é a chama da destruição do mundo criado; a segunda mão direita está posicionada num gesto de "não temas", enquanto a segunda esquerda, que aponta para o pé esquerdo levantado, é mantida numa posição que simboliza "elefante" (o elefante é o "abridor do caminho através da selva do mundo", ou seja, o guia divino); o pé direito está plantado nas costas de um anão, o demônio "Não saber", que significa a passagem das almas de Deus para a matéria, mas o esquerdo está levantado, mostrando a libertação da alma: o esquerdo é o pé para o qual a "mão de elefante" aponta e que justifica a afirmação "Não temas". A cabeça do Deus é equilibrada, serena e quieta, em meio ao dinamismo de criação e destruição que é simbolizado pelo balanço dos braços e o ritmo dado pela batida do calcanhar direito. Isso significa que no centro tudo está imóvel. O brinco direito de Shiva é de homem, o esquerdo, de mulher; pois Deus inclui e está além dos pares de opostos. A expressão facial de Shiva não é nem triste nem alegre, mas é o rosto do Movedor Imóvel, que está além, mas também presente interiormente; a felicidade e a dor do mundo. As mechas selvagemente fluidas representam o cabelo por muito tempo descuidado do iogue indiano, agora esvoaçando na dança da vida; pois a presença conhecida nas alegrias e tristezas da vida, assim como aquela encontrada através da meditação reclusa, são apenas dois aspectos do mesmo Ser/Consciência/Bem-Aventurança não dual e universal (*sat-cit-ananda*). As pulseiras, braçadeiras, tornozeleiras e o cordão bramínico[45] de Shiva são serpentes vivas. Isso significa que ele é embelezado pela Serpente Poder – a misteriosa Energia Criadora de Deus, que é o material e a causa formal de sua própria automanifestação no universo e como o universo com todos

---

* Ou "interego" (ver acima, p. 84, nota de rodapé).

CAPÍTULO II – *Iniciação*

Figura 28. *Shiva, Senhor da Dança Cósmica.*
Bronze fundido, Índia, *c.* século X-XII.

os seus seres. No cabelo de Shiva pode-se ver uma caveira, símbolo da morte, o ornamento da testa do Senhor da Destruição, bem como uma lua crescente, símbolo de nascimento e aumento, que são seus dons para o mundo. Além disso, há em seu cabelo a flor da Datura – planta com a qual é preparado um intoxicante (compare com o vinho de Dioniso e o vinho da missa). Uma pequena imagem da deusa Ganges está escondida em seus cabelos; pois ele é aquele que recebe em sua cabeça o impacto da descida do divino Ganges do céu, deixando que as águas que concedem vida e salvação fluam suavemente para a terra, para o refrigério físico e espiritual da humanidade. A postura de dança do Deus pode ser visualizada como a sílaba simbólica AUM (grafia em sânscrito ॲो ou ॐ) que é a equivalente verbal dos quatro estados de consciência e seus campos de experiência. (A: consciência desperta; U: consciência onírica; M: sono sem sonhos; o silêncio em torno da sílaba sagrada é o transcendente Imanifesto.)[46] Portanto, Deus está dentro do devoto assim como fora dele.

> Tal figura ilustra a função e o valor de uma imagem esculpida e mostra por que sermões longos são desnecessários entre os adoradores de ídolos. Ao devoto é permitido mergulhar no significado do símbolo divino em profundo silêncio e em seu próprio tempo. Além disso, assim como o deus usa braçadeiras e tornozeleiras, o devoto também usa; e estas representam o mesmo que as dos deuses. São feitos de ouro em vez de serpentes, ouro (o metal incorruptível) simbolizando a imortalidade; isto é, a imortalidade é a misteriosa energia criativa de Deus, que é a beleza do corpo.
>
> Muitos outros detalhes da vida e costumes locais são duplicados, interpretados e assim validados de maneira semelhante nos detalhes dos ídolos antropomórficos. Desse modo, toda a vida se torna um suporte para a meditação. A pessoa vive no meio de um sermão silencioso o tempo todo.

É nessa provação que o herói pode obter esperança e segurança na prestativa figura feminina por cuja magia (encantos de pólen ou poder de intercessão) ele é protegido durante todas as experiências assustadoras da iniciação destruidora do ego do pai. Pois se é impossível confiar no rosto paternal aterrorizante, então a fé deve estar centrada em outro lugar (Mulher Aranha, Mãe Santíssima); e tendo essa segurança como apoio, suporta-se a crise – apenas para descobrir, no final, que o pai e a mãe refletem um ao outro e são essencialmente o mesmo.

Os Guerreiros Gêmeos dos navajos, tendo deixado a Mulher Aranha com seus conselhos e encantos protetores, percorreram o caminho perigoso entre as rochas que se chocam, os juncos que cortam em pedaços, os cactos que rasgam em tiras e, depois, por meio das areias escaldantes chegaram, por fim, à casa do Sol, seu pai. A porta está vigiada por dois ursos. Eles se levantam e rosnam; mas as palavras que a Mulher Aranha havia ensinado aos meninos fizeram os animais se agacharem novamente. Após os ursos, um par de serpentes os ameaçou, depois ventos, depois relâmpagos: os guardiões do último limiar.* No entanto, todos foram prontamente aplacados com as palavras da oração.

Construída em turquesa, a casa do Sol era grande e quadrada, e ficava às margens de águas poderosas. Os meninos entram e veem uma mulher sentada à oeste, dois belos rapazes ao sul, duas belas moças ao norte. As jovens se levantam sem dizer uma palavra, envolvem os recém-chegados em quatro coberturas celestes e os colocam em uma prateleira. Os meninos ficam quietos. Pouco depois, um chocalho pendurado na porta sacudiu quatro vezes e uma das moças disse: "Nosso pai está chegando".

---

* Compare com os numerosos limiares cruzados por Inanna; ver acima, p. 106-107.

CAPÍTULO II – *Iniciação*

O portador do sol entrou em sua casa, tirou o sol de suas costas e o pendurou em um gancho na parede oeste da sala, onde balançou e ressoou algumas vezes, fazendo "tla, tla, tla, tla". Então virou-se para a mulher mais velha e perguntou raivoso: "Quem eram aqueles dois que entraram aqui hoje?". Mas a mulher não respondeu. Os jovens se entreolharam. O portador do sol repetiu irado sua pergunta quatro vezes antes que a mulher finalmente lhe dissesse: "Seria bom que você não falasse muito. Dois jovens vieram aqui hoje, procurando pelo pai. Você me disse que não faz visitas quando vai ao exterior e que não conheceu outra mulher além de mim. De quem são, então, esses filhos?". Ela apontou para o embrulho na prateleira, e as crianças sorriram expressivamente uma para a outra.

O portador do sol tirou o embrulho da prateleira, desenrolou as quatro vestes (as vestes da aurora, do céu azul, da luz amarela do entardecer e da escuridão), e os meninos caíram no chão. Ele imediatamente os agarrou e os atirou com ferocidade sobre umas grandes e afiadas pontas de concha branca que estavam no leste. Os meninos agarraram com força suas penas da vida e saltaram para trás. O homem os arremessou, igualmente, sobre pontas de turquesa no sul, de abalones no oeste e de rocha negra no norte. Os meninos sempre agarravam suas penas de vida com força e voltavam saltitando. "Gostaria que fosse verdade", disse o Sol, "que eles fossem meus filhos".

Quatro cores simbólicas, representando os pontos cardeais, desempenham um papel proeminente na iconografia e culto navajo. São elas o branco, o azul, o amarelo e o preto, significando, respectivamente, leste, sul, oeste e norte. Elas correspondem ao vermelho, branco, verde e preto no chapéu da divindade trapaceira africana Exu (ver p. 53-54) pois a Casa do Pai, como o próprio Pai, simboliza o Centro.

Os Heróis Gêmeos são testados com os símbolos das quatro direções, para descobrir se eles compartilham dos defeitos e limitações de qualquer um dos quadrantes.

O terrível pai tentou então sufocar os meninos até a morte numa tenda de vapor superaquecida. Eles foram ajudados pelos ventos, que forneceram um refúgio protegido dentro da tenda para se esconderem. "Sim, estes são meus filhos", disse o Sol quando eles emergiram – mas era apenas um truque; pois ele ainda estava planejando enganá-los. A provação final foi um cachimbo cheio de veneno. Uma lagarta espinhosa avisou os meninos e lhes deu algo para colocar na boca. Fumaram o cachimbo sem danos, passando-o ida e volta entre si até terminar.

Disseram inclusive que tinha um gosto doce. O Sol ficou orgulhoso. Estava completamente satisfeito. "Agora, meus filhos", ele perguntou, "o que vocês querem de mim? Por que me procuraram?". Os Heróis Gêmeos ganharam a plena confiança do Sol, seu pai.[47]

A necessidade de grande cuidado por parte do pai, admitindo em sua casa apenas aqueles que foram exaustivamente testados, é ilustrada pela infeliz façanha do jovem Faetonte, descrita em um famoso conto dos gregos. Nascido de uma virgem na Etiópia e instigado por seus companheiros de brincadeira a investigar a questão de seu pai, ele cruzou a Pérsia e a Índia para encontrar o palácio do Sol – pois sua mãe lhe dissera que seu pai era Febo, o deus que conduzia a carruagem solar.

"O palácio do Sol estava situado sobre colunas elevadas, iluminadas com ouro e bronze reluzentes que fulgiam como chamas. O marfim reluzente coroava as empenas acima; as portas duplas dobráveis luziam com prata polida. E a execução era ainda mais bela que os materiais."

Subindo o caminho íngreme, Faetonte chegou bem abaixo do telhado. Encontrou Febo sentado em um trono de esmeralda, cercado pelas Horas e pelas Estações, e pelo Dia, Mês, Ano e Século. O ousado jovem teve de parar na soleira, seus olhos mortais incapazes de suportar a luz; mas o pai falou gentilmente com ele do outro lado do corredor.

"Por que viestes?", o pai perguntou. "O que procuras, ó Faetonte – um filho que pai algum precisa negar?"

O rapaz respondeu respeitosamente: "Ó meu pai (se me concedes o direito de usar esse nome)! Febo! Luz do mundo inteiro! Conceda-me uma prova, meu pai, pela qual todos possam me reconhecer como seu verdadeiro filho".

O grande deus colocou sua coroa fulgente de lado e ordenou que o menino se aproximasse. Ele o abraçou. Então prometeu, selando a promessa com um juramento, que qualquer prova que o rapaz desejasse seria concedida.

Faetonte desejava a carruagem de seu pai e o direito de dirigir os cavalos alados por um dia. "Tal pedido", disse o pai, "prova que minha promessa foi feita precipitadamente". Afastou um pouco o menino e procurou dissuadi-lo da exigência. "Em sua ignorância", disse ele, "você está pedindo mais do que pode ser concedido até mesmo aos deuses. Cada um dos deuses pode fazer o que quiser, mas nenhum, exceto eu, tem o poder de tomar meu lugar em minha carruagem de fogo; não, nem mesmo Zeus".

Febo argumentou. Faetonte foi inflexível. Incapaz de retirar o juramento, o pai demorou tanto quanto o tempo permitiu, mas finalmente

CAPÍTULO II – *Iniciação*

foi forçado a conduzir seu filho teimoso até a prodigiosa carruagem: com seu eixo e leme de ouro, suas rodas com pneus de ouro e um anel de raios de prata. A canga era cravejada de crisólitos e joias. As Horas já vinham conduzindo os quatro cavalos de suas altas baias, cuspindo fogo e alimentados de ambrosia. Colocaram os bridões ruidosos; os grandes animais escoiceavam as grades. Febo ungiu o rosto de Faetonte com um unguento para protegê-lo das chamas e depois colocou em sua cabeça a coroa radiante.

"Se ao menos você puder obedecer às advertências de seu pai", aconselhou a divindade,

> esqueça o chicote e segure firmemente as rédeas. Os cavalos andam rápido o suficiente por si mesmos. E não siga a estrada reta atravessando diretamente as cinco zonas do céu, mas vire na bifurcação à esquerda – as marcas de minhas rodas você verá claramente. Além disso, para que o céu e a terra tenham o mesmo calor, tome cuidado para não ir nem muito alto nem muito baixo; pois se você for muito alto, queimará os céus, e se for muito baixo, incendiará a terra. Pelo meio é o caminho mais seguro. Mas apressa-te! Enquanto estou falando, a orvalhada Noite alcançou seu ápice na costa oeste. Somos convocados. Eis que a aurora está luminosa. Rapaz, que a Fortuna o ajude e o conduza melhor do que você pode guiar a si mesmo. Aqui, segure as rédeas.

Tétis, a deusa do mar, tinha soltado as grades, e os cavalos, com um solavanco, arrancaram abruptamente; cortando com os pés as nuvens; batendo no ar com as asas; ultrapassando todos os ventos que estavam subindo do mesmo quadrante leste. Imediatamente – pois a carruagem estava muito leve sem seu peso habitual – a carruagem começou a balançar como um navio sem lastro sobre as ondas. O condutor, em pânico, esqueceu-se das rédeas e não sabia mais nada sobre o caminho. Escalando descontroladamente, o grupo roçou as alturas do céu e assustou as constelações mais remotas. A Ursa Maior e a Menor foram tostadas. A Serpente deitada enrolada sobre as estrelas polares esquentou, e com o calor ficou perigosamente feroz. A Constelação do Pastor alçou voo, sobrecarregada com seu arado. O Escorpião atacou com sua cauda.

A carruagem, tendo rugido por algum tempo através de regiões desconhecidas do ar, batendo contra as estrelas, em seguida mergulhou loucamente nas nuvens logo acima do solo; e a Lua viu, com espanto, os cavalos de seu irmão correndo abaixo dos seus. As nuvens evaporaram. A terra explodiu em chamas. Montanhas ardiam; cidades inteiras pereceram em seus muros; nações foram reduzidas a cinzas. Essa foi a época em que os povos da Etiópia se tornaram negros; pois o sangue era atraído para a superfície de seus corpos pelo calor. A Líbia tornou-se um deserto. O Nilo fugiu aterrorizado até os confins da terra e escondeu sua nascente, e ainda está oculta.

Figura 29. *A Queda de Faetonte*. Tinta sobre pergaminho, Itália, 1533.

CAPÍTULO II – *Iniciação*

A Mãe Terra, protegendo com a mão sua testa carbonizada, sufocando com fumaça quente, ergueu sua grande voz e chamou Júpiter, o pai de todas as coisas, para salvar o mundo: "Olhe em volta!", gritou para ele. "Os céus são fumaça de polo a polo. Grande Júpiter, se o mar perecer, e a terra, e todos os reinos do céu, então estamos de volta ao caos primordial! Pense! Pense na segurança do nosso universo! Salve das chamas o que ainda resta!"

Júpiter, o Pai Todo-Poderoso, convocou apressadamente os deuses para declarar que, a menos que alguma medida fosse tomada rapidamente, tudo estaria perdido. Então ele correu para o zênite, pegou um raio com a mão direita e o arremessou quando sua mão estava à altura de sua orelha. A carruagem se estilhaçou; os cavalos, aterrorizados, soltaram-se; Faetonte, com fogo desenfreado em seu cabelo, desceu como uma estrela cadente. E o rio Pó recebeu seu corpo em chamas.

As Náiades daquela terra consignaram seu corpo a um túmulo, sobre o qual está o epitáfio:

Aqui jaz Faetonte: na carruagem de Febo ele viajou,
E embora tenha errado muito, muito mais ousou.[48]

Essa história de paternidade indulgente ilustra a antiga ideia de que, quando os papéis da vida são assumidos indevidamente pelos iniciados, o caos sobrevém. Quando a criança supera o idílio popular do seio materno e se volta para encarar o mundo da ação adulta especializada, ela passa, espiritualmente, à esfera do pai – que se torna, para o filho, o sinal da tarefa futura, e para a filha, do futuro marido. Quer ele saiba ou não, e não importando qual seja sua posição na sociedade, o pai é o sacerdote iniciador através do qual o jovem ser passa para o mundo maior. E assim como, antigamente, a mãe representava o "bem" e o "mal", agora ele também o faz, mas com esta complicação – que há um novo elemento de rivalidade à vista: o filho contra o pai pelo domínio do universo, e a filha contra a mãe para *ser* o mundo dominado.

A ideia tradicional de iniciação combina a introdução do candidato nas técnicas, deveres e prerrogativas de sua vocação com um reajuste radical de sua relação emocional com as imagens parentais. O mistagogo (pai ou substituto do pai) deve confiar os símbolos do ofício apenas a um filho que tenha sido efetivamente purgado de todas as catexias infantis inadequadas – para quem o exercício justo e impessoal dos poderes não será impossibilitado por motivos inconscientes (ou talvez mesmo conscientes e racionalizados) de autoengrandecimento, preferência pessoal ou ressentimento. Idealmente, o investido foi despojado de sua mera humanidade e é representante de uma força cósmica impessoal. Ele é o nascido duas vezes: ele mesmo se tornou o pai. E agora, por consequência, ele é competente para desempenhar o papel do iniciador, do guia, da porta do sol, através da qual se pode passar das ilusões infantis do "bem" e do "mal" para uma experiência da majestade da lei cósmica, purgada de esperança e medo, e em paz devido à compreensão da revelação do ser.

"Uma vez sonhei", declarou um garotinho, "que fui capturado por balas de canhão [sic]. Elas começaram a pular e gritar. Fiquei surpreso ao ver que estava na minha própria sala de estar. Havia uma fogueira, e sobre ela um caldeirão cheio de água fervente. Elas me jogaram lá dentro e de vez em quando o cozinheiro vinha e enfiava um garfo em mim para ver se eu estava cozido. Então, ele me tirou e me entregou ao chefe que ia me morder, quando eu acordei".[49]

"Sonhei que estava à mesa com minha esposa", afirma um cavalheiro civilizado.

> No decorrer da refeição, estendi a mão e peguei nosso segundo filho, um bebê, e de maneira pragmática comecei a colocá-lo em uma tigela de sopa verde, cheia de água quente ou algum líquido quente; pois ele saiu bem cozido, como um fricassé de frango.
>
> Coloquei a iguaria na mesa sobre uma tábua de pão e cortei com minha faca. Depois de comermos tudo, exceto uma pequena parte como uma moela de frango, olhei preocupado para minha esposa e perguntei a ela: "Tem certeza de que queria que eu fizesse isso? Você pretendia tê-lo comido no jantar?".
>
> Ela respondeu, franzindo a testa naturalmente: "Depois de ele ter sido tão bem cozido, não havia mais nada a fazer". Eu estava prestes a terminar o último pedaço, quando acordei.[50]

Esse pesadelo arquetípico do pai ogro torna-se real nas provações da iniciação primitiva. Os meninos da tribo australiana murngin, como vimos, são primeiro assustados e enviados às pressas para suas mães. O Grande Pai Serpente está pedindo seus prepúcios.* Isso coloca as mulheres no papel de protetoras. Um chifre prodigioso é soprado,

---

* Ver acima, p. 23.

CAPÍTULO II – *Iniciação*

chamado Yurlunggur, que supostamente é o chamado do Grande Pai Serpente que emergiu de seu buraco. Quando os homens vêm buscar os meninos, as mulheres pegam as lanças e fingem não apenas lutar, mas também gemer e chorar, porque os pequeninos serão levados e "comidos". A pista de dança triangular dos homens é o corpo do Grande Pai Serpente. Lá, os meninos são apresentados, durante muitas noites, à inúmeras danças simbólicas dos vários ancestrais totêmicos, e lhes são ensinados os mitos que explicam a ordem existente do mundo. Além disso, eles são enviados à uma longa jornada pelos clãs vizinhos e distantes, imitando as andanças mitológicas dos ancestrais fálicos.[51] Dessa forma, "dentro" do Grande Pai Serpente, por assim dizer, eles são apresentados a um novo mundo de objetos interessantes que os compense pela perda da mãe; e o falo masculino, em vez do seio feminino, torna-se o ponto central (*axis mundi*) da imaginação.

A instrução culminante da longa série de ritos é a liberação do próprio pênis-herói do menino, que perde a proteção de seu prepúcio, através do ataque assustador e doloroso do circuncidador.

> "O pai [ou seja, o circuncidador] é quem *separa* a criança da mãe", escreve o Dr. Róheim. "Na verdade, ele corta separando o menino da mãe. A glande no prepúcio é a criança na mãe."[52]
>
> É interessante notar que até hoje se mantém o rito da circuncisão nos cultos hebreu e islâmico, onde o elemento feminino foi escrupulosamente expurgado da mitologia oficial, estritamente monoteísta. "Deus não perdoa o pecado de juntar outros deuses com Ele", lemos no Alcorão. "Os pagãos, afastando-se de Alá, invocam apenas divindades femininas."[53]

Entre os arunta, por exemplo, ouve-se de todos os lados o som dos zunidores (aerofones) quando chega o momento dessa ruptura decisiva com o passado. É noite, e na estranha luz do fogo aparecem de repente o circuncidador e seu assistente.

O barulho dos zunidores é a voz do grande demônio da cerimônia, e o par de cirurgiões são sua aparição. Com as barbas enfiadas na boca, significando raiva, as pernas bem estendidas e os braços estendidos para a frente, os dois homens ficam perfeitamente imóveis, o cirurgião principal na frente segura na mão direita a pequena faca de sílex com a qual a operação será conduzida, e seu assistente se encosta logo atrás dele, de modo que os dois corpos fiquem em contato um com o outro. Então um homem se aproxima através da luz da fogueira, equilibrando um escudo na cabeça e ao mesmo tempo estalando o polegar e o indicador de cada mão. Os zunidores fazem um barulho tremendo que pode ser ouvido pelas mulheres e crianças em seu acampamento distante. O homem com o escudo na cabeça se ajoelha logo à frente do cirurgião, e imediatamente um dos meninos é levantado do chão por vários de seus tios, que o carregam com os pés à frente e o colocam sobre o escudo, enquanto os homens cantam, trovejando em tons profundos e altos. A operação é executada rapidamente, as figuras temíveis se retiram de pronto da área iluminada, e o menino, mais ou menos atordoado, é atendido e parabenizado pelos homens em cujo território acaba de chegar. "Você se saiu bem", dizem eles; "você não gritou".[54]

As mitologias nativas australianas ensinam que os primeiros ritos de iniciação foram realizados de tal modo que todos os jovens morriam.[55] O ritual mostra-se assim, entre outras coisas, uma expressão dramatizada da agressão edipiana da geração mais velha; e a circuncisão, uma castração mitigada.[56] Mas os ritos fornecem também o impulso canibal e patricida do grupo de machos mais jovem e em ascensão, e ao mesmo tempo revelam o aspecto benigno de doação do pai arquetípico; pois durante o longo período de instrução simbólica, há um tempo em que os iniciados são forçados a viver apenas do sangue fresco dos homens mais velhos. "Os nativos", dissemos,

> se interessam particularmente pelo rito da comunhão cristã e, tendo ouvido falar sobre isso por meio dos missionários, eles o comparam aos seus próprios rituais de beber sangue.[57]
>
> À noite, os homens vêm e tomam seus lugares de acordo com a precedência tribal, estando o menino deitado com a cabeça nas coxas do pai. Ele não deve fazer nenhum movimento ou morrerá. O pai venda-o com as mãos porque se o menino testemunhar os procedimentos seguintes, acredita-se que *seu pai e sua mãe morrerão*. Uma vasilha de madeira ou de casca de árvore é colocada perto de um dos irmãos da mãe do menino, que, tendo amarrado levemente o braço, perfura a parte superior com um osso do nariz e mantém o braço sobre a vasilha até que uma certa quantidade de sangue seja retirada. Em seguida o homem ao lado dele perfura seu braço, e assim por diante, até que a vasilha esteja cheia. Chega a conter dois litros ou mais. O menino toma um longo gole de sangue. Se seu estômago se rebelar, o pai segura sua garganta para evitar que ele ejete o sangue, porque *se isso acontecer, seu pai, mãe, irmãs e irmãos morrerão*. O restante do sangue é vertido sobre ele.

CAPÍTULO II – Iniciação

A partir desse momento, às vezes por uma lua inteira, o menino não recebe outro alimento além de sangue humano, sendo que Yamminga, o ancestral mítico, é o criador desta lei [...]. Às vezes deixa-se o sangue secar na vasilha e então o guardião o corta em pedaços com seu osso do nariz, e ele é comido pelo menino, as duas extremidades primeiro. As partes devem ser divididas igualmente ou o menino morrerá.[58]

Com frequência, os homens que doam seu sangue desmaiam e permanecem em estado de coma por uma hora ou mais devido à exaustão.[59] "No passado", escreve outro observador, "este sangue (bebido cerimonialmente pelos noviços) era obtido de um homem que era morto para esse propósito, e partes de seu corpo eram comidas".[60] "Nesse exemplo", comenta o Dr. Róheim, "chegamos o mais próximo possível de uma representação ritual do matar e comer o pai primitivo".

> Num caso do qual temos registro, dois dos meninos olharam para cima quando não deveriam. "Então os velhos avançaram, cada um com uma faca de pedra na mão. Curvando-se sobre os dois meninos, abriram as veias dos dois. O sangue jorrou e os outros homens deram um grito de morte. Os meninos estavam sem vida. Os velhos *wirreenuns* (curandeiros), mergulhando suas facas de pedra no sangue, tocaram, com elas, os lábios de todos os presentes [...]. Os corpos das vítimas Boorah foram cozidos. Cada homem que já tinha estado em cinco boorahs comeu um pedaço desta carne; nenhum outro foi autorizado a ver isso acontecendo."[61]

Não há dúvida de que, não importando quão pouco iluminados os selvagens australianos possam parecer a nós, seus cerimoniais simbólicos representam a sobrevivência, nos tempos modernos, de um sistema incrivelmente antigo de instrução espiritual, cujas evidências distantes podem ser encontradas não apenas em todas as terras e ilhas que margeiam o oceano Índico, mas também entre os escombros dos centros arcaicos daquilo que temos a tendência a considerar como nossa própria espécie muito especial de civilização. Exatamente quanto os antigos sabiam, é difícil de julgar pelos relatos publicados por nossos observadores ocidentais. Mas ao comparar as figuras do ritual australiano com aquelas que nos são familiares das culturas mais refinadas, pode-se ver que os grandes temas, os arquétipos eternos e sua ação sobre a alma permanecem os mesmos.

> Para conhecer uma surpreendente revelação da sobrevivência na Melanésia contemporânea de um sistema simbólico essencialmente idêntico ao do "complexo de labirinto" egípcio-babilônico, cretense-troiano do século II a.C., ver *Stone Men of Malekula* por John Layard.⁶² W. F. J. Knight discutiu a relação evidente entre a "jornada da alma ao mundo inferior" de Malekula com a descida clássica de Eneias, e a do Gilgamesh babilônico.⁶³ W. J. Perry entendeu reconhecer evidências desta continuidade cultural que abrangia desde o Egito e a Suméria passando pela Oceania e chegando até a América do Norte.⁶⁴ Muitos estudiosos apontaram as estreitas correspondências entre os detalhes dos ritos de iniciação gregos clássicos e australianos primitivos.⁶⁵ Ainda não se sabe por que meios e em que épocas os padrões mitológicos e culturais das várias civilizações arcaicas foram disseminados para os cantos mais distantes da terra; no entanto, pode-se afirmar categoricamente que poucas das chamadas "culturas primitivas" (se houver) estudadas por nossos antropólogos representam crescimentos autóctones. São, antes, adaptações locais, degenerações provincianas e fossilizações imensamente antigas de costumes que foram desenvolvidos em terras muito diferentes, no mais das vezes em circunstâncias muito mais complexas e por outras raças.⁶⁶

Vinde, ó Ditirambo,
*Entra neste meu útero masculino.*⁶⁷

Este chamado de Zeus, o lançador do trovão, para a criança Dioniso, seu filho, repercute o *leitmotiv* dos mistérios gregos do segundo nascimento iniciático. "E vozes de touro rugem de algum lugar a partir do insondável, prenúncios temíveis, e ao toque do tambor, surge a imagem como a de um trovão subterrâneo ressoando no ar carregado de pavor."⁶⁸ A própria palavra "Ditirambo" como um epíteto de Dioniso morto e ressuscitado, era compreendida pelos gregos como significando "aquele da porta dupla", aquele que sobrevivera ao espantoso milagre do segundo nascimento. E sabemos que os cantos corais (ditirambos) e os ritos sombrios e sangrentos em celebração a esse deus – associados à renovação da vegetação, à renovação da lua, à renovação do sol, à renovação da alma, e celebrados solenemente na época da ressurreição do deus do ano – representam o início ritual da tragédia ática. Em todo o mundo antigo, tais mitos e ritos abundavam: as mortes e ressurreições de Tamuz, Adônis, Mitra, Vírbio, Átis e Osíris, e de seus vários representantes animais (cabras e ovelhas, touros, porcos, cavalos, peixes e pássaros) são conhecidos por todos os estudantes de religião comparada; os populares jogos carnavalescos da Festa do Divino Espírito Santo, São Jorge, John Barleycorn* e

---

* Personificação da cevada. [N.R.]

Kostrubonkos*, da Chegada do Inverno, da Partida do Verão, e da Morte da Carriça no dia de Santo Estêvão continuaram a tradição, em clima de brincadeira, no nosso calendário contemporâneo.[69] Através da igreja cristã – na mitologia da queda e da redenção, da crucificação e ressurreição, do "segundo nascimento" no batismo, do golpe iniciático no rosto durante a crisma, do comer simbólico da Carne e do beber do Sangue –, solenemente, e às vezes de modo efetivo, estamos unidos àquelas imagens imortais de poder iniciático através da operação sacramental com a qual o homem, desde o início de seus dias na terra, dissipou os terrores de sua fenomenalidade e conquistou a visão todo-transfigurante do ser imortal. "Ora, se o sangue de bodes e touros e as cinzas de uma novilha espalhadas sobre os que estão impuros os santifica, de modo que se tornam externamente puros, tanto mais o sangue de Cristo, que pelo espírito eterno se ofereceu de modo imaculado a Deus, purificará a nossa consciência de obras mortas, para que sirvamos ao Deus vivo!"[70]

Há um conto folclórico, que nos vem dos basumbwa da África Oriental, sobre um homem para quem o pai morto apareceu conduzindo o gado da Morte e levou o filho por um caminho que entrava no chão, como numa vasta toca. Chegaram a uma área extensa onde havia algumas pessoas. O pai escondeu o filho e foi dormir. Na manhã seguinte apareceu o Grande Chefe, a Morte. Um lado dele era lindo; mas o outro lado estava podre, larvas tombavam ao chão. Seus assistentes estavam juntando as larvas. Os assistentes lavaram as chagas e, quando terminaram, a Morte disse: "Aquele que nasceu hoje, se for comerciar, será roubado. A mulher que concebeu hoje morrerá com a criança concebida. O homem que cultivou hoje, suas colheitas perecerão. Aquele que for à selva será comido pelo leão".

O Grande Chefe, a Morte, pronunciou assim a maldição universal e voltou ao seu descanso. Mas na manhã seguinte, quando apareceu, seus atendentes lavaram e perfumaram o lado bonito, massageando-o com óleo. Quando terminaram, a Morte pronunciou a bênção: "Aquele que nasceu hoje, que se torne rico. Que a mulher que concebeu hoje dê à luz um filho que viverá até a velhice. O nascido hoje, que vá para o mercado e faça bons negócios; que possa negociar com os cegos. O homem que vai entrar na selva, que mate a caça, que encontre até elefantes. Porque hoje eu pronuncio a bênção".

---

* Rei da Primavera russo. [N.R.]

Figura 30. *O feiticeiro*. Gravura rupestre com preenchimento de tinta preta, paleolítico, França, *c.*10 000 a.C.

O pai então disse ao filho: "Se você tivesse chegado hoje, muitas coisas teriam sido suas. Mas agora está claro que a pobreza lhe foi imposta. Amanhã é melhor você partir".

E o filho voltou para casa.[71]

O Sol no Mundo Inferior, o Senhor dos Mortos, é o outro lado do mesmo rei radiante que governa e concede o dia; pois "Quem é que te sustenta do céu e da terra? E quem é que tira os vivos dos mortos e os mortos dos vivos? E quem é que governa e regula todas as atividades?".[72] Isto nos lembra a história wachaga de um homem muito pobre, Kyazimba, que foi transportado por uma anciã até o zênite, onde o Sol repousa ao meio-dia;[73] lá o Grande Chefe concedeu a ele prosperidade. Recordemo-nos do deus trapaceiro Exú, descrito em um conto da outra costa da África:[74] espalhar conflitos era sua maior alegria. Estas são visões diferentes da mesma terrível Providência. Nele estão contidos e dele procedem as contradições, bem e mal, morte e vida, dor e prazer, dádivas e privações. Como a pessoa da porta do sol, ele é a fonte de todos os pares de opostos. "Ele detém as chaves do Invisível [...].

CAPÍTULO II – *Iniciação*

No final, você retornará a Ele; então Ele lhe mostrará a verdade de tudo o que você fez."⁷⁵

O mistério do pai aparentemente autocontraditório é revelado de modo emblemático na figura de uma grande divindade do Peru pré-histórico, chamada Viracocha. Sua tiara é o sol; ele segura um raio em cada mão; e de seus olhos descem, em forma de lágrimas, as chuvas que refrescam a vida dos vales do mundo. Viracocha é o Deus Universal, o criador de todas as coisas e, no entanto, nas lendas de suas aparições na terra, ele é representado vagando como um mendigo maltrapilho

Figura 31. *O Pai Universal, Viracocha, chorando.*
Bronze, pré-inca, Argentina, c.650-750.

e insultado. Recorda-nos o Evangelho de Maria e José nas portas das hospedarias de Belém,[76] e a história clássica da mendicância de Júpiter e Mercúrio na casa de Báucis e Filêmon.[77] Lembra-nos também o não reconhecido Exú. Este é um tema frequente na mitologia; seu sentido é captado nas palavras do Alcorão: "Para onde quer que você se volte, há a Presença de Alá".[78] "Embora Ele esteja oculto em todas as coisas", dizem os hindus, "tal Alma não revela seu brilho; no entanto, Ele é visto por videntes argutos com intelecto superior e sutil".[79] "Parta o graveto", diz um aforismo gnóstico, "e lá está Jesus".[80]

Viracocha, portanto, devido ao modo como manifesta sua ubiquidade, participa do caráter do mais alto dos deuses universais. Além disso, sua síntese de deus-sol e deus-tempestade é familiar. Conhecemo-lo através da mitologia hebraica de Yahweh, em que se unem os traços de dois deuses (Yahweh, um deus da tempestade, e El, um deus solar); está evidente na personificação navajo do pai dos Guerreiros Gêmeos; é óbvia no caráter de Zeus, bem como no raio e auréola de certas formas da imagem de Buda. O significado é que a graça que se derrama no universo pela porta do sol é a mesma que a energia do raio que aniquila e é em si indestrutível: a luz do Imperecível que destrói ilusões é a mesma luz que cria. Ou ainda, em termos de uma polaridade secundária da natureza: o fogo que arde no sol brilha também na tempestade fertilizante; a energia por trás do par elemental de opostos, fogo e água, é a mesma.

Mas o mais extraordinário e profundamente comovente dos traços de Viracocha, essa nobre interpretação peruana do deus universal, é o detalhe que lhe é peculiar, a saber, o das lágrimas. As águas vivas são as lágrimas de Deus. Com isso a visão do monge que desacredita do mundo, "Toda vida é dolorosa", se mescla com a afirmativa do pai que gera o mundo: "A vida deve ser!". Com plena consciência da angústia da vida das criaturas em suas mãos, com plena consciência do rugido da selva de dores, dos fogos dilacerantes dos iludidos, autodestrutivos, lascivos e irados de sua criação, essa divindade aceita oferecer vida à vida. Reter as águas seminais seria aniquilar; contudo, vertê-las é criar este mundo que conhecemos. Pois a essência do tempo é fluxo, é a dissolução do que existe momentaneamente; e a essência da vida é o tempo. Em sua misericórdia, em seu amor pelas formas do tempo, esse demiúrgico homem dos homens se comove diante do mar de dores; mas em plena consciência do que está fazendo, as águas seminais da vida que ele concede são as lágrimas de seus olhos.

CAPÍTULO II – *Iniciação*

O paradoxo da criação, a chegada das formas temporais vindas da eternidade, é o segredo germinal do pai. Nunca será totalmente explicado. Portanto, em todo sistema teológico há um ponto umbilical, um tendão de Aquiles que foi tocado pelo dedo da mãe vida, e onde a possibilidade do conhecimento perfeito foi prejudicada. O problema do herói é penetrar a si mesmo (e, consequentemente, seu mundo) justamente nesse ponto; para quebrar e aniquilar aquele nó-chave de sua existência limitada.

O desafio do herói que vai ao encontro do pai é abrir sua alma além do terror, a tal ponto que ele esteja suficientemente amadurecido para entender como as tragédias revoltantes e insanas deste vasto e implacável cosmos estão completamente validadas na majestade do Ser. O herói transcende a vida com seu ponto cego peculiar e, por um momento, eleva-se e chega a um vislumbre da fonte. Ele contempla o rosto do pai, entende – e os dois são reconciliados.

Na história bíblica de Jó, o Senhor não faz tentativa alguma de justificar em termos humanos (ou quaisquer outros) a retribuição vil dada a seu servo virtuoso, "um homem simples e reto, que teme a Deus e evita o mal". Nem foi por seus próprios pecados que os servos de Jó foram mortos pelas tropas dos caldeus, seus filhos e filhas esmagados por um telhado desmoronado. Quando seus amigos chegam para consolá-lo, eles declaram, com uma fé piedosa na justiça de Deus, que Jó deve ter feito algum mal para merecer tão terríveis aflições. Mas o sofredor honesto, corajoso e visionário insiste que suas ações foram boas; após o que o consolador, Eliú, o acusa de blasfêmia, por se proclamar mais justo do que Deus.

Quando o próprio Senhor responde a Jó a partir do redemoinho, Ele não faz tentativa alguma de justificar Sua obra em termos éticos, mas apenas amplia Sua Presença, ordenando a Jó que faça o mesmo na terra emulando humanamente o caminho do céu:

> Cinge agora os teus rins como um homem. Vou interrogá-lo e tu me responderás. Porventura te atreves a anular minha justiça e condenar-me para justificar a si mesmo? Tens um braço como o de Deus? Podes trovejar com voz como a de Deus? Revista-te, pois, de majestade e grandeza; cubra-te de esplendor e glória. Derrama o furor de tua ira: e com um olhar humilha todos os orgulhosos; e esmaga os ímpios no seu lugar. Esconde-os todos juntos no pó e amarra-os todos juntos na prisão. Então também eu te louvarei porque conseguiu a salvação com tua mão direita.[81]

Não há uma palavra de explicação, nenhuma menção à duvidosa aposta com Satanás descrita no capítulo primeiro do Livro de Jó; apenas uma demonstração do tipo "trovões e relâmpagos" do fato dos fatos, ou seja: o homem não pode medir a vontade de Deus, que deriva de um centro além do alcance das categorias humanas. As categorias, de fato, são totalmente destruídas pelo Todo-Poderoso do Livro de Jó, e permanecem assim até o fim. No entanto, para o próprio Jó, a revelação parece ter dado um sentido que satisfez sua alma. Ele foi um herói que, por sua coragem na fornalha implacável, por sua recusa de desmoronar e humilhar-se diante da concepção popular do caráter do Altíssimo, provou ser capaz de enfrentar uma revelação maior do que aquela que satisfez seus amigos. Não podemos interpretar suas palavras do último capítulo como as de um homem meramente intimidado. São as palavras de quem *viu* algo que supera tudo o que *foi dito* como justificação. "Com o ouvir de meus ouvidos ouvi falar de ti: mas agora meus olhos te veem. Por isso tenho horror de mim e me arrependo no pó e na cinza."[82] Os piedosos consoladores são humilhados; Jó é recompensado com uma nova casa, novos servos e novas filhas e filhos. "Depois disso viveu Jó cento e quarenta anos, e viu seus filhos e os filhos de seus filhos, até quatro gerações. Assim morreu Jó, velho e cheio de dias."[83]

Para o filho que amadureceu e de fato conhece o pai, as agonias da provação são prontamente suportadas; o mundo não é mais um vale de lágrimas, mas uma manifestação perpétua da presença que produz bem-aventurança. Compare a fúria do Deus irado conhecido por Jonathan Edwards e seu rebanho, com a terna letra de uma música dos miseráveis guetos da Europa Oriental, daquele mesmo século:

Ó Senhor do Universo
Cantarei uma canção para Ti.
Onde podes ser encontrado,
E onde não podes ser encontrado?
Onde eu passo – lá estás Tu.
Onde permaneço – lá, também, Tu estás.
Tu, Tu, e somente Tu.

Tudo vai bem – é graças a Ti.
Vai mal – ah, também é graças a Ti.

Tu és, Tu tens sido, e Tu serás.
Tu reinaste, Tu reinas, e Tu reinarás.

Teu é o Céu, Tua é a Terra.
Tu enches as regiões altas,
E Tu enches as regiões baixas.
Para onde quer que eu me volte, Tu, ó Tu, lá estás.[84]

5. Apoteose

UM DOS MAIS poderosos e queridos bodisatvas dentro do budismo Mahayana do Tibete, China e Japão é o portador do Lótus, Avalokiteshvara: "O Senhor que Olha para Baixo em Piedade", assim chamado porque ele tem compaixão para com todas as criaturas sencientes que sofrem dos males da existência. Para ele se dirige a oração das orações, repetida milhões de vezes nas rodas de oração e nos gongos dos templos tibetanos: *Om mani padme hum*, "A joia está no lótus". É provável que sejam dirigidas a ele mais orações por minuto do que para qualquer uma das divindades conhecidas pelo homem. Isto porque durante sua última vida como ser humano, ele quebrou para si mesmo as amarras do último limiar (nesse momento abriu-se para ele a eternidade do vazio além das frustrantes miragens-enigmas do cosmos nomeado e limitado), nesse momento ele se deteve e fez um voto de que antes de entrar no vazio traria à iluminação todas as criaturas sem exceção, e desde então tem permeado todo o tecido da existência com a divina graça de sua presença auxiliadora, de modo que até a mais insignificante prece dirigida a ele, em todo o vasto império espiritual do Buda, é graciosamente ouvida. Sob diferentes formas ele atravessa os dez mil mundos, e aparece em nossa hora de necessidade e oração. Ele se revela em forma humana com dois braços, em sua forma sobre-humana com quatro, ou com seis, ou doze, ou mil braços, e segura em uma de suas mãos esquerdas o lótus do mundo.

Como o próprio Buda, esse ser semelhante a deus é o modelo do estado divino que o herói humano atinge quando supera os últimos terrores da ignorância. "Quando o envoltório da consciência foi aniquilado, então ele se livra de todo o medo, fica fora do alcance das mudanças."[85] Esse é o potencial para a libertação no interior de todos nós, e que qualquer um pode alcançar – por meio do heroísmo; pois, como lemos, "Todas as coisas são como Buda";[86] ou então (essa é a outra maneira de fazer a mesma declaração), "Todos os seres são livres do eu".

Figura 32 *Bodisatva*. Estandarte de templo, Tibete, século XIX.

CAPÍTULO II – *Iniciação*

> O budismo Hinayana ou Theravada (o budismo que sobreviveu no Ceilão, Burma e Tailândia) reverencia o Buda como um herói humano, um sábio e santo supremo. O budismo Mahayana, por outro lado (o budismo do norte), considera O Iluminado como um salvador do mundo, uma encarnação do princípio universal da iluminação. Um bodisatva é um ser a ponto de se tornar Buda: de acordo com a visão hinayana, um adepto que irá se tornar Buda numa encarnação subsequente; de acordo com a visão mahayana (como os próximos parágrafos mostrarão), um tipo de salvador do mundo, representando particularmente o princípio universal da compaixão. A palavra bodisatva (sânscrito) significa: "aquele ser cuja essência é a iluminação". O budismo Mahayana desenvolveu um panteão de muitos bodisatvas e muitos Budas passados e futuros. São todos inflexões dos poderes manifestos do transcendente, do primeiro e único Adi-Buda, (Buda Primordial), [87] que é a mais elevada fonte concebível e a última fronteira de todo o ser, suspenso no vácuo do não ser, como uma bolha maravilhosa.

O mundo é preenchido e iluminado pelo bodisatva ("ele cujo ser é a iluminação") mas não o contém; antes, é ele que segura o mundo, o lótus. Dor e prazer não o encerram – ele os encerra, e com profundo repouso. E como ele é o que todos nós podemos ser, sua presença, sua imagem, o mero ato de chamar seu nome, ajuda.

> Ele usa uma guirlanda de oito mil raios, nos quais se vê completamente refletido o estado da perfeita beleza. A cor do seu corpo é púrpura-dourada. Suas palmas possuem as cores de quinhentas lótus misturadas, enquanto cada uma das pontas de seus dedos possui oitenta e quatro mil marcas de sinete, e cada marca oitenta e quatro mil cores; cada cor possui oitenta e quatro mil raios que são delicados e suaves e brilham sobre todas as coisas que existem. Com essas mãos de joias ele atrai e abraça todos os seres. A auréola que rodeia sua cabeça é cravejada com cinco centenas de Budas, miraculosamente transformados, cada um deles servidos por quinhentos bodisatvas. Estes, por sua vez, são servidos por incontáveis deuses. Quando ele coloca seus pés no chão, flores, joias e diamantes se espalham cobrindo tudo em todas as direções. A cor de sua face é dourada. Em sua imensa coroa de gemas fica um Buda de duzentas e cinquenta milhas de altura.[88]

Na China e Japão este sublimemente gentil bodisatva não é representado apenas em forma masculina, mas também em forma feminina, Kuan Yin na China, Kannon no Japão – a Madona do Extremo Oriente – é precisamente a benevolente observadora do mundo. Ela é encontrada em todo templo budista do mais remoto Oriente. Ela é sagrada tanto para o homem simples quanto para o sábio; pois subjacente a seu voto jaz uma intuição profunda, capaz de redimir o mundo, capaz de preservar o mundo. A pausa no limiar do nirvana, a decisão de renunciar até o fim dos tempos (que nunca termina) à imersão no imperturbável lago da eternidade, representa a compreensão de que a distinção entre eternidade e tempo é apenas aparente – feita, forçosamente, pela mente racional, mas dissolvida no conhecimento perfeito da mente que transcendeu os pares de opostos. Trata-se da compreensão de que tempo e eternidade são dois aspectos da mesma totalidade da experiência, dois planos do mesmo inefável não dual, isto é, a joia da eternidade está no lótus do nascimento e morte: *Om mani padme hum*.

A primeira maravilha a ser notada aqui é o caráter andrógino do bodisatva: masculino Avalokiteshvara, feminino Kuan Yin.

Figura 33. *Kuan Yin, o Bodisatva Avalokiteshvara*.
Madeira policromada, China, século XI-XIII.

CAPÍTULO II – *Iniciação*

Deuses masculinos-femininos não são incomuns no mundo dos mitos, eles emergem sempre envoltos em mistério, pois conduzem a mente para além da experiência objetiva até o reino simbólico onde a dualidade fica para trás. Awonawilona, o deus chefe do *pueblo* de Zuni, é o criador e o receptáculo de tudo; é às vezes chamado de ele, mas é, na verdade, ele-ela. O Grande Original das crônicas chinesas, a mulher sagrada Tai Yuan, combinou em sua pessoa o Yang masculino e o Yin feminino.

> Yang, princípio ativo, luminoso e masculino, e Yin, passivo, escuro e feminino. A interação desses dois princípios subjaz e constitui todo o mundo das formas ("as dez mil coisas"). Eles procedem do Tao (a fonte e a lei do ser), e juntos tornam-no manifesto. Tao significa "estrada" ou "caminho". Tao é o caminho da natureza, o destino, a ordem cósmica; o Absoluto manifestado. Portanto, Tao é também "verdade", "conduta correta". Yang e Yin juntos como Tao são retratados desse modo: ☯. O Tao fundamenta o cosmos. O Tao habita cada coisa criada.

Os ensinamentos cabalísticos dos judeus medievais, assim como os escritos do cristianismo gnóstico do segundo século, representam a Palavra Encarnada como andrógina – que é de fato o estado de Adão como ele foi criado, antes que o aspecto feminino, Eva, fosse removido para outra forma. Entre os gregos, não apenas Hermafrodita (o filho de Hermes e Afrodite)[89], mas também Eros, a divindade do amor (o primeiro dos deuses, de acordo com Platão),[90] eram sexualmente femininos e masculinos ao mesmo tempo.

"Então Deus criou o homem à sua imagem e semelhança, à imagem de Deus os criou; macho e fêmea Ele os criou."[91] Talvez venha à mente a questão da natureza da imagem de Deus; mas a resposta já é dada no texto, e é bastante clara. "Quando o Sagrado, Bendito seja Ele, criou o primeiro homem, Ele o criou andrógino."[92] A remoção do feminino para uma outra forma simboliza o começo da queda de um estado perfeito para a dualidade; e foi naturalmente seguida pela descoberta da dualidade do bem e do mal, a expulsão do jardim onde Deus caminha sobre a terra, e logo após a construção da muralha do Paraíso, formado da "coincidência dos opostos",[93] pela qual o Homem (ainda homem e mulher) foi privado não apenas da visão mas até mesmo da recordação da imagem de Deus.

Essa é a versão bíblica de um mito conhecido em muitas terras. Representa uma das maneiras básicas de simbolizar o mistério da criação: a evolução da eternidade que se tornou tempo, a divisão do um em dois e depois em muitos, assim como a geração de uma nova vida por meio da conjunção de dois. Essa imagem está no início do ciclo cosmogônico,[94] e com igual propriedade na conclusão da tarefa heroica, no momento em que a muralha do Paraíso é dissolvida, a forma divina é encontrada e rememorada, e a sabedoria reconquistada.[95]

Figura 34. *Ancestral andrógino*. Madeira talhada, Mali, século XX.

Tirésias, o vidente cego, era ambos, macho e fêmea: seus olhos estavam fechados para as formas fragmentadas do mundo da luz dos pares de opostos; ainda assim, ele viu em sua própria treva interior o destino de Édipo.[96] Shiva aparece unido em um único corpo a Shakti, sua esposa – ele o lado direito, ela o esquerdo – na manifestação conhecida como Ardhanarishvara, "O Senhor Metade Mulher"[97] A imagens ancestrais de certas tribos africanas e melanésias mostram um ser com os seios da mãe e a barba e o pênis do pai.[98] Na Austrália, cerca de um ano após o ordálio da circuncisão, o candidato à completa

CAPÍTULO II – *Iniciação*

masculinidade deve se submeter a uma segunda operação ritual – a da subincisão (um corte longitudinal aberto na parte de baixo do pênis, para formar uma fenda permanente na uretra). A abertura é denominada o "útero-pênis". É uma vagina masculina simbólica. O herói se tornou, em virtude do cerimonial, mais que um homem.[99]

O sangue para a pintura cerimonial e para colar penas de pássaros brancos no corpo é oriundo das fendas das subincisões dos pais australianos. Eles reabrem as velhas feridas, e deixam fluir o sangue.[100] Ele simboliza ao mesmo tempo o sangue menstrual da vagina e o sêmen do macho, assim como a urina, a água, e o leite do macho. O fluir mostra que o homem velho possui dentro de si a fonte da vida e nutrição;[101] ou seja, ele e a fonte inexaurível do mundo são um só.[102]

O chamado do Grande Pai Serpente foi alarmante para a criança; a mãe representou proteção. Mas o pai veio. Ele foi o guia e o iniciador nos mistérios do desconhecido. Como o intruso original que invade o paraíso do bebê com sua mãe, o pai é o inimigo arquetípico; portanto, para o inconsciente, ao longo da vida todos inimigos são símbolos do pai. "O que quer que seja morto, se torna o pai."[103] Por isso nas comunidades de caçadores de cabeça (na Nova Guiné, por exemplo) as cabeças adquiridas em incursões de vingança são objeto de veneração.[104] Daí, também, a compulsão irresistível de fazer guerra: o impulso para destruir o pai está continuamente se transformando em violência pública. Os homens mais velhos daquelas comunidades ou raças se protegem de seus filhos na medida em que eles crescem por meio da magia psicológica dos totens cerimoniais. Eles representam o papel do pai ogro, para então se revelarem também como a mãe nutridora. Um novo e mais amplo paraíso é então estabelecido. No entanto, esse paraíso não inclui as tribos ou raças tradicionalmente inimigas, contra as quais a agressão continua sendo sistematicamente projetada. Todo o conteúdo "bom" de pai-mãe é reservado para os de casa, enquanto o "mau" é projetado nos estrangeiros a torto e a direito: "Quem é, pois, este incircunciso filisteu, para afrontar os exércitos do Deus vivo?".[105] "E não desfaleçais na perseguição ao inimigo; porque, se sofrerdes, eles sofrerão tanto quanto vós; porém, vós podeis ter esperança em Alá, enquanto eles não possuem nenhuma."[106]

Cultos totêmicos, tribais, raciais e agressivamente missionários representam apenas uma solução parcial ao problema psicológico de subjugar o ódio pelo amor; sua iniciação é apenas parcial. O ego não é aniquilado nesses cultos; ao contrário, ele é amplificado. Ao invés de pensar apenas em si mesmo, o indivíduo se torna dedicado à totalidade de *sua* sociedade. Enquanto isso, o resto do mundo (em outras palavras, a maior porção da humanidade) fica de fora da esfera de sua simpatia e proteção porque está fora da esfera de proteção de seu deus. E ali tem lugar, então, o divórcio dramático dos dois princípios de amor e ódio que as páginas da história ilustram copiosamente. Ao invés de limpar seu próprio coração o fanático tenta limpar o mundo. As leis da Cidade de Deus se aplicam apenas ao seu círculo próximo (tribo, igreja, nação, classe ou qualquer outra coisa) enquanto o fogo da guerra sagrada perpétua é arremessado (em boa consciência, e até com um senso de serviço piedoso) contra qualquer incircunciso, bárbaro, pagão, "nativo", ou qualquer povo estrangeiro que por acaso ocupe a posição de vizinho.[107]

Como resultado, o mundo está cheio de bandos mutuamente rivais: adoradores de totens, de bandeiras, e de partidos. Mesmo as assim chamadas nações cristãs – que supostamente deveriam seguir um redentor do "mundo" – são melhor conhecidas pela sua história de barbárie colonial e conflitos intestinos do que por qualquer demonstração prática de amor incondicional, sinônimo de uma conquista efetiva do ego, do mundo do ego, e do deus tribal do ego, que foi ensinado por seu professor senhor supremo:

> Mas a vós, que isto ouvis, digo: Amai os vossos inimigos, fazei bem aos que vos odeiam. Bendizei os que vos maldizem, e orai pelos que vos caluniam. Ao que te ferir numa face, oferece-lhe também a outra; e ao que te houver tirado a capa, nem a túnica recuses; E dá a todo home que te pede; e ao que tomar o que é teu, não lho tornes a pedir. E como vós quereis que os homens vos façam, da mesma maneira lhes fazei vós. E se amardes aos que vos amam, que recompensa tereis? Também os pecadores amam aos que os amam. E se fizerdes bem aos que vos fazem bem, que recompensa tereis? Também os pecadores fazem o mesmo. E se emprestardes àqueles de quem esperais tornar a receber, que recompensa tereis? Também os pecadores emprestam aos pecadores, para tornarem a receber outro tanto. Amai, pois, a vossos inimigos, e fazei bem, e emprestai, sem nada esperardes, e será grande o vosso galardão, e sereis filhos do Altíssimo; porque ele é benigno até para com os ingratos e maus. Sede, pois, misericordiosos, como também vosso Pai é misericordioso.[108]

CAPÍTULO II – *Iniciação*

Compare com a seguinte carta cristã:

No Ano de Nosso Senhor 1682

Para vós, venerável e amado Sr. John Higginson:
Singra agora os mares um navio de nome Welcome, que leva a bordo cem ou mais dos heréticos e malignos chamados quakers, tendo W. Penn, que é o patife-mor, à frente deles. A Corte Geral adequadamente deu ordens sagradas ao capitão Malachi Huscott, do brigue Porpoise, para emboscar sorrateiramente o dito Welcome tão perto do Cabo Cod quanto possível, e capturar o dito Penn e sua tripulação ímpia, para que o Senhor possa ser glorificado e não zombado no solo desse novo país com a adoração pagã de tais pessoas. Muito saque pode ser obtido vendendo todos para Barbados, onde escravos alcançam bons preços em rum e açúcar; e nós faremos não apenas ao Senhor um grande bem punindo os perversos, mas poderemos conseguir um grande bem para seus ministros e seu povo.

Seu nas entranhas de Cristo,
COTTON MATHER[109]

Assim que tivermos nos libertado dos preconceitos de nossa própria interpretação dos arquétipos do mundo, interpretação que é provincianamente limitada, seja ela eclesiástica, tribal ou nacional, será possível compreender que a iniciação suprema não é aquela dos pais maternais locais, que então projetam a agressão em seus vizinhos para sua própria defesa. A boa nova, que o Redentor do Mundo traz e que tantos têm se alegrado em ouvir, zelosos em pregar, mas aparentemente relutantes em demonstrar, é que Deus é amor, que Ele pode e deve ser amado, e que todos sem exceção são seus filhos.[110] Tais assuntos, comparativamente triviais, como os detalhes remanescentes do credo, as técnicas de adoração e os mecanismos da organização episcopal (que absorveram tanto o interesse dos teólogos ocidentais a ponto de hoje eles discutirem seriamente esses temas como questões principais da religião), são meras ciladas pedantes, a não ser que sejam mantidas como acessórias aos grandes ensinamentos. De fato, quando não são mantidos nessa condição acessória, produzem um efeito regressivo: reduzem a imagem do pai novamente à dimensão de um totem. E isso, por certo, é o que aconteceu em todo o mundo cristão. Daria a impressão de que fomos chamados a decidir ou a saber quem, dentre todos nós, o Pai prefere. Ao passo que, o ensinamento é bem menos lisonjeiro: "não julgueis para não serdes julgados".[111] A cruz do Salvador do Mundo, a despeito do comportamento de seus sacerdotes professos, é um símbolo vastamente mais democrático do que uma bandeira local.[112]

O Dr. Karl Menninger apontou[113] que, embora os rabinos judeus, ministros protestantes e padres católicos possam, às vezes, em linhas gerais, ser levados a reconciliar, em termos amplos, suas diferenças teóricas, contudo, sempre que começam a descrever as regras e regulamentos pelos quais a vida eterna é alcançada, discordam irremediavelmente. "Até esse ponto o programa é impecável", escreve o Dr. Menninger. "Mas se ninguém sabe com certeza quais são as regras e regulamentos, tudo caminha para o absurdo." A resposta para isso, claro, é dada por Ramakrishna:

> Deus fez diferentes religiões para servir a aspirantes, tempos, e países diversos. Todas as doutrinas são apenas caminhos; mas um caminho não é de modo algum o próprio Deus. De fato, uma pessoa pode alcançar a Deus se seguir qualquer um desses caminhos com devoção de todo o coração [...]. Pode-se comer um bolo confeitado cortado numa fatia reta ou enviesada; terá sabor doce do mesmo modo.[114]

A compreensão das implicações últimas – e cruciais – das palavras e símbolos redentores da tradição da cristandade tem sido tão deturpada durante os tumultuosos séculos que se passaram desde a declaração de Santo Agostinho sobre a guerra sagrada entre a *Civitas Dei* e a *Civitas Diaboli*, que o pensador moderno desejoso de apreender o significado de uma religião mundial (ou seja, uma doutrina do amor universal) deve voltar seus olhos para outra grande (e mais antiga) comunhão universal: aquela do Buda, cuja palavra fundamental ainda é a paz – paz para todos os seres.

> Não menciono o Islã, pois lá, também, a doutrina é pregada em termos de uma guerra santa e, portanto, obscurecida. Certamente é verdade que lá, assim como aqui, muitos compreenderam que o campo de batalha apropriado não é geográfico, mas psicológico (ver Rumi: "O que é 'decapitar'? Destruir a alma carnal na guerra santa".[115]); não obstante, a expressão popular e ortodoxa de ambas as doutrinas, islâmica e cristã, tem sido tão feroz que é necessária uma leitura muito sofisticada para discernir em cada uma dessas crenças como opera o amor.

Por exemplo, os seguintes versos tibetanos, de dois hinos do santo-poeta Milarepa, foram compostos mais ou menos ao mesmo tempo em que o Papa Urbano II estava pregando a Primeira Cruzada:

Em meio à Cidade de caráter ilusório dos Seis Planos do Mundo
O fator principal é o pecado e o obscurecimento nascido de ações malignas;
Nela o ser segue os ditames de seus gostos e aversões,
E nunca achará tempo para conhecer a equanimidade:

CAPÍTULO II – *Iniciação*

Evitai, Ó meus filhos, gostos e aversões.[116]
Se pudésseis compreender o Vazio de Todas as Coisas, a Compaixão emergiria no interior de vossos corações;
Se perdêsseis toda a diferenciação entre si mesmo e os outros, seríeis adequados para servir aos demais;
E quando ao servir aos outros tiverdes sucesso, então vós me encontrareis;
E ao encontrar-me, alcançareis o estado búdico.[117]

"O Vazio de Todas as Coisas" (sânscrito: *shunyata*, "vacuidade") se refere, por um lado, à natureza ilusória do mundo dos fenômenos e, por outro, à impropriedade de atribuir as qualidades que conhecemos de nossa experiência do mundo dos fenômenos ao que é imperecível.

Na Celestial Radiância da Vacuidade,
Não há nem sombra de coisa ou conceito,
Ainda assim, abrange todos os objetos do conhecimento;
Reverência à imutável vacuidade.[118]

A paz está no coração de tudo porque Avalokiteshvara/ Kuan Yin, o poderoso Bodisatva, o Amor Ilimitado, inclui, considera e habita no interior de cada ser senciente (sem exceção). Ele vê a perfeição das asas delicadas de um inseto, quebradas pela passagem do tempo – e ele mesmo é ambos: sua perfeição e sua desintegração. A perene agonia do homem, que tortura a si mesmo, iludido, emaranhado na rede de seu próprio frágil delírio, frustrado, mesmo que possua em si o desconhecido e absolutamente não utilizado segredo da libertação: isso também ele vê – e é. Serenos, acima dos homens, os anjos; abaixo do homem, os demônios e os mortos desafortunados: todos esses são atraídos para o Bodisatva graças aos raios de suas mãos cravejadas de joias, e todos são ele, assim como ele é todos. As miríades de centros de consciência, limitados, acorrentados, em cada plano de existência (não apenas neste presente universo, limitado pela Via Láctea, mas além, nos confins do espaço), galáxia além de galáxia, mundo além de mundos de universos, surgem do atemporal reservatório do vazio, explodindo em vida e, como uma bolha, desaparecendo vezes sem conta: miríades de vidas; todas sofrendo, cada uma confinada no tênue, apertado círculo de si mesmo – fustigando, matando, odiando, e desejando a paz que está além da vitória. Todos estes são os filhos, as figuras enloquecidas do perene mundo onírico, transitório ainda que inexaurível, daquele que é Onisciente, cuja essência é a essência do Vazio: "O Senhor Olhando para Baixo com Piedade".

Mas o nome também significa: "O Senhor Visto Interiormente"*. Somos todos reflexos da imagem do Bodisatva. O sofredor dentro de nós é aquele ser divino. Nós e o pai protetor somos um. Essa é a compreensão redentora. O pai protetor é cada pessoa que encontramos. E é preciso saber que embora esse corpo ignorante, limitado, autodefensivo e sofredor talvez se perceba ameaçado por algum outro – o inimigo – esse outro também é Deus. O ogro judia de nós, mas o herói, o candidato adequado, submete-se à iniciação "como um homem"; e vejam que surpresa, era o pai: nós Nele e Ele em nós.[119] A querida mãe protetora do nosso corpo não pôde nos defender do Grande Pai Serpente; o corpo mortal e tangível que ela nos deu foi entregue ao poder aterrador dele. Mas a morte não é o fim. Nova vida, novo nascimento, novo conhecimento da existência (para que então não vivamos nessa forma física apenas, mas em todas formas físicas do mundo, como o Bodisatva) nos foram dados; O pai é, ele mesmo, o útero, a mãe do nosso segundo nascimento.[120]

Esse é o significado da imagem do deus bissexual. Ele é o mistério do tema da iniciação. Somos tirados da mãe, mastigados em fragmentos, e assimilados ao corpo-aniquilador-de-mundos do ogro, para quem todas as preciosas formas e seres do mundo são apenas os pratos de um banquete; mas então, renascidos miraculosamente, somos mais do que fomos. Se Deus é um arquétipo tribal, racial, nacional, ou sectário, nós somos os guerreiros de sua causa; mas se ele é o senhor do próprio universo, então seguimos adiante como conhecedores para quem *todos* os homens são irmãos. Em ambos os casos, as imagens parentais da infância e as ideias de "bem" e "mal" foram ultrapassadas. Nós não mais desejamos e temos: somos o que é desejado e temido. Todos os deuses, bodisatvas, e budas foram subsumidos em nós, como a auréola do poderoso que segura a lótus do mundo.

> Venham [portanto], voltemos para o Senhor: ele nos despedaçou, mas nos trará cura; ele nos feriu, mas sanará nossas feridas. Depois de dois dias ele nos dará vida novamente; ao terceiro dia nos restaurará, para que vivamos em sua presença. Então saberemos, se procurarmos conhecer o Senhor: tão certo como a manhã, ele aparecerá; virá para nós como as chuvas de inverno, como as chuvas de primavera que regam a terra.[121]

---

* Avalokita (Sânscrito) = "olhar para baixo" mas também "visto"; ishvara= "Senhor". Portanto, tanto o "Senhor que olha para baixo [com piedade]" e o "Senhor que foi visto [interiormente]" (no sânscrito "i"se combina com "e", portanto: Avalokiteshvara). Ver W. Y. Evans-Wentz. *Tibetan Yoga and Secret Doctrines* (London: Oxford University Press, 1935), p. 233, nota 2.

CAPÍTULO II – *Iniciação*

Esse é o sentido da primeira maravilha do Bodisatva: o caráter andrógino da presença. Com isso os dois aparentes opostos da aventura mitológica se juntam. O Encontro com a Deusa, e a Reconciliação com o Pai. Pois no primeiro, o iniciado aprende que macho e fêmea são (como expresso na *Brhadaranyaka Upanishad*) "duas metades de uma ervilha partida";[122] ao passo que no segundo, o Pai se revela como anterior à divisão dos sexos: o pronome "Ele" é uma maneira de falar, o mito da filiação é apenas um fio condutor a ser apagado. Em ambos os casos se descobre (ou melhor, se rememora) que o próprio herói é aquilo que ele veio encontrar.

A segunda maravilha a ser observada no mito do Bodisatva é sua aniquilação da distinção entre vida e a liberação da vida – que é simbolizada (como observamos) na renúncia do Bodisatva ao nirvana. Nirvana significa, em resumo, "a extinção dos três fogos, desejo, hostilidade e ilusão". Como o leitor se lembrará: na lenda da Tentação sob a Árvore Bo (ver acima, p. 41 e 43) o antagonista do futuro Buda era Kama-Mara, literalmente "Desejo-Hostilidade", ou "Amor e Morte", o mago da ilusão. Ele era uma personificação da Chama Tripla e das dificuldades da última provação, um guardião do derradeiro limiar a ser ultrapassado pelo herói universal em sua aventura suprema para o nirvana.

"O verbo *nirva* (sânscrito) significa, literalmente, 'soprar, apagar' intransitivamente, como o fogo que simplesmente se apaga [...]. Privado de combustível, o fogo da vida é 'pacificado', isto é, extinto, quando a mente tiver sido refreada, atinge-se a 'paz do Nirvana', 'expiração em Deus' [...] Deixando de alimentar nossos fogos, a paz é alcançada, como bem colocado em outra tradição: 'isso ultrapassa a compreensão'."[123] A palavra "ex-piração" é uma latinização literal do sânscrito nirvana, *nir* = "fora, adiante, externo, para fora, fora de, longe, longe de"; *vana* = "soprar"; nirvana = "apagado, se apagou, extinto".

Tendo subjugado em seu próprio interior até o ponto crítico a derradeira brasa do fogo tríplice, que é o poder que move o universo, o Salvador contemplou o reflexo, como em um espelho, de tudo ao seu redor, as últimas fantasias projetadas de sua primitiva vontade física de viver como outros seres humanos – a vontade de viver de acordo com as motivações normais tais como desejo e hostilidade, num ambiente ilusório de causas fenomênicas, fins e meios. Ele foi assaltado pela última fúria da carne desprezada. E esse é o momento do qual tudo depende, pois de um carvão pode ressurgir todo o incêndio.

Essa lenda grandemente celebrada oferece um excelente exemplo da íntima relação mantida no Oriente entre mito, psicologia e metafísica. As vívidas personificações preparam o intelecto para a doutrina da interdependência dos mundos interno e externo. Sem dúvida, o leitor deve ter se impressionado com uma certa similaridade dessa antiga doutrina mitológica da dinâmica da psique com os ensinamentos da moderna escola freudiana. De acordo com a última, o desejo de viver (*eros* ou *libido*, corresponde ao *kama* budista, "desejo") e o desejo de morte (*thanatos* ou *destrudo*, que é idêntico ao *mara* budista, "hostilidade ou morte") são os dois impulsos que não apenas movem o indivíduo a partir de seu interior, mas também animam para ele o mundo circundante.[124] Além do mais, as ilusões fundamentadas no inconsciente, das quais emergem desejos e hostilidades, são dissipadas em ambos os sistemas por uma análise psicológica (em sânscrito, *viveka*) e iluminação (em sânscrito, *vidya*). Ainda assim, os objetivos dos dois ensinamentos – o tradicional e o moderno – não são exatamente os mesmos.

A psicanálise é uma técnica para curar indivíduos que sofrem excessivamente devido a desejos e hostilidades inconscientes mal direcionadas que tecem ao redor deles uma teia interna de terrores e atrações ambivalentes. Os pacientes que se libertam desses terrores e atrações inconscientes se encontram aptos a participar de modo mais realista, com relativa satisfação, dos medos, das hostilidades e práticas eróticas e religiosas, dos empreendimentos financeiros, das guerras, passatempos e tarefas domésticas que lhes são oferecidos por sua cultura específica. Mas para aquele que empreendeu deliberadamente a difícil e perigosa jornada para além do seu povoado, tais interesses são igualmente considerados como baseados em erro. Portanto, o objetivo do ensinamento religioso não é curar o indivíduo para retorná-lo à ilusão geral, mas desprendê-lo de toda ilusão; não reajustar o desejo (*eros*) e a hostilidade (*thanatos*) – pois isto apenas originaria um novo contexto de ilusão – mas *extinguir* os impulsos em sua própria raiz, segundo o método do celebrado caminho óctuplo do budismo:

> Reta compreensão, Retas intenções,
> Reta fala, Retas ações,
> Reto meio de subsistência, Reto esforço,
> Reta atenção, Reta concentração.

CAPÍTULO II – *Iniciação*

Com a última "extirpação de ilusão, desejo e hostilidade" (nirvana) a mente percebe que ela não é aquilo que pensa: o pensamento se vai. A mente repousa em seu estado verdadeiro. E ali poderá habitar até que o corpo desapareça.

Estrelas, escuridão, uma lâmpada, um fantasma, orvalho, uma bolha,
Um sonho, um relâmpago, e uma nuvem:
Assim devemos observar todas as coisas criadas.[125]

Figura 35. *Bodhidharma*. Pintura em seda, Japão, século XVI.

O Bodisatva, todavia, não abandona a vida. Voltando sua atenção da esfera interior da verdade que transcende o pensamento (que pode ser descrita apenas como "vazio" pois ultrapassa a fala) novamente para o exterior, o mundo dos fenômenos, ele percebe lá fora o mesmo oceano do ser que encontrou dentro de si. "Forma é vazio, vazio é de fato forma. Vazio não é diferente da forma, forma não é diferente do vazio. O que é forma, isso é vazio; o que é vazio, isso é forma. O mesmo se aplica à percepção, nome, concepção e conhecimento."[126] Tendo ultrapassado as ilusões de seu ego outrora autoassertivo, autodefensivo e autocentrado, ele experimenta dentro e fora o mesmo repouso. O que ele contempla exteriormente é o aspecto visual do magnífico vazio que transcende o pensamento, no qual cavalga sua própria experiência de ego, forma, percepção, fala, conceitos e conhecimento. Ele é preenchido por compaixão pelos seres autoaterrorizados que vivem no pânico de seu próprio pesadelo. Ele emerge, retorna a eles, e habita entre eles como um centro sem ego, por meio do qual o princípio do vazio é manifesto em sua própria simplicidade. Esse é o grande "ato compassivo", pois através dele é revelada a verdade de que esse mundo é nirvana, na visão daquele que extinguiu A Chama Tríplice do Desejo, Hostilidade e Ilusão. "Ondas de dádivas" emanam de tal indivíduo para a libertação de todos nós. "Esta nossa vida mundana é uma atividade do próprio nirvana, e não há entre eles a menor distinção."[127]

Portanto, pode-se dizer que o moderno objetivo terapêutico de curar para retornar à vida é alcançado por meio de uma antiga disciplina religiosa; só que o caminho percorrido pelo Bodisatva é muito grande, e a partida do mundo não é vista como um erro, mas como o primeiro passo no nobre caminho. Na mais remota curva desse caminho pode-se atingir a iluminação ao contemplar o profundo vazio do ciclo universal. Tal ideal é bem conhecido, também, do hinduísmo: aquele que liberto em vida (*jivan mukta*), sem desejos, compassivo e sábio, "com o coração concentrado pelo yoga, vendo todas as coisas com equanimidade, contempla a si mesmo em todos os seres e todos os seres em si mesmo, seja qual for seu modo de vida, ele vive em Deus".[128]

Conta-se uma história de um erudito confucionista que suplicou ao vigésimo oitavo patriarca budista, Bodhidharma, "que pacificasse sua alma". Bodhidharma retrucou: "Apresente-a e a pacificarei". O confucionista replicou: "Esse é o meu problema, não consigo encontrá-la". Bodhidharma disse: "Seu desejo está concedido". O confucionista compreendeu e partiu em paz.[129]

CAPÍTULO II – *Iniciação*

Aqueles que sabem não apenas que o Eterno vive neles, mas que eles e todas as coisas na verdade são o Eterno, habitam em bosques de árvores que realizam desejos, sorvem a bebida da imortalidade, e escutam em toda parte a inaudível música da eterna concórdia. Esses são os imortais. As pinturas taoistas de paisagens da China e Japão retratam de modo soberbo o aspecto sublime desse estado terreno. Os quatro animais benevolentes – a fênix, o unicórnio, a tartaruga e o dragão – habitam entre jardins de salgueiros, bambus, ameixeiras e em meio às névoas das montanhas sagradas, próximo às altas esferas. Sábios, com corpos encarquilhados, mas espíritos eternamente jovens, meditam entre esses picos, ou cavalgam curiosos animais simbólicos através de marés imortais, ou conversam deliciosamente entre xícaras de chá ao som da flauta de Lan Ts'ai-ho.

A senhora dos paraísos terrenos dos imortais chineses é a deusa encantada Hsi Wang Mu, "A Mãe Dourada da Tartaruga". Ela habita em um palácio na Montanha K'um-lun, que é cercado por flores perfumadas, tem ameias de joias e a muralha do jardim é feita de ouro.* Ela é formada pela pura quintessência do ar ocidental. Suas aventuras a seu "Banquete dos Pêssegos" periódico (celebrado quando os pêssegos amadurecem, uma vez a cada seis mil anos) são servidos pelas graciosas filhas da Mãe Dourada, em caramanchões e pavilhões às margens do Lago das Pedras Preciosas. Ali as águas dançam brotando de uma fonte extraordinária. Tutano de fênix, fígado de dragão e outras carnes são degustadas; os pêssegos e o vinho concedem imortalidade. Escuta-se música de instrumentos invisíveis, canções que não provêm de lábios mortais; e as danças de donzelas visíveis são a manifestação do júbilo da eternidade no tempo.[130]

As cerimônias do chá japonesas são concebidas no espírito do paraíso terrestre taoista. A sala de chá, chamada de "a morada do imaginário", é uma estrutura efêmera construída para abrigar um momento de intuição poética. Também chamada de "morada do vazio", é desprovida de ornamentação. Temporariamente, contém uma única pintura ou um arranjo de flores. A casa de chá é chamada de "morada da assimetria": a assimetria sugere movimento; o inacabado proposital deixa um vácuo em que a imaginação do observador pode se derramar.

---

* Essa é a muralha do Paraíso. Ver acima p. 90 e 150. Nós estamos dentro. Hsi Wang Mu é o aspecto feminino do Senhor que caminha no Jardim e que criou o homem à sua imagem, masculino e feminino (Livro do Gênesis, 1:27).

Figura 36. *Cerimônia do chá, a morada do vazio.*
Fotografada por Joseph Campbell, 1958.

O convidado se aproxima pelo caminho do jardim, e deve inclinar-se para passar pela entrada baixa. Ele presta reverência à pintura ou ao arranjo floral, à chaleira cujo apito soa como música, e assume o seu lugar no chão. O mais simples dos objetos, emoldurado pela simplicidade controlada da casa de chá, se destaca com uma beleza misteriosa, seu silêncio guarda o segredo da existência temporal. Cada convidado pode completar a experiência na relação consigo mesmo. Os demais completam, desse modo, um universo em miniatura, e tornam-se conscientes de sua oculta irmandade com os imortais.

Os grandes mestres da cerimônia do chá se preocupavam em fazer do divino maravilhamento um momento que se pode vivenciar. Ao sair da casa de chá, sua influência era levada para o lar; e do lar era destilada para toda a nação.[131] Durante o longo e pacífico Período Tokugawa (1603-1868), antes da chegada do Comodoro Perry em 1854, a textura da vida japonesa tornou-se tão imbuída de formalização significante que a existência do mais ínfimo detalhe era expressão consciente da eternidade – a própria paisagem era um santuário. De modo similar, por todo o Oriente, em todo o mundo antigo, e nas Américas pré-colombianas, sociedade e natureza representavam para a mente o inexprimível. "As plantas, as pedras, o fogo, a água, tudo está vivo. Eles nos observam e

CAPÍTULO II – *Iniciação*

veem nossas necessidades. Eles veem quando não temos nada para nos proteger", declarou um velho contador de histórias apache, "e é então que eles se revelam a nós e falam conosco".[132] Isso é o que os budistas chamam de "o sermão do inanimado".

Um certo asceta hindu que se deitara para descansar às margens do sagrado rio Ganges colocou seus pés sobre um símbolo de Shiva (um *lingam-yoni*, um falo e vulva combinados, simbolizando a união de Deus com sua Consorte). Um sacerdote que passava observou o asceta repousando e o repreendeu. "Como ousa profanar o símbolo de Deus repousando seus pés sobre ele?", ralhou o sacerdote. O asceta respondeu: "Bom senhor, me desculpe; mas você poderia fazer a gentileza de pegar meus pés e os colocar onde não há um sagrado *lingam*?". O sacerdote agarrou os calcanhares do asceta e os colocou mais à direita. Mas quando os apoiou sobre a terra, um falo brotou do chão, e seus pés ficaram em cima do falo, como antes. O sacerdote os moveu novamente; e outro falo os recebeu. "Ah, eu compreendo!", disse o sacerdote, humilhado. Prestou reverência ao santo que repousava e seguiu seu caminho.

Figura 37. *Lingam-Yoni*. Pedra talhada, Vietnã, *c.* século IX.

A terceira maravilha do mito do Bodisatva é que a primeira maravilha (ou seja, a forma bissexual) é simbólica da segunda (a identidade entre eternidade e tempo). Para a linguagem das imagens divinas o mundo do tempo é o grande útero materno. A vida nele, engendrada pelo pai, é composta das trevas dela e da luz dele.[133] Somos concebidos no tempo [mãe] e o habitamos afastados do pai, mas quando passamos do útero do tempo para a morte (que é nosso nascimento para a eternidade), somos entregues nas mãos dele, a eternidade. O sábio percebe, mesmo no interior deste útero, que veio do pai e ao pai voltará; enquanto os muito sábios sabem que ela e ele são uma só substância.

Esse é o significado daquelas imagens tibetanas da união de budas e bodisatvas com seus próprios aspectos femininos, que pareceram tão indecentes a muitos críticos cristãos. De acordo com os modos tradicionais de contemplar esses apoios da meditação, a forma feminina (em tibetano, *yum*) deve ser considerada como o tempo, e o masculino (*yab*) como a eternidade. A união dos dois produz o mundo, no qual todas as coisas são ao mesmo tempo passageiras e eternas, criadas à imagem do Deus feminino-masculino que conhece a si mesmo. O iniciado, por meio da meditação, é levado a rememorar essa Forma das formas (*yab-yum*) que está dentro de si. Ou, por outro lado, a figura masculina pode ser considerada como símbolo do princípio iniciador, do método; e, nesse caso, o feminino denota o objetivo ao qual a iniciação conduz. Mas esse objetivo é o nirvana (eternidade). E é por isso que ambos, masculino e feminino, devem ser concebidos, alternadamente, como tempo e eternidade. Ou seja, os dois são o mesmo, cada um é ambos, e a forma dual (*yab-yum*) é apenas um efeito da ilusão que, em si mesma, não é diferente da iluminação.

Comparativamente, a deusa hindu Kali[134] é representada em pé sobre a forma prostrada do deus Shiva, seu esposo. Aquilo que Jung, inspirado na linguagem da alquimia, chamou de *mysterium coniunctionis*, o mistério da grande união, é um tema padrão nos mitos de todo o mundo, mas particularmente no Oriente. Kali é com frequência representada desse modo, em pé sobre o corpo deitado de Shiva. Ela brande a espada da morte, isto é, a disciplina espiritual. A cabeça humana pingando sangue diz ao devoto que aquele que perder a vida por ela encontrará a vida. Os gestos de "não tema" e "concedendo bênçãos" ensinam que ela protege seus filhos, que o par de opostos da agonia universal não é o que parece, e para alguém cujo centro está na eternidade, a fantasmagoria de "bens" e "males" temporais não passa de um reflexo da mente – como a própria deusa que, apesar de aparentemente pisotear o deus é, na realidade, o sonho bem-aventurado deste.

CAPÍTULO II – *Iniciação*

Figura 38. *Kali pisando em Shiva*. Guache sobre papel, Índia, data incerta.

> Abaixo da deusa da Ilha de Joias[135] dois aspectos do deus são representados: o primeiro com a face para cima, em união com ela, é o aspecto criativo, que desfruta do mundo; mas o outro, de costas, é o *deus absconditus*, a essência divina em e por si mesma, que está além dos eventos e da mudança, inativo, dormente, vazio, além até mesmo da maravilha do mistério hermafrodita.[136]

Essa é uma suprema declaração do grande paradoxo através do qual a muralha do par de opostos é despedaçada, e o candidato admitido à visão de Deus (que quando criou o homem à sua imagem e semelhança, o criou masculino e feminino). O macho segura na mão direita um raio que é uma contraparte dele mesmo, enquanto na esquerda segura um sino, que simboliza a deusa. O raio é ambos, o método e a eternidade, ao passo que o sino é "a mente iluminada"; suas notas são o lindo som da eternidade que é ouvido pela mente pura em toda a criação e, consequentemente, em seu próprio interior.[137]

Esse mesmíssimo sino soa na missa cristã no momento em que Deus, por meio do poder das palavras da consagração, desce sobre o pão e o vinho. E a leitura cristã do significado é também a mesma: *Et Verbum caro factum est*,* isto é, "A joia está no lótus", *Om mani padme hum*.

Compare com a *Kaushitaki Upanishad* 1:4, quando descreve o herói que alcançou o mundo de Brahma: "Assim como alguém dirigindo uma biga menospreza as duas rodas, também ele despreza dia e noite, boas e más ações, e todos os pares de opostos. Desprovido de boas ações, desprovido de más ações, conhecedor de Deus, ele vai ao próprio Deus".

Nesta sessão os seguintes conceitos foram equacionados:

O Vazio	O Mundo
Eternidade	Tempo
Nirvana	Samsara
Verdade	Ilusão
Iluminação	Compaixão
O Deus	A Deusa
O Inimigo	O Amigo
Morte	Nascimento
O Raio	O Sino
A Joia	O Lótus
Sujeito	Objeto
Yab	Yum
Yang	Yin

Tao
Buda Supremo
Bodisatva
Jivan Mukta
O Verbo Feito Carne

---

* "E o Verbo se fez carne"; verso do Angelus, celebrando a concepção de Jesus no útero de Maria.

CAPÍTULO II – *Iniciação*

6. A dádiva suprema

QUANDO O PRÍNCIPE da Ilha Solitária já tinha passado seis noites e seis dias no leito dourado com a adormecida Rainha de Tubber Tintye, no leito sobre rodas de ouro que girava continuamente – girando e girando, sem parar, noite e dia – na sétima manhã ele disse: "Agora é hora de ir embora deste lugar". Então, desceu e encheu as três garrafas com água do poço em chamas. Na câmara dourada havia uma mesa de ouro e sobre a mesa uma perna de carneiro com um pedaço de pão; e se todos os homens de Erin comessem por doze meses, o carneiro e o pão preservariam a mesma forma que antes da comilança.

O príncipe sentou-se, fartou-se de pão e de carneiro assado e os deixou como os encontrara. Então, levantou-se, pegou as três garrafas, colocou-as na sacola e estava saindo do quarto, quando pensou: "Seria uma pena ir embora sem deixar uma mensagem para que a Rainha possa saber quem esteve aqui enquanto ela dormia". Ele então escreveu uma carta, dizendo que o filho do Rei de Erin e da Rainha da Ilha Solitária tinha passado seis dias e seis noites na câmara dourada de Tubber Tintye, tirado três garrafas de água do poço em chamas e comido da mesa de ouro. Colocando a carta debaixo do travesseiro da Rainha, ele saiu, pôs-se em pé na janela aberta, pulou para o dorso do cavalinho magro e peludo, e passou ileso pelas árvores e pelo rio.[138]

A facilidade com que esta aventura se realiza significa que o herói é um homem superior, um rei nato. Tal facilidade é característica de numerosos contos de fada e de todas as lendas sobre os feitos dos deuses encarnados. Nas situações em que o herói usual enfrentaria uma provação, o eleito não encontra obstáculo que o atrase e nem comete erros. O poço é o Umbigo do Mundo; sua água flamejante, a essência indestrutível da existência; o leito giratório é o Eixo do Mundo. O castelo adormecido é aquele abismo último no qual a consciência descendente submerge em sonho, onde a vida individual está a ponto de se dissolver em energia indiferenciada – e seria a morte dissolver-se. No entanto, a falta do fogo também seria a morte. O tema (derivado de uma fantasia infantil) do prato inesgotável simboliza os poderes da fonte universal que perpetuamente dá vida e constrói as formas; é a contraparte dos contos de fada para a imagem mitológica do banquete abundante dos deuses. A junção dos dois grandes símbolos do encontro com a deusa e do roubo do fogo revela com simplicidade e clareza o status dos poderes antropomórficos no reino do mito. Eles não são fins em si mesmos, mas guardiões, corporificações ou doadores do licor, do leite, da comida, do fogo, da graça, da vida indestrutível.

Tais imagens podem ser de imediato interpretadas como primordialmente (embora talvez não em última análise) psicológicas; pois é possível observar, nas primeiras fases do desenvolvimento do bebê, sintomas de uma "mitologia" incipiente daquele estado além das vicissitudes do tempo. Estas aparecem como reações e defesas espontâneas contra as fantasias de destruição do corpo, que assaltam a criança quando ela é privada do seio materno.[139] "A criança reage com um acesso de birra e a fantasia que a acompanha é a de arrancar tudo à força para fora do corpo da mãe [...]. A criança então teme a retaliação por esses impulsos, ou seja, que tudo seja arrancado de dentro dela mesma."[140] Ansiedades com relação à integridade de seu corpo, fantasias de restituição, uma exigência silenciosa e profunda de indestrutibilidade e proteção contra " forças más" de dentro e de fora começam a dirigir a psique em formação; e estes permanecem como fatores determinantes, mais tarde, nas atividades neuróticas da vida, e até nas normais, nos esforços espirituais, nas crenças religiosas e práticas rituais do adulto.

A profissão, por exemplo, de curandeiro, que é o núcleo de todas as sociedades primitivas, "se origina [...] nas fantasias infantis de destruição do corpo, por meio de uma série de mecanismos de defesa".[141] Na Austrália, uma concepção básica é que os espíritos removeram os intestinos do curandeiro e o substituíram por pedrinhas, cristais de quartzo, uma extensão de corda, e às vezes também uma pequena serpente dotada de poder.[142]

> A primeira fórmula é a ab-reação em fantasia (meu interior já foi destruído) seguida de formação de reação (meu interior não é algo corruptível e cheio de fezes, mas incorruptível, cheio de cristais de quartzo). A segunda é a projeção: "Não sou eu que estou tentando penetrar no corpo, mas feiticeiros estrangeiros que lançam substâncias causadoras de doenças para dentro das pessoas". A terceira fórmula é a restituição: "Não estou tentando destruir o interior das pessoas, as estou curando". Ao mesmo tempo, porém, o elemento original da fantasia dos valiosos conteúdos corporais arrancados da mãe retorna na técnica de cura: sugar, puxar, massagear algo para fora do paciente.[143]

CAPÍTULO II – Iniciação

Outra imagem de indestrutibilidade é representada na ideia popular do "duplo" etérico: uma alma externa não afligida pelas perdas e lesões do corpo físico, mas que se mantém em segurança num lugar afastado.[144] "Minha morte", diz certo ogro, "está longe daqui e difícil de encontrar, no vasto oceano. Nesse mar há uma ilha, e na ilha cresce um carvalho verde, e sob o carvalho há um baú de ferro, e no baú há um pequeno cesto, e no cesto há uma lebre, e na lebre há um pato, e no pato há um ovo; e aquele que encontrar o ovo e o quebrar, me mata na mesma hora".[145] Compare com o sonho de uma empresária de sucesso moderna:

> Eu estava presa em uma ilha deserta. Havia um padre católico lá também. Ele vinha fazendo algo como colocar tábuas de uma ilha para outra a fim de que as pessoas pudessem passar. Passamos para outra ilha e lá perguntamos a uma mulher aonde eu tinha ido. Ela respondeu que eu estava mergulhando com uns mergulhadores. Então fui para algum lugar do interior da ilha onde havia um corpo de água lindo, cheio de gemas e joias, e o outro "eu" estava lá embaixo em uma roupa de mergulho. Fiquei ali olhando para baixo e me observando.[146]

Há um conto hindu encantador sobre a filha de um rei que só queria se casar com o homem que encontrasse e despertasse seu duplo, na Terra do Lótus do Sol, no fundo do mar.[147] O australiano iniciado, após seu casamento, é conduzido por seu avô a uma caverna sagrada e lá lhe mostram uma pequena tábua de madeira inscrita com desenhos alegóricos: "Este", lhe dizem, "é o seu corpo; isto e você são a mesma coisa. Não a leve para outro lugar ou sentirá dor".[148] Os maniqueus e os cristãos gnósticos dos primeiros séculos da era cristã ensinavam que, quando a alma do santo chega ao céu, é recebida por santos e anjos que trazem sua "vestimenta de luz", que foi preservada para ela.

A dádiva suprema desejada para o Corpo Indestrutível é a permanência ininterrupta no Paraíso do Leite Que Nunca Falta:

> Regozijai-vos com Jerusalém, e alegrai-vos com ela, todos os que a amais; regozijai-vos com ela, todos os que chorais por ela; para que possais sugar e serdes satisfeitos pelos seios de suas consolações; que possais ordenhar e serdes deliciados pela abundância da sua glória. Pois assim diz o Senhor: Eis que lhe estenderei a paz como um rio [...] então mamareis, sereis carregados sobre seus flancos, e sereis embalados sobre seus joelhos.[149]

Figura 39. *Ísis dando pão e água à alma*. Egito, data incerta.

O alimento da alma e do corpo e o alívio do coração são a dádiva daquele que "Tudo Cura", o mamilo inesgotável. O Monte Olimpo se eleva aos céus; ali deuses e heróis se banqueteiam com ambrosia (em grego: α = não, βροτός = mortal). No salão da montanha de Wotan, 432 mil heróis consomem a carne irredutível de Sæhrímnir, o Javali Cósmico, engolindo-a com um leite que escorre dos úberes da cabra Heidrun: ela se alimenta das folhas de Yggdrasil, o Freixo Mundial. Dentro das colinas encantadas de Erin, os imortais Tuatha De Danaan consomem os porcos autorregeneradores de Manannan, bebendo copiosamente a cerveja de Guibne. Na Pérsia, os deuses no jardim da montanha no Monte Hara Berezaiti bebem *haoma* imortal, destilado da árvore Gaokerena, a árvore da vida. Os deuses japoneses bebem saquê, os polinésios, *ave*, os deuses astecas bebem o sangue de homens e donzelas. E os redimidos de Yahweh, em seu jardim suspenso, são servidos com a inesgotável e deliciosa carne dos monstros Beemote, Leviatã e Ziz, enquanto bebem os licores dos quatro rios doces do paraíso.[150]

É óbvio que as fantasias infantis, que todos nós ainda acalentamos no inconsciente, se transformam continuamente em mitos, contos de fada e ensinamentos da Igreja, como símbolos do ser indestrutível. Isso é útil, pois a mente se sente à vontade com as imagens e parece

CAPÍTULO II – *Iniciação*

se lembrar de algo já conhecido. Mas essa circunstância é também obstrutiva, pois os sentimentos param nos símbolos e resistem apaixonadamente a todo esforço de ir além. O prodigioso abismo entre essas multidões infantilmente bem-aventuradas que enchem o mundo de piedade e os verdadeiramente livres se abre na linha onde os símbolos cedem e são transcendidos. "Ó vós", escreve Dante, partindo do Paraíso Terrestre, "Ó vós que em frágil barca, desejosos de aprender, que até aqui haveis seguido o meu lenho, que entre cantos vai singrando, volvei aos portos de que haveis partido; não penetreis o mar aberto; pois se de mim vos desgarrardes, em meio dele estareis perdidos. As águas que ora vou singrando jamais foram percorridas. Minerva me inspira e Apolo me guia e nove Musas me indicam a Ursa Maior".[151] Eis a linha além da qual o pensamento não vai, além da qual todo sentimento está realmente morto: como a última parada de uma estrada de ferro na montanha, da qual os alpinistas se afastam, e à qual retornam, para conversar com aqueles que amam o ar da montanha, mas não podem arriscar as alturas. O inefável ensinamento da bem-aventurança além da imaginação chega até nós vestido, necessariamente, de imagens que lembram a bem-aventurança imaginada na infância; daí a infantilidade enganosa dos contos. Daí, também, a inadequação de qualquer leitura meramente psicológica.

> Na literatura psicanalítica analisam-se as fontes oníricas dos símbolos, seus significados latentes para o inconsciente e os efeitos de sua ação sobre o psiquismo; mas o fato adicional de que grandes mestres os empregaram conscientemente como metáforas continua sendo desconsiderado. A suposição tácita é que os grandes mestres do passado eram neuróticos (exceto, é claro, alguns gregos e romanos) que tomavam por revelações suas fantasias não criticadas. No mesmo espírito, as revelações da psicanálise são consideradas por muitos leigos como produções da "mente lasciva" do Dr. Freud.

A sofisticação do humor do imaginário infantil, quando flexionado numa hábil versão mitológica da doutrina metafísica, emerge magnificamente em um dos mais conhecidos dentre os grandes mitos do mundo oriental: o relato hindu da batalha primordial entre os titãs e os deuses pelo licor da imortalidade. Um antigo ser da terra, Kashyapa, "O Homem Tartaruga", casou-se com treze das filhas de um patriarca demiúrgico ainda mais antigo, Daksha, "O Senhor da Virtude". Duas dessas filhas, de nome Diti e Aditi, deram à luz, respectivamente, os titãs e os deuses. Entretanto, em uma série interminável de batalhas familiares, muitos desses filhos de Kashyapa acabavam morrendo. Então, o sumo sacerdote dos titãs, por meio de grandes austeridades e meditações, ganhou o favor de Shiva, Senhor do Universo. Shiva concedeu a ele um feitiço para reviver os mortos. Isso deu aos titãs uma vantagem que os deuses, na próxima batalha, rapidamente notaram. Eles se retiraram confusos para se consultarem mutuamente e dirigiram-se às altas divindades Brahma e Vishnu.

Figura 40. *Brahma, Vishnu e Shiva com suas consortes.*
Miniatura pintada, Índia, início do século XIX.

Brahma, Vishu e Shiva, respectivamente Criador, Preservador e Destruidor, constituem uma trindade no hinduísmo, como três aspectos da operação de uma única substância criativa. Após o século VII a.C., Brahma, declinando em importância, tornou-se meramente o agente criativo de Vishnu. Assim, o hinduísmo hoje está dividido em dois campos principais, um dedicado principalmente ao criador-preservador Vishnu, o outro a Shiva, o destruidor do mundo, que une a alma ao eterno. Contudo, estes dois são, em última análise, um só. No mito em questão, é por meio de sua operação conjunta que se obtém o elixir da vida.

Eles foram aconselhados a firmar uma trégua temporária com seus irmãos-inimigos, durante a qual os titãs deveriam ser induzidos a ajudá-los a agitar o Oceano Láctico da vida imortal para obter sua manteiga: *amrita* (**a**=não, **mrita**=mortal), "o néctar da imortalidade". Lisonjeados pelo convite, que viram como uma admissão de sua superioridade, ficaram encantados em participar; e assim começou a memorável aventura cooperativa no início das quatro eras do ciclo mundial. O Monte Mandara foi selecionado como bastão agitador. Vasuki, o Rei das Serpentes, consentiu em se tornar a corda que envolveria o monte para girá-lo. O próprio Vishnu, em forma de tartaruga, mergulhou no Oceano de Leite para sustentar, com as costas, a base da montanha. Os deuses seguraram uma ponta da serpente, que depois foi enrolada várias vezes ao redor da montanha, e os titãs pegaram a outra ponta. E o grupo então agitou o Oceano de Leite por mil anos.

A primeira coisa a surgir da superfície do mar foi uma fumaça negra e venenosa, chamada Kalakuta, "Cume Negro", ou seja, a mais alta concentração do poder da morte. "Beba-me", disse Kalakuta; e a operação não pôde prosseguir até que se encontrasse alguém capaz de beber aquilo. Shiva, sentado à distância, foi abordado. De modo magnificente, ele relaxou de sua posição de meditação profunda e absorta, e prosseguiu para a cena do batimento do Oceano Láctico. Tomando a tintura da morte em uma taça, ele a sorveu de um gole e, por seu poder ióguico, a prendeu na garganta. Sua garganta ficou azul. Por isso Shiva é descrito como "Pescoço Azul", Nilakantha.

Quando recomeçaram a bater, logo surgiram das profundezas inesgotáveis formas preciosas de poder concentrado. Apareceram apsaras (ninfas); Lakshmi, a deusa da fortuna; o cavalo branco como leite chamado Uccaihshravas, "Relinchando Alto"; a pérola das gemas, Kaustubha, e outros objetos em número de treze. O último a aparecer foi o habilidoso médico dos deuses, Dhanvantari, segurando em sua mão a lua, a taça do néctar da vida.

Então, imediatamente começou uma grande batalha pela posse da inestimável bebida. Um dos titãs, Rahu, conseguiu roubar um gole, mas foi decapitado antes que o licor passasse por sua garganta; seu corpo se decompôs, mas a cabeça permaneceu imortal. E esta cabeça, hoje, persegue a lua para sempre pelos céus, tentando novamente agarrá-la. Quando consegue, a taça passa facilmente pela boca e sai novamente pela garganta: é por isso que temos eclipses da Lua.

No entanto, Vishnu, preocupado que os deuses pudessem perder sua vantagem, transformou-se em uma bela dançarina. Os titãs, que eram sujeitos libidinosos, ficaram hipnotizados pelos encantos da moça; enquanto isso, ela pegou a taça lunar de Amrita, que usou para provocá-los por um momento, e então passou a taça depressa para os deuses. Vishnu imediatamente se transformou de novo em um poderoso herói, uniu-se aos deuses contra os titãs e ajudou a afastar o inimigo para os penhascos e desfiladeiros escuros do mundo ínfero. Os deuses agora refastelam-se de Amrita para sempre, em seus belos palácios no cume da montanha central do mundo, o Monte Sumeru.[152]

O humor é a pedra de toque daquilo que é verdadeiramente mitológico e difere do humor teológico mais literal e sentimental. Os deuses, tomados como ícones, não são fins em si mesmos. Seus mitos divertidos transportam a mente e o espírito, não *até* eles, mas para *além* deles, para o vazio, e a partir desta perspectiva os mais portentosos dogmas teológicos parecem, então, meros atrativos pedagógicos: sua função é levar o inábil intelecto para longe de sua bagunça concreta de fatos e eventos em direção a uma zona comparativamente rarefeita, onde, como uma dádiva final, toda a existência (seja celestial, terrena ou infernal) pode finalmente ser vista transmutada, assumindo a aparência de um mero sonho infantil de felicidade e susto, leve e passageiro, recorrente. "De um ponto de vista, todas essas divindades existem", um lama tibetano respondeu recentemente à pergunta de um visitante ocidental, "de outro, elas não são reais".[153] Tal é o ensinamento ortodoxo dos antigos Tantras. "Todas essas divindades visualizadas são apenas símbolos que representam as várias coisas que ocorrem no Caminho";[154] muito semelhante à doutrina das escolas psicanalíticas contemporâneas.[155] E o mesmo insight metateológico parece ser o que sugerem os versos finais de Dante, onde o viajante iluminado finalmente consegue erguer seus olhos corajosos para além da visão beatífica do Pai, Filho e Espírito Santo, para a única Luz Eterna.[156]

Os deuses e deusas, portanto, devem ser entendidos como corporificações e guardiões do elixir do Ser Imperecível, não sendo eles mesmos o Supremo em seu estado primário. O que o herói busca através de sua relação com eles não é, portanto, eles mesmos como fim, mas sua graça, isto é, o poder de sua substância sustentadora. Esta substância-energia milagrosa, e somente ela, é o Imperecível; os nomes e as formas das divindades que em toda parte o encarnam, dispensam e representam, vêm e vão. Esta é a energia milagrosa dos raios de Zeus, Yahweh e do Buda Supremo, a fertilidade da chuva de Viracocha, a virtude anunciada pelo sino tocado na consagração da missa,[157] e a luz da iluminação final do santo e do sábio. Seus guardiões ousam liberá-lo apenas para aqueles que passaram devidamente pelas provações.

Mas os deuses podem ser excessivamente severos, excessivamente cautelosos, e nesse caso o herói deve enganá-los para obter o tesouro. Tal era o problema de Prometeu. Nesse estado de espírito, até os deuses mais elevados parecem ogros malignos que colecionam vidas, e o herói que os engana, mata ou aplaca é honrado como salvador do mundo.

CAPÍTULO II – *Iniciação*

Maui, da Polinésia, atacou Mahu-ika, o guardião do fogo, para arrancar dele seu tesouro e transportá-lo de volta para a humanidade. Maui foi direto até o gigante Mahu-ika e disse: "Retire o mato deste nosso campo plano para que possamos lutar juntos com rivalidade amigável". Maui, diga-se de passagem, era um grande herói e um mestre dos artifícios.

Mahu-ika perguntou: "Que feito de proeza e competição será?".

"O feito de lançar", respondeu Maui.

Mahu-ika concordou; então Maui perguntou: "Quem começará?". Mahu-ika respondeu: "Eu".

Maui deu seu consentimento, então Mahu-ika pegou Maui e o lançou no ar; ele subiu bem alto e caiu nas mãos de Mahu-ika; que novamente o jogou para cima, cantando: "Jogando, jogando – para cima você vai!".

Lá se foi Maui para cima, e então Mahu-ika cantou este canto:

Para cima você vai para o primeiro nível,
Para cima você vai para o segundo nível,
Para cima você vai para o terceiro nível,
Para cima você vai para o quarto nível,
Para cima você vai para o quinto nível,
Para cima você vai para o sexto nível,
Para cima você vá para o sétimo nível,
Para cima você vai para o oitavo nível,
Para cima você vai para o nono nível,
Para cima você vai para o décimo nível!

Maui girou e girou no ar, começou a descer novamente, e caiu bem ao lado de Mahu-ika; então Maui disse: "A diversão está sendo toda sua!".

"De fato!", Mahu-ika exclamou. "Você acha que pode enviar uma baleia voando pelos ares?" "Posso tentar!", Maui respondeu.

Então Maui pegou Mahu-ika e o lançou no ar, cantando: "Jogando, jogando – para cima você vai!". Para cima voou Mahu-ika, e então Maui cantou o feitiço:

Para cima você vai para o primeiro nível,
Para cima você vai para o segundo nível,
Para cima você vai para o terceiro nível,
Para cima você vai para o quarto nível,
Para cima você vai para o quinto nível,
Para cima você vai para o sexto nível,

O Herói de Mil Faces

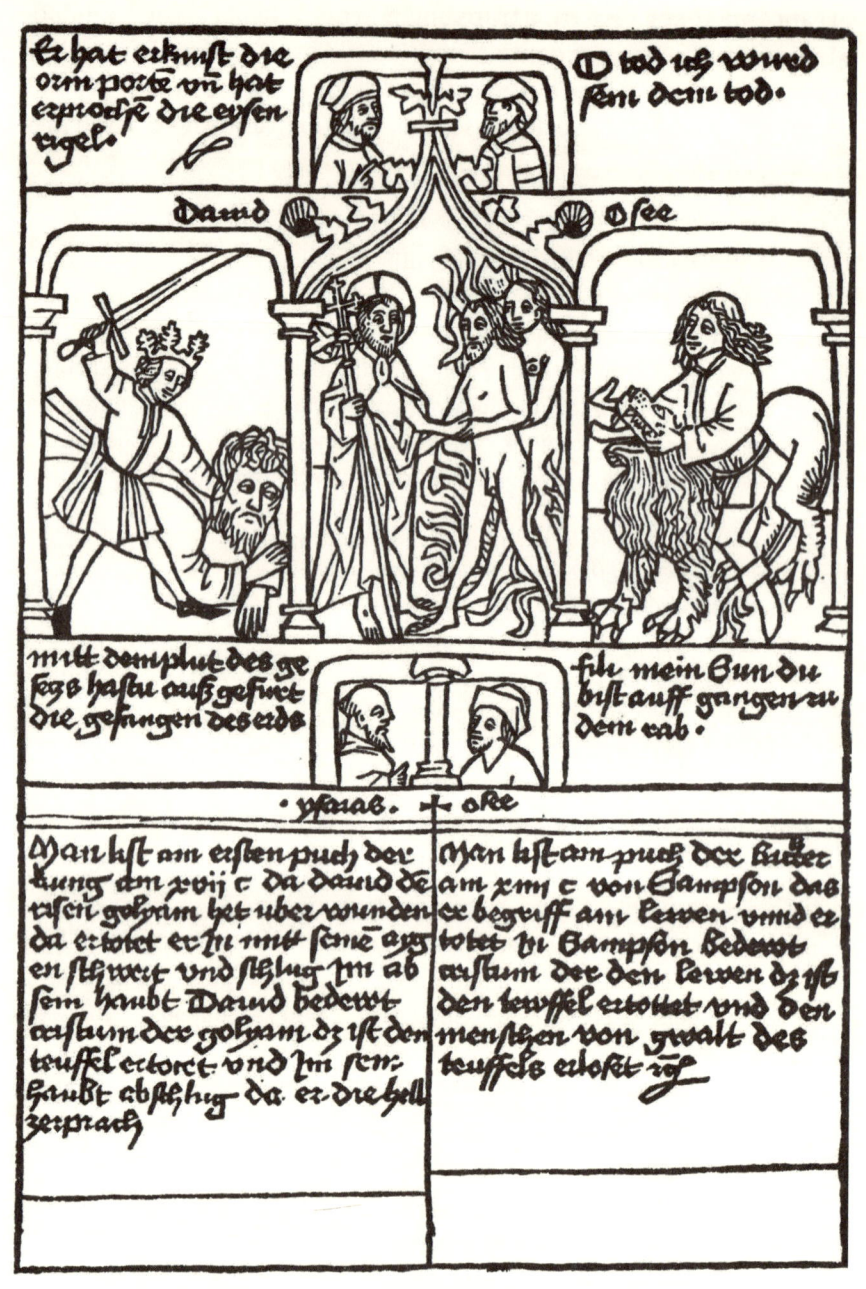

Figura 41. *A conquista do monstro: Davi e Golias • A tortura do Inferno • Sansão e o Leão.* Gravura, Alemanha, 1471.

Para cima você vai para o sétimo nível,
Para cima você vai para o oitavo nível,
Para cima você vai para o nono nível,
Para cima você vai, bem lá no alto no ar!

Mahu-ika girou e girou no ar e começou a cair; e quando estava quase no chão, Maui proferiu as seguintes palavras mágicas: "Aquele homem lá em cima – que ele caia de cabeça!".

Mahu-ika caiu; seu pescoço encolheu como um telescópio que se fecha e Mahu-ika morreu.

Imediatamente o herói Maui agarrou a cabeça do gigante Mahu-ika e a decepou, então se apossou do tesouro da chama, que concedeu ao mundo.[158]

A maior história da busca do elixir na tradição pré-bíblica mesopotâmica é a de Gilgamesh, um lendário rei da cidade suméria de Erech que partiu para encontrar o agrião da imortalidade, a planta "Nunca Envelheça". Depois de passar em segurança pelos leões que guardam os sopés e pelos homens-escorpião que vigiam as montanhas que sustentam o céu, ele chegou a um jardim paradisíaco de flores, frutas e pedras preciosas entre as montanhas. Prosseguindo, chegou ao mar que circunda o mundo. Numa caverna à beira das águas residia uma manifestação da deusa Ishtar, Siduri-Sabitu, e esta mulher, encoberta atrás de véus, fechou os portões contra o herói. Mas quando ele lhe contou sua história, ela o admitiu em sua presença e o aconselhou a não prosseguir em sua busca, mas a aprender e se contentar com as alegrias mortais da vida:

Gilgamesh, por que corres assim?
A vida que procuras, nunca encontrarás.
Quando os deuses criaram o homem,
impuseram a morte sobre a humanidade,
e retiveram a vida em suas próprias mãos.
Enche a tua barriga, Gilgamesh;
dia e noite diverte-te;
prepara, a cada dia, alguma ocasião agradável.
Dia e noite sejas brincalhão e alegre;
que tuas roupas sejam bonitas,
que tua cabeça esteja lavada, teu corpo banhado.
Olha o pequenino que toma tua mão.
Que tua esposa seja feliz contra teu seio.

Esta passagem, ausente na edição assíria padrão da lenda, aparece num texto fragmentário babilônico muito anterior.[159] Tem sido frequentemente observado que o conselho da sibila é hedonista, mas deve-se notar também que a passagem representa um teste iniciático, não a filosofia moral dos antigos babilônios. Tal como na Índia, séculos depois, quando um aluno se aproxima de um professor para perguntar o segredo da vida imortal, ele é primeiro desencorajado com uma descrição das alegrias da vida mortal.[160] Somente se persistir, será admitido na próxima iniciação.

Mas quando Gilgamesh insistiu, Siduri-Sabitu deu-lhe permissão para passar e o informou dos perigos do caminho.

A mulher o instruiu a procurar o barqueiro Ursanapi, que ele encontrou cortando lenha na floresta, protegido por um grupo de assistentes. Gilgamesh despedaçou esses assistentes (chamados de "aqueles que se alegram de viver", "aqueles de pedra") e o barqueiro consentiu em transportá-lo através das águas da morte. Foi uma viagem de um mês e meio. O passageiro foi avisado para não tocar nas águas.

Ora, a terra distante, da qual estavam se aproximando, era a residência de Utnapishtim, o herói do dilúvio primordial,* que ali morava com sua esposa em paz imortal. De longe, Utnapishtim avistou a pequena embarcação que se aproximava sozinha nas águas sem fim e se perguntou em seu coração:

Por que aqueles "de pedra" do barco estão despedaçados,
E alguém que não me presta serviço está navegando?
Aquele que vem: não é um homem?

Gilgamesh, ao desembarcar, teve de ouvir a longa recitação do patriarca sobre a história do dilúvio. Então Utnapishtim mandou seu visitante dormir, e ele dormiu por seis dias. Utnapishtim fez sua esposa assar sete pães e colocá-los ao lado da cabeça de Gilgamesh enquanto dormia ao lado do barco. E Utnapishtim tocou Gilgamesh, e ele acordou, e o anfitrião ordenou ao barqueiro Ursanapi que desse ao hóspede um banho em uma certa piscina e depois roupas limpas. Depois disso, Utnapishtim anunciou a Gilgamesh o segredo da planta.

Gilgamesh, algo secreto eu revelarei a ti,
e te darei a tua instrução:
Essa planta é como uma sarça no campo;
o seu espinho, como o da rosa, trespassará a tua mão.
Mas se tua mão alcançar aquela planta,
tu retornarás à tua terra natal.

---

* Protótipo babilônico do Noé bíblico.

CAPÍTULO II – *Iniciação*

Figura 42. *O ramo da vida imortal.* Painel de parede em alabastro, Assíria, c.885-860 a.C.

Embora o herói tenha sido avisado para não tocar as águas durante a viagem, ele agora pode entrar nelas impunemente. Esta é a medida do poder adquirido através de sua visita ao velho Senhor e Senhora da Ilha Eterna. Utnapishtim-Noé, o herói do dilúvio, é uma figura paterna arquetípica; sua ilha, o Umbigo do Mundo, é uma prefiguração das posteriores "Ilhas dos Abençoados" greco-romanas.

A planta vicejava no fundo do mar cósmico.

Ursanapi transportou o herói novamente para as águas. Gilgamesh amarrou pedras em seus pés e mergulhou. Rapidamente submergiu, além de qualquer limite de resistência, enquanto o barqueiro permanecia no barco. E quando o mergulhador chegou ao fundo do mar sem fundo, arrancou a planta (embora mutilasse sua mão), se libertou das pedras, e rumou novamente à superfície. Quando emergiu e o barqueiro o puxou de volta para o barco, anunciou em triunfo:

> *Ursanapi, esta planta é aquela...*
> *Através da qual o homem pode atingir o pleno vigor.*
> *Vou levá-la de volta para Erech dos currais (...)*
> *Seu nome é: "Na velhice, o homem torna-se jovem novamente".*
> *Vou comer dela e voltar à condição da minha juventude.*

Prosseguiram, então, pelo do mar. Quando desembarcaram, Gilgamesh se banhou em um poço de água fria e se deitou para descansar. Mas enquanto dormia, uma serpente sentiu o perfume maravilhoso da planta, disparou naquela direção e a levou embora. Ao comê-la, a cobra imediatamente ganhou o poder de desprender sua pele e assim renovar sua juventude. Mas Gilgamesh, ao acordar, sentou-se e chorou, "e as lágrimas escorriam pela parede de seu nariz".[161]

Até hoje, a possibilidade da imortalidade física enfeitiça o coração do homem. A peça utópica de Bernard Shaw, *Volta a Matusalém*, produzida em 1921, converteu o tema em uma parábola sociobiológica moderna. Quatrocentos anos antes, Juan Ponce de León, com sua mente mais literal, descobriu a Flórida em busca da terra de "Bimini", onde esperava encontrar a fonte da juventude. Séculos antes e distante dali, o filósofo chinês Ko Hung passou os últimos anos de sua longa vida preparando pílulas de imortalidade. "Pegue três quilos de cinábrio genuíno", escreveu Ko Hung,

> e meio quilo de mel branco. Misture-os. Seque a mistura ao sol. Em seguida, torre no fogo até que possa ser moldado em pílulas. Tome dez comprimidos do tamanho de uma semente de cânhamo todas as manhãs. Dentro de um ano, os cabelos brancos ficarão pretos, os dentes cariados voltarão a crescer e o corpo ficará elegante e radiante. Se um velho tomar este medicamento por um longo período de tempo, ele se tornará jovem. Aquele que o toma constantemente desfrutará a vida eterna e não morrerá.[162]

Um amigo chegou certo dia para visitar o solitário pesquisador e filósofo, mas tudo que encontrou foram as roupas vazias de Ko Hung. O velho se fora; ele havia passado para o reino dos imortais.[163]

A pesquisa pela imortalidade *física* procede de uma interpretação equivocada do ensinamento tradicional. Ao contrário do que se pensa, o problema básico é aumentar a pupila do olho, de modo que o corpo com a personalidade que o acompanha não obstrua mais a visão. A imortalidade é então vivida como um fato presente: "Está aqui! Está aqui!".[164]

CAPÍTULO II – *Iniciação*

Figura 43. *Bodisatva*. Pedra esculpida, Camboja, século XII.

Todas as coisas estão em processo, ascendendo e retornando. As plantas florescem apenas para retornar à raiz. Voltar à raiz é como buscar a tranquilidade. Buscar a tranquilidade é como caminhar em direção ao destino. Mover-se em direção ao destino é como a eternidade. Conhecer a eternidade é iluminação, e não reconhecer a eternidade traz desordem e o mal.

Conhecer a eternidade torna a pessoa abrangente; a abrangência torna a pessoa de mente aberta; amplitude de visão traz nobreza; a nobreza é como o céu.

O celestial é como o Tao. Tao é o Eterno. A decadência do corpo não deve ser temida.[165]

Os japoneses têm um provérbio: "Os deuses só riem quando os homens rezam pedindo riqueza". A dádiva concedida ao adorador é sempre dimensionada conforme sua estatura e a natureza de seu desejo dominante: a dádiva é simplesmente um símbolo de energia vital reduzida às exigências de um determinado caso específico. A ironia, é claro, está no fato de que, embora o herói que conquistou o favor do deus pudesse implorar pelo benefício da iluminação perfeita, o que ele geralmente busca são mais anos de vida, armas com as quais matar seu próximo, ou a saúde de seu filho.

Os gregos falam do rei Midas, que teve a sorte de ganhar de Baco a oferta de qualquer benefício que desejasse. Ele pediu que tudo que tocasse fosse transformado em ouro. Quando seguiu seu caminho, arrancou, experimentalmente, o galho de um carvalho que imediatamente virou ouro; pegou uma pedra, ela se transformou em ouro; uma maçã tornou-se uma pepita de ouro em sua mão. Em êxtase, mandou preparar um magnífico banquete para celebrar o milagre. Mas quando se sentou e colocou os dedos no assado, a carne se transformou; em seus lábios o vinho tornou-se ouro líquido. E quando sua filhinha, a quem ele amava mais do que tudo na terra, veio consolá-lo em sua tristeza, ela se tornou uma bela estátua de ouro no momento em que o pai a abraçou.

A agonia de romper as limitações pessoais é a agonia do crescimento espiritual. Arte, literatura, mito e culto, filosofia e disciplinas ascéticas são instrumentos para ajudar o indivíduo a ultrapassar seus horizontes limitadores e chegar a esferas de realização cada vez mais amplas. À medida que ele cruza um limiar após o outro, conquistando um dragão depois do outro, aumenta a estatura da divindade que ele invoca para seu desejo mais elevado, até incluir o cosmos. Finalmente, a mente rompe a esfera delimitadora do cosmos para uma percepção que transcende todas as experiências da forma – todas as simbolizações, todas as divindades: uma realização do vazio inescapável.

Assim é que, quando Dante deu o último passo em sua aventura espiritual, e chegou à visão simbólica final do Deus Trino na Abóboda Celeste, experimentou ainda mais uma iluminação, mesmo além das formas do Pai, Filho e Espírito Santo. "Bernardo", escreve ele, "fez um sinal para mim e sorriu, pedindo que eu olhasse para cima; mas eu já estava, por mim mesmo, como ele desejava; pois minha visão, tornando-se pura, penetrava cada vez mais, atravessando o resplendor da elevada Luz que é por si toda a Verdade. A partir daí minha visão foi maior do que a palavra pode expressar, e a memória se rende a tal majestade".[166]

"Lá, nem o olho, nem a fala, nem a mente alcança: nós não O conhecemos; nem temos como ensinar alguém sobre Isso. É diferente de tudo o que é conhecido, e está além do desconhecido também."[167]

Esta é a mais elevada e suprema crucificação, não apenas do herói, mas também de seu deus. Aqui o Filho e o Pai são aniquilados – como máscaras de personalidade sobre o inominado. Pois assim como as invenções de um sonho derivam da energia vital do sonhador, representando apenas a divisão fluida e as complicações dessa força única, todas as formas de todos os mundos, sejam terrestres ou divinos, refletem a força universal de um único mistério inescrutável: o poder que constrói o átomo e controla as órbitas das estrelas.

Essa fonte de vida é o núcleo do indivíduo, e ele a encontrará dentro de si mesmo – se puder rasgar as coberturas. A divindade germânica pagã Odin (Wotan) deu um olho para repartir o véu de luz e adentrar o conhecimento dessa escuridão infinita, e então sofreu por ela a paixão de uma crucificação:

> *Penso que fiquei pendurado na árvore dos ventos,*
> *Pendurado lá por nove noites inteiras;*
> *Com a lança fui ferido, e fui oferecido*
> *A Odin, eu a mim mesmo,*
> *Na árvore que ninguém jamais saberá*
> *Que raiz sob ela corre.*[168]

A vitória do Buda sob a Árvore Bo é o exemplo clássico oriental desse feito. Com a espada de sua mente ele perfurou a bolha do universo – e ela se desfez em nada. Todo o mundo da experiência natural, bem como os continentes, céus e infernos da crença religiosa tradicional, explodiram – junto com seus deuses e demônios. Mas o milagre dos milagres foi que, embora tudo tenha se despedaçado, tudo foi assim renovado, revivido e tornado glorioso com o esplendor do verdadeiro ser. De fato, os deuses dos céus redimidos ergueram suas vozes em harmoniosa aclamação do homem-herói que penetrou além deles para o vazio, que era sua vida e fonte:

Bandeiras e estandartes erguidos na orla oriental do mundo deixaram suas flâmulas voarem para a orla ocidental do mundo; igualmente aqueles erguidos na borda ocidental do mundo, para a borda oriental do mundo; aqueles erguidos na borda norte do mundo, para a borda sul do mundo; e aqueles erguidos na borda sul do mundo, até a borda norte do mundo; enquanto aqueles erguidos no nível da terra permitiram que as suas esvoaçassem até baterem contra o mundo de Brahma; e aqueles do mundo de Brahma deixaram as suas caírem até o nível da terra. Ao longo dos dez mil mundos as árvores de flores floresceram; as árvores frutíferas ficaram sobrecarregadas pelo peso de seus frutos; Lótus de tronco floresceram nos troncos das árvores; lótus de galho nos galhos das árvores; lótus de videira nas videiras; lótus pendurados no céu; e lótus de caule irromperam pelas rochas e subiram em grupos de sete. O sistema de dez mil mundos era como um buquê de flores lançado rodopiando no ar, ou como um espesso tapete de flores; nos espaços intermundos, os infernos de oito mil léguas de comprimento, que nem a luz de sete sóis outrora conseguira iluminar, estavam agora inundados de brilho; o oceano de oitenta e quatro mil léguas de profundidade tornou-se doce ao paladar; os rios detiveram seu fluxo; os cegos de nascença receberam a visão; os surdos de nascença, a audição; os aleijados de nascimento o uso de seus membros; e os laços e grilhões dos cativos se romperam e caíram.[169]

Figura 44. *O retorno do filho pródigo*. Óleo sobre tela, Holanda, 1662.

CAPÍTULO III

Retorno

1. A recusa de retornar

QUANDO A BUSCA do herói tiver sido realizada, através da penetração na fonte, ou por meio da graça de alguma personificação masculina ou feminina, humana ou animal, o aventureiro ainda precisa retornar com o troféu capaz de transmutar a vida. O ciclo completo, a norma do monomito, requer que o herói agora comece o trabalho de trazer as runas da sabedoria, O Velocino de Ouro, ou sua princesa adormecida de volta ao reino da humanidade, onde talvez sua dádiva redundará na renovação da comunidade, da nação, do planeta, ou dos dez mil mundos.

Mas essa responsabilidade foi frequentemente recusada. Mesmo o Buda, após o seu triunfo, duvidou se a mensagem da realização poderia ser comunicada, e temos relatos de que alguns santos morreram durante um êxtase sobrenatural. De fato, numerosos são os heróis que, segundo a lenda, fixaram morada eterna na abençoada ilha da Deusa do Ser Imortal que nunca envelhece.

Existe um conto tocante sobre um antigo rei guerreiro hindu chamado Muchukunda. Ele nasceu do lado esquerdo de seu pai, pois este havia engolido por engano uma poção de fertilidade que os Brâmanes tinham preparado para sua esposa.* Em conformidade com o promissor simbolismo deste milagre, a maravilha sem mãe, fruto do útero masculino, cresceu e se tornou um rei dos reis, a tal ponto que, quando os deuses, em certo período, sofriam derrotas em sua perpétua disputa com os demônios, clamaram ao rei por ajuda. Ele os auxiliou e os

---

* Tal detalhe é uma racionalização do renascimento a partir do pai hermafrodita iniciador.

conduziu a uma vitória retumbante; e eles, em seu divino contentamento, concederam ao rei seu mais elevado desejo. Mas o que poderia desejar tal rei, sendo ele mesmo quase onipotente? Que grandiosa dádiva das dádivas poderia ser cobiçada por um mestre em meio aos homens? O rei Muchukunda, assim prossegue a história, estava muito cansado após essa batalha: ele pediu apenas que lhe fosse concedido um sono sem fim, e que qualquer pessoa que se arriscasse a despertá-lo fosse completamente incinerada pelo primeiro relance de seus olhos.

A dádiva foi concedida. Em uma câmara dentro de uma caverna, no útero profundo da montanha, o rei Muchukunda se recolheu para dormir, e embalou no sono durante eras. Indivíduos, povos, civilizações, eras do mundo, surgiram do vazio e a ele retornaram mais uma vez, enquanto o velho rei, em seu estado de beatitude subconsciente, perdurou. Atemporal como o inconsciente freudiano, logo abaixo do dramático mundo temporal de nossa experiência egoica sempre cambiante, o velho homem da montanha, aquele que sorveu o sono profundo, vivia sem cessar.

Seu despertar veio – mas com uma virada surpreendente que lança uma nova perspectiva sobre todo o problema do ciclo do herói, e também sobre o mistério do pedido do poderoso rei que desejou o sono como a mais elevada dádiva concebível.

Vishnu, o Senhor do Mundo, encarnou na pessoa de um lindo jovem chamado Krishna, que salvara a Índia de uma tirânica raça de demônios e assumira o trono. E ele reinava em paz utópica, quando uma horda de bárbaros repentinamente invadiu pelo noroeste. Krishna, o rei, lançou-se contra eles, mas, mantendo sua natureza divina, venceu alegremente por um simples ardil. Desarmado e enfeitado com guirlandas de lótus, ele saiu de sua fortaleza e tentou o rei inimigo a persegui-lo e capturá-lo, então se escondeu numa caverna. Quando o bárbaro o seguiu, descobriu alguém deitado lá em uma câmara, dormindo.

"Oh!", pensou ele. "Então ele me atraiu até aqui e agora finge ser um inofensivo dorminhoco."

Ele chutou a figura deitada no chão à sua frente, e ela se agitou. Era o Rei Muchukunda. A figura se levantou e os olhos que estiveram fechados por inumeráveis ciclos de criação, história e dissolução de mundos, abriram-se lentamente para a luz. O primeiro relance que saiu de seus olhos atingiu o rei inimigo, que queimou como uma tocha

CAPÍTULO III – *Retorno*

em chamas e foi reduzido imediatamente a uma pilha fumegante de cinzas. Muchukunda voltou-se e seu segundo olhar encontrou o belo jovem enfeitado de guirlandas, que o velho rei desperto imediatamente reconheceu por sua radiância como uma encarnação de Deus. Muchukunda se curvou diante de seu salvador com a seguinte prece:

> Deus, meu Senhor! Quando vivi e labutei como um homem, eu labutei e vivi, vagando sem descanso por muitas vidas, nascimento após nascimento, busquei e sofri, em parte alguma conhecendo fim ou descanso. Tomava angústia por contentamento. Miragens surgidas no deserto eu confundi com águas refrescantes. Agarrei-me aos prazeres, e o que obtive foi tristeza. Poder real e possessões terrenas, riquezas e domínio, amigos e filhos, esposa e seguidores, tudo o que atrai os sentidos; eu queria tudo, pois acreditava que isso me traria beatitude. Mas no momento em que eu conquistava algo, aquilo mudava de natureza, e se tornava como um fogo ardente.
>
> Então encontrei o caminho para desfrutar a companhia dos deuses, e eles me acolheram como a um companheiro. Mas onde teria fim tudo isso? Onde o descanso? As criaturas desse mundo, incluindo os deuses, todas são enganadas, Senhor, meu Deus, por suas artimanhas brincalhonas; por isso continuam no fútil ciclo de nascimento, agonia da vida, velhice e morte. Entre as vidas, confrontam o senhor da morte e são forçados a suportar infernos de todos os graus de impiedosa dor. E tudo vem de Vós!
>
> Senhor, meu Deus, iludido por suas artimanhas brincalhonas, eu também fui uma presa deste mundo, vagando em um labirinto de erro, enredado nas malhas da consciência do ego. Agora, portanto, eu me refugio na tua Presença – ilimitada, adorável – desejando apenas libertação de todas essas coisas.

Quando Muchukunda pôs os pés fora de sua caverna, ele viu que os homens, desde a sua partida, haviam reduzido de estatura; ele se tornara um gigante em meio aos homens. Então, partiu para longe deles novamente, recuou para as mais altas montanhas, e ali se dedicou a práticas ascéticas que finalmente o libertariam de seu último apego às formas do ser.[1]

Muchukunda, em outras palavras, ao invés de retornar, decidiu recuar um degrau ainda mais distante do mundo. E quem poderia dizer que sua decisão foi inteiramente desprovida de sentido?

O Herói de Mil Faces

2. A fuga mágica

SE EM SEU triunfo o herói ganha a benção da deusa ou do deus e é explicitamente encarregado de retornar ao mundo com algum elixir para a restauração da sociedade, o estágio final da sua aventura é apoiado por todos os poderes do seu patrono sobrenatural. Por outro lado, se o troféu foi obtido mediante oposição a seus guardiões, ou se o desejo do herói de retornar ao mundo dá causa a ressentimento por parte de deuses ou demônios, então o último estágio do ciclo mitológico se torna uma perseguição vivaz e amiúde cômica. Essa fuga pode ser complicada por formidáveis obstruções mágicas e escapadas.

Os galeses contam, por exemplo, que o herói Gwion Bach se encontrava na Terra Sob as Ondas. Mais especificamente, no fundo do Lago

Figura 45a. *Irmã Górgona perseguindo Perseu, que está fugindo com a cabeça de Medusa.* Ânfora de figuras vermelhas, Grécia, século V a.C.

CAPÍTULO III – *Retorno*

Bala, em Merionethshire, ao norte do país de Gales. E no fundo desse lago vivia um venerável gigante, Tegid o Careca, junto com sua esposa, Cerridwen. Esta última, em um de seus aspectos, era a protetora dos grãos e das colheitas férteis, e em outro, uma deusa da poesia e das letras. Ela possuía um imenso caldeirão e desejava preparar nele uma decocção de ciência e inspiração. Com a ajuda de livros de necromancia, elaborou uma poção negra que então colocou sobre o fogo para cozinhar por um ano. Ao final desse período, três gotas abençoadas da graça da inspiração seriam obtidas.

Ela encarregou o nosso herói, Gwion Bach, de mexer o caldeirão, e um homem cego chamado Morda deveria manter o fogo aceso sob o caldeirão; exigiu que mantivessem o caldeirão fervendo pelo período de um ano e um dia. E ela mesma, de acordo com os livros dos astrônomos e as horas planetárias, coletava todos os dias todas as ervas possuidoras de encantos. Certa ocasião, próximo do fim do ano, enquanto Cerridwen estava colhendo plantas e fazendo encantamentos, aconteceu de três gotas do líquido mágico voarem do caldeirão e

Figura 45b. *Perseu fugindo com a cabeça de Medusa em sua bolsa*. Ânfora de figuras vermelhas, Grécia, século V a.C.

caírem no dedo de Gwion Bach. E devido à sua alta temperatura, ele levou o dedo à boca, e no instante em que colocou aquelas milagrosas gotas na boca, previu tudo o que estava para acontecer, e percebeu que seu principal cuidado seria resguardar-se contra as artimanhas de Cerridwen, pois vasta era sua habilidade. E com grande medo ele fugiu em direção à sua própria terra. E o caldeirão se rachou em dois pedaços, pois todo o líquido contido nele, com exceção das três gotas encantadas, era venenoso. E então os cavalos de Gwyddno Garanhir foram envenenados pela água do riacho para o qual o destilado do caldeirão escorreu, e a confluência desse riacho é chamada desde então de Veneno dos Cavalos de Gwyddno.

> Nesse momento Cerridwen chegou e viu que todo o esforço do ano inteiro estava perdido. Ela agarrou um tarugo de madeira e atingiu o cego Morda na cabeça e um de seus olhos caiu sobre sua bochecha. E ele disse: "Injustamente me desfigurastes, pois sou inocente. Vossa perda não foi por minha causa". "Falaste a verdade", disse Cerridwen, "foi Gwion Bach quem me roubou".
>
> E ela partiu atrás dele, correndo. Ele a viu, se transformou em uma lebre e fugiu. Mas ela se transformou em um galgo e o perseguiu. E ele correu em direção a um rio, e se tornou um peixe. E ela na forma de uma lontra o perseguiu debaixo d'água, até que ele alegremente se tornou um pássaro do ar. Ela, como um falcão, o seguiu e não lhe deu descanso no céu. No momento em que ela estava prestes a agarrá-lo, ele temeu a morte e viu um monte de trigo peneirado no chão de um celeiro; deixou-se cair no meio do trigo, e se transformou em um dos grãos. Ela então se transformou em uma galinha preta de crista alta, foi ao trigo e, ciscando-o com seus pés, o encontrou e o engoliu. E, segundo a história, ela o gestou por nove meses, e quando ele foi parido, ela não conseguiu achar forças em seu coração para matá-lo, em razão de sua beleza. Então, ela o enrolou em uma bolsa de couro, e o lançou ao mar, entregue à misericórdia de Deus, no vigésimo nono dia de abril.[2]

O conto sobre Gwion Bach chegou a nós por meio de "Taliesin" no *The Mabinogion*, uma coleção de romances do país de Gales traduzidos por Lady Charlotte Guest, em quatro volumes, entre 1838 e 1849. Taliesin "Chefe dos bardos do Oeste" talvez tenha sido um verdadeiro personagem histórico do século VI, contemporâneo do chefe de clã que se tornou o "Rei Artur" em romances posteriores. As lendas e poemas do bardo sobreviveram em um manuscrito do século XIII, "O Livro de Taliesin" que é um dos "Quatro Livros Antigos do País de Gales".

CAPÍTULO III – *Retorno*

Figura 46. *Cerridwen na forma de galgo perseguindo Gwion Bach na forma de lebre.* Litografia, Grã-Bretanha, 1877.

Um *mabinog* (gaélico) é um aprendiz de bardo. O termo *mabinogi*, "instrução juvenil", denota o material tradicional (mitos, lendas, poemas etc.) ensinados a um *mabinog*, e que é seu dever saber de cor. *Mabinogion*, o plural de *mabinogi*, foi o nome dado por Guest à sua tradução dos onze romances dos "Livros Antigos".

A tradição popular bárdica do País de Gales, como as da Escócia e Irlanda, descendem de uma reserva abundante de mitos pagãos celtas muito antigos. Esta foi transformada e revivida pelos missionários cristãos e cronistas (século V e seguintes), que registraram as velhas histórias e procuraram coordená-las meticulosamente com a Bíblia. Durante o século X, um período brilhante de produção de romances, primariamente na Irlanda, converteu esta herança em uma importante força contemporânea. Bardos celtas saíram para as cortes da Europa cristã; temas célticos eram ensaiados pelos escaldos pagãos escandinavos. Uma grande parte da nossa cultura popular europeia de contos de fada, assim como a fundação da tradição arturiana, remonta a esse primeiro grande período criativo do romance ocidental.[3]

A fuga é um episódio favorito do conto popular, onde se desenvolve sob formas diversas e vivazes.

Os buriat de Irkutsk na Sibéria, por exemplo, declaram que Morgon-Kara, seu primeiro xamã, era tão competente que conseguia trazer de volta as almas dos mortos. Então o Senhor dos Mortos reclamou ao Alto Deus do Céu, e Deus decidiu apresentar um teste ao xamã. Ele se apossou da alma de certo homem e a derramou dentro de uma garrafa, cobrindo a abertura com a parte carnuda do polegar. O homem adoeceu, e seus parentes mandaram buscar Morgon-Kara. O xamã procurou por toda a parte pela alma perdida. Vasculhou as florestas, as águas, as gargantas das montanhas, a terra dos mortos e, finalmente, "sentado em seu tambor", dirigiu-se ao mundo acima, onde novamente foi forçado a procurar por um longo tempo. Afinal, ele observou que o Alto Deus do Céu mantinha uma garrafa fechada usando a parte carnuda de seu polegar e, estudando a circunstância, percebeu que dentro dessa mesma garrafa estava a alma que viera buscar. O matreiro xamã transformou-se em uma vespa. Voou até Deus e lhe deu uma ferroada tão ardida na testa que seu dedão destampou a abertura e o cativo escapou. Então, a próxima coisa que Deus percebeu foi o xamã Morgon-Kara, sentado novamente em seu tambor e descendo para a terra com a alma resgatada. Entretanto, a fuga, nesse caso, não foi completamente bem-sucedida. Deus ficou terrivelmente zangado, e no mesmo instante reduziu para sempre o poder do xamã dividindo seu tambor em dois. E é por isso que os tambores dos xamãs, que (de acordo com essa história dos buriat) eram originalmente montados com duas cabeças de pele, daquele dia em diante passaram a ter apenas uma.[4]

Uma variante popular da fuga mágica é aquela em que o herói fugitivo vai deixando atrás de si vários objetos para assim atrasar os perseguidores. Os maori da Nova Zelândia contam a história de um pescador que certo dia chegou em casa e descobriu que a sua esposa tinha engolido seus dois filhos. Ela estava deitada no chão, gemendo. Perguntou-lhe qual era o problema, e ela declarou que estava doente. Ele exigiu saber onde os dois garotos estavam, e ela lhe disse que tinham ido embora. Mas ele sabia que ela estava mentindo. Com sua mágica, fez a mulher regurgitá-los: e eles saíram vivos e inteiros. Então o homem ficou com medo de sua esposa, e decidiu escapar dela assim que possível, levando consigo os meninos.

Quando a ogra foi buscar água, o homem, usando de magia, fez a água baixar e recuar à sua frente, assim ela precisou percorrer um caminho considerável. Então, usando gestos, ele instruiu as cabanas, os aglomerados de árvores que cresciam perto da vila, a fossa de lixo imundo, e o templo no topo da colina para responderem quando sua esposa retornasse e os chamasse. Ele foi com os garotos até o barco e os três içaram velas. A mulher voltou e, não encontrando ninguém nas cercanias, começou a chamá-los. Primeiro o fosso imundo respondeu. Ela se moveu naquela direção e chamou novamente. As casas responderam, e depois as árvores. Um depois do outro, os vários objetos na vizinhança responderam aos chamados dela, e ela correu, cada vez mais desnorteada, em todas as direções. Por fim ficou fraca e começou a ofegar e soluçar e então, finalmente, percebeu o que tinham feito com ela. Apressou-se em subir para o templo no topo da colina e perscrutou o mar, onde o barco tinha se tornado um mero ponto no horizonte.[5]

Outra variante bem conhecida da fuga mágica é aquela em que o herói vai jogando certo número de obstáculos para trás enquanto foge freneticamente.

> Dois irmãozinhos estavam brincando junto a uma nascente e, enquanto brincavam, subitamente despencaram na fonte. Ali no fundo havia uma bruxa da água, e a bruxa da água disse: "agora peguei vocês! Agora vocês irão se esfalfar de trabalhar para mim!", e os levou embora. Ela deu à menininha um emaranhado de linho imundo para fiar e a fez buscar água com uma tina sem fundo; o garoto tinha de cortar uma árvore com um machado cego; e tudo que havia para comer eram pedaços de massa duros como pedra. Por fim as crianças ficaram tão impacientes que esperaram até o domingo, quando a bruxa foi à igreja, e escaparam. Quando a bruxa saiu da igreja, descobriu que seus passarinhos tinham voado, e então foi atrás deles com poderosas amarras.
>
> Mas as crianças espiavam de longe, e a garotinha arremessou atrás de si uma escova de cabelo, que imediatamente se transformou em uma grande montanha de escovas com milhares e milhares de cerdas que a bruxa achou muito difícil de escalar; não obstante, ela finalmente conseguiu. Assim que as crianças a viram, o garoto atirou para trás de si um pente, que imediatamente se transformou numa enorme montanha de pentes com mil vezes mil espinhos; mas a bruxa sabia como se agarrar a eles, e finalmente conseguiu atravessar. Então a menininha arremessou para trás um espelho, e este se transformou em uma montanha de espelho, tão lisa que a bruxa não conseguiu escalar. Ela pensou: "Devo voltar depressa para casa, pegar meu machado e partir a montanha de espelho ao meio". Mas quando ela retornou e demoliu o vidro, as crianças já tinham se distanciado há muito tempo, e a bruxa da água teve de marchar de volta à sua nascente.[6]

Os poderes do abismo não devem ser desafiados levianamente. No Oriente, dá-se muita ênfase aos perigos de se empreender as práticas psicologicamente perturbadoras do yoga sem supervisão competente. As meditações do postulante precisam ser ajustadas ao seu progresso, para que sua imaginação seja protegida a cada passo por *devatas* (visualizações, deidades adequadas) até que chegue o momento em que o espírito preparado possa dar um passo adiante sozinho. Como Dr. Jung muito sabiamente observou:

A incomparavelmente útil função do símbolo dogmático [é que] ele protege a pessoa de uma experiência direta de Deus, a não ser que esta pessoa se exponha tolamente. Mas se [...] ele abandona seu lar e família, vive muito tempo sozinho, e encara muito profundamente o espelho sombrio, então o temível evento desse encontro talvez recaia sobre ele. Contudo, ainda assim, o símbolo tradicional que chegou ao pleno florescimento através dos séculos, talvez funcione como uma seca curativa, que desvia a incursão fatal da divindade viva nos espaços consagrados da igreja.[7]

Os objetos mágicos atirados atrás de si pelo herói em pânico – interpretações protetoras, princípios, símbolos, racionalizações, qualquer coisa – retardam e absorvem o poder do Sabujo dos Céus que vem correndo, e isso permite que o aventureiro retorne em segurança a seu grupo e talvez com uma dádiva. Mas o preço a ser pago nem sempre é pequeno.

Uma das fugas mais chocantes que envolvem obstáculos é a do herói grego Jasão. Ele estava determinado a conseguir o Velocino de Ouro. Lançando-se ao mar no magnífico Argos com uma grande tropa de guerreiros, navegou em direção ao Mar Negro e, mesmo retardado por muitos perigos formidáveis, chegou, finalmente, muitas milhas além do Bósforo, à cidade e ao palácio do Rei Aeëtes. Atrás do palácio havia um bosque e a árvore do prêmio, guardada pelo dragão.

Ora, a filha do rei, Medeia, desenvolveu uma irresistível paixão pelo ilustre visitante estrangeiro e, quando seu pai impôs tarefas impossíveis como preço pelo Velocino de Ouro, ela preparou encantamentos que permitiriam a ele triunfar. A tarefa era a de arar um certo campo, utilizando touros de hálito flamejante e pés de bronze, então semear o campo com dentes de dragão e matar os homens armados que surgiriam imediatamente. Mas com seu corpo e armadura ungidos com o encanto de Medeia, Jasão dominou os touros, e quando o exército surgiu das sementes de dragão, ele atirou uma pedra no meio deles, que os voltou uns contra os outros e eles se mataram até não sobrar nenhum.

A jovem apaixonada conduziu Jasão ao carvalho onde o Velocino estava pendurado. O dragão guardião distinguia-se por ostentar uma crista, uma língua trifurcada e presas maldosamente encurvadas; mas graças ao suco de uma certa erva o casal colocou o formidável monstro para dormir. Então Jasão ganhou o prêmio. Medeia fugiu com ele, e o Argos lançou-se ao mar. Mas o rei veio logo atrás em veloz perseguição. E quando Medeia percebeu que os veleiros do rei estavam reduzindo sua dianteira, ela persuadiu Jasão a matar Apsirto, seu irmão mais novo, que ela tinha trazido consigo, e a jogar os pedaços desmembrados do corpo dele ao mar. Isso obrigou o rei Aeëtes, pai dela, a se deter, resgatar os fragmentos, e ir à praia para dar ao filho um enterro decente. Nesse meio tempo, o Argos correu com o vento e escapou.[8]

Na obra nipônica "Registros das Coisas Antigas" aparece outro conto angustiante, mas de importância muito diferente: o da descida ao mundo inferior do primevo pai-de-todos, Izanagi, para recuperar da Terra do Regato Amarelo sua irmã-esposa falecida Izanami. Eles se encontraram na porta do mundo ínfero, e ele disse a ela: "Vossa Alteza, minha amada irmã mais nova! As terras que fizemos ainda não estão acabadas; então retornai". E ela replicou: "É de fato lamentável que não tenhais vindo mais cedo! Eu comi das iguarias da Terra do Regato Amarelo. No entanto, como estou dominada pela honra de vossa augusta visita, meu amável irmão mais velho, desejo retornar. Outrossim, discutirei o assunto particularmente com as divindades do Regato Amarelo. Sede cauteloso, não olheis para mim!".

Ela se retirou para o interior do palácio; mas como ela demorasse longamente, ele não pôde esperar. Quebrou um dos dentes do pente que estava preso em sua augusta mecha esquerda de cabelo, e o acendeu como uma pequena tocha, entrou e olhou. O que viu foram vermes em profusão e Izanami apodrecendo.

Horrorizado com essa visão, Izanagi fugiu. Izanami disse: "Vós me envergonhastes".

Izanami enviou a Mulher Feia do mundo inferior em perseguição. Izanagi, em plena fuga, tomou seu enfeite de cabeça preto e o lançou. Instantaneamente o adereço transformou-se em uvas, e, enquanto sua perseguidora pausava para comer, ele continuou com rapidez em seu caminho. Mas ela reiniciou a perseguição e ganhava cada vez mais terreno. Ele pegou o pente que estava na mecha direita de seu cabelo e o quebrou, jogando sua multitude de dentes no chão. No mesmo momento, eles se transformaram em brotos de bambu, e enquanto ela os arrancava do solo e os comia, ele fugiu.

Então sua irmã mais nova enviou em perseguição as oito divindades trovejantes com 1.500 guerreiros do Regato Amarelo. Sacando seu sabre de dez punhos que estava augustamente cingido a ele, Izanagi fugiu, brandindo o sabre atrás de si. Mas os guerreiros ainda o perseguiam. Atingindo a passagem de fronteira entre o mundo dos vivos e a Terra do Regato Amarelo, ele pegou três pêssegos que cresciam ali, esperou, e quando o exército o atacou, ele lançou as frutas. Os pêssegos do mundo dos vivos abateram os guerreiros da Terra do Regato Amarelo, que deram meia volta e fugiram.

A augusta Izanami veio ela mesma, última de todos. Então ele arrancou uma rocha do chão, que necessitaria de mil homens para levantar, e com ela bloqueou a passagem. Com a rocha entre eles, ficaram de pé em oposição um ao outro e trocaram despedidas. Izanami disse: "Meu amável irmão mais velho, Vossa Alteza! Se vos comportais dessa maneira, de agora em diante causarei a cada dia a morte de mil do povo de vosso reino". Izanagi respondeu: "Minha amável irmã mais nova, Vossa Alteza! Se fizerdes isso, então eu farei com que 1.500 mulheres deem à luz todos os dias".[9]

Ao dar um passo além da esfera criativa do pai-de-todos – Izanagi – e adentrar o campo da dissolução, Izanami estava tentando proteger seu irmão-esposo. Quando ele viu mais do que podia suportar, perdeu sua inocência sobre a morte, mas com sua augusta vontade de viver, colocou uma poderosa pedra como véu protetor, que desde então todos nós mantemos entre nossos olhos e a sepultura.

O mito grego de Orfeu e Eurídice, e centenas de contos análogos através do mundo, sugerem, como o faz essa antiga lenda do extremo Oriente, que apesar do fracasso, existe a possibilidade de o amante retornar com sua amada desse terrível limiar. É sempre alguma pequena falha, algum sintoma, leve ainda que crucial, de fragilidade humana, que impossibilita um relacionamento aberto entre os mundos. Por isso, somos tentados a quase acreditar que se o pequeno, ruinoso incidente pudesse ser evitado, tudo ficaria bem. Entretanto, na versão polinésia do romance, em que o casal fugitivo usualmente escapa, e em uma peça grega satírica de Alcestis, em que o casal também consegue retornar, o efeito não é reconfortante, mas sobre-humano. Os mitos de fracasso nos tocam pela tragédia da vida, mas os mitos de sucesso nos afetam por sua inverossimilhança. No entanto, se o monomito deve cumprir sua promessa, é preciso que vejamos um sucesso humano, e não a falha humana ou sucesso super-humano. Esse é o problema da crise do limiar do retorno. Primeiramente o consideraremos em símbolos super-humanos e depois procuraremos o ensinamento prático para o homem histórico.

CAPÍTULO III – *Retorno*

3. O resgate vindo de fora

O HERÓI TALVEZ tenha de ser trazido de volta de sua aventura sobrenatural por meio de assistência vinda de fora. Em outras palavras, o mundo talvez tenha de vir buscá-lo. Pois a bem-aventurança da morada profunda não é facilmente abandonada em favor da condição dispersiva de nosso estado desperto. "Quem, tendo descartado o mundo", lemos na Jaminya Upanishad, "desejaria retornar novamente? Ele estaria apenas *lá*".[10] Ainda assim, se estamos vivos, a vida sempre nos chamará. A sociedade tem ciúmes daqueles que se afastam dela, e virá bater à porta. Se o herói – como Muchukunda – reluta, aquele que o perturbou sofre um choque terrível; mas por outro lado, se o convocado está apenas atrasado – envelopado pela beatitude do estado perfeito de ser (que se assemelha à morte) – um aparente resgate é efetuado, e o aventureiro retorna.

Figura 47. *A ressurreição de Osíris*. Pedra esculpida, período ptolomaico, Egito, *c.*282-145 a.C.

Quando Corvo, do conto esquimó, precipitou-se com suas varetas de fogo na barriga da baleia, ele se viu na entrada de um belo aposento, em que no outro extremo ardia uma lamparina. Ele ficou surpreso de ver ali sentada uma bela garota. O aposento era seco e limpo, a espinha vertebral da baleia sustentava o teto e as costelas formavam as paredes. De um tubo que corria pela coluna vertebral pingava, lentamente, um óleo que alimentava a lamparina.

Quando Corvo entrou no aposento, a mulher ergueu os olhos e gritou: "Como você entrou aqui? Você é o primeiro homem a entrar neste lugar". Corvo contou o que tinha feito, e ela ordenou que ele se sentasse no lado oposto do aposento. Essa mulher era a alma (*inua*) da baleia. Ela colocou uma refeição diante do visitante, deu a ele frutos e óleo e, enquanto isso, contou a ele como tinha coletado as bagas no ano anterior. Corvo permaneceu quatro dias como convidado da *inua* na barriga da baleia, e durante todo o período estava tentando verificar que tipo de tubo seria aquele que corria ao longo do teto. Cada vez que a mulher deixava o aposento ela o proibia de tocá-lo. Mas então, quando ela saiu mais uma vez, ele caminhou até a lamparina, esticou sua garra, e aparou com ela uma grande gota, que lambeu com sua língua. Era tão doce que ele repetiu o ato, e então continuou, apanhando gota após gota, na velocidade em que elas caíam. Todavia, depois de algum tempo, sua cobiça o levou a considerar que as gotas caíam muito lentamente; então ele se esticou, arrancou um pedaço do tubo, e o comeu. Mal tinha feito isso, um grande jorro de óleo se derramou na sala, extinguindo a luz, e o próprio aposento começou a balançar violentamente para frente e para trás. E seguiu balançando por quatro dias. Corvo estava quase morto pelo cansaço e por causa do barulho terrível que trovejava ao seu redor durante todo esse tempo. Mas então tudo se aquietou e o aposento parou; pois Corvo quebrara uma das artérias do coração da baleia, e ela havia morrido. A *inua* nunca retornou, o corpo da baleia foi dar na praia.

Mas agora Corvo estava preso. Enquanto ele ponderava o que fazer, ouviu dois homens falando, em cima das costas do animal, e eles decidiram convocar todas as pessoas da vila para ajudar com a baleia. Logo cortaram um buraco na parte de cima do corpanzil.* Quando a abertura estava grande o bastante, e todas as pessoas tinham ido

---

* Em muitos mitos o herói na barriga da baleia é resgatado por pássaros que abrem a bicadas a lateral de sua prisão.

embora com pedaços de carne, levando-os para a parte mais alta da praia, Corvo saiu sem ser notado. Mas nem bem tinha alcançado o chão, lembrou-se que tinha deixado suas varetas de fogo no interior da baleia. Ele tirou seu casaco e máscara e não tardou para que as pessoas vissem um pequeno homem preto, enrolado em uma estranha pele de animal, aproximando-se deles. Olharam para ele com curiosidade. O homenzinho se ofereceu para ajudá-los, arregaçou as mangas, e começou a trabalhar.

Em pouco tempo, uma das pessoas trabalhando no interior da baleia gritou: "Olha o que eu achei! Varetas de fogo na barriga da baleia!". Corvo disse: "Nossa, mas isso é péssimo! Minha filha uma vez me disse que, quando varetas de fogo são encontradas dentro de uma baleia que as pessoas abriram, muitas delas acabam morrendo! Eu sou a favor de correr!". Ele abaixou as mangas novamente e partiu. As pessoas se apressaram em seguir seu exemplo. E dessa maneira, Corvo, que deu a volta, ficou por um tempo com todo o banquete para si mesmo.[11]

Um dos mais importantes e encantadores mitos da tradição xintoísta do Japão – já vetusto quando relatado no século VIII nos "Registros das Coisas Antigas" – é aquele da retirada da bela deusa solar, Amaterasu, de sua morada rochosa celestial durante o primeiro período crítico do mundo.

> Xintō, "O Caminho dos Deuses", tradição nativa dos japoneses – que se distingue do Butsudo (o "caminho de Buda") que é importado – se caracteriza por ser um caminho de devoção aos guardiões da vida e dos costumes (espíritos locais, poderes ancestrais, heróis, o rei divino, nossos pais vivos, e filhos vivos), e não aos poderes que nos liberam da roda da vida (bodisatvas e budas). A forma de adoração é primordialmente a de preservar e cultivar a pureza do coração: "O que é ablução? Não é meramente limpar o corpo com água santificada, mas seguir o caminho moral e correto".[12] "O que agrada a Divindade é virtude e sinceridade, e não uma profusão de oferendas materiais".[13]
>
> Amaterasu, ancestral da Casa Imperial, é a divindade principal de numerosos panteões populares, contudo, ela mesma é apenas a mais elevada manifestação do Deus Universal, invisível, transcendente, ainda que imanentel: "As oito centenas de miríades de Deuses são apenas diferentes manifestações de uma única Divindade, Kunitokotachi-no-Kami, O Eternamente Presente Ser Divino da Terra, A Grande Unidade de Todas as Coisas do Universo, o Ser Primordial do Céu e da Terra, eternamente existindo do começo ao fim do mundo".[14] "Que divindade Amaterasu adora em abstinência na Alta Planície do Céu? Ela adora seu próprio Si-Mesmo interior como uma Divindade, empenhando-se em cultivar divina virtude em sua própria pessoa pelos meios da pureza interior, desse modo tornando-se uma com a Divindade."[15]

> Como a Divindade é imanente em todas as coisas, todas as coisas devem ser consideradas divinas, desde os potes e panelas da cozinha até o Imperador: isto é o Xintō, "O Caminho dos Deuses". O imperador, estando na mais elevada posição, recebe a maior de todas as reverências, mas não uma reverência de tipo diferente daquela concedida a todas as coisas. "A formidável divindade manifesta-se até mesmo numa folha de árvore ou numa delicada folha de grama."[16] A função da reverência no Xintō é honrar a divindade em todas as coisas; a função da pureza é a de suster sua manifestação em nós – segundo o augusto modelo de autoadoração divina da deusa Amaterasu. "Com o Deus invisível que vê todas as coisas secretas no silêncio, comunga o coração do homem sincero aqui na terra" (de um poema do Imperador Meiji).[17]

Este é um exemplo em que o herói resgatado está um tanto relutante. O deus das tempestades, Susanowo, irmão de Amaterasu, vinha se comportando mal e de maneira indesculpável. Apesar de ela ter tentado de todo modo apaziguá-lo e ter estendido seu perdão muito além do limite, ele continuou a destruir os campos de arroz dela e a poluir suas instituições. Como insulto final, ele abriu um buraco no topo de seu salão de tecelagem e deixou cair por ele "um cavalo malhado celestial que tinha despelado esfolando-o ao contrário". Diante de tal visão, todas as damas da deusa, que estavam ocupadas tecendo as augustas vestimentas dos deuses, ficaram tão apavoradas que morreram de medo.

Amaterasu, aterrorizada diante dessa visão, se retirou para uma caverna celestial, fechou a porta atrás de si, e a trancou. Essa foi uma coisa terrível de se fazer; pois o desaparecimento permanente do sol teria significado o mesmo que o fim do universo – o fim, antes mesmo de ter propriamente começado. Com seu desaparecimento, toda a planície do elevado céu e todas as terras centrais das planícies de junco se tornaram sombrias. Espíritos malignos causaram destruição por todo o mundo; numerosas portentosas desgraças surgiram; e as vozes da miríade de deidades iradas enxameavam como moscas na quinta lua.

Diante disso, os oito milhões de deuses se reuniram em divina assembleia no leito do tranquilo rio do céu e propuseram a um entre eles, uma divindade chamada O Que Inclui o Pensar, que concebesse um plano. Como resultado de sua consultoria, muitas coisas de divina eficácia foram produzidas, entre elas um espelho, uma espada, oferendas de tecidos. Uma grande árvore foi preparada e decorada com joias; galos foram trazidos para que mantivessem um cacarejar perpétuo; fogueiras foram acesas; grandiosas liturgias foram recitadas. Um espelho, de 2 metros e 43 centímetros de comprimento, foi amarrado aos galhos intermediários da árvore. E uma dança, alegre e barulhenta, foi realizada pela jovem deusa chamada Uzume. As oito milhões de divindades estavam se divertindo tanto que seu riso encheu o ar, e a planície do elevado céu tremeu.

Figura 48. *Amaterasu emerge da caverna*. Xilogravura, Japão, 1860.

A deusa do sol ouviu o animado alvoroço e se espantou. Ficou curiosa para saber o que se passava. Abrindo levemente a porta de sua divina morada rochosa, falou lá de dentro: "Eu pensei que devido a meu ocultamento a planície do céu estaria sombria, e que da mesma forma a planície central de juncos estaria toda em trevas; como então Uzume brinca, e da mesma forma todos os oito milhões de deuses riem?". Então Uzume disse: "Nós nos regozijamos e estamos contentes porque há uma deusa mais ilustre do que Vossa Alteza". Enquanto ela assim falava, duas das divindades empurraram o espelho para a frente dela e respeitosamente o mostraram à deusa do sol, Amaterasu, ao que ela, mais e mais atônita, gradualmente saiu da porta e contemplou o espelho. Um poderoso deus tomou sua augusta mão atraindo-a para fora; depois disso outro esticou uma corda de palha (chamada *shimenawa*) atrás dela e fechou a entrada da caverna, dizendo: "Não podes voltar mais longe do que isto!". E assim, ambas, a planície do elevado céu e a terra central das planícies de juncos, foram iluminadas novamente.[18] O sol poderia agora se retirar, por um tempo, a cada noite – como faz a própria vida, para um sono revigorante, mas graças à augusta *shimenawa*, ela é impedida de desaparecer permanentemente.

O tema do sol como sendo uma deusa, ao invés de um deus, representa a rara e preciosa sobrevivência da tradição que parece ter sido amplamente difundida em um arcaico contexto mitológico. A grande divindade maternal do sul da Arábia é um sol feminino, Ilat. A palavra em alemão para sol (*die Sonne*) é feminina. Em toda Sibéria, assim como na América do Norte, sobreviveram histórias esparsas de um sol feminino. E no conto de fada da Chapeuzinho Vermelho, que foi comida pelo lobo, mas resgatada de sua barriga pelo caçador, talvez tenhamos um eco remoto da mesma aventura de Amaterasu. Traços dela permanecem em muitas terras; mas apenas no Japão encontramos a outrora grande mitologia ainda efetiva em uma civilização; pois lá o imperador é um descendente direto do neto de Amaterasu, e como ancestral da casa real ela é honrada como uma das divindades supremas da tradição nacional xintoísta. Nas aventuras dela talvez possamos sentir uma visão de mundo diferente das mitologias do deus sol, que agora são mais bem conhecidas: uma certa ternura com relação ao encantador dom da luz, uma delicada gratidão por todas as coisas que se tornam visíveis – tal atitude deve ter caracterizado o sentimento religioso de muitas pessoas.

O espelho, a espada, e a árvore, nós reconhecemos. O espelho, refletindo a deusa e tirando-a do augusto repouso de sua divina não manifestação, simboliza o mundo, o campo da imagem refletida. Nele a divindade tem o prazer de contemplar sua própria glória, e esse prazer é em si mesmo um incentivo ao ato de manifestação ou "criação". A espada é a contraparte do relâmpago; a árvore é o Eixo do Mundo em seu aspecto frutificante, de realização de desejo – o mesmo símbolo exibido nas casas cristãs na época do solstício de inverno, que representa o momento de renascimento ou o retorno do sol, um costume alegre herdado do paganismo germânico, que deu à moderna língua Alemã seu *Sonne* feminino. A dança de Uzume e o alvoroço dos deuses pertencem ao carnaval: o mundo deixado de pernas para o ar pela retirada da divindade suprema, mas alegre com a vinda da renovação. E a *shimenawa*, a augusta corda de palha que foi esticada atrás da deusa quando ela reapareceu, simboliza a graciosidade do milagre do retorno da luz. A *shimenawa* é um dos mais conspícuos, importantes, e silenciosamente eloquentes símbolos tradicionais da religião popular do Japão. Pendurada acima da entrada dos templos, decorando as ruas no Festival de Ano Novo, denota a renovação do mundo no limiar do retorno. Se a cruz cristã é o mais emblemático dos símbolos da passagem mitológica para o abismo da morte, a *shimenawa* é o mais simples dos sinais da ressurreição. Os dois representam o mistério da fronteira entre os mundos – a linha existente e não existente.

Amaterasu é uma irmã oriental da grande Inanna, a suprema deusa das antigas tabuletas cuneiformes dos templos sumérios, cuja descida até o mundo inferior acompanhamos. Inanna, Ishtar, Astarté, Afrodite, Vênus: esses foram os nomes que ela assumiu nos sucessivos períodos culturais do desenvolvimento ocidental – associada não com o sol, mas com o planeta que carrega seu nome, e ao mesmo tempo com a lua, os céus e a terra fértil. No Egito ela se tornou a deusa da Estrela Cão Maior: Sirius, cuja reaparição anual no céu anunciava a estação de enchentes do rio Nilo, que fertilizava a terra.

Inanna, como o leitor se lembrará, desceu dos céus até a região infernal de sua irmã-oposta, a Rainha da Morte, Ereshkigal. Ela deixou para trás Ninshubur, seu mensageiro, com instruções para resgatar sua alma caso ela não retornasse. Ela chegou nua diante dos sete juízes; eles fixaram seus olhos nela, e ela foi transformada em um cadáver, e o cadáver – como já vimos – foi dependurado numa estaca.

> *Após três dias e três noites terem se passado,**
> *O mensageiro de Inanna, Ninshubur,*
> *Seu mensageiro de palavras favoráveis,*
> *Seu portador de palavras de apoio,*
> *Encheu os céus com petições por ela,*
> *Chorou por ela no santuário da assembleia,*
> *Correu por ela à casa dos deuses [...]*
> *Como um pobre em uma única roupa ele se vestiu por ela,*
> *Para Ekur, a casa de Enlil, totalmente sozinho ele dirigiu seus passos.*

Esse é o começo do resgate da deusa, e ilustra o caso de alguém que sabia tanto sobre o poder da zona em que estava entrando que tomou precauções para poder ser despertada. Ninshubur foi primeiro ao deus Enlil; mas o deus disse que, tendo Inanna ido do grande acima para o grande abaixo, no mundo inferior os decretos do mundo inferior devem prevalecer. Em seguida Ninshubur foi ao deus Nanna; mas o deus disse que, Inanna tendo ido do grande acima para o grande abaixo, no mundo inferior os decretos do mundo inferior devem prevalecer. Ninshubur foi ao deus Enki; e o deus Enki concebeu um plano. Ele modelou duas criaturas assexuadas e confiou a elas a "comida da vida" e a "água da vida" com instruções de prosseguir até o mundo

---

* Compare ao Credo cristão: "desceu à mansão dos mortos, ressuscitou ao terceiro dia [...]".

inferior e salpicar essa comida e água da vida sessenta vezes no cadáver suspenso de Inanna.

Figura 49. *Deusa ascendente*. Mármore entalhado, Itália/Grécia, *c.*460 a.C.

Enlil era o deus sumério do ar, Nanna o deus-lua, Enki o deus da água e deus da sabedoria. Ao tempo da composição desse documento (terceiro milênio a.C.) Enlil era a principal divindade do panteão sumério. Ele se irritava facilmente. Ele é aquele que enviou o dilúvio. Nanna era um de seus filhos. Nos mitos, o benigno deus Enki aparece tipicamente no papel de auxiliar. Ele é o patrono e conselheiro de ambos Gilgamesh e o herói do dilúvio, Atracasis-Utnapisthim-Noé. O tema da rivalidade entre Enki e Enlil continua na Mitologia Clássica na disputa entre Posídon e Zeus (Netuno *versus* Júpiter).

Sobre o cadáver pendurado em uma estaca eles direcionaram o medo dos raios de fogo,
Sessenta vezes a comida da vida, sessenta vezes a água da vida, eles salpicaram sobre ele,
Inanna se levantou.
Inanna ascendeu do mundo inferior,
Os Anunnaki fugiram,
E quem quer que seja do mundo inferior que tenha descido pacificamente para o mundo inferior;
Quando Inanna ascende do mundo inferior,
Em verdade os mortos precipitam-se à frente dela.

CAPÍTULO III – *Retorno*

Inanna ascende do mundo inferior,
Os pequenos demônios como juncos,
Os grandes demônios como estiletes de tabuletas,
Caminharam ao seu lado.
Quem caminhava à sua frente segurava um cajado na mão,
Quem caminhava ao seu lado carregava uma arma na cintura.
Eles que a precediam,
Eles que precediam Inanna,
Eram seres que não conheciam comida alguma, que não conheciam nenhuma água,
Que não comiam farinha polvilhada,
Que não bebiam o vinho das libações,
Que tomavam as esposas da virilha de seus maridos,
Que tomavam a criança dos seios da mãe lactante.

Cercada por essa fantasmagórica e horripilante multidão, Inanna vagou pela Suméria, de cidade em cidade.[19]

Esses três exemplos de regiões culturais tão distantes – Corvo, Amaterasu e Inanna – ilustram suficientemente o resgate por alguém vindo de fora. Eles mostram, nos estágios finais da aventura, a ação constante das forças sobrenaturais de auxílio que ajudaram o eleito através de todo o curso de seu ordálio. Tendo a sua consciência sucumbido, o inconsciente, não obstante, fornece seu próprio equilíbrio, e ele renasce no mundo do qual veio. Ao invés de apegar-se e salvar seu ego, como no padrão da fuga mágica, ele o perde, e ainda assim, pela graça é recuperado.

Isso nos leva à última crise do ciclo, para a qual toda a miraculosa excursão não foi senão um prelúdio. Essa crise é, mais especificamente, a paradoxal e supremamente difícil travessia do limiar de retorno do herói, que deve passar do reino místico para a terra do dia a dia comum. Quer seja resgatado por alguém de fora, ou impulsionado de dentro, ou gentilmente transportado pelas divindades orientadoras, ele ainda precisa reingressar com a sua dádiva na atmosfera há muito esquecida, onde homens que são frações imaginam a si mesmos como sendo completos. Ele ainda tem de confrontar a sociedade com o seu elixir que redime a vida e despedaça o ego, e levar o contragolpe dos questionamentos racionais, do atroz ressentimento, e das boas pessoas que não conseguem compreender.

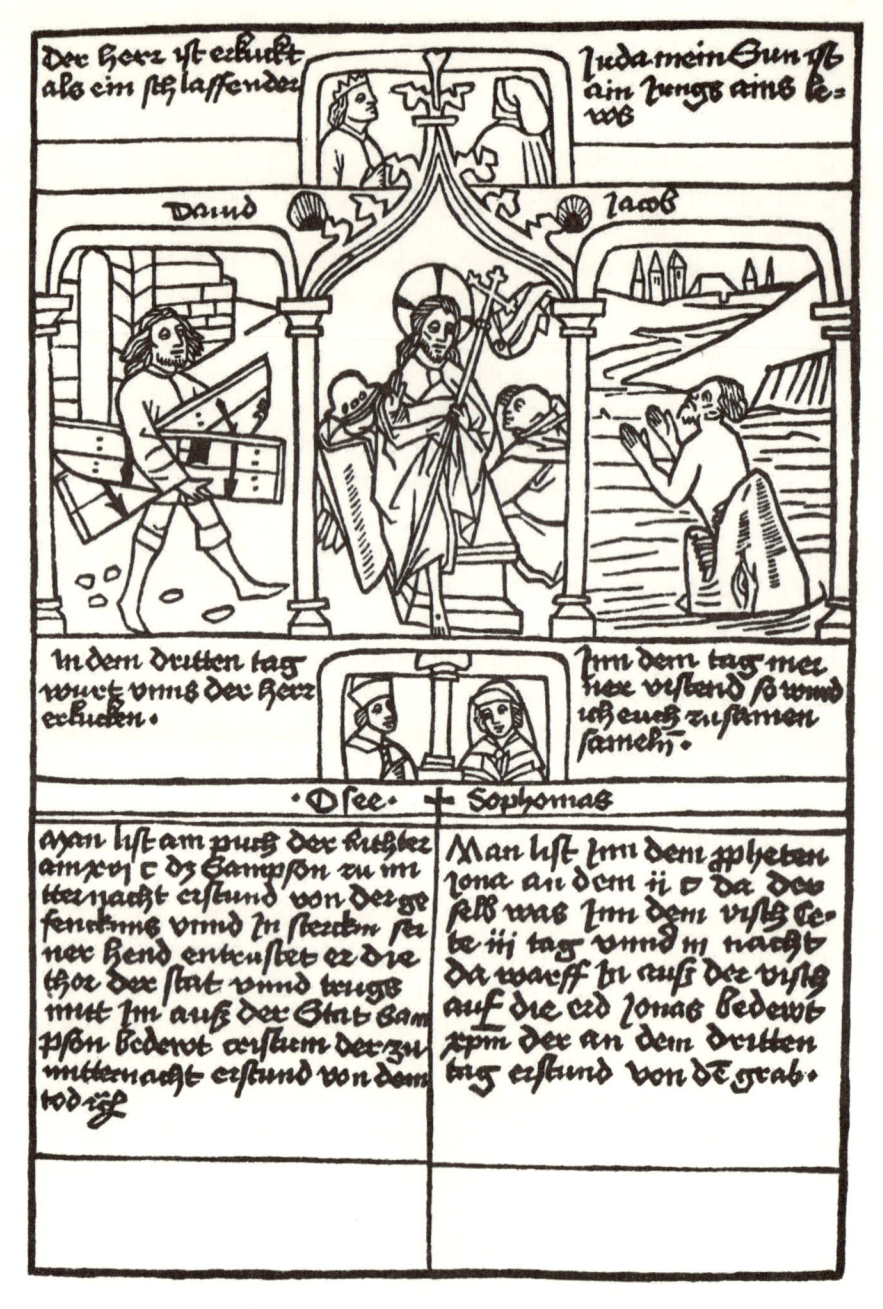

Figura 50. *O reaparecimento do herói: Sansão e as portas do templo
• Cristo ressuscitado • Jonas*. Gravura, Alemanha, 1471.

4. O cruzamento do limiar do retorno

OS DOIS MUNDOS, o divino e o humano, só podem ser retratados como distintos um do outro – diferentes como vida e morte, como dia e noite. As aventuras do herói acontecem fora da terra que conhecemos, para dentro da escuridão; ali onde ele realiza sua aventura, para nós está simplesmente perdido, aprisionado, ou em perigo; e o seu regresso é descrito como um retorno da zona do além. Todavia – e aqui está a grande chave para entender o mito e o símbolo – na realidade os dois reinos são um só. O reino dos deuses é uma dimensão esquecida do mundo que conhecemos. E a exploração dessa dimensão, seja voluntária ou involuntária, é o que dá sentido aos feitos do herói. Os valores e distinções que soam importantes na vida normal desaparecem com a aterrorizante assimilação do eu por aquilo que considerávamos ser alteridade. Como na história da ogra canibal, o terror dessa perda de individuação pessoal pode ser o grande fardo da experiência transcendental para almas sem qualificação. Mas a alma-herói vai entrando corajosamente e descobre que as bruxas se convertem em deusas e os dragões em cães de guarda dos deuses.

Contudo, do ponto de vista da consciência desperta normal, deve sempre haver uma certa inconsistência desconcertante entre a sabedoria trazida da profundeza e a prudência usualmente considerada eficaz no mundo da luz do dia. Daí advém o divórcio comum entre oportunismo e virtude, e a consequente degeneração da existência humana. O martírio é para os santos, mas as pessoas comuns possuem suas instituições, e estas não podem crescer como lírios no campo; Pedro segue sempre sacando sua espada, como no Jardim das Oliveiras, para defender o criador e sustentador do mundo.[20] A dádiva trazida da profundeza transcendente se torna insignificante por sua rápida racionalização, e cresce a necessidade de que outro herói revigore o mundo.

Entretanto, como ensinar outra vez aquilo que foi ensinado corretamente e aprendido de modo incorreto mil vezes, ao longo de milênios de prudente insensatez humana? Essa é a tarefa supremamente difícil do herói. Como verter para o idioma do mundo da luz os pronunciamentos da escuridão que desafiam a linguagem? Como representar em uma superfície bidimensional uma forma tridimensional, ou emprestar a uma imagem tridimensional um sentido multidimensional? Como traduzir em termos de "sim" e "não" revelações que destroem todo significado de qualquer tentativa de definir os pares de opostos? Como comunicar a mensagem do vazio que tudo gera a pessoas que insistem exclusivamente na evidência de seus sentidos?

Muitos fracassos comprovam as dificuldades desse limiar afirmativo da vida. O primeiro problema do herói que regressa é aceitar como reais as alegrias e tristezas passageiras, as banalidades e obscenidades ruidosas da vida, depois de experimentar a visão da realização que satisfaz a alma. Por que retornar a tal mundo? Por que tentar tornar plausível, ou mesmo interessante, a homens e mulheres consumidos pelas paixões, a experiência de bem-aventurança transcendental? Assim como sonhos que eram impressionantes à noite podem parecer bobos à luz do dia, o poeta e o profeta podem acabar se fazendo de idiotas diante de um júri de olhos sóbrios. O mais fácil é deixar que o diabo carregue toda a comunidade e retirar-se novamente para uma morada rochosa celestial, fechar a porta, e trancá-la. Mas se acaso nesse meio tempo algum obstetra espiritual esticou a *shimenawa* na porta do refúgio, então não se pode evitar o trabalho de representar a eternidade no tempo e de perceber no tempo a eternidade.

A história de Rip van Winkle é um exemplo desse delicado caso do herói que retorna. Rip mudou-se para o reino da aventura inconscientemente, assim como fazemos todos a cada noite quando vamos dormir. No sono profundo, declaram os hindus, o eu, a individualidade é unificada e venturosa; portanto o sono profundo é chamado de estado cognitivo.[21] Mas embora sejamos revigorados e nutridos por essas visitas noturnas à fonte-escuridão, nossas vidas não são reformadas por elas; retornamos, como Rip, com nada para mostrar de nossa experiência, salvo nossos bigodes.

> Ele olhou ao redor procurando sua arma, mas no lugar da sua espingarda limpa e bem azeitada, encontrou um velho mosquetão jogado ali perto, o cano corroído de ferrugem, o cão da arma caindo, e a coronha comida por vermes [...] Enquanto se levantava para caminhar, percebeu suas juntas duras, e desejou a agilidade de sempre [...] À medida que se aproximava do vilarejo, encontrou algumas pessoas, mas nenhuma que conhecesse; o que de alguma forma o surpreendeu, pois achava que conhecia a todos naquelas redondezas. A roupa deles também era

CAPÍTULO III – *Retorno*

diferente daquela a que estava acostumado. Todos eles o encararam com feições idênticas de surpresa e, sempre que olhavam para ele, invariavelmente coçavam o queixo. A constante recorrência desse gesto induziu Rip, involuntariamente, a fazer o mesmo; com isso, para seu espanto, descobriu que sua barba tinha crescido trinta centímetros. [...] E ele começou a pensar se ambos, ele e o mundo ao seu redor, tinham sido enfeitiçados [...].

O aparecimento de Rip com sua longa barba grisalha, seu mosquete enferrujado, sua roupa rude, e o exército de mulheres e crianças que se aglomeravam em torno dele, logo atraiu a atenção dos políticos de taverna. Eles se apinharam à volta dele, olhando-o dos pés à cabeça com grande curiosidade. O orador o agarrou, e, puxando-o um pouco de lado, inquiriu em quem ele votava. Rip o encarou com um olhar perplexo e vazio. Outro sujeito pequeno e ocupado o puxou pelo braço e, elevando-se na ponta dos pés, perguntou ao pé do ouvido se ele era um Federativo ou um Democrata. Rip ficou igualmente perdido e sem saber responder, quando um velho cavalheiro experiente, presunçoso, usando um chapéu tricorne, abriu caminho através da multidão, empurrando-os para a direita e para a esquerda com os cotovelos ao passar. Plantando-se diante de van Winkle – com um braço de lado e o outro descansando sobre a bengala; com olhos e chapéu penetrando, por assim dizer, a própria alma de Rip – exigiu saber, com um tom austero, o que o tinha trazido à eleição com uma arma no ombro e uma multidão no seu encalço, e se ele pretendia causar um motim na vila. "Infelizmente, cavalheiros", exclamou Rip um tanto consternado, "sou um pobre e sossegado homem nativo desse lugar, e um súdito leal do Rei, Deus o abençoe!".

E então explodiram gritos generalizados dos transeuntes: "Um tory, um tory! Um espião! Um refugiado! Despachem-no! Fora com ele!". Foi com grande dificuldade que o presunçoso homem de chapéu tricorne restaurou a ordem.[22]

Mais desanimador do que o destino de Rip é o relato do que aconteceu com o herói irlandês Oisin quando retornou de uma longa estadia junto à filha do Rei da Terra da Juventude. Oisin saiu-se melhor do que o pobre Rip, pois manteve seus olhos abertos no reino da aventura. Ele desceu conscientemente (acordado) ao reino do inconsciente (sono profundo) e incorporou os valores da experiência subliminal em sua personalidade desperta. Uma transmutação foi efetuada. No entanto, precisamente por essa circunstância altamente desejável, os perigos de seu retorno foram maiores. Uma vez que toda a sua personalidade tinha sido harmonizada com os poderes e formas da eternidade, todo ele foi refutado, demolido, pelo impacto das formas e poderes do tempo.

Oisin, o filho de Finn MacCool, estava um dia caçando com seus homens nas florestas de Erin, quando foi abordado pela filha do Rei da Terra da Juventude. Os homens de Oisin já tinham ido na frente levando o que tinham caçado naquele dia, deixando seu mestre para se virar sozinho com três cachorros. E o ser misterioso apareceu para ele com o corpo de uma linda mulher, mas com cabeça de porco. Ela declarou que sua cabeça se devia a um feitiço druida, prometendo que ela desapareceria no mesmo minuto em que eles se casassem. "Bem, se esse é o estado em que você se encontra", disse ele, "e se o casamento comigo a libertará do feitiço, se depender de mim você não terá essa cabeça de porco por muito tempo".

Sem demora a cabeça de porco sumiu e eles partiram juntos para Tir na n-Og, a Terra da Juventude. Oisin viveu ali como um rei por muitos anos felizes. Mas um dia ele se virou e declarou à sua noiva sobrenatural:

"Eu desejaria poder estar em Erin hoje para ver meu pai e seus homens."

"Se você for", disse a esposa, "e colocar os pés na Terra de Erin, jamais retornará aqui para mim, e se transformará em um velho cego. Quanto tempo você pensa que se passou desde que aqui chegou?".

"Cerca de três anos", disse Oisin.

"São trezentos anos", disse ela, "desde que você veio para este reino comigo. Se você precisa ir a Erin, eu lhe darei este corcel branco para te transportar; mas se você descer do corcel ou tocar o solo de Erin com seu pé, o corcel retornará no mesmo minuto, e você ficará lá, como um pobre velho".

"Eu voltarei, não tema", disse Oisin, "não tenho eu bom motivo para voltar? Mas preciso ver meu pai, meu filho e meus amigos em Erin uma vez mais; quero olhar para eles ao menos uma vez".

Ela preparou o garanhão para Oisin e disse: "O corcel o transportará onde quer que você deseje ir".

Oisin não parou até que o cavalo tocou o solo de Erin; e ele prosseguiu até chegar a Knock Patrick em Münster, onde viu um homem pastoreando vacas, e no campo onde as vacas estavam pastando havia uma pedra larga e chata.

CAPÍTULO III – *Retorno*

"Você viria aqui", disse Oisin ao boiadeiro, "e viraria esta pedra?".

"De fato, não irei", disse o boiadeiro; "pois não consigo levantá-la; nem mesmo vinte homens conseguiriam".

Oisin cavalgou até a pedra, abaixou-se na sela, pegou-a com sua mão e a virou. Sob ela estava o grande chifre dos Fenians (borabu), que se recurvava como um grande caracol. Segundo a lei, quando qualquer um dos Fenians de Erin soprasse o borabu, os outros teriam de se reunir imediatamente, não importando em que parte do país estivessem no momento.

Os Fenians eram os homens de Finn MacCool, todos gigantes. Oisin, que era filho de Finn MacCool, foi um deles. Mas seu tempo já tinha passado há muito, e os habitantes da terra não eram mais os gigantes de outrora. Tais lendas de gigantes arcaicos eram comuns em tradições populares em toda a parte. Ver, por exemplo, o mito contado acima (p. 187-189) do rei Muchukunda. Analogamente, temos as longas vidas dos patriarcas hebreus: Adão viveu 930 anos; Set, 912; Enos, 905, etc.[23]

"Pode trazer esse chifre para mim?", perguntou Oisin ao boiadeiro.

"Não posso", disse o boiadeiro, "pois nem eu nem muitos mais poderiam erguê-lo do chão".

Com isto Oisin se moveu para perto do chifre, e abaixando-se o tocou com suas mãos; mas estava tão ávido por soprá-lo, que esqueceu tudo, e escorregou da sela tentando alcançá-lo, até que um pé tocou a terra. Em um instante o corcel tinha sumido e Oisin se viu estirado no solo, um homem velho e cego.[24]

A equivalência entre um único ano no Paraíso a cem anos de existência terrena é um tema bem conhecido no mito. O ciclo completo de uma centena significa totalidade. Do mesmo modo, 360° do círculo significam a totalidade; de acordo com os Puranas hindus, um ano dos deuses é igual a 360 dos homens. Do ponto de vista dos deuses do Olimpo, éon após éon da história terrena fluem, revelando sempre a forma harmoniosa do ciclo total, portanto, onde os homens veem apenas mudança e morte, os abençoados contemplam forma imutável, mundo sem fim. Mas o problema é manter esse ponto de vista cósmico em face das prementes dores e alegrias terrenas. O gosto das frutas do conhecimento temporal afasta do centro do éon a concentração do espírito e o conduz para a crise periférica do momento. O equilíbrio da perfeição é perdido, o espírito vacila, e o herói cai.

A ideia do cavalo isolante, que mantém o herói fora do alcance imediato da terra e permite a ele passear entre os povos do mundo, é um vívido exemplo de uma precaução básica tomada pelos detentores do poder sobrenatural. Montezuma, imperador do México, nunca pisou no chão; ele era sempre carregado nos ombros dos nobres, e se ele descesse em qualquer lugar, eles estendiam uma rica tapeçaria para que ele caminhasse. No interior do seu palácio, o rei da Pérsia caminhava em tapetes sobre os quais ninguém podia pisar; fora do palácio ele nunca era visto a pé, mas sempre em uma biga ou montado a cavalo. Antigamente, nem os reis de Uganda, nem suas mães, nem mesmo suas rainhas podiam caminhar a pé fora dos espaçosos recintos em que viviam. Sempre que saiam eram carregados nos ombros dos homens do clã dos Búfalos, muitos dos quais acompanhavam essas personalidades reais em suas jornadas e se revezavam para carregar o fardo. O rei sentava-se escarranchado atrás do pescoço do carregador com uma perna acima de cada ombro e os pés enfiados debaixo dos braços dele. Quando um desses carregadores reais se cansava, punha o rei nos ombros de um segundo homem sem permitir que os pés reais tocassem o chão.[25]

Sir James George Frazer explica de modo bastante didático o fato de que por toda a terra a personagem divina não pode tocar o chão com seus pés.

> Aparentemente, a santidade, a virtude mágica, o tabu, ou como quer que se chame a qualidade misteriosa que supostamente permeia as pessoas tabu ou sagradas, é concebida pelo filósofo primitivo como uma substância física ou um fluido, com o qual o homem sagrado é carregado, exatamente como a garrafa de Leiden é carregada com eletricidade; e exatamente como a eletricidade no jarro pode ser descarregada pelo contato com um bom condutor, assim a santidade ou virtude mágica do humano pode ser descarregada ou drenada pelo contato com a terra, que nessa teoria serve como um excelente condutor para o fluido mágico. Portanto, para evitar que a carga seja desperdiçada, o personagem sagrado ou tabu deve ter todo o cuidado para não tocar o chão; em linguagem elétrica, ele deve ser isolado, caso contrário será esvaziado da preciosa substância ou fluido com o qual ele, como um frasco, está preenchido até a borda. Ao que parece, em muitos casos o isolamento da pessoa tabu é recomendado como uma precaução não meramente para seu próprio bem, mas em benefício dos demais; pois como a virtude do

CAPÍTULO III – Retorno

sagrado é, por assim dizer, um poderoso explosivo que o menor toque pode detonar, é necessário, no interesse da segurança geral, mantê-lo em limites estreitos, para que não exploda, arrase, e destrua qualquer coisa com a qual entre em contato.[26]

Existe, sem dúvida, uma justificativa psicológica para esta precaução. O inglês que se arruma para o jantar na selva da Nigéria sente que há um sentido no seu ato. O jovem artista usando seus bigodes no lobby do Hotel Ritz terá prazer em explicar sua idiossincrasia. O colarinho romano distingue o homem do púlpito. Uma freira do século XX esvoaça por aí em seu traje da Idade Média. A esposa é isolada, mais ou menos, pela aliança em seu dedo.

Os contos de W. Somerset Maugham descrevem a metamorfose que sobrevém àqueles que portam o fardo do homem branco, que negligenciam o tabu da indumentária própria para o jantar. Muitas músicas folclóricas dão testemunho dos perigos de um anel quebrado. E os mitos – por exemplo, os mitos reunidos por Ovídio em seu grande compêndio, *As Metamorfoses* – recontam repetidas vezes as chocantes transformações que acontecem quando o isolamento entre o centro de poder altamente concentrado e o campo de menor poder do mundo circundante é, sem as precauções apropriadas, subitamente removido. De acordo com a sabedoria popular dos contos de fada dos celtas e germânicos, um gnomo ou elfo que, fora de seu território, for surpreendido pela alvorada, imediatamente se transforma em um graveto ou uma pedra.

O herói que regressa para completar sua aventura deve sobreviver ao impacto do mundo. Rip van Winkle nunca soube pelo que tinha passado; seu retorno foi uma piada. Oisin sabia, mas perdeu seu centro e entrou em colapso. Kamar al-Zaman teve a melhor sorte de todas. Desperto, ele experimentou a bem-aventurança do sono profundo, e retornou para a luz do dia com um talismã tão convincente de sua inacreditável aventura que pôde reter sua autoconfiança diante de cada dura desilusão.

Enquanto dormia em sua torre, os dois gênios, Dahnash e Maymunah, trouxeram da China distante a filha dos Senhor das Ilhas e dos Mares e dos Sete Palácios. O nome dela era princesa Budur. Eles colocaram a jovem mulher adormecida, ao lado do príncipe persa, na mesma cama. Os gênios desvelaram os dois rostos, e perceberam que os dois eram como gêmeos. "Por Alá", declarou Dahnash, "Ó minha senhora, minha amada é a mais bela". Mas Maymunah, o espírito-fêmea, que amava Kamar al-Zaman, retorquiu: "De modo algum, o mais belo é o meu". Em seguida discutiram, argumentando e contra-argumentando, até que Dahnash finalmente sugeriu que eles procurassem um juiz imparcial.

Maymunah golpeou o chão com seu pé, dali saiu um ifrite cego de um olho, corcunda, sarnento, com órbitas oculares fendidas para cima e para baixo no rosto; e na cabeça havia sete chifres; quatro cachos de cabelo caiam até seus calcanhares; suas mãos eram como garfos e suas pernas como mastros; e possuía unhas como as garras de um leão, e pés como os cascos do asno selvagem. O monstro respeitosamente beijou o chão diante de Maymunah e inquiriu o que ela gostaria que ele fizesse. Ele foi instruído a julgar quem era o mais belo entre os dois jovens deitados na cama, cada uma com o braço sob o pescoço da outra. Ele os encarou longamente, maravilhado com sua graciosidade, então se virou para Maymunah e Dahnash, e declarou deu veredito.

"Por Alá, se vocês querem a verdade", ele disse, "os dois possuem idêntica beleza. Também não posso fazer qualquer escolha entre eles, por conta de serem homem e mulher. Mas eu tenho uma ideia: vamos acordar um de cada vez, sem o conhecimento do outro, e aquele que se enamorar mais pelo outro deve ser julgado inferior em formosura".

Ficou combinado. Dahnash tomou a forma de uma pulga e mordeu Kamar al-Zaman no pescoço. Despertando do sono, o jovem esfregou a região, coçando com força devido à irritação da picada, e enquanto isso virou-se um pouco para o lado. Ele encontrou deitada ali alguém cujo hálito era mais doce do que almíscar e cuja pele era mais suave do que o creme. Ficou maravilhado. Sentou-se. Olhou melhor para aquela pessoa e discerniu que era uma jovem mulher, como uma pérola ou um sol radiante, como um domo visto a distância sobre uma muralha bem construída.

Kamar al-Zaman tentou acordá-la, mas Dahnash tinha aprofundado seu sono. O jovem a balançou. "Ó minha amada, acorde e olhe para mim", ele disse. Mas ela não se mexeu. Kamar al-Zaman imaginou que Budur devia ser a mulher com quem seu pai desejava casá-lo, e ficou tomado de avidez. Mas temeu que seu senhor pudesse estar escondido em algum lugar do quarto, vigiando. Por isso se conteve, e contentou-se em tirar o anel de sinete do dedo mindinho dela fazendo-o deslizar para o seu. O ifrite então o devolveu ao sono.

CAPÍTULO III – *Retorno*

A performance de Kamar al-Zaman foi diferente da de Budur. Ela não teve qualquer pensamento ou medo de que alguém estivesse vigiando. Ademais, Maymunah, que a tinha despertado, com malícia feminina, tinha subido bem alto em suas pernas e a mordido com força em um local que queimava. A bela, nobre e gloriosa Budur, ao descobrir que sua contraparte masculina estava ao seu lado, percebeu que ele já tinha tirado seu anel. Incapaz de acordá-lo ou de imaginar o que ele havia feito com ela, devastada por amor, assaltada pela presença aberta de sua carne, perdeu todo o controle, e atingiu o clímax no abandono da paixão.

> A luxúria era dolorosa para ela, pois o desejo das mulheres é mais feroz do que o desejo dos homens, e ela se sentiu encabulada por sua própria falta de vergonha. Então, arrancou o anel de sinete dele, e o colocou no lugar daquele que ele tomara dela, beijou sua boca e mãos, e não deixou parte alguma sem ser beijada; depois disso ela o colocou em seu seio e o abraçou, e pondo uma de suas mãos sob seu pescoço e a outra debaixo de seu braço, aninhou-se próximo a ele e adormeceu ao seu lado.

Portanto, Dahnash perdeu a disputa. Budur foi levada de volta à China. Na manhã seguinte; quando os jovens acordaram com a Ásia inteira entre eles, viraram-se para a direita e a esquerda, mas não viram ninguém ao seu lado. Eles clamaram a suas respectivas famílias, insultaram e mataram pessoas a torto e a direito, e enlouqueceram. Kamar al-Zaman deitou-se para definhar; seu pai, o rei, sentou à sua cabeceira, chorando e lamentando-se por ele, e não o deixou, fosse dia ou noite. Mas a princesa Budur teve de ser algemada; com uma corrente de ferro em seu pescoço, ela foi acorrentada a uma das janelas de seu palácio.[27]

Encontro e separação, apesar de sua selvageria, são sofrimentos típicos do amor. Pois quando o coração insiste em seu destino, resistindo à consolação geral, então é grande a agonia; e também o perigo. Todavia, forças que não são reconhecidas pelos sentidos foram postas em movimento. Sequências de eventos de todos os cantos do mundo gradualmente se aproximarão, e milagres de coincidências farão o inevitável acontecer. O anel que é um talismã do encontro da alma com sua outra parte no local recolhido significa que, nesse caso, o coração estava consciente do que Rip não percebeu; significa também a convicção da mente desperta, de que a realidade da profundeza não é desmentida por aquela do dia a dia. Este é o sinal da obrigação do herói: agora ele irá entretecer seus dois mundos.

O restante do longo relato sobre Kamar al-Zaman é um histórico do lento porém maravilhoso funcionamento do destino que foi chamado à vida. Nem todos têm um destino: apenas o herói que mergulhou para tocá-lo, e voltou – com um anel.

5. Mestre de dois mundos

LIBERDADE DE TRANSITAR de lá para cá atravessando a divisão do mundo, passar da perspectiva das aparições temporais para aquela da profundidade causal e voltar – sem contaminar os princípios de um com aqueles do outro, e, ainda assim, permitir à mente conhecer um em virtude do outro –, eis o talento do mestre. O Dançarino Cósmico, declara Nietzsche, não se detém pesadamente em um único ponto, mas vira e salta com alegria e leveza de uma posição a outra. É possível falar a partir de uma posição de cada vez, sem que isso invalide os demais insights.

Os mitos raramente mostram em uma única imagem o mistério da prontidão desse trânsito. Quando o fazem, o momento é um símbolo precioso, cheio de significado, a ser tratado como um tesouro e contemplado como tal. A Transfiguração de Cristo foi um desses momentos.

> Jesus tomou consigo Pedro, Tiago e João, irmão de Tiago, e os levou, em particular, a um alto monte. Ali ele foi transfigurado diante deles. Sua face brilhou como o sol, e suas roupas se tornaram brancas como a luz. Naquele mesmo momento apareceram diante deles Moisés e Elias, conversando com Jesus. Então Pedro disse a Jesus: "Senhor, é bom estarmos aqui. Se quiseres, farei três tendas: uma para ti, uma para Moisés e outra para Elias".* Enquanto ele ainda estava falando, uma nuvem resplandecente os envolveu, e dela saiu uma voz, que dizia: "Este é o meu Filho amado em quem me agrado. Ouçam-no!". Ouvindo isso, os discípulos prostraram-se com o rosto em terra e ficaram aterrorizados. Mas Jesus se aproximou, tocou neles e disse: "Levantem-se! Não tenham medo!". E erguendo eles os olhos, não viram mais ninguém a não ser Jesus. Enquanto desciam do monte, Jesus lhes ordenou: "Não contem a ninguém o que vocês viram, até que o Filho do homem tenha sido ressuscitado dos mortos".[28]

---

* "Ele não sabia o que dizer, pois estavam apavorados." (Evangelho segundo Marcos 9:6)

Aqui temos o mito inteiro em um só momento: Jesus, o guia, o caminho, a visão, e o companheiro do retorno. Os discípulos são os seus iniciados, eles mesmos ainda não são mestres do mistério, contudo, são apresentados à experiência completa do paradoxo dos dois mundos em um. Pedro estava tão apavorado que balbuciava.[29] A carne se dissolveu diante de seus olhos para revelar a Palavra. Eles caíram sobre suas faces, e quando se levantaram, a porta tinha se fechado novamente.

Deve-se observar que esse momento eterno atinge um patamar muito mais elevado do que a realização romântica do destino individual de Kamar al-Zaman. Não apenas temos aqui uma passagem magistral, de ida e volta atravessando o limiar do mundo, mas observamos uma mais profunda, muitíssimo mais profunda, penetração no abismo. O destino individual não é o motor e o tema dessa visão, pois a revelação foi contemplada por três testemunhas, não uma. Ela não pode ser satisfatoriamente elucidada apenas em termos psicológicos. É claro que essa visão poderia ser descartada. Podemos duvidar que uma tal cena alguma vez tenha de fato acontecido. Mas isso não nos ajudaria em nada; pois no momento estamos preocupados com questões de simbolismo, não de historicidade. Não importa muito se Rip van Winkle, Kamar al-Zaman, ou Jesus Cristo de fato existiram. Suas *histórias* são o foco de nossa atenção e essas histórias são tão amplamente difundidas pelo mundo – associadas a vários heróis em várias terras – que é de segunda importância a discussão de ter sido esse ou aquele portador do tema universal um homem vivo e histórico. A ênfase no elemento histórico ocasionará confusão; apenas ofuscará a mensagem da imagem.

Qual, então, é o teor da imagem da transfiguração? Isso é o que devemos nos perguntar. Mas, para tanto, a questão deve ser confrontada em bases universais e não sectárias, e nesse sentido é melhor revisar mais um exemplo, igualmente celebrado, desse mesmo evento arquetípico.

O que segue é tirado do poema hindu *Canção do Senhor*, a *Bhagavad Gita*.* O Senhor, o belo jovem Krishna, é a encarnação de Vishnu, o Deus Universal. O príncipe Arjuna é seu discípulo e amigo.

Arjuna disse: "Ó Senhor, se me considerais capaz de contemplar-vos, então, Ó mestre dos iogues, revela a mim o Vosso Si-Mesmo Imutável". O Senhor disse:

---

* O principal texto hindu moderno de religiosidade devocional: um diálogo ético de dezoito capítulos, que aparece no livro VI do *Mahabharata*, equivalente indiano da Ilíada.

Contemple minhas formas, às centenas e aos milhares – multiformes e divinas, variadas em formato e matiz. Contemple todos os deuses e anjos, contemple as muitas maravilhas jamais vistas. Contemple aqui, hoje, todo o universo, a mudança e a imobilidade, e qualquer outra coisa que você possa desejar ver, tudo concentrado no meu corpo – mas com esses seus olhos você não pode me ver. Eu te dou um olho divino; contemple, agora, meu soberano poder ióguico.

Tendo falado dessa maneira, o grande Senhor do yoga revelou a Arjuna sua forma suprema como Vishnu, Senhor do Universo: com muitas faces e olhos, apresentando incontáveis aparências espantosas, enfeitado com inúmeros ornamentos celestiais, empunhando várias armas divinas; usando guirlandas e vestimentas celestiais, ungido com divinos perfumes, completamente maravilhoso, resplandecente, ilimitado, com faces em todos os lados. Se a radiância de mil sóis explodisse de imediato no céu, essa seria como o esplendor do Poderoso. Ali, na pessoa do Deus dos deuses, Arjuna contemplou todo o universo, com suas múltiplas divisões, todas reunidas em um. Então, arrebatado pela admiração, e com os cabelos em pé, Arjuna inclinou sua cabeça com reverência, juntou suas palmas em saudação, e dirigiu-se ao Senhor:

Figura 51. *Krishna conduz Arjuna ao campo de batalha.*
Guache sobre cartão, Índia, século XVIII.

CAPÍTULO III – *Retorno*

Em teu corpo, Ó Senhor, eu contemplo todos os deuses e todas as diversas hostes de seres – o Senhor Brahma, sentado no lótus, todos os patriarcas e as serpentes celestiais. Eu Vos contemplo com uma miríade de braços e barrigas, com uma miríade de faces e olhos. Eu Vos contemplo, infinito em forma, em todos os lados, mas não vejo Vosso fim ou Vosso meio ou Vosso começo. Ó Senhor do Universo, Ó Forma Universal! Fulgindo de todos os lados como uma massa de radiância eu Vos contemplo, com Vosso diadema, maça e discos, radiante em toda parte como um fogo e um sol ardentes além de toda medida e difícil de contemplar. Sois o Esteio Supremo do Universo. Sois o imortal Guardião da Lei Eterna, Vós sois, creio, o Ser Primordial.

Essa visão foi revelada a Arjuna em um campo de batalha, no momento logo antes do soar da primeira trombeta chamando para o combate. Tendo deus como seu cocheiro, o grande príncipe foi levado ao campo de batalha entre dois povos prontos para guerrear. Seus próprios exércitos tinham sido reunidos contra aqueles de um primo usurpador, mas agora, nas fileiras inimigas, ele viu uma multidão de homens que ele conhecia e amava. Seu espírito lhe falhou. "Infelizmente", disse ele ao divino cocheiro, "estamos decididos a cometer um grande pecado, estamos prontos a assassinar nossos parentes para satisfazer nossa ganância pelo prazer de ter um reino! Muito melhor seria para mim se os filhos de Dhritarashtra, com armas nas mãos, me assassinassem em batalha, desarmado e sem resistir. Não lutarei". Mas imediatamente o formoso deus o convocou à coragem, derramando nele a sabedoria do Senhor e por fim o abriu a esta visão. Pasmo, o príncipe contemplou não apenas o seu amigo transformado na personificação viva do Esteio do Universo, mas os heróis dos dois exércitos correndo ao vento para as inúmeras e terríveis bocas da divindade. Ele exclama em horror:

> Quando vejo Vossa forma ardente alcançando os céus e fulgindo com muitas cores, quando vejo Vossa boca escancarada e Vossos olhos cintilando incandescentes, o mais íntimo de minha alma treme de medo, eu não encontro coragem nem paz, Ó Vishnu! Quando contemplo Vossas bocas, espalhando o terror com suas presas, como o fogo do Tempo que a tudo consome, fico desorientado e não encontro paz. Sede gentil, Ó Senhor dos Deuses, Ó Morada do Universo! Todos os filhos de Dhritarashtra, junto com as hostes de monarcas, e Bhishma, Drona, e Karna,

e os chefes guerreiros de nosso lado também, entram precipitadamente em Vossas bocas terríveis e cheias de pressas; é pavoroso de contemplar. Alguns são vistos pegos entre Vossos dentes, suas cabeças se desfazem em pó. Como as muitas torrentes dos muitos rios correm em direção ao oceano, o mesmo acontece aos heróis do mundo mortal que correm para Vossas bocas ferozmente chamejantes. Como mariposas, precipitam-se rapidamente na direção do fogo ardente para ali perecer, mesmo assim, vão essas criaturas precipitando-se velozes em Vossas bocas para sua própria destruição. Lambeis Vossos lábios, devorando todos os mundos em todos os lados com Vossas bocas flamejantes. Vossos raios ardentes enchem todo o universo com sua radiância calcinando-o, Ó Vishnu! Dizei-me quem Sois, que vestis essa forma aterradora. Saudações a Vós, Ó Deus Supremo, tende piedade. Desejo conhecer-Vos, que sois o Um, o Ser Primordial; pois não compreendo Vosso propósito.

O Senhor disse:

Eu sou o poderoso Tempo destruidor de mundos, agora ocupado em assassinar esses homens. Mesmo sem ti, todos esses guerreiros em pé dispostos nos exércitos adversários não viverão. Portanto, levanta-te e ganha glória; conquista teus inimigos e desfruta de um reino opulento. Por mim, e nenhum outro, eles já foram assassinados; serás apenas um instrumento, Ó Arjuna. Mata Drona e Bhishma e Jayadratha e Karna, e também os outros grandes guerreiros, que já foram mortos por mim. Não te angusties com o medo. Luta, e tu conquistarás seus inimigos em batalha.

Tendo ouvido essas palavras de Krishna, Arjuna tremeu, uniu as palmas das mãos em adoração e se curvou. Sobrepujado pelo medo, ele saudou a Krishna e então se dirigiu a ele novamente, com voz vacilante:

[...] Vós sois o primeiro dos deuses, a Alma ancestral; Vós sois o supremo sepulcro do universo; Vós sois o Conhecedor e aquele que deve ser conhecido, o Objetivo Supremo. E por Vós o mundo é permeado. Ó Vós, forma infinita. Vós sois Vento e Morte e Fogo e Lua e o Senhor da Água. Vós sois o Primeiro Homem e Tataravô. Saudações, saudações a Vós! [...] Eu me regozijo por ter visto o que jamais foi visto antes; mas minha mente está também perturbada pelo medo. Mostrai-me aquela Vossa outra forma. Sede gentil, Ó Senhor dos Deuses. Ó Morada do Universo. Quisera ver-Vos como antes, com Vossa coroa e Vossa maça e disco em Vossa mão. Assumi novamente Vossa forma de quatro braços, Ó Vós de mil braços e formas sem fim.

CAPÍTULO III – *Retorno*

O Senhor disse: "Por minha graça, por meio de meu poder ióguico, Ó Arjuna, eu te mostrei esta forma suprema, resplandecente, universal, infinita e primeva, que ninguém jamais viu além de tu [...] Não temas, não fiques desnorteado, ao ver esta minha forma estupenda. Livre de medo e com contentamento no coração, contempla novamente minha outra forma".

Tendo assim se dirigido a Arjuna, Krishna assumiu novamente sua forma graciosa e confortou o apavorado Pandava.[30]

O discípulo foi abençoado com a visão que transcende o escopo normal do destino humano, e que corresponde a um vislumbre da natureza essencial do cosmos. Não seu destino pessoal, mas o destino da humanidade, da vida como um todo, do átomo e de todos os sistemas solares revelaram-se a ele; e isso em termos condizentes com sua compreensão humana. Quer dizer, em termos de uma visão antropomórfica: o Homem Cósmico.

Uma idêntica iniciação pode ter sido efetuada por meio da igualmente válida imagem do Cavalo Cósmico, a Águia Cósmica, a Árvore Cósmica, ou o Louva-a-Deus Cósmico.

> Om. A cabeça do cavalo sacrificial é a alvorada; seus olhos, o sol; sua força vital, o ar; sua boca aberta, o fogo chamado Vaishvanara; e o corpo do cavalo sacrificial é o ano. Suas costas são o paraíso; sua barriga, o céu; seus cascos, a terra; seus flancos, os quatro quadrantes; suas costelas, os quadrantes intermediários; seus membros, as estações; suas juntas, os meses e quinzenas; seus pés, os dias e as noites; seus ossos, as estrelas; e sua carne, as nuvens. Sua comida meio digerida é a areia; seus vasos sanguíneos, os rios; seu fígado e baço, as montanhas; seu cabelo, as ervas e árvores. Sua parte anterior é o sol ascendente; sua parte posterior, o sol descendente; seu bocejo, o relâmpago; o tremor de seu corpo é o trovejar; sua micção, a chuva; e seu relincho é voz.[31]

> .... *o arquétipo*
> *Corpo da vida um desejo carnívoro bicudo*
> *Autossustentado nas asas da tempestade: mas os olhos*
> *Eram jatos de sangue; os olhos foram arrancados;*
> *Sangue escuro corria das ruinosas órbitas para a ponta do bico*
> *E choviam no espaço desperdiçado do céu vazio.*
> *Ainda assim a grande vida continuava, ainda assim a grande vida*
> *Era bela, e ela bebia sua derrota, e devorava*
> *Sua fome como alimento.*[32]

A Árvore Cósmica é uma figura mitológica bem conhecida (como, por exemplo, Yggdrasil, O Freixo do Mundo, das Edas). O Louva-a-Deus desempenha um papel importante na mitologia dos bosquímanos da África do Sul.

Além disso, a revelação registrada na "Canção do Senhor" foi feita em termos condizentes com a casta e a raça de Arjuna: o Homem Cósmico que ele contemplou era um aristocrata, como ele mesmo, e um hindu. Do mesmo modo, na Palestina o Homem Cósmico apareceu como um judeu; na antiga Alemanha como um alemão; entre os basuto ele era negro, no Japão, japonês. A raça e estatura da figura simbolizando o imanente e transcendente Universal é de importância histórica, não semântica, assim também o sexo: a Mulher Cósmica, que aparece na iconografia dos jainistas*, é um símbolo tão eloquente quanto o Homem Cósmico.

Símbolos são apenas *veículos* de comunicação; eles não devem ser confundidos com o termo final, o *teor*, aquilo a que fazem referência. Não importa o quanto pareçam atraentes ou impressionantes, os símbolos continuam sendo apenas meios convenientes, convenientes à compreensão. Portanto, a personalidade ou personalidades de Deus – quer representada em termos trinitários, dualísticos, ou em termos politeísticos, monoteísticos, ou henoteísticos, pictórica ou verbalmente, como um fato documentado ou uma visão apocalíptica – não devem ser lidas ou interpretadas como a coisa final. O desafio do teólogo é manter o símbolo translúcido, de modo a que não bloqueie a própria luz que deveria transmitir. "Pois só conhecemos verdadeiramente a Deus", escreve São Tomás de Aquino, "quando cremos que Ele está muito acima de tudo o que o homem conseguiria pensar de Deus".[33] E lemos na *Kena Upanishad*, no mesmo espírito: "Saber é não saber; não saber é saber".[34] Confundir um veículo com seu teor pode levar ao derramamento inútil de tinta, como também de sangue precioso.

A próxima coisa a se observar é que a transfiguração de Jesus foi testemunhada por devotos que tinham extinguido suas vontades pessoais, homens que há muito tinham trocado "vida", "sina pessoal" e "destino" por autoabnegação completa ao Mestre. "Nem pelos Vedas, nem por penitências, nem por esmolas, nem ainda por sacrifício, posso ser visto na forma em que tu me observaste agora mesmo", Krishna declara depois de retornar à sua forma familiar; "Mas apenas por devoção a Mim poderei ser conhecido nesta forma, verdadeiramente

---

* O jainismo é uma religião heterodoxa hindu (i. e., rejeitando a autoridade dos Vedas) que em sua iconografia revela certos traços extraordinariamente arcaicos (ver p. 248). [Para ideias adicionais de Campbell sobre o jainismo e a Mulher Cósmica, ver *Myths of Light* de Campbell (Novato, California: New World Library) p. 93-101 – Ed. original]

CAPÍTULO III – *Retorno*

Figura 52. *A Deusa-Leão Cósmica, segurando o Sol.*
Manuscrito de folha única, Índia, século XVIII.

percebido e adentrado. Aquele que realiza o Meu trabalho e Me considera como a Meta Suprema, que é devotado a Mim e sem ódio por nenhuma criatura – este vem a Mim".[35] Uma formulação correspondente de Jesus sintetiza o argumento: "Quem perder sua vida por minha causa a encontrará".[36]

Figura 53. *A Mulher Cósmica dos jainistas*. Guache sobre tecido, Índia, século XVIII.

O sentido é muito claro; é o significado de todas as práticas religiosas. O indivíduo, por meio de prolongadas disciplinas psicológicas, desiste completamente de todos os seus apegos às suas limitações pessoais, idiossincrasias, esperanças e medos, já não resiste à autoaniquilação que é o pré-requisito para renascer na compreensão da verdade, e então se torna maduro, finalmente, para a grande redenção*. Suas ambições pessoais são totalmente dissolvidas, ele não tenta mais viver, mas voluntariamente relaxa diante de qualquer coisa que possa lhe acontecer; ele se torna, em outras palavras, um anonimato. A Lei vive nele, com seu irrestrito consentimento.

Muitas são as personagens, particularmente nos contextos social e mitológico do Oriente, que representam esse supremo estado de presença anônima. Os sábios dos bosques de eremitas e os errantes mendicantes que desempenham um destacado papel na vida e lendas orientais. Nos mitos, figuras como o judeu errante (desprezado, desconhecido, ainda assim com uma pérola de alto preço em seu bolso); o pedinte andrajoso atacado por cães; o miraculoso bardo mendicante cuja música aquieta o coração; ou o deus que se disfarça: Zeus, Wotan, Viracocha, Exu, são exemplo disso.

> Às vezes um tolo, às vezes um sábio, às vezes possuído por esplendor régio; às vezes errante, às vezes imóvel como um píton, às vezes com uma expressão benigna; às vezes honrado, às vezes insultado, às vezes desconhecido – assim vive o homem realizado, sempre feliz com a suprema bem-aventurança. Assim como um ator é sempre um homem, quer coloque o traje de seu papel ou o deixe de lado, assim é o perfeito conhecedor do Imperecível, sempre o Imperecível, e nada mais.[37]

6. Liberdade para viver

QUAL É, AFINAL, o resultado do retorno e passagem milagrosos?

O campo de batalha simboliza o campo da vida, onde cada criatura vive da morte de outra. A percepção da culpa inevitável da vida pode enojar de tal modo nosso coração que, como Hamlet ou Arjuna, alguns

---

* Em inglês, Campbell grafou a palavra atonement (redenção) separando suas partes: at-one-ment, e a tradução seria: "estado de união" [N.Ts.].

talvez se recusem a seguir adiante. Por outro lado, como faz a maioria de nós, alguns podem inventar uma imagem falsa de si, totalmente injustificada, como um fenômeno excepcional no mundo, sem a culpa (que os outros têm), mas justificada em seu pecado inevitável porque representa o bem. Tal farisaísmo leva a um mal-entendido, não apenas sobre si mesmo, mas sobre a natureza, tanto do homem como do cosmos. O objetivo do mito é dissipar a necessidade de tal ignorância sobre a vida, efetuando uma reconciliação da consciência individual com a vontade universal. E isso é realizado através da percepção do verdadeiro relacionamento entre os fenômenos passageiros do tempo e a vida imperecível que vive e morre em tudo.

> Assim como as pessoas descartam roupas usadas e colocam outras novas, também o Si-Mesmo corporificado descarta corpos desgastados e assume outros novos. Armas não O podem cortar; fogo não O pode queimar; água não O pode molhar; o vento não O pode ressecar. O Si-Mesmo não pode ser cortado nem queimado nem molhado nem ressecado. Eterno, onipresente, imutável, imóvel, o Si-Mesmo permanece sempre o mesmo.[38]

O homem no mundo da ação perde seu centramento no princípio da eternidade se estiver ansioso pelo desfecho de seus atos; mas ao depositar suas ações e seus frutos aos pés do Deus Vivo, como num sacrifício, por seus atos ele é liberado das amarras do oceano da morte. "Faze sem apego o trabalho que deves fazer [...]. Entregando toda ação a Mim, com a intenção da mente no Si-Mesmo; liberto de desejo e egoísmo, luta – não perturbado pela dor."[39]

Com o poder conferido por esse insight, calmo e livre na ação, exultante que através de suas mãos possa fluir a graça de Viracocha, o herói é o veículo consciente da maravilhosa e terrível Lei, quer desempenhe o trabalho de açougueiro, jóquei ou rei.

Gwion Bach, que, tendo provado três gotas do caldeirão envenenado da inspiração, foi comido pela bruxa Cerridwen, renascido como um bebê e lançado ao oceano, foi encontrado na manhã seguinte em uma armadilha para peixes por um jovem desafortunado e extremamente desapontado, por nome de Elphin, filho do próspero proprietário de terras Gwyddno, cujos cavalos foram mortos pela enchente provocada pela explosão do caldeirão de veneno. Quando os homens tiraram a bolsa de couro de dentro da armadilha, abriram e viram a testa do garotinho, eles disseram a Elphin: "Veja que feição radiante (*taliesin*)!".

CAPÍTULO III – *Retorno*

"Que ele seja chamado Taliesin", disse Elphin. E ergueu o garoto em seus braços, e lamentando o infortúnio do bebê, o colocou tristemente na garupa. Seu cavalo, que antes trotava, ele fez andar a passo lento e gentilmente, e o levou com suavidade como se estivesse sentado na melhor cadeira do mundo. E depois de algum tempo o garoto recitou em voz alta um poema para consolar e louvar Elphin, e profetizou que ele teria honra e glória.

> *Belo Elphin, cesse o lamento!*
> *Que ninguém fique insatisfeito com si próprio.*
> *Desesperar não trará nenhuma vantagem.*
> *Nenhum homem vê o que lhe sustenta [...].*
> *Pequeno e fraco sou.*
> *Na praia espumante do oceano,*
> *No dia da tribulação serei*
> *De maior serventia a ti do que trezentos salmões [...].*

Quando Elphin retornou ao castelo de seu pai, Gwyddno perguntou se a pesca tinha sido boa, e ele respondeu que tinha pescado algo melhor do que peixes. "O que seria isso?", disse Gwyddno. "Um bardo", respondeu Elphin. Então Gwyddno disse: "E qual será teu lucro?". Mas o próprio bebê respondeu dizendo: "Lucrará mais com ele do que jamais lucrou com sua pequena cerca de madeira para pegar peixes". Gwyddno perguntou: "Sabes falar, tão pequenino?" E o bebê respondeu: "Sou melhor no falar do que tu és em me questionar". "Deixe-me ouvir o que podes dizer", replicou Gwyddno. Então Taliesin entoou uma canção filosófica.

E certo dia o rei reuniu a corte, e Taliesin se colocou em um canto sossegado.

> Então, quando os bardos e os arautos vieram anunciar grandezas e proclamar o poder do rei e sua força, no momento em que eles passaram pelo canto onde Taliesin estava acocorado, ele fez um bico e com o dedo vibrou os lábios soando: "Blerwm, Blerwm". Não lhe deram muita atenção ao passar, mas seguiram até chegar diante do rei; inclinaram o corpo em mesura, como de hábito, sem dizer uma única palavra, mas fazendo bico com seus lábios e caretas para o rei, brincando de fazer "Blerwm, Blerwm" do mesmo modo que o garoto fizera antes. Esta cena causou espanto ao rei e ele imaginou que eles estavam bêbados

de muitos licores. Portanto, ordenou a um de seus nobres, membro do conselho, que fosse até eles e lhes pedisse que recobrassem o juízo e considerassem o local onde se encontravam, e o modo adequado de agir ali. E o nobre o fez alegremente. Mas eles não interromperam sua insensatez e continuaram como antes. Diante disso, o rei enviou outros nobres uma segunda vez, e uma terceira, pedindo que eles saíssem do salão. Finalmente, o rei ordenou a um de seus escudeiros que golpeasse o chefe deles, Heinin Vardd; e o escudeiro pegou uma vassoura e o atingiu na cabeça, de modo que ele caiu sentado na cadeira. Então se levantou e se pôs de joelhos, suplicando permissão de vossa graça, o rei, para demonstrar que sua falta não se devia à ausência de conhecimento, nem à embriaguez, mas por influência de algum espírito que se encontrava no salão. Depois disso, Heinin falou sobre o assunto: "Ó honrado rei, que seja sabido por sua graça, que não vem da força da bebida, ou de excesso de licores; estamos burros, sem o poder da fala como bêbados, mas pela influência de um espírito que fica pelos cantos acolá na forma de uma criança". Imediatamente o rei ordenou que o escudeiro o buscasse; e este foi até o recanto onde Taliesin estava sentado, e o trouxe diante do rei, que lhe perguntou o que ele era, e de onde viera. Ele respondeu ao rei em verso:

Primordialmente bardo chefe eu sou para Elphin,
E o meu país original é a região das estrelas de verão;
Idno e Heinin me chamavam de Merddin,*
Por fim todo rei me chamará Taliesin.

Eu estava com o meu Senhor na mais alta esfera,
Na queda de Lúcifer nas profundezas do inferno,
Carreguei um estandarte à frente de Alexandre;
Sei os nomes das estrelas de norte a sul;
Estive na galáxia no trono do Dispensador;
Estava em Canaã quando Absalão foi assassinado;
Levei o Espírito Divino ao nível do vale do Hebron;
Estava na corte de Don antes do nascimento de Gwdion.
Fui instrutor de Eli e Enoque;
Fui levado pelo gênio do esplêndido báculo;
Fui loquaz antes de ser dotado de fala;
Estive no local da crucificação do misericordioso Filho de Deus;

---

* Merddin = Merlin, mago principal dos romances arturianos. [N.E. original]

CAPÍTULO III – *Retorno*

Estive por três períodos na prisão de Arianrod;
Fui diretor chefe da construção da torre de Nimrod;
Sou um prodígio cuja origem é desconhecida.
Estive na Ásia com Noé na arca.
Vi a destruição de Sodoma e Gomorra;
Estive na Índia quando Roma foi construída,
Agora venho ao remanescente de Troia.
Estava com o meu Senhor na manjedoura do asno;
Fortaleci Moisés por meio da água do Jordão;
Estive no firmamento com Maria Madalena;
Obtive a musa no caldeirão de Cerridwen;
Fui o bardo da harpa para Lleon de Lochlin.
Estive na Colina Branca, na corte de Cynvelyn,
Por um ano e um dia em troncos e grilhões,
Passei fome pelo Filho da Virgem,
Fui criado na terra da Deidade,
Fui professor de todas as inteligências,
Sou capaz de instruir todo o universo.
Existirei na face da terra até o dia do juízo
E não se sabe se meu corpo é carne ou peixe.

Então estive por nove meses
No útero da bruxa Cerridwen;
Fui originalmente o pequeno Gwion,
E por fim eu sou Taliesin.

Quando o rei e seus nobres ouviram a canção, se admiraram muito, pois jamais tinham escutado coisa parecida de um garoto tão jovem quanto aquele.[40]

A maior parte da canção do bardo é dedicada ao Imperecível que nele habita, apenas uma breve estrofe detalha sua biografia pessoal. Os ouvintes são dirigidos ao Imperecível que habita dentro deles mesmos, e então recebem incidentalmente uma informação. Apesar de ter sentido medo da terrível bruxa, ele foi engolido e renasceu. Tendo morrido para seu ego pessoal, ele se ergueu novamente, estabelecido no Si-Mesmo.

O herói é o campeão das coisas que estão vindo a ser, não das que já aconteceram, pois ele é. "Antes de Abraão ter sido, eu SOU".[41] Ele não confunde a aparente imutabilidade no tempo com a permanência do Ser, nem tem medo do momento seguinte (ou da "outra coisa") como algo que destrói o permanente com sua mudança. Nada retém sua própria forma; mas a Natureza, a maior renovadora, sempre cria formas a partir de formas. Tenha certeza de que nada perece em todo o universo, mas tudo varia e renova sua forma.[42] Assim, o momento seguinte tem permissão para vir a ser. Quando o Príncipe da Eternidade beijou a Princesa do Mundo, a resistência dela foi aplacada.

> Ela abriu os olhos, despertou, e olhou para ele amigavelmente. Juntos desceram as escadas, e o rei e a rainha e toda a corte acordaram, e todos se olharam com espanto. E os cavalos no pátio empinaram e se agitaram; os cães de caça pularam e balançaram suas caudas; os pombos no telhado tiraram suas cabecinhas de debaixo das asas, olharam ao redor, e voaram pelos campos; as moscas na parede voltaram a caminhar; o fogo na cozinha se iluminou, tremeluziu, e cozinhou o jantar; o assado começou novamente a arder; e o cozinheiro deu tal tapa na orelha do garoto da copa que o fez gritar; e a criada terminou de depenar a galinha.[43]

CAPÍTULO III – **Retorno**

A JORNADA DO HERÓI

ATRAVESSAR O LIMIAR
BATALHA COM O IRMÃO
BATALHA COM O DRAGÃO
DESMEMBRAMENTO
CRUCIFICAÇÃO
RAPTO
JORNADA NO MAR NOTURNO
JORNADA DO MARAVILHAMENTO
BARRIGA DA BALEIA

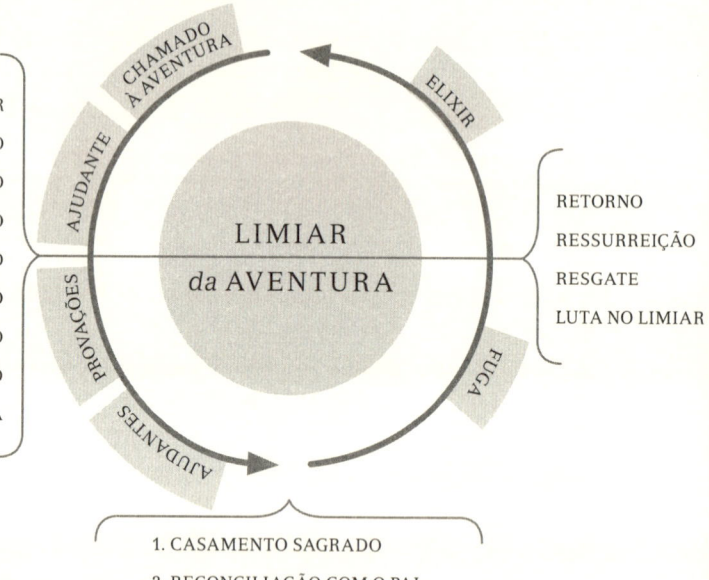

CHAMADO À AVENTURA
AJUDANTE
PROVAÇÕES
AJUDANTES

LIMIAR da AVENTURA

ELIXIR
FUGA

RETORNO
RESSURREIÇÃO
RESGATE
LUTA NO LIMIAR

1. CASAMENTO SAGRADO
2. RECONCILIAÇÃO COM O PAI
3. APOTEOSE
4. ROUBO DO ELIXIR

CAPÍTULO IV

As chaves

A AVENTURA PODE ser resumida através do diagrama ao lado.

O herói mitológico, partindo de sua morada de sempre ou castelo de hábito, é atraído, levado, ou mesmo segue voluntariamente para o limiar da aventura. Ali ele encontra uma presença sombria que guarda a passagem. O herói pode derrotar ou harmonizar-se com esse poder e entrar vivo no reino das trevas (batalha de irmãos, batalha de dragões; oferenda, encanto), ou ser trucidado pelo oponente e descer em morte (desmembramento, crucificação). Ultrapassado o limiar, o herói viaja então por um mundo de forças desconhecidas, mas estranhamente íntimas, algumas das quais o ameaçam gravemente (provas) e outras fornecem ajuda mágica (ajudantes). Quando chega ao nadir do ciclo mitológico, passa por uma provação suprema e ganha a recompensa. O triunfo pode ser representado pela união sexual do herói com a deusa-mãe do mundo (casamento sagrado), seu reconhecimento pelo pai-criador (reconciliação com o pai), sua própria divinização (apoteose), ou ainda – se os poderes permaneceram hostis para com ele – o roubo do benefício que veio buscar (roubo da noiva, roubo do fogo); intrinsecamente trata-se de uma expansão da consciência e, com ela, do ser (iluminação, transfiguração, liberdade). O trabalho final é o de retornar. Se os poderes abençoaram o herói, ele agora parte sob sua proteção (emissário); caso contrário, ele foge e é perseguido (fuga de transformação, fuga de obstáculos). No limiar do retorno, os poderes transcendentais devem ficar para trás; o herói ressurge do reino do pavor (retorno, ressurreição). A benção que ele traz restaura o mundo (elixir).

As mudanças que soam na escala simples do monomito são difíceis de descrever. Muitas histórias isolam e ampliam grandemente um ou dois dos elementos típicos do ciclo completo (o tema da provação, o tema da fuga, abdução da noiva). Outras encadeiam vários ciclos independentes em uma única série (como na Odisseia). Personagens ou episódios diferentes podem se fundir, ou um elemento único pode se duplicar e reaparecer sob muitas transformações.

Os contornos dos mitos e contos estão sujeitos a danos e obscurecimentos. Traços arcaicos são geralmente eliminados ou enfraquecidos. Os conteúdos importados são revisados para se adequarem à paisagem, ao costume ou à crença local, e sempre sofrem nesse processo. Além disso, nas inúmeras releituras de uma narrativa tradicional, deslocamentos acidentais ou intencionais são inevitáveis. Para dar conta de elementos que por uma razão ou outra se tornaram sem sentido, interpretações secundárias são inventadas, muitas vezes com considerável habilidade.[1]

Na história esquimó do Corvo no ventre da baleia, o tema dos bastões de fogo sofreu um deslocamento e posterior racionalização. O arquétipo do herói na barriga da baleia é amplamente conhecido. Em geral a ação principal do aventureiro é fazer fogo com seus bastões no interior do monstro, provocando assim a morte da baleia e sua própria libertação. Fazer fogo dessa maneira é simbólico do ato sexual. Os dois bastões – soquete e fuso – são conhecidos respectivamente como feminino e masculino; a chama é a vida recém-gerada. O herói fazendo fogo na baleia é uma variante do casamento sagrado.

Mas nessa história esquimó, a imagem de fazer fogo sofreu uma modificação. O princípio feminino foi personificado pela linda garota que Corvo encontrou no salão dentro do animal; e a conjunção de masculino e feminino foi simbolizada pelo fluxo do óleo do cano para dentro da lâmpada acesa. A degustação deste óleo por Corvo foi sua participação no ato. O cataclisma resultante representa a típica crise do nadir, o término do antigo éon e o início do novo. Portanto, a saída de Corvo da barriga da baleia simboliza o milagre do renascimento. Tendo se tornado supérfluos os bastões de fogo originais, inventou-se um epílogo inteligente e divertido para lhes dar uma função na trama. Tendo esquecido os bastões de fogo na barriga da baleia, Corvo deu um jeito de interpretar sua descoberta como um presságio de má sorte, assustar as pessoas e aproveitar a festa da gordura sozinho. Este epílogo é um excelente exemplo de elaboração secundária. Brinca com o caráter trapaceiro do herói, mas não é um elemento da história básica.

CAPÍTULO IV – As chaves

Nos estágios posteriores de muitas mitologias, as imagens-chave se escondem como agulhas em grandes palheiros de anedotas e racionalizações secundárias; pois quando uma civilização passou do ponto de vista mitológico para o secular, as imagens mais antigas não sensibilizam nem encontram grande aceitação. Na Grécia helenística e na Roma imperial, os deuses antigos foram reduzidos a meros patronos cívicos, animais domésticos, ou personagens literários favoritos. Temas herdados e incompreendidos, como o do Minotauro – a face escura e terrível de uma antiga representação do aspecto noturno do deus egípcio-cretense do sol encarnado e rei divino – foram racionalizados e reinterpretados para atender aos fins contemporâneos. O Monte Olimpo tornou-se uma Riviera de escândalos e casos banais, e as deusas-mães se tornaram ninfas histéricas. Os mitos passaram a ser lidos como romances a respeito de sobre-humanos. Já na China, onde a força humanista e moralizadora do confucionismo praticamente esvaziou as velhas formas míticas de sua grandeza primordial, a mitologia oficial é hoje um amontoado de anedotas sobre os filhos e filhas de funcionários provinciais que, por servirem a sua comunidade de um modo ou de outro, foram elevados por seus gratos beneficiários à dignidade de deuses locais. E no cristianismo progressista moderno, Cristo – Encarnação do Logos e Redentor do Mundo – é principalmente um personagem histórico, um inofensivo sábio camponês de um passado semioriental, que pregou uma doutrina benigna de "faça como gostaria que fosse feito a você" e, mesmo assim, foi executado como um criminoso. Sua morte é lida como uma esplêndida lição de integridade e fortaleza.

Sempre que a poesia do mito é interpretada como biografia, história ou ciência, ela morre. As imagens vivas tornam-se meros fatos remotos de um tempo ou céu distante. Além disso, é sempre fácil demonstrar que, tomada por ciência ou história, a mitologia é absurda. Quando uma civilização começa a reinterpretar sua mitologia dessa maneira, sua vida desvanece, os templos se tornam museus e o vínculo entre as duas perspectivas se dissolve. Tal praga certamente recaiu sobre a Bíblia e grande parte do culto cristão.

Para trazer as imagens de volta à vida, é preciso buscar, não aplicações interessantes que remetem a assuntos modernos, mas pistas esclarecedoras do passado inspirado. Quando estas são encontradas, vastas extensões de iconografia semimorta voltam a revelar seu significado permanentemente humano.

No Sábado Santo, na Igreja Católica, por exemplo, após a bênção do fogo novo,* a bênção do círio pascal e a leitura das profecias, o padre veste uma capa púrpura e, precedido da cruz processional, do candelabro e o círio pascal aceso, dirige-se à fonte batismal com seus ministros e o clero, enquanto se canta o seguinte trecho: "Como a corça anseia por águas correntes, a minha alma anseia por Ti, ó Deus. A minha alma tem sede de Deus, do Deus vivo. Quando poderei entrar para apresentar-me a Deus? Minhas lágrimas têm sido o meu alimento de dia e de noite, pois me perguntam o tempo todo: 'Onde está o teu Deus?'".[2]

Ao chegar ao limiar do batistério, o sacerdote faz uma pausa para oferecer uma oração; depois entra e abençoa a água da fonte, "para que uma prole celestial, concebida pela santificação, possa emergir do seio imaculado da fonte divina, renascidos como novas criaturas: e que todos, por mais distintos que sejam pelo sexo no corpo ou pela idade no tempo, possam ser gerados à mesma infância pela graça, sua mãe espiritual". Ele toca a água com a mão e ora para que ela seja purificada da malícia de Satanás; faz o sinal da cruz sobre a água; divide a água com a mão e joga um pouco para os quatro cantos do mundo; sopra três vezes sobre a água em forma de cruz; em seguida, mergulha o círio pascal na água e entoa: "Que a virtude do Espírito Santo desça em toda a água desta fonte". Ele retira a vela, afunda-a novamente em maior profundidade e repete em tom mais alto: "Que a virtude do Espírito Santo desça em toda a água desta fonte". Novamente, retira a vela, e pela terceira vez a mergulha, até o fundo, repetindo em tom ainda mais alto: "Que a virtude do Espírito Santo desça em toda a água desta fonte". Então, soprando três vezes sobre a água, ele continua: "E faça toda a substância desta água frutífera para a regeneração". Ele, então, retira o círio pascal da água e, depois de algumas orações conclusivas, os sacerdotes assistentes borrifam o povo com essa água benta.[3]

A água feminina espiritualmente frutificada pelo fogo masculino do Espírito Santo é a contrapartida cristã da água da transformação conhecida por todos os sistemas de imagens mitológicas. Este rito é uma variante do casamento sagrado, que é o momento-fonte que gera e regenera o mundo e o homem, precisamente o mistério simbolizado pelo *lingam-yoni* hindu. Entrar nessa fonte é mergulhar no reino mitológico; romper a superfície é cruzar a soleira do mar noturno. O bebê

---

* Sábado Santo, dia entre a morte e ressurreição de Jesus, que está no ventre do inferno; o momento da renovação do éon. Compare com o tema dos bastões de fogo discutidos acima.

CAPÍTULO IV – *As chaves*

faz a viagem simbolicamente quando a água é derramada sobre sua cabeça; seu guia e ajudantes são o padre e os padrinhos. Seu objetivo é uma visita aos pais de seu Ser Eterno: o Espírito de Deus e o Ventre da Graça.[4] Depois ele é devolvido aos pais do corpo físico.

Poucos de nós têm noção do sentido do rito batismal, que foi nossa iniciação na Igreja. No entanto, isso aparece claramente nas palavras de Jesus: "Em verdade, em verdade vos digo que aquele que não nascer de novo, não pode entrar no reino de Deus". Nicodemos lhe perguntou: "Como pode um homem nascer sendo velho? Pode ele entrar pela segunda vez no ventre de sua mãe e nascer?". Jesus respondeu: "Em verdade, em verdade vos digo que aquele que não nascer da água e do espírito não pode entrar no reino de Deus".[5]

A interpretação popular do batismo é que ele "lava o pecado original", com ênfase mais na purificação do que na ideia de renascimento. Esta é uma interpretação secundária. E se a imagem tradicional do nascimento for lembrada, nada se diz sobre um casamento anterior. Símbolos mitológicos, no entanto, devem ser seguidos em todas as suas implicações antes de abrirem todo o sistema de correspondências através do qual representam, por analogia, a aventura milenar da alma.

Figura 54. *A Fonte da Vida*. Pintura sobre madeira, Flandres, c.1520.

Parte II

O ciclo cosmogônico

Figura 55. *A Pedra do Sol asteca*. Pedra esculpida, asteca, México, 1479.

CAPÍTULO I

Emanações

1. Da psicologia à metafísica

NÃO É DIFÍCIL para o intelectual moderno admitir que o simbolismo da mitologia tem um significado psicológico. Particularmente depois do trabalho dos psicanalistas, há pouca dúvida de que os mitos são da mesma natureza do sonho, ou que os sonhos são sintomáticos da dinâmica da psique. Sigmund Freud, Carl G. Jung, Wilhelm Stekel, Otto Rank, Karl Abraham, Géza Róheim e muitos outros desenvolveram nas últimas décadas uma tradição moderna amplamente documentada de interpretação de sonhos e mitos; e embora tais médicos difiram entre si, estão unidos por um considerável corpo de princípios comuns formando um grande movimento moderno. Com a descoberta de que os padrões e a lógica do conto de fadas e do mito correspondem aos do sonho, as quimeras há muito desacreditadas do homem arcaico retornaram dramaticamente ao primeiro plano da consciência contemporânea.

De acordo com essa visão, parece que, através dos contos fantásticos – que supostamente descrevem a vida dos heróis lendários, dos poderes das divindades da natureza, dos espíritos dos mortos e dos ancestrais totêmicos do grupo – dá-se expressão simbólica aos desejos, medos e tensões inconscientes que subjazem aos padrões conscientes do comportamento humano. A mitologia, em outras palavras, é a psicologia mal interpretada como biografia, história e cosmologia. O psicólogo moderno pode traduzi-las, devolvendo-lhes suas denotações próprias e, assim, resgatar para o mundo contemporâneo um rico e eloquente tratado sobre as interioridades mais profundas do caráter humano. Expostos, como em um fluoroscópio, mostram-se aqui os processos ocultos do enigma *Homo sapiens*, seja ocidental ou oriental, primitivo ou civilizado, contemporâneo ou arcaico. Todo o espetáculo está diante de nós. Basta lê-lo, estudar seus padrões constantes, analisar suas variações e, assim, chegar a uma compreensão das forças profundas que moldaram o destino do homem e devem continuar a determinar nossa vida privada e pública.

Mas se quisermos compreender o pleno valor desses conteúdos, é preciso notar que os mitos não são exatamente comparáveis ao sonho. Suas imagens se originam nas mesmas fontes – os poços inconscientes da fantasia – e sua gramática é a mesma, mas os mitos não são produtos espontâneos do sono. Pelo contrário, seus padrões são conscientemente controlados. E sua clara função é servir como uma poderosa linguagem pictórica para comunicar a sabedoria tradicional. Isso é válido já para as chamadas mitologias populares primitivas. O xamã suscetível ao transe e o sacerdote antílope iniciado não carecem da sofisticada sabedoria do mundo, nem de habilidade nos princípios da comunicação por analogia. As metáforas pelas quais eles vivem e por meio das quais atuam foram meditadas, pesquisadas e discutidas por séculos – até milênios; além disso, serviram a sociedades inteiras como pilares do pensamento e da vida. Os padrões culturais foram moldados para eles. Os jovens foram educados, e os idosos tornados sábios através do estudo, experiência e compreensão de suas formas iniciáticas eficazes. Pois elas realmente tocam e põem em jogo as energias vitais de toda a psique humana. Elas ligam o inconsciente aos campos da ação prática, não de modo irracional, à maneira de uma projeção neurótica, mas de tal forma a permitir que uma compreensão madura, sóbria e prática do mundo factual seja reproduzida, como um controle severo, nos reinos do desejo e do medo infantis. E se isso vale para as mitologias populares comparativamente simples (os sistemas de mito e ritual pelos quais as tribos primitivas de caçadores e pescadores se sustentaram), o que dizer de metáforas cósmicas tão magníficas como aquelas refletidas nos grandes épicos homéricos, na *Divina Comédia* de Dante, no Livro do Gênesis e nos templos atemporais do Oriente? Até poucas décadas atrás, estes eram o suporte de toda a vida humana e a inspiração da filosofia, da poesia e das artes. Sempre que esses símbolos herdados foram tocados por expoentes como Lao Tsé, Buda, Zoroastro, Cristo ou Muhammad – empregados por um consumado mestre espiritual como veículo da mais profunda instrução moral e metafísica – obviamente estamos mais na presença de uma imensa consciência do que da escuridão.

CAPÍTULO I – *Emanações*

E assim, para apreender o pleno valor das figuras mitológicas que chegaram até nós, devemos compreender que elas não são apenas sintomas do inconsciente (como de fato são todos os pensamentos e atos humanos), mas também declarações controladas e intencionais de certos princípios espirituais, que permaneceram tão constantes ao longo da história humana quanto a forma e a estrutura nervosa do próprio corpo humano. Resumidamente formulada, a doutrina universal ensina que todas as estruturas visíveis do mundo – todas as coisas e seres – são efeitos de um poder onipresente a partir do qual surgem, ele os sustenta e os preenche durante o período de sua manifestação, e nele devem finalmente se dissolver. Este é o poder conhecido pela ciência como energia, pelos melanésios como *mana*, pelos índios sioux como *wakonda*, pelos hindus como *shakti* e pelos cristãos como o poder de Deus. Sua manifestação na psique é denominada pelos psicanalistas como libido[1]. Sua manifestação no cosmos é a estrutura e o fluxo do próprio universo.

A apreensão da *fonte* desse substrato indiferenciado (mas também em toda parte sempre particularizado) do ser é frustrada pelos próprios órgãos através dos quais a apreensão deve ser realizada. As formas da sensibilidade e as categorias do pensamento humano,[2] que são elas mesmas manifestações desse poder,* confinam de tal modo a mente que em geral é impossível não apenas ver, mas até conceber para além do colorido, fluido, infinitamente variado e desconcertante espetáculo fenomênico. A função do ritual e do mito é possibilitar e depois facilitar o salto – por analogia. Formas e concepções que a mente e seus sentidos podem compreender são apresentadas e organizadas de modo a sugerir uma verdade ou uma abertura além. E então, tendo sido fornecidas as condições para a meditação, o indivíduo ganha autonomia. O mito é apenas o penúltimo; o último é a abertura – esse vazio, ou ser, além das categorias† – no qual a mente deve mergulhar sozinha e ser dissolvida. Portanto, Deus e os deuses são apenas meios convenientes – eles em si mesmos são da natureza do mundo dos nomes e das formas, embora eloquentes e, em última análise, conducentes ao inefável. São meros símbolos para mover e despertar a mente, e chamá-la para além deles mesmos.

---

* Sânscrito: *maya shakti*.
† Além das categorias e, portanto, não definido por nenhum dos pares de opostos chamados "vazio" e "ser". Tais termos são apenas pistas para a transcendência.

> O reconhecimento da natureza secundária da personalidade de qualquer divindade adorada é característico da maioria das tradições do mundo (ver, por exemplo, p. 174, nota 154). No cristianismo, no islamismo e no judaísmo, no entanto, ensina-se que a personalidade da divindade é final – o que faz com que seja relativamente difícil para os membros dessas religiões entenderem como se pode ir além das limitações de uma divindade antropomórfica. O resultado tem sido, por um lado, a ofuscação geral dos símbolos e, por outro, uma intolerância religiosa sem igual em toda a história. Para uma discussão sobre a possível origem dessa aberração, ver *Moisés e o Monoteísmo*, de Sigmund Freud.[3]

O céu, o inferno, a era mitológica, o Olimpo e todas as outras habitações dos deuses são interpretados pela psicanálise como símbolos do inconsciente. Portanto, a chave para os sistemas modernos de interpretação psicológica é esta: o reino metafísico é igual ao inconsciente. De modo correspondente, a chave para abrir a porta do caminho contrário é a mesma equação invertida: o inconsciente é igual ao reino metafísico. "Pois", como Jesus afirma, "eis que o reino de Deus está dentro de vós".[4] De fato, a descida da superconsciência para o estado de inconsciência é precisamente o significado da imagem bíblica da Queda. A constrição da consciência, à qual devemos o fato de não vermos a fonte do poder universal, mas apenas as formas fenomênicas refletidas desse poder, transforma a superconsciência em inconsciência e, no mesmo instante e da mesma forma, cria o mundo. A redenção consiste no retorno à superconsciência e, com isso, na dissolução do mundo. Este é o grande tema e fórmula do ciclo cosmogônico, a imagem mítica da manifestação do mundo e posterior retorno à condição não manifesta. Da mesma forma, o nascimento, a vida e a morte do indivíduo podem ser considerados como uma descida à inconsciência e ao retorno. O herói é aquele que, ainda vivo, conhece e representa as reivindicações da superconsciência que, durante toda a criação, é mais ou menos inconsciente. A aventura do herói representa o momento de sua vida em que ele alcançou a iluminação – o momento nuclear em que, ainda vivo, encontrou e abriu o caminho para a luz além das paredes escuras de nossa morte em vida.

E assim os símbolos cósmicos são apresentados em um espírito de sublime paradoxo que desconcerta o pensamento. O reino de Deus está dentro, mas fora também. Deus, no entanto, é apenas um meio conveniente para acordar a princesa adormecida: a alma. A vida é o sono dela, a morte é o despertar. O herói, o despertador de sua própria alma, não é, em si mesmo, senão o meio conveniente de sua própria dissolução. Deus, o despertador da alma, é, nessa condição, sua própria morte imediata.

O símbolo mais eloquente possível deste mistério talvez seja o do deus crucificado, o deus oferecido, "de si mesmo para si mesmo".[5] Lido sob um ponto de vista, o significado é a passagem do herói fenomênico para a superconsciência: o corpo com seus cinco sentidos (como o do Príncipe Cinco Armas preso ao Cabelo Pegajoso) fica pendurado na cruz do conhecimento da vida e da morte, pregado em cinco lugares (as duas mãos, os dois pés e a cabeça coroada de espinhos).[6] Mas também Deus desceu voluntariamente e tomou sobre si esta agonia fenomênica. Deus assume a vida do homem e o homem libera o Deus dentro de si mesmo no ponto central onde se cruzam as hastes da mesma "coincidência dos opostos",[7] a mesma porta do sol pela qual Deus desce e o homem ascende – cada um como alimento do outro.[8]

O estudante moderno pode, é claro, abordar esses símbolos como quiser, seja como um sintoma da ignorância dos outros, ou como um sinal de sua própria; seja em termos de redução da metafísica à psicologia, ou vice-versa. A maneira tradicional era meditar sobre os símbolos nos dois sentidos. De qualquer modo, os símbolos são metáforas expressivas do destino do homem, suas esperanças, sua fé e seu sombrio mistério.

2. O ciclo universal

Assim como a consciência do indivíduo repousa num mar noturno onde submerge, adormecido, e do qual desperta misteriosamente, também na iconografia do mito o universo é lançado da atemporalidade onde repousa, e depois novamente nela se dissolve. Do mesmo modo que a saúde mental e física do indivíduo depende de um fluxo ordenado de forças vitais que correm para o campo da vigília a partir da escuridão do inconsciente, também no mito a continuidade da ordem cósmica é assegurada apenas por um fluxo controlado de poder que parte da fonte. Os deuses são personificações simbólicas das leis que governam tal fluxo. Eles passam a existir com a aurora do mundo e são dissolvidos com o crepúsculo. Eles não são eternos no mesmo sentido que a noite é eterna. Somente a partir do período limitado da existência humana é que o ciclo de um éon cosmogônico parece perdurar.

O ciclo cosmogônico é normalmente representado como algo que se repete, para todo sempre. Durante cada grande ciclo, dissoluções menores são comumente incluídas, pois o ciclo de sono e vigília se repete por toda a vida. De acordo com uma versão asteca, cada um dos quatro elementos – água, terra, ar e fogo – encerra um período do mundo: o éon das águas terminou em dilúvio, o da terra com um terremoto, o do ar com uma ventania, e o presente éon será destruído pelas chamas.[9]

De acordo com a doutrina estoica da conflagração cíclica, todas as almas retornam à alma do mundo, ou fogo primordial. Terminada essa dissolução universal, começa a formação de um novo universo (a *renovatio* de Cícero), e todas as coisas se repetem; cada divindade, cada pessoa desempenhando novamente seu papel anterior. Sêneca descreveu essa destruição em seu "De Consolatione ad Marciam", e ao que parece, esperava viver novamente no ciclo vindouro.[10]

Uma visão magnífica da roda cosmogônica é apresentada na mitologia jainista. O mais recente profeta e salvador dessa doutrina indiana muito antiga foi Mahavira, um contemporâneo de Buda (século VI a.C.). Seus pais já eram seguidores de um profeta-salvador jainista muito anterior, Parshvanatha, que é representado com cobras saltando de seus ombros e tem a fama de ter florescido em 872-772 a.C. Séculos antes de Parshvanatha, viveu e morreu o salvador jainista Neminatha, declarado primo da amada encarnação hindu, Krishna. E antes dele ainda, houveram exatamente 21 outros, sendo o primeiro deles Rishabanatha, que viveu em uma era anterior do mundo, quando homens e mulheres nasciam sempre como casais unidos pelo matrimônio, tinham três quilômetros de altura e viviam por um período de incontáveis anos. Rishabanatha instruiu as pessoas nas 72 ciências (escrita, aritmética, leitura de presságios, etc.), nas 64 habilidades das mulheres (cozinhar, costurar, etc.), e nas 100 artes (cerâmica, tecelagem, pintura, ferraria, barbearia, etc.); ele também os apresentou à política e estabeleceu um reino.

Antes de sua época, tais inovações teriam sido supérfluas pois as pessoas do período anterior – que tinham 6,5 quilômetros de altura, 128 costelas, e desfrutavam de uma vida de dois períodos de incontáveis anos – eram supridas em todas as suas necessidades por dez "árvores que satisfazem desejos" (*kalpa vriksha*), que produziam frutas doces, folhas em formato de potes e panelas, outras que cantavam docemente, que emitiam luz à noite, produziam flores encantadoras de ver e de

CAPÍTULO I – *Emanações*

cheirar, comida perfeita tanto para ver quanto para saborear, folhas que serviam de bijuteria e uma casca que fornecia roupas bonitas. Uma das árvores era como um palácio de muitos andares para se viver; outra emanava uma suave radiância, como a de muitas pequenas lâmpadas. A terra era doce como o açúcar; o oceano tão delicioso quanto o vinho. E antes dessa era feliz, houve um período ainda mais ditoso – exatamente duas vezes mais – em que homens e mulheres tinham 13 quilômetros de altura, possuindo 256 costelas cada um. Quando essas pessoas superlativas morriam, passavam diretamente para o mundo dos deuses, sem nunca terem ouvido falar de religião, pois sua virtude natural era tão perfeita quanto sua beleza.

Os jainistas concebem o tempo como um ciclo sem fim. O tempo é retratado como uma roda com doze raios, ou eras, classificadas em dois conjuntos de seis. O primeiro conjunto é chamado de série "descendente" (*avasarpini*), e começa com a idade dos casais gigantes superlativos. Esse período paradisíaco durou dez milhões de dez milhões de cem milhões de cem milhões de períodos de incontáveis anos, cedendo lentamente lugar para um período com metade da felicidade, quando homens e mulheres tinham apenas seis quilômetros de altura. No terceiro período – o de Rishabanatha, o primeiro dos 24 salvadores do mundo – a felicidade estava misturada com um pouco de tristeza, e a virtude com um pouco de corrupção. No final desse período, homens e mulheres não nasciam mais em pares para viverem juntos como marido e mulher.

Durante o quarto período, a deterioração gradual do mundo e de seus habitantes continuou de modo constante. O tempo de vida e a estatura dos humanos foi diminuindo lentamente. Vinte e três salvadores mundiais nasceram; cada um reafirmando a doutrina eterna dos jainistas em termos apropriados às condições de seu tempo. Três anos e oito meses e meio após a morte do último dos salvadores e profetas, Mahavira, esse período chegou ao fim.

Nossa própria era, a quinta da série descendente, começou em 522 a.C. e durará 21 mil anos. Nenhum salvador jainista nascerá durante esse período, e a religião eterna dos jainistas desaparecerá gradualmente. É um período marcado pelo mal absoluto, o qual se intensificará aos poucos. Os seres humanos mais altos têm apenas sete cúbitos de altura, e a vida mais longa não passa de 125 anos. As pessoas têm apenas 16 costelas. Elas são egoístas, injustas, violentas, lascivas, orgulhosas e avarentas.

Mas na sexta das eras descendentes, o estado do homem e de seu mundo será ainda mais horrível. A vida mais longa será de apenas 20 anos; um cúbito será a maior estatura e oito costelas seu parco suprimento. Os dias serão quentes, as noites frias, a doença será desenfreada e a castidade inexistente. Tempestades varrerão a terra e, no final do período, elas aumentarão. Por fim, toda a vida, humana e animal, e todas as sementes vegetais, serão forçadas a buscar abrigo no Ganges, em cavernas miseráveis e no mar.

A série descendente terminará e a série "ascendente" (*utsarpini*) começará quando a tempestade e a desolação tiverem alcançado um ponto insuportável. Durante sete dias, então, choverá, e sete tipos diferentes de chuva cairão; o solo será renovado e as sementes começarão a crescer. Fora de suas cavernas, as horríveis criaturas anãs da terra árida e amarga se aventurarão; e muito gradualmente haverá uma ligeira melhora na moral, saúde, beleza e estatura; até que, por fim, eles viverão em um mundo como o que conhecemos hoje. E então nascerá um salvador, chamado Padmanatha, para anunciar novamente a religião eterna dos jainistas; a estatura da humanidade se aproximará novamente do superlativo e a beleza do homem superará o esplendor do sol. Por fim, a terra se tornará doce e as águas se transformarão em vinho, as árvores realizadoras de desejos produzirão sua abundância de delícias a uma população feliz de gêmeos perfeitamente casados; e a felicidade dessa comunidade novamente será duplicada, e o ciclo, através de dez milhões de dez milhões de cem milhões de cem milhões de períodos de incontáveis anos, se aproximará do ponto de início da revolução descendente, que novamente levará à extinção da religião eterna e ao barulho cada vez maior de festas insalubres, guerras e ventanias pestilentas.[11]

Essa roda do tempo de doze raios dos jainistas, girando permanentemente, é uma contraparte do ciclo de quatro eras dos hindus: a primeira era, um longo período de total felicidade, beleza e perfeição, com duração de 4.800 anos divinos;* a segunda, de virtude um pouco menor, com duração de 3.600 anos divinos; a terceira de virtude e corrupção em igual medida, com duração de 2.400 anos divinos; e a última, a nossa, de maldade cada vez maior, durando 1.200 anos divinos, ou 432.000 anos, de acordo com o cálculo humano. Mas no final do presente período, em vez de começar imediatamente a melhorar de

---

* Um ano divino é igual a 360 anos humanos. Ver acima, p. 213

CAPÍTULO I – *Emanações*

novo (como no ciclo descrito pelos jainistas), tudo deve primeiro ser aniquilado em um cataclismo de fogo e inundação, assim reduzindo tudo ao estado primordial do oceano original e atemporal, para permanecer por um período igual ao de toda a extensão das quatro eras. Só então as grandes eras do mundo terão novo início.

Figura 56. *A Mulher Cósmica dos jainistas*. Detalhe da Roda Cósmica; guache sobre tecido, Índia, século XVIII.

Entende-se que a concepção básica da filosofia oriental está representada nesta forma imagética. Hoje é impossível saber se o mito foi originalmente uma ilustração da fórmula filosófica, ou se esta última seria uma destilação do mito. Certamente o mito remonta a eras remotas, mas também a filosofia. Quem saberá quais pensamentos estavam na mente dos velhos sábios que desenvolveram, valorizaram e transmitiram o mito? Muitas vezes, durante a análise e compreensão dos segredos do símbolo arcaico, é impossível não sentir que a noção da história da filosofia geralmente aceita se baseia em uma suposição completamente falsa, a saber: que o pensamento abstrato e metafísico começou onde pela primeira vez apareceu nos registros que sobreviveram até os dias de hoje.

A fórmula filosófica ilustrada pelo ciclo cosmogônico é a da circulação da consciência pelos três planos do ser. O primeiro plano é o da experiência desperta: a cognição dos fatos duros e grosseiros do universo exterior, iluminado pela luz do Sol, e comum a todos. O segundo plano é o da experiência do sonho: a cognição das formas fluidas e sutis de um mundo interior privado, autoluminoso e consubstancial ao sonhador. O terceiro plano é o do sono profundo: sem sonhos, profundamente feliz. Na primeira encontram-se as experiências instrutivas da vida; na segunda, elas são digeridas, assimiladas às forças internas do sonhador, ao passo que na terceira tudo é desfrutado e conhecido inconscientemente, no "espaço recôndito do coração", a sala do controlador interno, a fonte e o fim de tudo.¹²

```
                    ESTADO DESPERTO
    EMANAÇÕES         SONHO           DISSOLUÇÃO
                    SONO PROFUNDO
```

O ciclo cosmogônico deve ser entendido como a passagem da consciência universal da zona de sono profundo do imanifesto, passando pelo sonho e chegando à plena luz do dia do estado desperto; e então de volta através do sonho para a escuridão atemporal. Como na experiência real de todo ser vivo, assim também na figura grandiosa do cosmos vivo: no abismo do sono as energias se renovam, no trabalho do dia elas se esgotam; a vida do universo se esgota e deve ser renovada.

O ciclo cosmogônico pulsa adiante em direção à manifestação e retorna para a não manifestação em meio ao silêncio do desconhecido. Os hindus representam este mistério na sílaba sagrada AUM. Nela o som "A" representa a consciência desperta; "U", a consciência do sonho; "M", o sono profundo. O silêncio que envolve a sílaba é o desconhecido: chama-se simplesmente "A Quarta".¹³* A própria sílaba é Deus como criador-preservador-destruidor, mas o silêncio é Deus Eterno, que não se envolve em todas as aberturas e fechamentos do ciclo.

> *É invisível, não relacionado, inconcebível,*
> *não inferível, inimaginável, indescritível.*
> *É a essência da autocognição,*
> *comum a todos os estados de consciência.*
> *Todos os fenômenos cessam nele.*
> *É paz, bem-aventurança, não dualidade.*¹⁴

O mito permanece, necessariamente, dentro desse ciclo, mas o representa como se estivesse cercado e permeado pelo silêncio. O mito é a revelação de um plenário de silêncio dentro e ao redor de cada

---

* Como em sânscrito A e U se unem em O, a sílaba sagrada é pronunciada e muitas vezes escrita como "OM". Ver as orações, p. 144-145 e 223, acima.

átomo da existência. O mito orienta a mente e o coração, por meio de figurações profundamente informadas, na direção daquele mistério último que preenche e cerca todas as existências. Mesmo nos seus momentos mais cômicos e aparentemente frívolos, a mitologia direciona a mente para esse imanifesto que fica logo além do olho.

"O Idoso dos Idosos, o Desconhecido do Desconhecido, tem uma forma e ainda assim não tem forma", lemos em um texto cabalístico dos hebreus medievais. "Ele tem uma forma pela qual o universo é preservado, mas não tem forma, porque não pode ser compreendido."[15] Este Idoso dos Idosos é representado como um rosto de perfil: sempre de perfil, porque o lado oculto nunca pode ser conhecido. É chamado de "A Grande Face", Makroprosopos; dos fios de sua barba branca procede o mundo inteiro.

> Essa barba, a verdade de todas as verdades, procede do lugar das orelhas e desce ao redor da boca do Santo; e desce e sobe, cobrindo as bochechas que são chamadas de lugares de copiosa fragrância; é branca com ornamento: e desce no equilíbrio do poder balanceado e fornece uma cobertura até o meio do peito. Essa é a barba de adorno, verdadeira

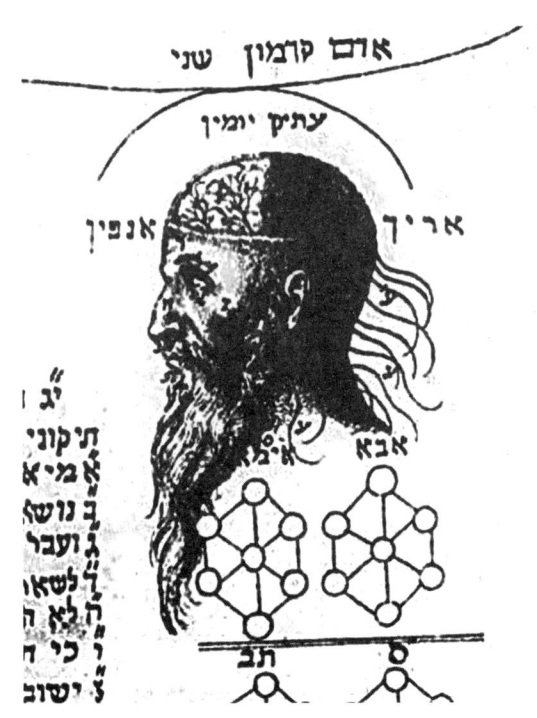

Figura 57. *O Makroprosopos*. Gravura, Alemanha, 1684.

e perfeita, da qual fluem treze fontes, espalhando o mais precioso bálsamo de esplendor. Está disposta em treze formas [...] E certas disposições são encontradas no universo, de acordo com aquelas treze disposições que dependem daquela venerável barba, e elas estão abertas para as treze portas das misericórdias.[16]

A barba branca de Makroprosopos desce sobre outra cabeça, "A Pequena Face", Mikroprosopos, representada de frente e com uma barba negra. E enquanto o olho da Grande Face está sem pálpebra e nunca se fecha, os olhos da Pequena Face abrem e fecham num ritmo lento como o destino universal. Esta é a abertura e o fechamento do giro cosmogônico. A Pequena Face é chamada "DEUS", a Grande Face "EU SOU".

> O texto em que aprendemos sobre o Makroprosopos e o Mikroprosopos, o Zohar (zøhar, "luz, esplendor"), é uma coleção de escritos hebraicos esotéricos oferecida ao mundo por volta de 1305 por um erudito judeu espanhol, Moises de Leon. Alegou-se que o material havia sido extraído de originais secretos, remontando aos ensinamentos de Simeon ben Yohai, um rabino da Galileia do século II. Ameaçado de morte pelos romanos, Simeão se escondeu por doze anos em uma caverna; dez séculos depois, seus escritos foram encontrados lá, e constituíram a fonte dos livros do Zohar.
>
> Os ensinamentos de Simeão devem ter sido extraídos do *hokmah nistarah*, ou sabedoria oculta de Moisés, ou seja, um corpo de conhecimento esotérico estudado pela primeira vez por Moisés no Egito, a terra onde nasceu, e depois ponderado por ele durante seus quarenta anos no deserto (onde recebeu instruções especiais de um anjo), e finalmente incorporado de maneira enigmática aos primeiros quatro livros do Pentateuco, dos quais pode ser extraído por uma compreensão e manipulação adequada dos valores numéricos místicos do alfabeto hebraico. Este conhecimento e as técnicas para redescobri-lo e utilizá-lo constituem a Cabala.
>
> Diz-se que os ensinamentos da Cabala (*qabbālāh*, "sabedoria recebida ou tradicional") foram primeiramente confiados pelo próprio Deus a um grupo especial de anjos no Paraíso. Depois que o homem foi expulso do Jardim, alguns desses anjos comunicaram as lições a Adão, pensando em ajudá-lo, assim, a voltar à felicidade. De Adão o ensinamento passou para Noé, e de Noé para Abraão. Abraão deixou escapar um pouco dele enquanto estava no Egito, e é por isso que esta sabedoria sublime pode agora ser encontrada em forma reduzida nos mitos e filosofias dos gentios. Moisés a estudou primeiro com os sacerdotes do Egito, mas a tradição foi renovada nele pelas instruções especiais de seus anjos.

Makroprosopos é o Não-Criador Não Criado e Mikroprosopos o Criador Não Criado: respectivamente, o silêncio e a sílaba AUM, o não manifesto e a presença imanente na etapa cosmogônica.

3. A partir do vazio – espaço

São Tomás de Aquino afirma: "Reserva-se o nome de sábio somente àquele que pondera sobre o fim do universo, fim este que é também o começo do universo".[17] O princípio básico de toda mitologia é este: o do começo e do fim. Os mitos de criação são permeados por um senso de fatalidade que continuamente reivindica todas as formas criadas de volta ao imperecível de onde emergiram. As formas surgem poderosamente, mas de modo inexorável atingem seu apogeu, colapsam e retornam. Nesse sentido, a mitologia tem uma visão trágica. Por outro lado, ao colocar nosso verdadeiro ser não nas formas que se despedaçam, mas no imperecível de onde elas voltam a brotar de imediato, a visão mitológica é eminentemente não trágica.[18] De fato, onde quer que o ânimo mitológico prevaleça, a tragédia é impossível. Predomina, antes, uma qualidade de sonho. Enquanto isso, o verdadeiro ser não está nas formas, mas no sonhador.

Como no sonho, as imagens vão do sublime ao ridículo. A mente não tem permissão para se acomodar em suas avaliações normais, mas de maneira contínua é insultada e chocada pela perda da certeza de ter finalmente compreendido. A mitologia é derrotada quando a mente se apega de modo solene às suas imagens favoritas ou tradicionais, defendendo-as como se elas mesmas fossem a mensagem que comunicam. Essas imagens devem ser consideradas como nada mais do que sombras do insondável espaço além, onde os olhos não alcançam, a fala não alcança, nem a mente, nem mesmo a piedade. Como as trivialidades do sonho, as do mito são prenhes de significado.

A primeira fase do ciclo cosmogônico descreve a irrupção do sem-forma na forma, como no canto de criação dos maoris da Nova Zelândia:

> *Te Kore (O Vazio)*
> *Te Kore-tua-tahi (O Primeiro Vazio)*
> *Te Kore-tua-rua (O Segundo Vazio)*
> *Te Kore-nui (O Vasto Vazio)*
> *Te Kore-roa (O Vazio que se Expande para Longe)*
> *Te Kore-para (O Vazio Seco)*

Te Kore-whiwhia (O Vazio que Nada Possui)
Te Kore-rawea (O Vazio Encantador)
Te Kore-te-tamaua (O Vazio Bem Amarrado)
Te Po (A Noite)
Te Po-teki (A Noite Suspensa)
Te Po-terea (A Noite à Deriva)
Te Po-whawha (A Noite que Lamenta)
Hine-make-moe (A Filha do Sono Conturbado)
Te Ata (A Aurora)
Te Au-tu-roa (O Dia Persistente)
Te Ao-marama (O Dia Brilhante)
Whai-tua (Espaço)

No espaço evoluíram duas existências sem forma:

Maku (Umidade [um macho])
Mahora-nui-a-rangi (Grande Expansão do Céu [uma fêmea])

Destes surgiram:

Rangi-potiki (Os Céus [macho])
Papa (A Terra [fêmea])

Rangi-potiki e Papa eram os pais dos deuses.[19]

Do vazio para além de todos os vazios se desdobram as emanações que sustentam o mundo, semelhantes a plantas, misteriosas. O décimo da série acima é a noite; o décimo oitavo, espaço ou éter, a moldura do mundo visível; o décimo nono é a polaridade macho-fêmea; o vigésimo é o universo que vemos. Tal série sugere a profundidade para além da profundidade do mistério do ser. Os níveis correspondem às profundidades sondadas pelo herói em sua aventura de compreensão do mundo; eles numeram os estratos espirituais conhecidos pela mente introvertida na meditação. Eles representam o infinito da noite escura da alma.*

---

* Na literatura sagrada do budismo Mahayana, dezoito "estados de vazio" ou graus do vazio são enumerados e descritos. Estes são experimentados pelo iogue e pela alma quando ela passa para a morte. Ver Evans-Wentz, *Tibetan Yoga and Secret Doctrine*, p. 206, 239 e seguintes.

CAPÍTULO I – *Emanações*

A Cabala hebraica representa o processo de criação como uma série de emanações (hebraico: *sephiroth*) a partir do EU SOU da Grande Face. A primeira é a própria cabeça, de perfil, e dela procedem "nove esplêndidas luzes". As emanações são representadas também como os galhos de uma árvore cósmica, que está de cabeça para baixo, enraizada na "altura inescrutável". O mundo que vemos é a imagem inversa dessa árvore.

De acordo com os filósofos indianos da escola samkhya do século VIII a.C., o vazio se condensa no elemento éter ou espaço. A partir disso, surge o ar. Do ar vem o fogo, do fogo, a água e da água o elemento terra. Com cada elemento evolui uma função sensorial capaz de percebê-lo: audição, tato, visão, paladar e olfato, respectivamente.[20]

Um divertido mito chinês personifica esses elementos emanantes como cinco veneráveis sábios, que saem de uma bola de caos suspensa no vazio:

> Antes do céu e da terra se separarem um do outro, tudo era uma grande bola de neblina, chamada caos. Naquela época, os espíritos dos cinco elementos tomaram forma e se desenvolveram em cinco anciãos. O primeiro foi chamado de Ancião Amarelo, e era o mestre da terra. O segundo foi chamado de Ancião Vermelho, e era o mestre do fogo. O terceiro foi chamado de Ancião Escuro, e era o mestre da água. O quarto foi chamado de Príncipe da Madeira, e era o mestre da madeira. A quinta chamava-se a Mãe Metal, e era a senhora dos metais.*
>
> Ora, cada um desses cinco anciãos pôs em movimento o espírito primordial do qual havia procedido, de modo que a água e a terra afundaram; os céus se elevaram e a terra tornou-se firme nas profundezas. Então a água se juntou em rios e lagos, e as montanhas e planícies apareceram. Os céus clarearam e a terra se dividiu; depois havia sol, lua e todas as estrelas, areia, nuvens, chuva e orvalho. O Ancião Amarelo colocou em movimento o poder mais puro da terra, e a isso se somaram as operações do fogo e da água. Então surgiram as ervas e árvores, pássaros e animais, e as gerações de cobras e insetos, peixes e tartarugas. O Príncipe da Madeira e a Mãe Metal uniram a luz e as trevas e assim criaram a raça humana, como homem e mulher. Assim, gradualmente, o mundo apareceu [...].[21]

---

* Os cinco elementos de acordo com o sistema chinês são terra, fogo, água, madeira e ouro.

4. Dentro do espaço – vida

O PRIMEIRO EFEITO das emanações cosmogônicas é a estruturação do palco mundial do espaço; a segunda é a produção de vida dentro dessa estrutura: vida polarizada para autorreprodução na forma dual de masculino e feminino. É possível representar todo o processo em termos sexuais, como de uma gravidez e nascimento. Essa ideia é soberbamente traduzida em outra genealogia metafísica dos maoris:

> Desde a concepção, o aumento,
> Do aumento, o pensamento,
> Do pensamento, a lembrança,
> Da lembrança, a consciência,
> Da consciência, o desejo.
>
> A palavra tornou-se frutífera;
> Morou com o frágil lampejo;
> Trouxe a noite:
> A grande noite, a longa noite,
> A noite mais baixa, a noite mais alta,
> A noite espessa, para ser sentida,
> A noite para ser tocada,
> A noite para não ser vista,
> A noite que termina em morte.
>
> Do nada, a concepção,
> Do nada, o aumento,
> Do nada, a abundância,
> O poder de aumentar,
> A respiração viva.
> Habitou o espaço vazio e produziu
> A atmosfera que está acima de nós.
>
> A atmosfera que flutua sobre a terra,
> O grande firmamento acima de nós,
> Habitou com a aurora,
> E a lua surgiu;
> A atmosfera acima de nós,
> Habitou com o céu resplandecente,

CAPÍTULO I – Emanações

Figura 58. *Tangaroa, produzindo deuses e homens*. Madeira entalhada, Ilha Rurutu, início do século XVIII.

E dali veio o sol;
Lua e sol foram lançados acima,
Como os principais olhos do céu;
Então os céus se tornaram luz:
A madrugada, o começo do dia;
O meio-dia, o brilho diurno do céu.
 O céu acima habitou com o Hawaiki,
E produziu a terra.[22]

Por volta de meados do século XIX, Paiore, um alto chefe da ilha polinésia de Anaa, desenhou uma figura dos primórdios da criação. O primeiro detalhe desta ilustração é um pequeno círculo contendo dois elementos, Te Tumu, "A Fundação" (um macho), e Te Papa, "A Rocha Estrato" (uma fêmea).[23]

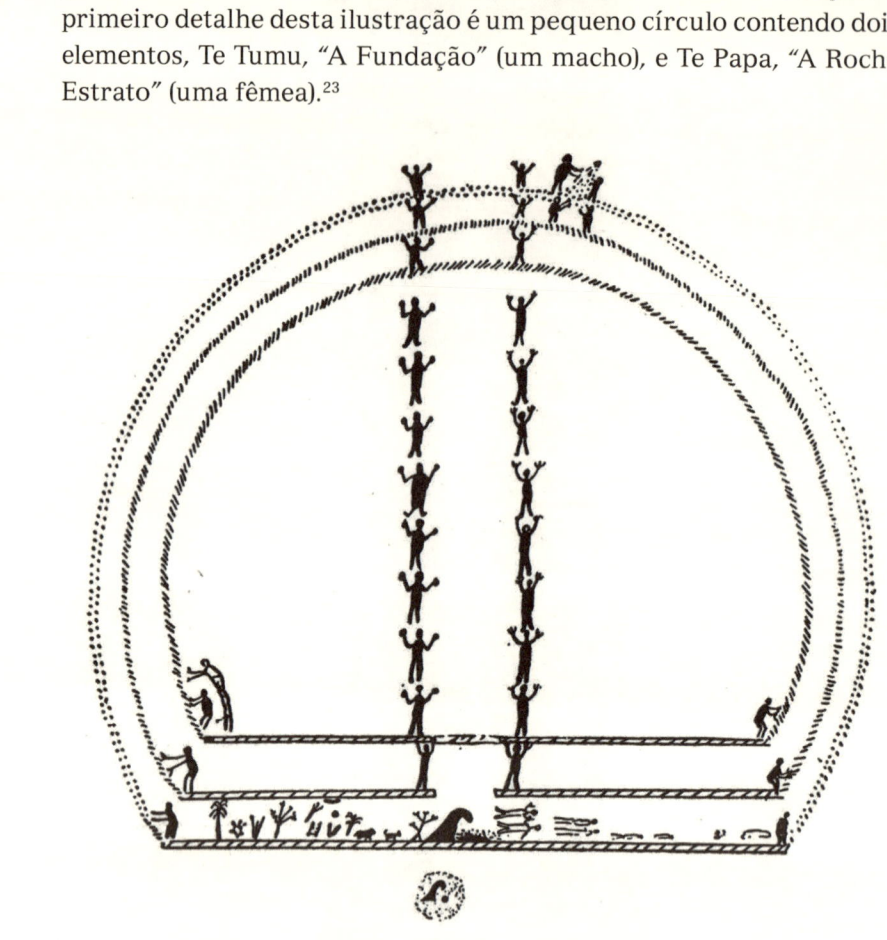

Figura 59. *Gráfico de criação tuamotuan. Abaixo: O Ovo Cósmico. Acima: As pessoas aparecem e moldam o universo. Tuamotua, século XIX.*

O universo [disse Paiore] era como um ovo, que continha Te Tumu e Te Papa. Ele finalmente irrompeu e produziu três camadas sobrepostas – uma camada abaixo suportando duas acima. Na camada mais baixa permaneceram Te Tumu e Te Papa, que criaram o homem, os animais e as plantas.

O primeiro homem foi Matata, produzido sem braços; ele morreu pouco depois de ter surgido. O segundo homem foi Aitu, que veio com um braço mas sem pernas; e ele morreu como seu irmão mais velho. Finalmente, o terceiro homem era Hoatea (Céu-Espaço), e ele estava perfeitamente formado. Depois disso veio uma mulher chamada Hoatu (Fecundidade da Terra). Ela se tornou a esposa de Hoatea e deles descende a raça humana.

Quando a camada mais baixa da terra foi preenchida pela criação, as pessoas fizeram uma abertura no meio da camada acima, para que pudessem chegar até ela também, e ali se estabeleceram, levando consigo plantas e animais de baixo. Então eles levantaram a terceira camada (de modo que formasse um teto para a segunda) [...] e finalmente se estabeleceram lá em cima também, de modo que os seres humanos tivessem três moradas.

Acima da terra estavam os céus, também superpostos, que chegavam até embaixo e eram sustentados por seus respectivos horizontes, alguns estando presos aos da terra; e as pessoas continuaram a trabalhar, expandindo um céu acima do outro da mesma maneira, até que tudo estivesse em ordem.[24]

A parte principal da ilustração de Paiore mostra as pessoas expandindo o mundo, em pé nos ombros umas das outras para elevar os céus. No estrato inferior desse mundo aparecem os dois elementos originais, Te Tumu e Te Papa. À esquerda deles estão as plantas e animais que criaram. À direita, vemos o primeiro homem, malformado, e os primeiros homens e mulheres bem-sucedidos. No céu superior aparece um fogo cercado por quatro figuras, representando um evento inicial na história do mundo: "A criação do universo mal terminou quando Tangaroa, que se deleitava em fazer o mal, incendiou o céu mais alto, procurando assim destruir tudo. Mas felizmente Tamatua, Oru e Ruanuku viram que o fogo se espalhava, e rapidamente ascenderam da terra e extinguiram as chamas".[25]

A imagem do ovo cósmico é conhecida em muitas mitologias; aparece na mitologia grega órfica, egípcia, finlandesa, budista e japonesa. "No princípio este mundo era meramente não ser", lê-se numa obra sagrada dos hindus:

> Existiu. Desenvolveu-se. Virou um ovo. Chocou pelo período de um ano. Foi dividido em pedaços. Uma das duas partes da casca do ovo tornou-se prata, a outra, ouro. Aquilo que era de prata é a terra. Aquilo que era de ouro é o céu. Aquilo que era a membrana externa são as montanhas. Aquilo que era a membrana interna é nuvem e névoa. Aquilo que eram as veias são os rios. Aquilo que era o fluido interno é o oceano. Agora, o que nasceu dali é o sol de mais além.[26]

A casca do ovo cósmico é a estrutura mundial do espaço, enquanto o poder-semente fértil dentro dele tipifica o dinamismo vital inesgotável da natureza.

"O espaço é ilimitado pela forma reentrante, não pela grande extensão. *Aquilo que é, é uma casca flutuando na infinidade do que não é.*" Essa formulação sucinta de um físico moderno, ilustrando a imagem do mundo como ele o via em 1928,[27] expressa precisamente o sentido do ovo cósmico mitológico. Além disso, a evolução da vida, descrita pela moderna ciência da biologia, é o tema dos estágios iniciais do ciclo cosmogônico. Por fim, a destruição do mundo, que segundo os físicos virá com a exaustão de nosso Sol e o esgotamento final de todo o cosmos,[28] foi anunciada na cicatriz deixada pelo fogo de Tangaroa: os efeitos de destruição do mundo do criador-destruidor aumentarão gradualmente até que, ao final, no segundo curso do ciclo cosmogônico, tudo se dissolverá no mar da bem-aventurança.

Não raro, o ovo cósmico explode para revelar, entumecido por dentro, uma impressionante figura em forma humana. Esta é a personificação antropomórfica do poder de gerar, o Poderoso Vivo, como é chamado na Cabala. "Poderoso Ta'aroa, cuja maldição foi a morte, ele é o criador do mundo." Assim ouvimos no Taiti, outra das Ilhas dos Mares do Sul.* "Ele estava sozinho. Não tinha pai nem mesmo mãe. Ta)aroa simplesmente vivia no vazio. Não havia terra, nem céu, nem mar. A terra era nebulosa: não havia alicerce. Ta'aroa então disse:

> Ó espaço para a terra, ó espaço para o céu,
> Mundo inútil abaixo existindo em estado nebuloso,
> Continuando e continuando desde tempos imemoriais,
> Mundo inútil abaixo, estende-te!

"O rosto de Ta'aroa apareceu do lado de fora. A concha de Ta'aroa caiu e se tornou terra. Ta'aroa olhou: a terra passou a existir, o mar passou a existir, o céu passou a existir. Ta'aroa viveu como um deus contemplando seu trabalho."[29]

Um mito egípcio revela o demiurgo criando o mundo através de um ato de masturbação.[30] Um mito hindu o exibe em meditação iogue, com as formas de sua visão interior irrompendo dele (para seu próprio espanto) e ficando então ao seu redor como um panteão de deuses rutilantes.[31] E em outro relato da Índia, o pai de todos é representado

---

* Ta'aroa, no dialeto taitiano, é Tangaroa.

CAPÍTULO I – Emanações

como primeiro se dividindo em macho e fêmea, depois procriando todas as criaturas de acordo com a espécie:

> No início, este universo era apenas o Si-Mesmo em forma humana. Ele olhou em volta e não viu nada além de si próprio. Então, no início, gritou: "Eu sou ele". Daí vem o nome *eu*. É por isso que, ainda hoje, quando alguém se dirige a uma pessoa, ela primeiro declara: "Sou eu", e depois anuncia o outro nome pelo qual é conhecida.
> Ele estava com medo. É por isso que as pessoas têm medo de ficar sozinhas. Ele pensou: "Mas do que tenho medo? Não há nada além de mim mesmo". Ao que seu medo se dissipou [...].
> Ele estava infeliz. É por isso que as pessoas não são felizes quando estão sozinhas. Queria uma companhia. Tornou-se tão grande quanto uma mulher e um homem se abraçando. Ele dividiu o corpo, que era ele mesmo, em duas partes. Daí surgiram marido e mulher [...]. Portanto, este corpo humano (antes de se casar com uma esposa) é como uma das metades de uma ervilha partida [...]. Ele se uniu a ela; e disso nasceram os homens.
> Ela ponderou: "Como ele pode se unir a mim depois de me produzir dele mesmo? Bem, então, vou me esconder". Ela se tornou uma vaca; mas ele se tornou um touro e se uniu a ela; daí nasceu o gado. Ela se tornou uma égua, ele um garanhão; ela se tornou uma jumenta, ele um jumento e uniu-se a ela; daí nasceram os animais de um só casco. Ela se tornou uma cabra, ele um bode; ela se tornou uma ovelha, ele um carneiro e se uniu a ela; daí nasceram cabras e ovelhas. Assim ele projetou tudo o que existe em pares, até as formigas.
> Então ele soube: "Na verdade, eu mesmo sou a criação, pois projetei o mundo inteiro". Por isso ele foi chamado de Criação [...].[32]

O substrato duradouro do indivíduo e do progenitor do universo são um e o mesmo, de acordo com essas mitologias; é por isso que o demiurgo neste mito é chamado de Si-Mesmo. O místico oriental descobre essa presença profunda e duradoura em seu estado andrógino original quando mergulha pela meditação em seu próprio interior.

> *Aquele sobre o qual o céu, a terra e a atmosfera*
> *Estão entrelaçados, e a mente, junto com todos os sopros vitais,*
> *Somente Ele conhecei como a única Alma.*
> *Descarta Outras Palavras. Ele é a ponte para a imortalidade.*[33]

Assim, parece que, embora esses mitos de criação narrem sobre o passado mais remoto, eles falam ao mesmo tempo da origem presente do indivíduo. "Cada alma e espírito", lemos no Zohar hebraico,

> antes de sua entrada neste mundo, consiste em um macho e uma fêmea unidos em um ser. Quando desce nesta terra as duas partes se separam e animam dois corpos diferentes. No momento do casamento, o Santo, bendito seja Ele, que conhece tudo, almas e espíritos, une-os novamente como eram antes, e eles novamente constituem um corpo e uma alma, formando como se fossem a direita e a esquerda de um indivíduo. [...] Esta união, no entanto, é influenciada pelos atos do homem e pelos caminhos em que ele anda. Se o homem é puro e sua conduta é agradável aos olhos de Deus, ele está unido com aquela parte feminina de sua alma que era sua parte componente antes de seu nascimento.[34]

Esse texto cabalístico é um comentário à cena do Gênesis onde Adão dá à luz Eva. Uma concepção semelhante aparece no *Banquete* de Platão. De acordo com esse misticismo do amor sexual, a experiência final do amor é a percepção de que, sob a ilusão da dualidade, reside a identidade: "cada um é ambos". Essa percepção pode expandir-se para a descoberta de que, sob as inúmeras individualidades de todo o universo circundante – humano, animal, vegetal e até mineral – reside a identidade; e com isso a experiência do amor se torna cósmica, e o amado que primeiro abriu a visão é ampliado como o espelho da criação. O homem ou a mulher que conhece essa experiência possui o que Schopenhauer chamou de "a ciência da beleza em todos os lugares". Ele "sobe e desce nesses mundos, comendo o que deseja, assumindo as formas que almeja", e senta-se cantando a canção da unidade universal, que inicia com: "Oh, maravilhoso! Oh, maravilhoso! Oh, maravilhoso!"[35]

5. A divisão do Uno em multiplicidade

O GIRO ADIANTE da roda cosmogônica precipita o Uno nos muitos. Com isso, uma grande crise, uma cisão divide o mundo criado em dois planos da existência aparentemente contraditórios. No mapa de Paiore, as pessoas emergem das trevas mais baixas e imediatamente se ocupam de elevar o céu.[36] Aparecem movendo-se com aparente independência. Organizam conselhos, decidem, planejam; assumem o trabalho de organizar o mundo. No entanto, sabemos que nos bastidores o Motor Imóvel está em ação, como um mestre de marionetes.

Na mitologia, onde quer que o Motor Imóvel, o Poderoso Vivente, se mantenha como centro das atenções, vemos uma espontaneidade milagrosa na formação do universo. Os elementos se condensam e entram em jogo por conta própria ou à menor palavra do Criador; as porções do ovo cósmico que racha por si ocupam seus lugares sem ajuda. Mas quando a perspectiva muda, quando o foco recai nos seres vivos, quando o panorama do espaço e da natureza é encarado do ponto de vista dos personagens ordenados a habitá-lo, então uma súbita transformação obscurece a cena cósmica. As formas do mundo não parecem mais se mover segundo os padrões de uma coisa viva, crescente e harmoniosa, mas permanecem recalcitrantes ou, na melhor das hipóteses, inertes. Os adereços do palco universal devem ser ajustados, até mesmo modelados à força. A terra produz espinhos e cardos; o homem come o pão com o suor de seu rosto.

Portanto, estamos diante de duas modalidades de mito. De acordo com um, as forças demiúrgicas continuam operando por si mesmas; segundo o outro, elas desistem da iniciativa e até se colocam contra o avanço do giro cosmogônico. As dificuldades representadas nesta última forma de mito começam já durante a longa escuridão do abraço original dos pais cósmicos, gerador de criaturas. Permita que os maoris nos apresentem este terrível tema:

"Rangi (o Céu) estava tão perto da barriga de Papa (Mãe Terra) que os filhos não conseguiam se libertar do útero."

> Eles estavam em uma condição instável, flutuando pelo mundo das trevas, e esta era sua aparência: alguns estavam rastejando [...] alguns estavam de pé com os braços erguidos [...] alguns deitados de lado [...] alguns de costas, alguns curvados, alguns com as cabeças abaixadas, alguns com as pernas dobradas [...] alguns ajoelhados [...] alguns tateando no escuro [...]. Eles estavam todos dentro do abraço de Rangi e Papa [...].

Por fim, os seres que haviam sido gerados pelo Céu e pela Terra, agastados pela escuridão contínua, consultaram entre si, dizendo: "Vamos agora determinar o que devemos fazer com Rangi e Papa, se seria melhor matá-los ou separá-los". Então falou Tu-matauenga, o mais feroz dos filhos do Céu e da Terra: "Está bem, vamos matá-los".

Então falou Tane-mahuta, o pai das florestas e de todas as coisas que as habitam, ou que são construídas a partir de árvores: "Não, não é assim. É melhor separá-los e deixar o céu ficar bem acima de nós, e a terra sob nossos pés. Que o céu se torne um estranho para nós, que a terra permaneça perto de nós como nossa mãe que nos amamenta".

Vários dos deuses irmãos tentaram em vão separar os céus e a terra. Por fim, foi o próprio Tane-mahuta, o pai das florestas e de todas as coisas que as habitam, ou as coisas que são construídas a partir de árvores, quem obteve sucesso nesse projeto titânico.

Sua cabeça agora está firmemente plantada em sua mãe, a terra, seus pés ele levantou e colocou contra seu pai nos céus, esticando suas costas e membros com grande esforço. Agora Rangi e Papa estão separados, e com lamentos e gemidos de aflição, gritam em voz alta.

"Por que matar assim seus pais? Por que você cometeu um crime tão terrível de nos matar, de separar seus pais?" Mas Tane-mahuta não para, ele ignora seus lamentos e gritos; muito, muito abaixo dele, ele pressiona a terra; muito, muito acima dele, ele soergue o céu [...].[37]

Conhecida dos gregos, esta história é contada por Hesíodo em seu relato da separação de Urano (Pai Céu) e Gaia (Mãe Terra). De acordo com essa variante, o titã Cronos castrou seu pai com uma foice tirando-o de sua frente.[38] Na iconografia egípcia, a posição do casal cósmico é invertida: o céu é a mãe, o pai é a vitalidade da terra;[39] mas o padrão do mito se mantém: os dois foram separados por seu filho, o deus do ar, Shu. Novamente nos vem a imagem dos antigos textos cuneiformes sumérios, datados do terceiro e quarto milênios a.C. No princípio era o oceano primitivo; o oceano primevo gerou a montanha cósmica, que consistia em céu e terra unidos; An (o Pai Celestial) e Ki (a Mãe Terra) produziram Enlil (o Deus do Ar), que então separou An de Ki e se uniu à sua mãe para gerar a humanidade.[40]

Mas se os atos desses filhos desesperados parecem violentos, nada são se comparados à chacina total do poder dos pais que descobrimos nos registros das Edas islandesas e nas *Tábuas da Criação* babilônicas. O insulto final é a caracterização da presença demiúrgica do abismo como "mau", "sombrio", "obsceno". Os brilhantes jovens filhos-guerreiros, agora desprezando a fonte geradora, o personagem do estado--semente do sono profundo, matam-no sumariamente, retalham-no, fatiam-no em pedaços e o transformam na estrutura do mundo. Esse

CAPÍTULO I – *Emanações*

Figura 60. *A separação do Céu e da Terra*. Egito, data incerta.

é o padrão de vitória para todas as matanças do dragão posteriores, o início da longa história dos feitos do herói.

De acordo com o relato das Edas, depois que o "enorme abismo"* produziu, no norte, um mundo enevoado e frio, e no sul uma região de fogo, e depois que o calor do sul atuou sobre rios de gelo que se amontoavam vindo do norte, uma levedura venenosa começou a exalar. Disso surgiu uma garoa que, por sua vez, congelou formando geada. A geada derretia e pingava; a vida foi acelerada a partir dos gotejamentos formando uma figura horizontal entorpecida, gigantesca, hermafrodita, chamada Ymir. O gigante dormia e, enquanto dormia, transpirava; um de seus pés gerou com o outro um filho, enquanto sob sua mão esquerda germinou um marido e uma mulher.

A geada continuamente derretia e pingava, e dela se condensou a vaca Audumla. De seus úberes fluíram quatro jorros de leite, que foram bebidos por Ymir para nutrir-se. Mas a vaca, para se alimentar, lambeu os blocos de gelo que estavam salgados. Na noite do primeiro dia que ela lambeu, o cabelo de um homem saiu dos blocos; no segundo dia a cabeça de um homem; no terceiro, o homem inteiro estava lá, e seu nome era Buri. E Buri teve um filho (a mãe não é conhecida) chamado Borr, que se casou com uma das filhas gigantes das criaturas que

---

* *Ginnungagap*, o vazio, o abismo do caos ao qual tudo retorna no final do ciclo ("Crepúsculo dos Deuses") e do qual tudo surge novamente após uma era atemporal de reincubação.

surgiram de Ymir. Ela deu à luz a trindade Odin, Vili e Ve, e estes então massacraram o sonolento Ymir e retalharam seu corpo em pedaços.

> Da carne de Ymir foi feita a terra,
> E do seu suor o mar;
> Penhascos de seus ossos, árvores de seu cabelo,
> E de seu crânio o céu.
> Então, de seus ossos, os alegres deuses
> Fizeram Midgard para os filhos dos homens;
> E de seu cérebro foram criadas
> As amargas Nuvens.[41]

Figura 61. *O assassinato de Ymir*. Litogravura, Dinamarca, 1845.

A Eda Poética é uma coleção de 34 poemas nórdicos antigos que tratam dos deuses e heróis germânicos pagãos. Os poemas foram compostos por vários cantores e poetas (escaldos) em diversas partes do mundo viking (pelo menos um na Groenlândia) durante o período de 900-1050. Aparentemente, a coleção foi concluída na Islândia. A Eda em Prosa é um manual para jovens poetas, escrito na Islândia pelo mestre--poeta e chefe cristão Snorri Sturluson (1178-1241). Ele resume os mitos germânicos pagãos e revisa as regras da retórica escalda.

> A mitologia documentada nesses textos revela um estrato camponês anterior (associado com o criador de trovão, Tor), um estrato aristocrático posterior (o de Wotan-Odin) e um terceiro complexo distintamente fálico (Nyorth, Freya e Frey). As influências bárdicas da Irlanda misturam-se com temas clássicos e orientais neste mundo de formas simbólicas profundamente introspectivo, mas grotescamente bem-humorado.

Na versão babilônica, o herói é Marduk, o deus-sol; a vítima é Tiamat – aterrorizante, semelhante a um dragão, acompanhada por enxames de demônios – uma personificação feminina do próprio abismo original: o caos como a mãe dos deuses, mas agora como ameaça ao mundo. Com arco e tridente, uma clava e uma rede, e um comboio de ventos de batalha, o deus montou em sua carruagem. Os quatro cavalos, treinados para pisotear, espumavam.

> *[...] Mas Tiamat não virou o pescoço,*
> *Com lábios que não vacilaram, ela proferiu palavras revoltosas [...].*
> *Então o senhor levantou o raio, sua arma poderosa,*
> *E contra Tiamat, que estava enfurecida, dirigiu então a palavra:*
> *"Tu te tornaste grande, te exaltaste e elevaste,*
> *E teu coração te incitou a declarar guerra [...]*
> *E contra os deuses, meus pais, tramaste teu plano maligno.*
> *Que então teu exército seja equipado, que tuas armas sejam cingidas!*
> *Levanta! Eu e tu, lutaremos!"*
>
> *Quando Tiamat ouviu essas palavras*
> *Ficou como que possuída, perdeu a razão.*
> *Tiamat soltou gritos selvagens e penetrantes,*
> *Sacudiu e estremeceu nas bases.*
> *Ela recitou um encantamento, pronunciou seu feitiço.*
> *E os deuses da batalha clamaram por suas armas.*
>
> *Então avançaram Tiamat e Marduk, o conselheiro dos deuses;*
> *Para a luta se dirigiram, para batalhar se aproximaram.*
> *O senhor estendeu sua rede e a capturou.*
> *E o mau vento que vinha atrás dele, o senhor soltou no rosto dela.*
> *Os ventos terríveis encheram seu ventre,*
> *E sua coragem lhe foi tirada, e a boca ela escancarou.*
> *Ele tomou o tridente e estourou o ventre dela,*
> *Cortou suas partes internas e perfurou seu coração.*
> *Ele a derrotou e liquidou sua vida;*
> *Derrubou seu corpo e ficou em pé por cima dela.*

Tendo em seguida subjugado o restante de sua hoste enxameante, o deus da Babilônia retornou à mãe do mundo:

> E o senhor se pôs de pé sobre as partes posteriores de Tiamat,
> E com sua clava impiedosa esmagou seu crânio.
> Cortou os canais de seu sangue,
> E fez com que o vento norte o levasse para lugares secretos [...]
> Então o senhor descansou, contemplando o corpo morto dela,
> E concebeu um plano astuto.
> Ele a dividiu em duas metades, como um peixe achatado;
> Metade dela ele estabeleceu como uma cobertura para o céu.
> Fixou uma trava, designou um vigia,
> E ordenou-lhe que não deixasse saírem suas águas.
> Ele passou pelos céus, inspecionou suas regiões,
> E por sobre o Abismo ele estabeleceu a morada de Nudimmud.
> E o Senhor mediu a estrutura do Abismo. [...][42]

Dessa maneira heroica, Marduk deteve com um teto as águas acima e com um piso as águas abaixo. Então, no mundo entre eles, criou o homem.

Os mitos não se cansam de ilustrar que o conflito no mundo criado não é o que parece. Tiamat, embora morta e desmembrada, não foi desfeita. Se a batalha tivesse sido vista de outro ângulo, o monstro do caos teria sido visto se despedaçando por conta própria, e seus fragmentos se moveriam para seus respectivos locais. Marduk e toda a sua geração de divindades eram apenas partículas de sua substância. Do ponto de vista dessas formas criadas, tudo pareceria se realizar como por um braço poderoso, em meio ao perigo e à dor. Mas do centro da presença emanante, a carne foi cedida de boa vontade, e a mão que a retalhou não foi mais do que um agente da vontade da própria vítima.

Aqui reside o paradoxo básico do mito: o paradoxo do foco duplo. Assim como na abertura do ciclo cosmogônico era possível dizer "Deus não está envolvido", mas ao mesmo tempo "Deus é criador-preservador- destruidor", agora, nesta conjuntura crítica, onde o Uno irrompe em muitos, o destino "acontece", mas ao mesmo tempo "é suscitado". Da perspectiva da fonte, o mundo é uma majestosa harmonia de formas surgindo, explodindo e se dissolvendo. Mas o que as criaturas efêmeras experimentam é uma terrível cacofonia de gritos de guerra e dor. Os mitos não negam essa agonia (a crucificação); eles revelam dentro, atrás e ao redor dela a paz essencial (a rosa celestial).[43]

CAPÍTULO I – Emanações

Figura 62. *Monstro do caos e Deus-Sol*. Alabastro esculpido, Assíria, 885-860 a.C.

A mudança de perspectiva (do repouso da Causa central para a turbulência dos efeitos periféricos) é representada na Queda de Adão e Eva no Jardim do Éden. Eles comeram do fruto proibido, "E os olhos de ambos foram abertos".⁴⁴ A bem-aventurança do Paraíso lhes foi interditada e eles contemplaram o campo criado a partir do outro lado de um véu transformador. Daquele momento em diante, eles experimentariam o inevitável como algo difícil de obter.

6. Histórias folclóricas sobre a criação

A SIMPLICIDADE DAS histórias de origem presente nas mitologias populares não elaboradas contrasta com os mitos profundamente sugestivos do ciclo cosmogônico. Não se percebe nelas qualquer tentativa persistente de sondar os mistérios por trás do véu do espaço. Da parede em branco da atemporalidade irrompe uma figura criadora sombria para moldar o mundo das formas. Sua substância é onírica em duração, fluidez e poder de ambiência. A terra ainda não endureceu; ainda há muito a ser feito para torná-la habitável às pessoas do futuro.

> *Grosso modo*, pode-se fazer uma distinção entre as mitologias dos povos verdadeiramente primitivos (pescadores, caçadores, coletores de raízes e frutas) e aquelas das civilizações que surgiram após o desenvolvimento das artes da agricultura, laticínio e pastoreio, *c*.6000 a.C. A maior parte do que chamamos primitivo, porém, é na verdade colonial, ou seja, difundido de algum centro de alta cultura e adaptado às necessidades de uma sociedade mais simples. Para evitar o enganoso termo "primitivo" estou chamando as tradições não desenvolvidas ou degeneradas de "mitologias populares". O termo é adequado para os propósitos do presente estudo elementar comparativo das formas universais, embora certamente não sirva para uma análise histórica rigorosa.

Velho Homem estava viajando, declaram os blackfoot de Montana; estava criando pessoas e organizando as coisas.

> Ele veio do sul, viajando para o norte, criando animais e pássaros ao passar. Primeiro ele fez as montanhas, pradarias, madeira e arbustos. E prosseguiu, viajando para o norte, fazendo as coisas enquanto ia colocando rios aqui e ali, e quedas d'água sobre eles, espalhando tinta vermelha aqui e ali no chão – arrumando o mundo como o vemos hoje. Ele fez o Rio Leite (o Teton) e o atravessou e, cansado, subiu em uma colina e deitou-se para descansar. Deitado de costas, estendido no chão, com os braços esticados, ele marcou seu contorno com pedras – o formato do corpo, da cabeça, das pernas, dos braços e tudo mais. Você pode ver essas rochas lá nos dias de hoje. Depois de descansar, ele prosseguiu para o norte, tropeçou em uma colina e caiu de joelhos. Então disse: "Você é uma coisa ruim para se tropeçar"; então levantou dois montes grandes ali, e os chamou de Joelhos, e eles são chamados assim até hoje. Seguindo mais para o norte e, com algumas das rochas que carregava consigo, construiu as Colinas de Grama Doce. [...]
>
> Um dia Velho Homem decidiu que faria uma mulher e uma criança; por isso formou ambos, a mulher e a criança, seu filho, de barro. Depois de moldar o barro em forma humana, ele disse ao barro: "Vocês devem ser pessoas", e então os cobriu, os deixou e foi embora. Na manhã seguinte, foi até o local, tirou a cobertura e viu que as formas de barro haviam mudado um pouco. Na segunda manhã houve ainda mais mudanças, e na terceira, mais. Na quarta manhã ele foi até o local, tirou a cobertura, olhou as imagens e mandou que se levantassem e andassem; e assim foi. Eles caminharam até o rio com seu Criador, e então lhes disse que seu nome era Na'pi, Velho Homem.

Estando à beira do rio, a mulher lhe disse: "Como é? Sempre viveremos, não haverá fim para isso?". Ele respondeu: "Nunca pensei nisso. Teremos que decidir a respeito. Vou pegar esta lasca de búfalo e jogá-la no rio. Se flutuar, quando as pessoas morrerem, em quatro dias elas voltarão a viver; elas morrerão por apenas quatro dias. Mas se afundar, haverá um fim para elas". Ele jogou a lasca no rio e ela flutuou. A mulher virou-se e pegou uma pedra e disse: "Não, vou jogar esta pedra no rio; se flutuar, viveremos sempre, se afundar, as pessoas devem morrer, para que sempre tenham pena umas das outras". A mulher jogou a pedra na água e ela afundou. "Pronto", disse o Velho, "você escolheu. Haverá um fim para elas".[45]

A organização do mundo, a criação do homem e a decisão sobre a morte são temas típicos dos contos de criação primitivos. É difícil saber o quanto acreditavam nessas histórias, e em que sentido. O modo mitológico não é tanto de referência direta quanto de referência oblíqua: é *como se* o Velho Homem tivesse feito isso e aquilo. Muitos dos contos que aparecem nas coletâneas sob a categoria de histórias de origem certamente foram considerados mais como contos de fada populares do que como um livro de gênese. Essa mitificação lúdica é comum em todas as civilizações, tanto superiores quanto inferiores. Os membros mais simples das populações podem considerar as imagens resultantes com indevida literalidade, mas no geral não se pode dizer que representassem uma doutrina ou o "mito" local. Os maoris, por exemplo, de quem temos algumas de nossas melhores cosmogonias, contam a história de um ovo jogado por um pássaro no mar primitivo; ele estourou, e dele saiu um homem, uma mulher, um menino, uma menina, um porco, um cachorro e uma canoa. Todos entraram na canoa e foram para a Nova Zelândia.[46] É claramente uma descrição burlesca do ovo cósmico. Por outro lado, os kamchatkans declaram, aparentemente com toda a seriedade, que Deus originalmente habitou o céu, mas depois desceu à terra. Quando ele viajava com seus sapatos de neve, o solo novo cedeu sob seus pés como gelo fino e flexível. A terra tornou-se irregular desde então.[47] Ou ainda, de acordo com os quirguizes da Ásia Central, quando duas pessoas primitivas que cuidavam de um grande boi ficaram sem beber por muito tempo e estavam quase mortas de sede, o animal conseguiu água para eles rasgando o chão com seus grandes chifres. Assim foram feitos os lagos do país dos quirguiz.[48]

Uma figura de palhaço trabalhando em contínua oposição ao criador bem-intencionado muitas vezes aparece em mitos e contos populares como responsável pelos males e dificuldades da existência deste lado do véu. Os melanésios de Papua Nova-Guiné falam de um ser obscuro, "aquele que chegou primeiro", que desenhou duas figuras masculinas no chão, arranhou e rasgou a própria pele e borrifou os desenhos com seu sangue. Ele arrancou duas folhas grandes e cobriu as figuras, que se tornaram, depois de um tempo, dois homens. Os nomes dos homens eram To Kabinana e To Karvuvu.

To Kabinana partiu sozinho, subiu num coqueiro que tinha nozes amarelo-claras, colheu duas que ainda não estavam maduras e as jogou no chão; elas quebraram e se tornaram duas belas mulheres. To Karvuvu admirou as mulheres e perguntou como seu irmão as havia encontrado. "Suba em um coqueiro", disse To Kabinana, "colha duas nozes verdes e jogue-as no chão". Mas To Karvuvu jogou as nozes de ponta para baixo, e as mulheres que vieram delas tinham narizes chatos e feios.[49]

Figura 63. *Quenúbis molda o filho do faraó em uma roda de oleiro enquanto Tot marca a duração da vida.* Papiro, ptolomaico, Egito, *c.* século III a.C.

CAPÍTULO I – Emanações

Um dia, To Kabinana esculpiu um peixe thum em madeira e o deixou nadar no oceano para que fosse um peixe vivo para todo o sempre. Então, este peixe thum levou o peixe malivaran para a costa, onde To Kabinana simplesmente o recolheu da praia. To Karvuvu admirou o peixe thum e quis fazer um, mas quando lhe ensinaram como fazer, ele esculpiu um tubarão. Esse tubarão comeu o peixe malivaran em vez de levá-lo à praia. To Karvuvu, chorando, foi até o irmão e disse: "Gostaria de não ter feito aquele peixe; ele não faz nada além de comer todos os outros". "Que tipo de peixe é?", perguntou. "Bem", ele respondeu, "eu fiz um tubarão". "Você realmente é um sujeito repugnante", disse seu irmão. "Agora, com o que você fez, nossos descendentes mortais sofrerão. Esse seu peixe vai comer todos os outros, e comerá as pessoas também."[50]

Por trás dessa tolice, é possível ver que a causa única (o ser obscuro que se corta) produz no quadro do mundo efeitos duais – bons e maus. A história não é tão ingênua quanto parece.[51] Além disso, a pré-existência metafísica do arquétipo platônico do tubarão está implícita na curiosa lógica do diálogo final. Esta é uma concepção inerente a todo mito. Universal também é a escolha do antagonista, o representante do mal, no papel de palhaço. Demônios – tanto os cabeçudos luxuriosos quanto os enganadores astutos e espertos – são sempre palhaços. Embora possam triunfar no mundo do espaço e do tempo, tanto eles quanto sua obra simplesmente desaparecem quando a perspectiva muda para o transcendental. Eles são os que confundem sombra e substância: simbolizam as imperfeições inevitáveis do reino da sombra, e enquanto permanecermos deste lado, o véu não pode ser removido.

Os tártaros negros da Sibéria dizem que quando o demiurgo Pajana formou os primeiros seres humanos, descobriu que era incapaz de produzir um espírito vivificante para eles. Então, teve de subir ao céu e buscar almas de Kudai, o Deus Supremo deixando, entretanto, um cão nu para guardar as figuras de sua manufatura. O diabo, Erlik, chegou enquanto ele estava fora. E Erlik disse ao cachorro: "Você não tem cabelo. Eu te darei cabelos dourados se você puser essas pessoas sem alma em minhas mãos". A proposta agradou o cão, e ele deu as pessoas que estava guardando ao tentador. Erlik os contaminou com sua saliva, mas fugiu no momento em que avistou Deus se aproximando para dar-lhes vida. Deus viu o que havia sido feito, e então virou os corpos humanos do avesso. É por isso que temos saliva e impurezas em nossos intestinos.[52]

Figura 64. *Exu, o trapaceiro*. Madeira esculpida, conchas e couro, iorubá, Nigéria, século XIX e início do século XX.

As mitologias populares começam a história da criação apenas no momento em que as emanações transcendentais irrompem em formas espaciais. No entanto, eles não diferem das grandes mitologias em nenhum ponto essencial no tocante à avaliação das circunstâncias humanas. Suas personagens simbólicas correspondem em importância – frequentemente também em traços e ações – àquelas das iconografias superiores, e o mundo maravilhoso em que elas se movem é precisamente o das revelações maiores: o mundo e a era entre o sono profundo e a consciência desperta, a zona onde o Um irrompe no múltiplo e os muitos se reconciliam no Um.

CAPÍTULO I – *Emanações*

Libertando-se das associações cosmogônicas, o aspecto negativo, palhaço-diabo, do poder demiúrgico tornou-se um favorito nas histórias contadas para diversão. Um exemplo vívido é o Coyote das planícies americanas. Reynard, a Raposa, é a encarnação europeia dessa personagem.

Figura 65. *Tlazolteotl dando à luz*. Aplito esculpido com incrustração de granadas, asteca, México, final do século XV e início do século XVI.

CAPÍTULO II

O nascimento virginal

1. Mãe-Universo

O ESPÍRITO GERADOR de mundos do pai passa para a multiplicidade da experiência terrena através de um intermediário transformador – a mãe do mundo. Ela é a personificação do elemento primevo nomeado no segundo verso do Gênesis, onde lemos: "o espírito de Deus se movia sobre a *superfície das águas*". No mito hindu, ela é a figura feminina através da qual o Si-Mesmo gerou todas as criaturas. Compreendida de uma maneira mais abstrata, ela é a moldura limitadora do mundo: "espaço, tempo e causalidade", a casca do ovo cósmico. Ainda mais abstratamente, ela é o chamariz que moveu para o ato de criação o Absoluto Si-Mesmo autocriado.

Em mitologias que enfatizam o aspecto maternal do criador ao invés do aspecto paternal, a fêmea original preenche o palco do mundo no começo, atuando nos papéis que alhures são atribuídos aos machos. E ela é virgem, pois seu esposo é o Desconhecido Invisível.

Uma estranha representação dessa figura é encontrada na mitologia finlandesa. Na Runa I do *Kalevala*[1] conta-se que a filha virgem do ar desceu das mansões do céu para o mar primevo, e ali flutuou por séculos nas águas infindáveis.

> *A tormenta ergueu-se furiosa,*
> *Do leste uma poderosa tempestade,*
> *E o mar estava espumando selvagemente,*
> *E as ondas quebravam cada vez mais altas,*
> *Assim, a tempestade embalou a virgem,*

E as vagas conduziram a donzela,
Sobre a superfície azul-celeste do oceano
Na crista de ondas espumantes
Até que o vento que soprava ao seu redor
*E o oceano despertaram vida dentro dela.*²

Figura 66. *Nut (o Céu) dá à luz o Sol; seus raios caem em Hátor no horizonte (amor e vida)*. Pedra talhada, Egito ptolomaico, *c.* século I a.C.

O *Kalevala* ("A Terra dos Heróis") em sua forma atual é o trabalho de Elias Lönnrot (1802-1884), um médico do interior e estudioso de filologia finlandesa. Tendo coletado um corpo considerável de poesia popular em torno dos heróis lendários Väinämöinen, Ilmarinen, Lemminkainen e Kullervo, ele o reuniu numa sequência coordenada e com versificação uniforme (1835, 1849). A obra tem cerca de 23.000 linhas.

Uma tradução alemã do *Kalevala* de Lönnrot chegou ao conhecimento de Henry Wadsworth Longfellow, que então concebeu ambos: o plano e a escolha da métrica para a sua *Song of Hiawatha*.

Por sete séculos a Mãe-Água flutuou com a criança em seu útero, incapaz de dar-lhe à luz. Ela rezou a Ukko, o mais alto deus, e ele enviou

CAPÍTULO II – *O nascimento virginal*

uma marrequinha para construir seu ninho no joelho dela. O ovo da marrequinha caiu do joelho e se quebrou; os fragmentos formaram a terra, o céu, o sol, a lua e as nuvens. Então a Mãe-Água, ainda flutuando, começou ela mesma o trabalho de Modeladora do Mundo.

Quando o nono ano tinha passado,
*E o décimo verão acabava,**
Do mar ela ergueu sua cabeça.
E sua testa ela elevou,
E então ela começou a Criação,
E ela trouxe ordem ao mundo,
Na superfície do mar aberto,
Nas águas mais longínquas.
Para onde sua mão apontava,
Ali ela formava promontórios salientes;
Onde seus pés descansavam,
Ali se formavam cavernas para os peixes;
Onde quer que mergulhasse,
Ali se formavam as profundezas do oceano;
Quando ela se voltou em direção à terra,
Ali as margens planas se alargaram;
Onde seus pés se estendiam para a terra,
Formavam-se pontos para a pesca de salmão;
Onde a cabeça dela tocava gentilmente a terra,
Ali se estendiam as baías recurvadas;
Para mais longe da terra ela flutuou,
E residiu no mar aberto,
E criou rochas no oceano,
E recifes que os olhos não enxergam,
Onde os navios frequentemente se estilhaçam,
*E as vidas dos marinheiros chegam ao fim.*³

Mas o bebê permanecia em seu corpo, crescendo e se avizinhando a uma meia idade sentimental.

Ainda nascituro estava Väinämöinen:
Ainda não nascido o severo imortal,
Väinämöinen, velho e firme,

---
* Isto é, o décimo verão depois do ovo da marrequinha ter se quebrado.

Descansando no corpo de sua mãe
Pelo espaço de trinta verões,
E o total de trinta invernos,
Sempre nas plácidas águas
Sobre as vagas espumantes.
Então ele ponderou e refletiu
Como poderia continuar vivendo
Num lugar de descanso tão sombrio,
Em uma habitação demasiado estreita,
Onde não podia ver o luar,
Nem contemplar a luz do sol.
Então pronunciou as palavras que se seguem,
E expressou seus pensamentos desta maneira:
"Me ajudem Lua e Sol, libertem-me,
E a Ursa Maior ofereça seu conselho,
Através do portal que me é desconhecido,
Através da passagem insólita.
Do pequeno ninho que me prende,
De uma residência tão estreita,
À terra conduza o errante,
Ao ar aberto me conduza,
Para contemplar a Lua no céu,
E o esplendor da luz do Sol;
Que eu veja as estrelas da Ursa Maior acima de mim,
E as estrelas cintilantes no firmamento".
Quando a lua não lhe deu liberdade,
Nem o sol o libertou,
Então ele se cansou da existência,
E a vida tornou-se um fardo.
Então ele moveu o portal,
Com seu dedo, o de número quatro,
Rapidamente abriu o portão ósseo,
Com o dedão sobre o pé esquerdo,
E os joelhos já ultrapassando o portão.
De cabeça caiu nas águas,
Repelindo as ondas com suas mãos,
Assim o homem permaneceu no oceano,
E o herói nas vagas.[4]

CAPÍTULO II – *O nascimento virginal*

Antes que Väinämöinen – herói já no seu nascimento – conseguisse chegar à praia, o ordálio de um segundo útero materno teve de ser enfrentado por ele: aquele do oceano cósmico elemental. Agora desprotegido, ele teve de submeter-se à iniciação das forças fundamentalmente inumanas da natureza. No nível das águas e dos ventos ele teve de experimentar novamente aquilo que já conhecia tão bem.

> *Passou cinco anos no mar*
> *Esperou cinco anos, esperou seis anos,*
> *E sete, e oito anos até, na superfície do oceano.*
> *Próximo a um promontório sem nome,*
> *Perto de um país estéril e sem árvores.*
> *Na terra ele plantou seus joelhos,*
> *E sobre seus braços descansou,*
> *Levantou para que pudesse ver os raios de luar,*
> *E desfrutar a agradável luz do Sol,*
> *Ver as estrelas da Ursa Maior acima dele,*
> *E as estrelas cintilantes no firmamento.*
> *Assim era o venerável Väinämöinen,*
> *Ele, o sempre famoso menestrel,*
> *Nascido da divina criadora,*
> *Nascido de Ilmatar, sua mãe.*[5]

2. Matriz do destino

A DEUSA UNIVERSAL aparece aos homens sob múltiplos disfarces; pois os efeitos da criação são múltiplos, complexos e de um tipo mutuamente contraditório quando experimentados do ponto de vista do mundo criado. A mãe da vida é ao mesmo tempo a mãe da morte; ela está mascarada nas repulsivas demônias da fome e da doença.

A mitologia astral sumério-babilônica identifica os aspectos da mulher cósmica com as fases do planeta Vênus. Como a estrela matutina, Vênus era a virgem; como estrela vespertina, a meretriz; como a dama do céu noturno, a consorte da lua; e quando extinta sob o fulgor do sol, ela era a bruxa do inferno. Onde quer que se estendesse a influência mesopotâmica, as características da deusa eram tocadas pela luz dessa estrela oscilante.

Um mito do sudeste da África, coletado na tribo wahungwe makoni, da Rodésia do Sul, exibe os aspectos da Vênus-Mãe em coordenação com o primeiro estágio do ciclo cosmogônico. Nele, o homem original é a lua; a estrela matutina sua primeira esposa e a estrela vespertina sua segunda consorte. Assim como Väinämöinen emergiu do útero por suas próprias ações, também esse homem-lua emerge das águas abissais. Ele e suas esposas serão os pais das criaturas da terra. A história chega a nós da seguinte forma:

> Maori (Deus) fez o primeiro homem e o chamou de Mwuetsi (lua). Ele o colocou no fundo de um Dsivoa (lago) e lhe deu um chifre *ngona* cheio de óleo *ngona**. Mwuetsi viveu no Dsivoa.
>
> Mwuetsi disse a Maori: "Eu quero ir à terra". Maori respondeu: "Você vai se arrepender disso". Mwuetsi disse: "Não obstante, eu quero ir à terra". Maori disse: "Então vá à terra". Mwuetsi saiu do Dsivoa e foi à terra.
>
> A terra era fria e vazia. Não havia ervas, nenhum arbusto, nenhuma árvore. Não havia animais. Mwuetsi chorou e disse a Maori: "Como viverei aqui?" Maori disse: "Eu te avisei. Você começou um caminho ao final do qual morrerá. Todavia, darei a você um da sua espécie". Maori deu a Mwuetsi uma donzela que era chamada de Massassi, a estrela matutina. Maori disse: "Massassi será a sua esposa por dois anos". Maori deu a Massassi um fazedor de fogo.
>
> Ao anoitecer, Mwuetsi foi para uma caverna com Massassi. Massassi disse: "Me ajude. Nós vamos fazer fogo. Eu vou juntar *chimandra* (gravetos) e você pode girar o *rusika* (a parte giratória do fazedor de fogo)". Massassi juntou gravetos. Mwuetsi girou o *rusika*. Quando o fogo acendeu, Mwuetsi deitou-se de um lado dele (do fogo), Massassi do outro. O fogo ardia entre eles.
>
> Mwuetsi pensou consigo mesmo: "Por que Maori me deu esta donzela? O que eu devo fazer com esta donzela, Massassi?". Quando anoiteceu Mwuetsi pegou seu chifre *ngona*. Ele umedeceu seu dedo indicador com uma gota de óleo *ngona*. Mwuetsi disse: "*Ndini chaambuka mhiri ne mhirir* (eu vou pular por cima do fogo)". [Essa sentença é repetida muitas vezes em tom cerimonial e melodramático – Tradutores no orig. inglês] Mwuetsi pulou sobre o fogo. Mwuetsi se aproximou da donzela, Massassi. Mwuetsi tocou o corpo de Massassi com o unguento em seu dedo. Então Mwuetsi voltou para o seu lado da cama e dormiu.

---

* Esse chifre e esse óleo desempenha um papel de destaque no folclore da Rodésia do Sul [a atual nação do Zimbábue - Ed.]. O *ngona* é um instrumento de produzir maravilhas, com o poder de criar fogo e trovão, engravidar os vivos e ressuscitar os mortos.

CAPÍTULO II – *O nascimento virginal*

Quando Mwuetsi acordou pela manhã ele olhou para Massassi. Mwuetsi viu que o corpo de Massassi estava inchado. Quando o dia nasceu, Massassi começou a parir. Massassi pariu ervas. Massassi pariu arbustos. Massassi pariu árvores. Massassi não parou de dar à luz até que a terra estivesse coberta de ervas, arbustos e árvores.

As árvores cresceram. Elas cresceram até que seus topos alcançaram o céu. Quando os topos das árvores alcançaram o céu, começou a chover.

Mwuetsi e Massassi viveram em abundância. Eles tinham frutas e grãos. Mwuetsi construiu uma casa. Mwuetsi fez uma pá de ferro. Mwuetsi fez uma enxada e semeou plantações. Massassi trançou redes e pegou peixes. Massassi buscava madeira e água. Massassi cozinhava. Assim Mwuetsi e Massassi viveram por dois anos.

Depois de dois anos Maori disse a Massassi: "O tempo acabou". Maori pegou Massassi da terra e a colocou de volta no Dsivoa. Mwuetsi gemia. Ele gemia e chorava e disse a Maori: "O que farei sem Massassi? Quem buscará madeira e água para mim? Quem vai cozinhar para mim?". Durante oito dias Mwuetsi chorou.

Durante oito dias Mwuetsi chorou. Então Maori disse: "Eu avisei que você está caminhando para a sua morte. Mas lhe darei outra mulher. Darei a você Morongo, a estrela vespertina. Morongo permanecerá com você por dois anos. Então a tomarei de volta novamente". Maori deu Morongo a Mwuetsi.

Morongo veio a Mwuetsi na cabana. À noite Mwuetsi queria se deitar junto ao fogo, no seu lado do fogo. Morongo disse: "Não se deite ali. Deite-se comigo". Mwuetsi deitou ao lado de Morongo. Mwuetsi pegou o chifre *ngona*. Colocou um pouco de unguento no seu dedo indicador. Mas Morongo disse: "Não seja assim. Eu não sou Massassi. Agora, esfregue as suas virilhas com óleo *ngona*. Esfregue as minhas virilhas com óleo *ngona*". Mwuetsi fez como ela ordenou. Morongo disse: "Agora copule comigo". Mwuetsi copulou com Morongo. Mwuetsi foi dormir.

Próximo da manhã, Mwuetsi acordou. Olhou para Morongo e viu que seu corpo estava inchado. Ao nascer do dia Morongo começou a dar à luz. No primeiro dia Morongo deu à luz a galinhas, ovelhas e bodes.

Na segunda noite Mwuetsi dormiu novamente com Morongo. Na manhã seguinte ela pariu elandes e gado.

Na terceira noite Mwuetsi dormiu com Morongo outra vez. Na manhã seguinte Morongo pariu primeiro meninos e depois meninas. Os meninos que nasceram de manhã estavam crescidos ao anoitecer.

Na quarta noite, Mwuetsi quis dormir com Morongo novamente, mas veio uma tempestade e Maori falou: "Deixe estar. Você está indo

Figura 67. *O rei-lua e seu povo*. Pintura em pedra, pré-histórico, Zimbábue, *c.*1500 a.C.

CAPÍTULO II – *O nascimento virginal*

rapidamente para a sua morte". Mwuetsi ficou assustado. A tempestade passou. Quando a tempestade tinha passado, Morongo disse a Mwuetsi: "Faça uma porta e use-a para fechar a entrada da cabana, e Maori não poderá ver o que estamos fazendo. Então você poderá dormir comigo". Mwuetsi fez uma porta. Com ela fechou a entrada da cabana. Então ele dormiu com Morongo. E Mwuetsi adormeceu.

Próximo da manhã Mwuetsi acordou. Olhou para Morongo e viu que seu corpo estava inchado. Ao nascer do dia Morongo começou a dar à luz. Morongo pariu leões, leopardos, cobras e escorpiões. Maori viu isso. Maori disse a Mwuetsi: "Eu te avisei".

Na quinta noite, Mwuetsi quis dormir com Morongo novamente. Mas Morongo disse: "Olhe, suas filhas estão crescidas. Copule com suas filhas". Mwuetsi olhou para as suas filhas. Ele viu que eram bonitas e estavam crescidas. Então ele dormiu com elas. Eles geraram filhos. As crianças nascidas pela manhã estavam totalmente crescidas à noite. E então Mwuetsi se tornou o Mambo (rei) de um grande povo.

Mas Morongo dormiu com a cobra. Morongo não deu mais à luz. Ela vivia com a cobra. Um dia Mwuetsi retornou para Morongo e quis dormir com ela. Morongo disse: "Deixe estar". Mwuetsi disse: "Mas eu quero". Ele se deitou com Morongo. Debaixo da cama de Morongo estava a cobra. A cobra picou Mwuetsi. Mwuetsi adoeceu.

Depois de a cobra picar Mwuetsi, Mwuetsi adoeceu. No dia seguinte não choveu. As plantas murcharam. Os rios e lagos secaram. Os animais morreram. O povo começou a morrer. Muitas pessoas morreram. Os filhos de Mwuetsi perguntaram: "O que faremos?". Os filhos de Mwuetsi disseram: "Vamos consultar o *hakata* (dado sagrado)". Os filhos consultaram o *hakata*. O *hakata* disse: "Mwuetsi, o Mambo, está doente e sofrendo. Devolvam Mwuetsi para Dsivoa".

Por isso os filhos de Mwuetsi o estrangularam e o enterraram. Eles enterraram Morongo com Mwuetsi. Então escolheram outro homem para ser Mambo. Morongo, também, viveu por apenas dois anos no Zimbábue de Mwuetsi.[6*]

Está claro que cada um dos três estágios de procriação representa uma época no desenvolvimento do mundo. O padrão de procriação foi conhecido de antemão, quase como algo já observado; isso é indicado

---

* Zimbábue significa, *grosso modo*, "a corte real". A enorme ruína pré-histórica próxima de Forte Vitória é chamada "O Grande Zimbábue"; outras ruínas de pedra espalhadas pela Rodésia do Sul são chamadas de "Pequeno Zimbábue". [Nota por Frobenius e Fox, *African Genesis*.]

pelas advertências do Todo-Elevado. Mas ao Homem-Lua, ao Poderoso Ser Vivo, não lhe seria negada a realização de seu destino. A conversa no fundo do lago é o diálogo entre a eternidade e o tempo, o "Colóquio do Rápido": "Ser, ou não ser". O desejo insaciável finalmente pode fazer o que quer: o movimento começa.

As esposas e filhas do Homem-Lua são a personificação e as precipitadoras de seu destino. Com a evolução de sua vontade de criar o mundo, as virtudes e características da deusa mãe são metamorfoseadas. Após o nascimento de dentro do útero elemental, as duas primeiras esposas eram pré e supra-humanas. Mas quando o giro cosmogônico prosseguiu e o impulso de crescimento passou, indo de sua forma primordial para a forma humana histórica, a senhora dos nascimentos cósmicos se retirou, e o campo ficou para as mulheres dos homens. Por isso o velho progenitor demiúrgico se torna um anacronismo metafísico no seio da comunidade. Quando ele ao final se cansa do meramente humano e anseia de novo pela esposa de sua abundância, o mundo adoece por um momento sob a tração de sua reação, mas então se liberta e corre solto. A iniciativa passa para a comunidade de filhos. As figuras parentais simbólicas, pesadamente oníricas, mergulharam no abismo original. Apenas o homem permaneceu na terra mobiliada. O ciclo completou a volta.

3. O útero da redenção

AGORA O PROBLEMA é o mundo da vida humana. Guiado pelos julgamentos práticos dos reis e as instruções dos sacerdotes dos dados da divina revelação (ver o *hakata* dos filhos de Mwuetsi, p. 287), o campo da consciência se contrai de tal forma que as grandes linhas da comédia humana se perdem em um tumulto de propósitos cruzados. A perspectiva dos homens torna-se simples, compreendendo apenas as superfícies tangíveis e que refletem a luz da existência. A visão que penetra a profundeza se fecha. Perde-se de vista a forma significativa da agonia humana. A sociedade escorrega para o erro e o desastre. O Pequeno Ego usurpou o trono do discernimento do Ser.

No mito esse é um tema perpétuo, um grito familiar nas vozes dos profetas. O povo anseia por alguma personalidade que, em um mundo de corpos e almas distorcidos, represente novamente os contornos da imagem encarnada. Conhecemos bem o mito de nossa própria

CAPÍTULO II – *O nascimento virginal*

tradição. Ele aparece por toda a parte sob uma miríade de disfarces. Quando a figura de Herodes (o símbolo extremo do ego desgovernado e tenaz) leva a humanidade a um nadir de rebaixamento espiritual, as forças ocultas do ciclo começam a se mover por si mesmas. Em uma discreta vila nasceu uma donzela que se manterá inviolada pelos erros em voga na sua geração: em meio aos homens, ela é uma miniatura da mulher cósmica que foi a noiva do vento. Seu útero, preservado como o abismo primordial, por sua própria prontidão, atrai para si o poder original que fertilizou o vazio.

"Aconteceu que certo dia, enquanto Maria estava em pé próxima à fonte para encher seu cântaro, o anjo do Senhor apareceu para ela, dizendo, 'Bendita sois vós, Maria, pois em vosso ventre preparastes a habitação do Senhor. Contemplai, a luz do céu virá e habitará em vós, e através de vós brilhará no mundo inteiro.'"[7]

A história é recontada em toda parte, e com tal notável uniformidade nos principais contornos, que os primeiros missionários cristãos foram forçados a pensar que o próprio demônio devia estar vomitando zombarias para desacreditar seus ensinamentos onde quer que pregassem. Frei Pedro Simón relata, em *Noticias historiales de las conquistas de Tierra Firme en las Indias Occidentales* (Cuenca, 1627), que depois do trabalho ter começado entre os povos de Tunja e Sogamoso na Colômbia, América do Sul,

> o demônio daquele lugar começou a oferecer doutrinas contrárias. E entre outras coisas, ele procurou desacreditar aquilo que o padre tinha ensinado em relação à Encarnação, declarando que ainda não tinha ocorrido; mas que logo o Sol o faria acontecer, tornando-se carne no ventre de uma virgem da vila de Guacheta, fazendo com que concebesse pelos raios do sol enquanto ela permaneceria virgem. Estas previsões foram proclamadas por toda a região. E aconteceu que o chefe dessa vila tinha duas filhas virgens, cada uma desejosa de que o milagre se realizasse nela. Começaram a sair da casa de seu pai, cercada de jardins, todas as manhãs ao nascer da aurora; e subindo em uma das numerosas colinas nas cercanias da vila, na direção do sol nascente, elas se dispunham de tal forma que os primeiros raios do sol brilhassem livremente sobre elas. Isso prosseguiu por certo número de dias, e foi concedido ao demônio pela permissão divina (cujos julgamentos são incompreensíveis) que as coisas acontecessem como ele planejara, e de tal maneira que uma das filhas, segundo declarou, engravidou do Sol. Nove meses

depois ela trouxe ao mundo uma grande e valiosa *hacuata*, que no seu idioma é uma esmeralda. A mulher pegou a pedra, e, enrolando-a em algodão, colocou entre seus seios, onde a manteve por um certo número de dias, ao final dos quais a pedra se transformou em uma criatura viva: tudo por ordem do demônio. A criança foi chamada de Goranchaco, e o menino foi criado na residência do chefe, seu avô, até completar cerca de 24 anos de idade.

Então ele seguiu em procissão triunfante até a capital da nação, e foi celebrado pelas províncias como "Filho do Sol".[8]

A mitologia hindu conta da donzela Parvati, filha do rei da montanha, Himalaia, que se refugiou nas altas colinas para praticar severas austeridades. Um titã tirano chamado Taraka usurpara o domínio do mundo, e de acordo com a profecia, apenas um filho do Elevado Deus Shiva poderia destroná-lo. Shiva, todavia, era o deus modelo do yoga – desapegado, sozinho, recolhido em meditação. Era impossível que ele fosse alguma vez levado a gerar um filho.

Parvati estava determinada a mudar a situação do mundo igualando-se a Shiva em meditação. Desapegada, sozinha, recolhida em sua própria alma, ela também jejuava nua sob o sol escaldante, e ainda aumentou o calor ao acender quatro grandes fogueiras adicionais, uma para cada um dos quatro quadrantes. Seu formoso corpo ressecou a ponto de se tornar uma quebradiça construção de ossos, a pele curtida e dura. Seu cabelo ficou emaranhado e selvagem. Seus olhos macios e líquidos ardiam.

Certo dia um jovem brâmane chegou e perguntou por que alguém tão bela estaria se destruindo com tal tortura.

"Meu desejo", ela replicou, "é Shiva, o Mais Elevado Objeto. Shiva é um deus de solidão e inabalável concentração. Estou, portanto, praticando estas austeridades para movê-lo de seu estado de equilíbrio e trazê-lo a mim apaixonado".

"Shiva" disse o jovem, "é o deus da destruição. Shiva é o Aniquilador do Mundo. Shiva se deleita em meditar nos cemitérios em meio ao fedor dos cadáveres; ali ele contempla a podridão da morte, e isso agrada o seu coração devastador. As guirlandas de Shiva são serpentes vivas. Ademais, Shiva é um pedinte, ninguém sabe nada sobre seu nascimento".

A virgem disse: "Ele está além de uma mente tal como a sua. Ele é pobre, mas é o manancial de riqueza; assustador, mas a fonte da graça; guirlandas de cobras ou guirlandas de joias ele pode colocar ou tirar à vontade. Como ele poderia ter nascido, quando ele é o criador do incriado! Shiva é meu amor".

O jovem então colocou de lado seu disfarce – ele era Shiva.[9]

4. Histórias folclóricas de maternidade virginal

O BUDA DESCEU dos céus para o útero de sua mãe na forma de um elefante branco como o leite. A asteca Coatlicue, "Aquela da Saia de Serpentes Entrelaçadas", foi abordada por um deus na forma de uma bola de penas. Os capítulos das *Metamorfoses* de Ovídio fervilham de ninfas acossadas por deuses nos mais variados disfarces: Júpiter como um touro, um cisne, uma chuva de ouro. Qualquer folha acidentalmente engolida, qualquer noz, ou mesmo um sopro de vento, pode ser o suficiente para fertilizar um útero que está pronto. O poder procriador está em toda parte. E de acordo com o destino ou capricho do momento, ambos podem ser concebidos: um herói salvador ou um demônio aniquilador de mundos – nunca se sabe.

Imagens de nascimentos virginais abundam em contos populares assim como nos mitos. Um exemplo será suficiente: um estranho conto folclórico de Tonga, pertencente a um pequeno ciclo de histórias sobre o "homem bonito", Sinilau. O conto é de particular interesse, não por causa de seu extremo absurdo, mas porque ele claramente anuncia, em inconsciência burlesca, cada um dos grandes temas da típica vida do herói: nascimento virginal, busca pelo pai, ordálio, reconciliação com o pai, assunção e coroação da virgem mãe e, finalmente, o triunfo celestial dos verdadeiros filhos enquanto os impostores vão para a fogueira.

> Era uma vez um homem e sua esposa, e a mulher estava grávida. Quando chegou a hora do parto da sua criança, ela chamou seu marido para levantá-la, de modo que ela pudesse dar à luz. Mas ela pariu uma ostra, e seu marido a jogou no chão enraivecido. Todavia, ela pediu que ele pegasse a ostra e a levasse para a piscina onde Sinilau se banhava. Então Sinilau foi para o banho e jogou na água a casca de coco que ele usara para se lavar. A ostra deslizou e sugou a casca de coco e engravidou.

Um dia a mulher, mãe da ostra, viu a ostra rolando em sua direção. Raivosa, ela perguntou por que a ostra tinha vindo, mas o molusco respondeu que não havia tempo para raiva, e pediu por um lugar reservado onde pudesse dar à luz. Então colocaram um biombo, e a ostra pariu um belo garotão. Então ela rolou de volta para a piscina, e a mulher cuidou da criança, que foi chamada de "Fatai que vai para baixo da madeira de sândalo". O tempo passou, e eis que a ostra estava grávida outra vez, novamente ela foi rolando até a casa para dar à luz seu filho. A performance se repetiu e de novo ela pariu um belo menino, que foi chamado de "Murta entrançada a esmo no fatai". Ele também foi deixado aos cuidados da mulher e seu marido.

Figura 68. *Coatlicue da saia de serpentes entrelaçadas, mãe-terra.* Pedra talhada, asteca, México, final do século XV.

CAPÍTULO II – *O nascimento virginal*

Quando os dois cresceram e se tornaram homens, a mulher ouviu que Sinilau ia realizar um festival, e decidiu que seus dois netos deveriam estar presentes. Então chamou os jovens, e mandou que se preparassem, acrescentando que o homem que estava promovendo o festival era seu pai. Quando eles chegaram ao local onde o festival estava sendo realizado, todos olharam para eles. Não havia uma única mulher que não tivesse os olhos fixos neles. À medida que avançavam, um grupo de mulheres os chamou para chegarem para seu lado, mas os dois jovens recusaram, e seguiram em frente, até chegarem onde se bebia a *kava*. Ali eles serviram *kava*.

Mas Sinilau, zangado pela perturbação que causaram em seu festival, ordenou que duas tigelas fossem trazidas a ele. Então ordenou que seus homens agarrassem um dos jovens e o retalhassem. A faca de bambu foi afiada para cortá-lo, mas quando a ponta encostou no corpo do rapaz, só escorregou sobre sua pele, e ele gritou:

A faca é colocada e escorrega,
Apenas senta-te e olha para nós
Se somos parecidos contigo ou não.

Sinilau perguntou o que o jovem dissera, e eles repetiram esses versos para ele. Então ele ordenou que os dois jovens fossem trazidos, e perguntou quem era seu pai. Eles responderam que ele mesmo era o pai deles. Depois de Sinilau beijar seus recém descobertos filhos disse a eles que fossem buscar sua mãe. Então foram até a piscina e pegaram a ostra, e levaram para sua avó, que a quebrou, e lá dentro havia uma adorável mulher, chamada "Hina em casa no rio".

Depois retornaram a Sinilau, cada um dos jovens vestia uma esteira franjada, de um tipo chamado *taufohua*; mas sua mãe tinha uma das esteiras mais finas chamada *tuoua*. Os dois filhos iam à frente, e Hina seguia. Quando chegaram até Sinilau, o encontraram sentado com suas esposas. Cada um dos jovens sentou-se sobre uma coxa de Sinilau, e Hina sentou-se ao seu lado. Então Sinilau mandou seu povo preparar um forno, e aquecê-lo até ficar bem quente; e então agarraram as esposas e filhos delas, e os mataram e assaram; mas Sinilau casou-se com "Hina em casa no rio".[10]

Figura 69. *A carruagem da Lua*. Pedra talhada, Camboja, c.1113-1150.

CAPÍTULO III

As transformações do herói

1. O herói primordial e o herói humano

JÁ VIMOS DOIS estágios: o primeiro, que vai das emanações imediatas do Incriado Que Cria até os personagens fluidos, porém atemporais, da era mitológica; o segundo que vai desses Criadores Criados até a esfera da história humana. As emanações se condensaram, o campo da consciência se contraiu. Se antes os corpos causais eram visíveis, agora apenas seus efeitos secundários se definem na diminuta pupila factual do olho humano. Portanto, o ciclo cosmogônico deve agora ser levado adiante, não pelos deuses, que se tornaram invisíveis, mas pelos heróis, de caráter mais ou menos humano, por meio dos quais o destino do mundo se realiza. Nesse ponto os mitos de criação começam a dar lugar às lendas – como no Livro do Gênesis, após a expulsão do Jardim do Éden. A metafísica cede lugar à pré-história, obscura e vaga no início, mas que gradualmente vai adquirindo precisão nos detalhes. Os heróis tornam-se cada vez menos fabulosos, até que finalmente, nos estágios finais das várias tradições locais, a lenda se abre à luz do dia comum do tempo registrado.

Mwuetsi, o Homem-Lua, foi largado como uma âncora suja; a comunidade das crianças pairou livremente no mundo diurno da consciência desperta. Mas somos informados que existiam entre eles filhos diretos do pai, agora submerso, que, como os filhos de sua primeira geração, cresceram da infância à idade adulta em um único dia. Esses portadores especiais de poder cósmico constituíam uma aristocracia espiritual e social. Preenchidos com uma dupla carga de energia criativa, eles próprios eram fontes de revelação. Tais figuras aparecem no palco da aurora de todo passado lendário. Eles são os heróis culturais, os fundadores das cidades.

As crônicas chinesas registram que, quando a terra se solidificou e os povos se estabeleceram nas terras fluviais, Fu Hsi, o "Imperador Celestial" (2953-2838 a.C.), governou entre eles. Ensinou suas tribos a pescar com redes, a caçar e criar animais domésticos, dividiu o povo em clãs e instituiu o matrimônio. A partir de uma tábua sobrenatural que lhe foi confiada por um monstro escamoso em forma de cavalo saído das águas do rio Meng, ele deduziu os Oito Diagramas, que são, até hoje, os símbolos fundamentais do pensamento tradicional chinês. Ele nasceu de uma concepção milagrosa depois de uma gestação de doze anos; tinha o corpo de uma serpente com braços humanos e cabeça de boi.[1]

Shen Nung, seu sucessor, o "Imperador Terrestre" (2838-2698 a.C.), tinha 2,70 metros de altura, corpo humano, mas cabeça de touro. Ele fora milagrosamente concebido pela influência de um dragão. A mãe, envergonhada, depôs esse bebê na encosta de uma montanha, mas os animais selvagens o protegeram e alimentaram, e quando ela soube disso, trouxe-o para casa. Shen Nung descobriu, em um só dia, setenta plantas venenosas e seus antídotos; através de uma cobertura de vidro em seu estômago ele pôde observar a digestão de cada erva. Ele compôs uma farmacopeia que continua em uso. Foi o inventor do arado e do sistema de troca; é adorado pelo camponês chinês como o "príncipe dos cereais". Aos 168 anos juntou-se aos imortais.[2]

Esses reis serpentes e minotauros nos falam de um passado em que o imperador era portador de um poder especial de criação e sustentação do mundo, muito maior do que o representado no corpo humano normal. Naqueles tempos, foi realizado o pesado trabalho titânico, o estabelecimento maciço dos fundamentos de nossa civilização humana. Mas com a progressão do ciclo, chegou um período em que o trabalho a ser feito não era mais proto ou sobre-humano, e passou a ser especificamente um trabalho humano: o controle das paixões, a exploração das artes, a elaboração das instituições econômicas e culturais do Estado. Agora não era necessária nenhuma encarnação do Touro-Lua, nenhuma Sabedoria da Serpente dos Oito Diagramas do Destino, mas precisávamos de um espírito humano perfeito, alerta às necessidades e esperanças do coração. Assim, o ciclo cosmogônico produz um imperador em forma humana que permanecerá por todas as gerações vindouras como o modelo de homem: o rei.

Huang Ti, o "Imperador Amarelo" (2697-2597 a.C.), foi o terceiro dos Três Augustos. Sua mãe, uma concubina do príncipe da província de Chao-tien, concebeu-o quando, certa noite, viu uma luz dourada deslumbrante ao redor da constelação da Ursa Maior. A criança sabia falar aos setenta dias de idade e aos onze anos sucedeu ao trono. Seu dom especial era o poder de sonhar: durante o sono, ele conseguia visitar as regiões mais remotas e se relacionar com imortais no reino sobrenatural. Logo após sua ascensão ao trono, Huang Ti teve um sonho que durou três meses inteiros, durante os quais aprendeu a lição do controle do coração. Depois de um segundo sonho de duração comparável, voltou com o poder de ensinar o povo. Ele os instruiu sobre o controle das forças da natureza em seus próprios corações.

Este homem maravilhoso governou a China por cem anos, e durante seu reinado o povo desfrutou de uma verdadeira idade de ouro. Ele reuniu ao seu redor seis grandes ministros, com a ajuda dos quais compôs um calendário, estabeleceu cálculos matemáticos e ensinou a fazer utensílios de madeira, cerâmica e metal, e também a construção de barcos e carruagens, o uso do dinheiro e a construção de instrumentos musicais de bambu. Designou lugares públicos para a adoração a Deus. Instituiu os limites e as leis da propriedade privada. Sua rainha descobriu a arte de tecer a seda. Plantou cem variedades de grãos, vegetais e árvores; favoreceu o desenvolvimento de aves, quadrúpedes, répteis e insetos; ensinou como usar a água, o fogo, a madeira e a terra; e mediu os movimentos das marés. Antes de sua morte, aos 111 anos, a fênix e o unicórnio apareceram nos jardins do Império, atestando a perfeição de seu reinado.[3]

2. A infância do herói humano

O HERÓI CULTURAL primitivo, com corpo de cobra e cabeça de touro, carregava dentro de si desde o nascimento o poder criativo espontâneo do mundo natural. Esse era o significado de sua forma. O herói humano, por outro lado, deve "descer" para restabelecer a conexão com o infra-humano. Este é o sentido, como vimos, da aventura do herói.

Mas os criadores de lendas raramente deram-se por satisfeitos em considerar os grandes heróis do mundo como meros seres humanos que ultrapassaram os horizontes limitadores de seus semelhantes, que retornaram com as bênçãos passíveis de serem encontradas por qualquer humano com igual fé e coragem. Ao contrário, a tendência sempre foi a de dotar o herói com poderes extraordinários desde o momento do nascimento, ou mesmo desde o momento da concepção. A vida inteira do herói é descrita como um cortejo de maravilhas, tendo como ponto culminante a grande aventura central.

Figura 70. *A filha do faraó encontra Moisés*. Detalhe; óleo sobre tela, Inglaterra, 1886.

Isso está em consonância com a visão de que a condição de herói é predestinada, em vez de simplesmente conquistada, e abre o problema da relação da biografia com o personagem. Jesus, por exemplo, pode ser considerado como um homem que, por meio de austeridades e meditação, alcançou a sabedoria; ou, por outro lado, pode-se acreditar que um deus desceu e tomou para si a realização de uma carreira humana. A primeira visão levaria a imitar literalmente o mestre, para chegar, da mesma forma que ele, a uma experiência transcendental e redentora. Mas a segunda afirma que o herói é antes um símbolo a ser contemplado ao invés de um exemplo a ser seguido literalmente. O ser divino é uma revelação do Si-Mesmo onipotente, que habita dentro

CAPÍTULO III – As transformações do herói

de todos nós. Portanto, a contemplação da vida deve ser empreendida como uma meditação sobre a própria divindade imanente, não como um prelúdio para uma imitação precisa. Portanto, a lição não é "Faça assim e seja bom", mas "Conheça isso e seja Deus".

Essa fórmula, é claro, não é exatamente aquela do ensino cristão comum. Embora se afirme que Jesus teria declarado que "o reino de Deus está dentro de nós", as igrejas sustentam que uma vez que o homem foi criado apenas "à imagem" de Deus, a distinção entre a alma e seu criador é absoluta – mantendo assim, como alcance final de sua sabedoria, a distinção dualista entre a "alma eterna" do homem e a divindade. Não se encoraja a transcendência desse par de opostos (na verdade, ela é rejeitada como "panteísmo" e algumas vezes foi recompensada com a fogueira). No entanto, as orações e os diários dos místicos cristãos abundam em descrições extáticas da experiência de união que desmantela a alma (ver acima, p. 48), enquanto a visão de Dante na conclusão da Divina Comédia (ver acima, p. 182-183) certamente ultrapassa o dogma ortodoxo, dualista, concretista da finalidade das personalidades da Trindade. Sempre que este dogma não é transcendido, o mito de ir ao Pai é tomado literalmente como uma descrição do objetivo final do homem (ver acima, p. 246).

Quanto ao problema de imitar Jesus como um modelo humano, ou meditar sobre Ele como um deus, a história da atitude cristã pode ser resumida da seguinte forma: (1) um período de seguir literalmente o mestre, Jesus, renunciando ao mundo como ele fez (cristianismo primitivo); (2) um período de meditação em Cristo Crucificado como a divindade dentro do coração, enquanto se leva a vida no mundo como servo desse deus (cristianismo primitivo e medieval); (3) um de rejeição da maioria dos instrumentos de apoio à meditação, enquanto, contudo, se continua a levar a vida no mundo como servo ou veículo do deus que deixou de visualizar (cristianismo protestante); (4) uma tentativa de interpretar Jesus como um ser humano modelo, mas sem aceitar seu caminho ascético (cristianismo liberal).

Na Parte I, "A Aventura do Herói", consideramos o feito redentor do primeiro ponto de vista, que pode ser chamado de psicológico. Devemos agora descrevê-lo a partir de outro ângulo, onde simboliza o mesmo mistério metafísico que a ação do herói precisava redescobrir e tornar visível. No presente capítulo, portanto, consideraremos primeiro a infância milagrosa, pela qual se mostra que uma manifestação especial do princípio divino imanente se encarnou no mundo, e na sequência, os vários papéis de vida através dos quais o herói concretiza a obra a que foi destinado. Estes variam em magnitude, de acordo com as necessidades da época.

Nos termos formulados acima, a primeira tarefa do herói é experimentar conscientemente os estágios antecedentes do ciclo cosmogônico: retornar à época da emanação. A segunda é voltar desse abismo ao plano da vida contemporânea, para ali servir de transformador humano dos potenciais demiúrgicos. Huang Ti tinha o poder de sonhar: este era seu caminho de descida e retorno. O segundo nascimento, ou nascimento na água, de Väinämöinen o jogou de volta na experiência do elemental. No conto de Tonga, da esposa-marisco, o recolhimento começou com o nascimento da mãe: os heróis irmãos surgiram de um ventre infra-humano.

Os feitos do herói na segunda parte de seu ciclo pessoal serão proporcionais à profundidade de sua descida durante a primeira. Os filhos da esposa-marisco vieram do nível animal; sua beleza física era superlativa. Väinämöinen renasceu das águas e dos ventos elementais; seu dom era despertar ou reprimir por meio do canto bárdico os elementos da natureza e do corpo humano. Huang Ti peregrinou no reino do espírito; ele ensinou a harmonia do coração. O Buda ultrapassou até mesmo a zona dos deuses criativos e voltou do vazio; ele anunciou a libertação da esfera cosmogônica.

Se os feitos de uma figura histórica real anunciam que ele foi um herói, os construtores de sua lenda inventarão para ele aventuras apropriadas na dimensão de sua profundidade. Estas serão retratadas como viagens a reinos milagrosos e devem ser interpretadas como simbólicas, por um lado, de descidas ao mar noturno da psique e, por outro, aos reinos ou aspectos do destino humano que se manifestam nas respectivas biografias.

O rei Sargão de Acad (c.2350 a.C.) nasceu de uma mãe humilde. Seu pai era desconhecido. Deixado à deriva em uma cesta de juncos nas águas do Eufrates, ele foi descoberto por Akki, o lavrador, por quem foi criado para servir como jardineiro. A deusa Ishtar favoreceu o jovem. Assim, ele se tornou, finalmente, rei e imperador, conhecido como o deus vivo.

Candragupta (século IV a.C.), o fundador da dinastia hindu Maurya, foi abandonado em um jarro de barro na entrada de um estábulo. Um pastor encontrou e criou a criança. Um dia, quando ele estava com seus companheiros brincando de Grande Rei no Tribunal, o pequeno Candragupta ordenou que o pior dos ofensores tivesse suas mãos e pés decepados; então, por sua ordem, os membros amputados imediatamente retornaram ao seu lugar. Um príncipe que passava, vendo a milagrosa brincadeira, comprou a criança por mil *harshapanas* e em casa descobriu, através de sinais físicos, que era um Maurya.

O Papa Gregório Magno (540?-604) nasceu de nobres gêmeos que, instigados pelo demônio, cometeram incesto. Sua mãe, penitente, o colocou no mar em um pequeno caixão. Ele foi encontrado e criado por pescadores, e aos seis anos foi enviado a um claustro, onde seria educado para ser padre. Mas ele desejava a vida de um guerreiro cavaleiro. Entrando em um barco, foi milagrosamente transportado para o país de seus pais, onde se casou com a rainha, descobrindo um pouco depois que ela era sua mãe. Após a revelação deste segundo incesto, Gregório permaneceu dezessete anos em penitência, acorrentado a uma rocha no meio do mar. As chaves das correntes lançaram-se às águas, mas quando ao fim do longo período foram descobertas no ventre de um peixe, isso foi tomado como um sinal da providência: o penitente foi conduzido a Roma, onde, no devido tempo, foi eleito papa.[4]

Carlos Magno (742-814) foi perseguido quando criança por seus irmãos mais velhos e fugiu para a Espanha sarracena. Lá, sob o nome de Mainet, prestou notáveis serviços ao rei. Ele converteu a filha do rei à fé cristã, e os dois se casaram secretamente. Após outros feitos, o jovem real retornou à França, onde destronou seus ex-perseguidores e assumiu triunfantemente a coroa. Então governou por cem anos, cercado de um zodíaco de doze de seus pares. De acordo com todos os relatos, sua barba e cabelo eram muito longos e brancos. (Na verdade, Carlos, o Grande, era imberbe e calvo.) Um dia, sentado sob sua árvore de julgamento, ele fez justiça a uma cobra e, em gratidão, o réptil concedeu-lhe um encanto que o envolveu em um caso de amor com uma mulher já morta. Este amuleto caiu num poço em Aix, razão pela qual Aix se tornou a residência favorita do imperador. Após longas guerras contra os sarracenos, saxões, eslavos e nórdicos, o imperador eterno morreu; mas ele dorme apenas – acorda na hora em que seu país dele necessita. Durante o final da Idade Média, certa vez ele ressuscitou dos mortos para participar de uma cruzada.[5]

Cada uma dessas biografias exibe o tema do exílio infantil e do retorno, racionalizados de modos diversos. Esta é uma característica proeminente em todas as lendas, contos populares e mitos. Normalmente, há um esforço para dar-lhe alguma aparência de plausibilidade física. No entanto, quando o herói em questão é um grande patriarca, mago, profeta ou encarnação, as maravilhas ganham permissão para ir além de todos os limites.

A lenda hebraica popular do nascimento do pai Abraão oferece um exemplo de exílio infantil francamente sobrenatural. O evento do nascimento foi lido por Nimrod nas estrelas, pois esse rei ímpio era um astuto astrólogo, e a ele foi manifestado que nasceria em sua época um homem que se levantaria contra ele e triunfantemente desmentiria sua religião. Aterrorizado pelo destino que lhe foi anunciado nas estrelas, chamou seus príncipes e governadores e pediu-lhes que o aconselhassem sobre a questão. Eles responderam dizendo: "Nosso conselho unânime é que deveis construir uma casa grande, colocar uma guarda na entrada e anunciar por todo o reino que todas as mulheres grávidas devem ficar lá junto com suas parteiras, e devem permanecer com elas até o dia do parto. Quando chegar o dia da mulher dar à luz e a criança nascer, será dever da parteira matar o recém-nascido se for um menino. Mas se nascer uma menina, será mantida viva, e a mãe receberá presentes e roupas caras, e um arauto proclamará: 'Assim se faz à mulher que dá à luz uma filha!'".

O rei ficou satisfeito com este conselho e emitiu uma proclamação em todo o seu reino convocando todos os arquitetos para construir uma grande casa, com sessenta varas de altura e oitenta de largura. Depois de concluída a obra, ele emitiu uma segunda proclamação, convocando todas as mulheres grávidas para ir até lá, onde deveriam permanecer até o parto. Oficiais foram nomeados para levar as mulheres para a casa, e guardas foram colocados nela e ao redor dela para impedir que as mulheres fugissem. Além disso, enviou parteiras à casa e ordenou-lhes que matassem os filhos homens no seio de suas mães. Mas se uma mulher desse à luz uma menina, ela deveria ser vestida com bisso, seda e roupas bordadas, e levada da casa de detenção com grandes honras. Nada menos do que setenta mil meninos foram massacrados dessa maneira. Então os anjos apareceram diante de Deus e falaram: "Não vês o que ele faz, o pecador e blasfemador, Nimrod, filho de Canaã, que mata tantos bebês inocentes, que não fizeram mal algum?". Deus respondeu dizendo: "Santos anjos, eu sei e vejo pois não cochilo nem durmo. Contemplo e conheço as coisas encobertas e as reveladas, e vós testemunhareis o que farei a este pecador e blasfemador, pois voltarei minha mão contra ele para castigá-lo".

Foi mais ou menos nessa época que Terah desposou a mãe de Abraão e ela ficou grávida. [...] Quando a hora se aproximou, ela deixou a cidade com grande terror e vagou em direção ao deserto, caminhando pela beira de um vale, até que aconteceu de passar por uma caverna. Entrou nesse refúgio, e no dia seguinte foi acometida de espasmos e deu à luz um menino. Toda a caverna se iluminou com o esplendor do semblante da criança, como se fora a radiância do sol, e a mãe regozijou-se muito. O bebê que ela deu à luz era nosso pai, Abraão.

CAPÍTULO III – *As transformações do herói*

Sua mãe lamentou e disse ao filho: "Ai de ti que te dei à luz numa época em que Nimrod é rei. Por tua causa, setenta mil meninos foram massacrados, e estou tomada de terror por causa de ti, que ele ouça falar de tua existência e te mate. É melhor que pereças aqui nesta caverna do que meus olhos te contemplem morto em meu seio". Ela pegou a roupa com a qual estava vestida e enrolou no menino. Então, o abandonou na caverna, dizendo: "Que o Senhor esteja contigo, que Ele não te deixe nem te desampare".

Assim, Abraão foi abandonado na caverna, sem ter quem o alimentasse, e começou a chorar. Deus mandou Gabriel descer para lhe dar leite para beber, e o anjo o fez fluir do dedo mindinho da mão direita do bebê, que o sugou até os dez dias de idade. Então ele se levantou e caminhou, e saiu da caverna e seguiu ao longo da beira do vale. Quando o Sol se pôs e as estrelas surgiram, ele disse: "Estas são os deuses!". Mas a aurora veio, e as estrelas não podiam mais ser vistas, e então ele disse: "Eu não prestarei culto a elas, porque elas não são deuses". Então o Sol apareceu, e ele falou: "Este é o meu deus, a ele exaltarei". Mas novamente o Sol se pôs e ele disse: "Ele não é deus", e vendo a Lua, ele a chamou de seu deus a quem ele prestaria homenagem divina. Então a Lua ficou obscurecida e ele bradou: "Isso também não é deus! Há Alguém que os põe em movimento".[6]

Os blackfoot de Montana falam de um jovem matador de monstros, Kut-o-yis, que foi descoberto por seus pais adotivos quando o velho e a velha colocaram um coágulo de sangue de búfalo para ferver em uma panela.

Imediatamente veio da panela um barulho de uma criança chorando, como se estivesse sendo ferida, queimada ou escaldada. Eles olharam dentro da panela e viram ali um garotinho, e rapidamente o tiraram da água. Ficaram muito surpresos [...]. Ora, no quarto dia, a criança falou, dizendo: "Amarra-me, sucessivamente, a cada uma dessas colunas de madeira, e quando eu chegar à última, sairei da minha amarração e serei adulto". A velha o fez, e enquanto ela o amarrava a cada coluna da cabana, ele crescia a olhos vistos e, finalmente, quando o amarrou à última estaca, ele se tornara um homem.[7]

Os contos folclóricos comumente reforçam ou suplantam esse tema do exílio pelo do desprezado, ou deficiente: o filho ou a filha mais novos que foram abusados, o órfão, o enteado, o patinho feio ou o escudeiro de baixo escalão.

Uma jovem pueblo, que estava ajudando sua mãe a amassar barro para cerâmica com os pés sentiu um respingo de lama em sua perna, mas não pensou mais naquilo.

> Depois de alguns dias, a menina sentiu que algo estava se movendo em sua barriga, mas não pensava que teria um bebê. Não contou nada à sua mãe. Mas foi crescendo e crescendo. Um dia de manhã ela se sentiu muito mal. À tarde, ela teve o bebê. Então sua mãe soube (pela primeira vez) que sua filha estava tendo um bebê. A mãe ficou muito brava; mas depois de vê-lo, percebeu que não se parecia com um bebê, era uma coisa redonda com duas coisas salientes, era um potinho. "Onde você conseguiu isso?", perguntou a mãe. A menina só fazia chorar. Nessa hora o pai entrou. "Não importa, estou muito feliz que ela teve um bebê", disse. "Mas não é um bebê", retrucou a mãe. Então o pai foi olhar e viu que era um pequeno jarro de água. Depois disso, passou a gostar muito daquele pequeno frasco. "Está se mexendo", disse ele. Logo aquele pequeno jarro de água começou a crescer. Em vinte dias ficou grande. Conseguia andar com as crianças, e sabia falar. "Vovô, me leve para fora, para que eu possa dar uma olhada", disse ele. Então, todas as manhãs o avô o levava para passear e ele olhava as crianças, e elas gostavam muito dele e descobriram que ele era um garoto, o Menino Jarro d'Água. Eles descobriram porque ele falava.[8]

Em suma: o filho do destino tem de enfrentar um longo período de obscuridade. Este é um período de extremo perigo, impedimento ou desgraça. Ele é lançado para dentro de suas próprias profundezas ou para fora, para o desconhecido; de qualquer modo, o que ele toca é uma escuridão inexplorada. E esta é uma zona de presenças inesperadas, benignas e malignas: um anjo, um animal prestativo, um pescador, um caçador, uma velha ou um camponês aparecem. Criado na escola animal, ou, como Siegfried, debaixo da terra entre os gnomos que nutrem as raízes da árvore da vida, ou ainda, sozinho em algum quartinho (a história foi contada de mil maneiras), o jovem aprendiz do mundo aprende a lição dos poderes da semente, que residem um pouco além da esfera do que se pode medir e nomear.

Os mitos concordam que é preciso uma capacidade extraordinária para enfrentar e sobreviver a tal experiência. Estas infâncias abundam em casos de força, inteligência e sabedoria precoces. Héracles estrangulou uma serpente enviada ao seu berço pela deusa Hera. Maui, da Polinésia, capturou e diminuiu a velocidade do Sol – para que sua mãe tivesse tempo de cozinhar suas refeições. Abraão, como vimos, chegou ao conhecimento do Deus Único. Jesus confundiu os sábios. O bebê Buda foi deixado um dia sob a sombra de uma árvore e suas aias notaram de repente que a sombra não se moveu durante toda a tarde e que a criança estava sentada imóvel em um transe ióguico.

As façanhas do amado salvador hindu Krishna, durante seu exílio infantil entre os vaqueiros de Gokula e Brindaban, configuram um ciclo dinâmico. Um certo duende chamado Putana veio na forma de uma bela mulher, mas trazia veneno em seus seios. Ela entrou na casa de Yasoda, a mãe adotiva da criança, e com muita simpatia, tratou de pegar o bebê no colo para amamentá-lo. Mas Krishna sugou com tanta força que extraiu sua vida e ela caiu morta, reassumindo sua forma enorme e abjeta. No entanto, quando o imundo cadáver foi cremado, exalou uma doce fragrância; pois a criança divina havia dado a salvação ao demônio quando bebeu seu leite.

Krishna era um garotinho travesso. Ele gostava de sumir com os potes de coalhada quando as moças que processavam o leite dormiam. Estava sempre escalando para comer coisas que tinham sido postas fora de seu alcance nas prateleiras altas, e derrubava tudo. As meninas o chamavam de Ladrão de Manteiga e reclamavam com Yasoda; mas ele sempre inventava uma desculpa. Certa tarde, quando brincava no quintal, sua mãe adotiva foi avisada de que ele estava comendo barro. Ela chegou com um açoite, mas ele limpou os lábios e negou qualquer conhecimento do assunto. Ela abriu a boca suja para ver, mas quando olhou para dentro viu todo o universo, os "Três Mundos". Ela pensou: "Como sou tola em imaginar que meu filho possa ser o Senhor dos Três Mundos". Então tudo lhe foi ocultado de novo, e aquele momento saiu imediatamente de sua lembrança. Ela acariciou o menino e o levou para casa.

Os pastores estavam acostumados a prestar culto ao deus Indra, a contraparte hindu de Zeus, rei do céu e senhor da chuva. Um dia, quando tinham feito suas oferendas, o rapaz Krishna disse a eles: "Indra não é uma divindade suprema, embora seja rei no céu; ele tem medo dos titãs. Além disso, a chuva e a prosperidade pela qual vocês estão orando dependem do sol, que puxa as águas e as faz cair novamente. O que Indra pode fazer? Tudo que venha a acontecer é determinado pelas leis da natureza e pelo espírito". Então, ele voltou a atenção dos pastores para os bosques, riachos e colinas próximos, e especialmente para o Monte Govardhan, afirmando ser este mais digno de sua honra do que o remoto mestre do ar. E assim eles ofereceram flores, frutas e doces para a montanha.

O próprio Krishna assumiu então uma segunda forma: assumiu a forma de um deus da montanha e recebeu as oferendas do povo, ao mesmo tempo em que mantinha sua forma anterior entre eles, prestando adoração ao rei da montanha. O deus recebeu as oferendas e as comeu.

Indra ficou furioso e mandou chamar o rei das nuvens, a quem ordenou que derramasse chuva sobre o povo até que tudo fosse varrido da face da terra. Um bando de nuvens de tempestade cobriu a aldeia e começou a desaguar um dilúvio; parecia que o fim do mundo estava próximo. Mas o rapaz Krishna encheu o Monte Govardhan com o calor de sua energia inesgotável, ergueu-o com o dedo mindinho e ordenou que as pessoas se abrigassem embaixo. A chuva bateu na montanha, sibilou e evaporou. A torrente caiu sete dias, mas nem uma gota tocou a comunidade de pastores.

Então o deus percebeu que seu oponente devia ser uma encarnação do Ser Primordial. No dia seguinte, quando Krishna saiu para levar as vacas ao pasto tocando música em sua flauta, o Rei do Céu desceu em seu grande elefante branco, Airavata, caiu de bruços aos pés do rapaz sorridente, prostrando-se em submissão.[9]

A conclusão do ciclo infantil é o retorno ou reconhecimento do herói, quando, após o longo período de obscuridade, seu verdadeiro caráter é revelado. Este evento pode precipitar uma crise considerável, pois equivale à uma emergência de poderes até então ausentes da vida humana. Padrões anteriores se fragmentam ou se dissolvem; o desastre assoma. No entanto, após um momento de aparente destruição, o valor criativo do novo fator vem à tona, e o mundo toma forma novamente com uma glória insuspeita. Esse tema da crucificação-ressurreição pode ser ilustrado no corpo do próprio herói ou em seus efeitos sobre seu mundo. A primeira alternativa se mostra na história dos pueblo, do jarro de água.

> Os homens estavam saindo para caçar coelhos, e o Menino Jarro d'Água queria ir. "Vovô, você poderia me levar até o sopé do altiplano, eu quero caçar coelhos." "Pobre neto, você não pode caçar coelhos, você não tem pernas nem braços", disse o avô. Mas Menino Jarro d'Água estava muito ansioso para ir. "Leve-me de qualquer maneira. Você está muito velho e não pode fazer nada." A mãe dele chorava porque seu filho não tinha pernas, braços nem olhos. Mas costumavam alimentá-lo pela boca, a boca do jarro. Na manhã seguinte, seu avô o levou para o sul da planície.

CAPÍTULO III – *As transformações do herói*

Figura 71. *Krishna segurando o monte Govardhan.*
Tinta sobre papel, Índia, c.1790.

O sentido do conselho de Krishna de adorar a montanha em vez do rei dos deuses, que para o leitor ocidental pode parecer estranho, é que o Caminho da Devoção (*bhakti marga*) deve começar com coisas conhecidas e amadas pelo devoto, não por concepções remotas inimagináveis. Visto que a Divindade é imanente em tudo, Ele se dará a conhecer através de qualquer objeto considerado em profundidade. Além disso, é a Divindade dentro do devoto que torna possível para ele descobrir a Divindade no mundo exterior. Este mistério é ilustrado na dupla presença de Krishna durante o ato de adoração.

Então ele foi rolando e logo viu uma trilha de coelho e a seguiu. Por fim o coelho saiu correndo e ele começou a persegui-lo. Pouco antes de chegar ao pântano havia uma pedra, ele se chocou contra ela e quebrou, e do jarro quebrado saiu um menino. Ficou muito feliz por ter rompido sua pele e ser um menino, um menino grande. Ele tinha um monte de fios de contas no pescoço e brincos de turquesa, e um *kilt* de dança e mocassins, e uma camisa de camurça.

Tendo conseguido pegar vários coelhos, ele voltou e os entregou ao seu avô, que o levou, triunfante, para casa.[10]

As energias cósmicas ardendo dentro do vívido guerreiro irlandês Cuchullin – herói principal do ciclo medieval do Ulster, o chamado Ciclo dos Cavaleiros do Ramo Vermelho – explodiam de repente como uma erupção, assoberbando-o como também esmagando tudo ao redor.

Os ciclos lendários da Irlanda medieval incluem: (1) *O Ciclo Mitológico*, que descreve as migrações de povos pré-históricos para a ilha, suas batalhas e, em particular, os feitos da raça de deuses conhecida como Tuatha De Danaan, "Filhos da Grande Mãe, Dana"; (2) *Os Anais dos Milesianos*, ou crônicas semi-históricas da última raça que chegou, os filhos de Milesius, fundadores das dinastias celtas que sobreviveram até a chegada dos anglo-normandos sob Henrique II no século XII; (3) *O Ciclo do Ulster dos Cavaleiros do Ramo Vermelho*, que trata principalmente dos feitos de Cuchullin (pronuncia-se "currulin") na corte de seu tio Conchobar (pronuncia-se "conorrur"): este ciclo influenciou muito o desenvolvimento da tradição arturiana no País de Gales, na Bretanha e na Inglaterra – com a corte de Conchobar servindo de modelo para a do Rei Artur e os feitos de Cuchullin para os do sobrinho de Artur, Sir Gawain (Gawain foi o herói original de muitas das aventuras mais tarde atribuídas a Lancelot, Parsifal , e Galahad); (4) *O Ciclo dos Fianna*: os Fianna eram uma companhia de guerreiros heroicos sob a liderança de Finn MacCool (ver p. 213, acima); a maior história deste ciclo é a do triângulo amoroso de Finn, Grianni, sua noiva, e Diarmaid seu sobrinho, muitos episódios dos quais chegam até nós no célebre conto de Tristão e Isolda; (5) *Lendas dos santos irlandeses*.

As "pessoas pequenas" do folclore popular das fadas da Irlanda cristã são reduções das divindades pagãs anteriores, os Tuatha De Danaan.

Quando ele tinha quatro anos de idade – segundo reza a lenda – começou a testar o "exército de garotos" de seu tio, o rei Conchobar, nos esportes que eles praticavam. Carregando seu bastão de arremesso, feito de bronze, sua bola de prata, seu dardo e sua lança de brinquedo, seguiu para a cidade da corte de Emania onde, sem nem ao menos pedir permissão, meteu-se no meio dos meninos – "três vezes cinquenta em número, e que estavam arremessando no gramado e

CAPÍTULO III – *As transformações do herói*

praticando exercícios marciais tendo o filho de Conchobar, Follamain, à frente". Todo o campo arremessou-se sobre ele. Com seus punhos, antebraços, palmas das mãos e pequeno escudo, ele aparou os bastões de arremesso, bolas e lanças que vinham simultaneamente de todas as direções. Então, pela primeira vez em sua vida, foi tomado por um frenesi de batalha (uma bizarra e característica transformação mais tarde conhecida como seu "paroxismo" ou "distorção") e antes que alguém pudesse entender o que estava acontecendo, ele derrubou cinquenta dos melhores. Cinco garotos passaram correndo pelo rei, que estava sentado jogando xadrez com Fergus, o Eloquente. Conchobar levantou-se e interviu na confusão. Mas Cuchullin não aliviou a mão até que todos os jovens tivessem sido colocados sob a proteção e guarda do rei.[11]

O primeiro dia de Cuchullin em armas foi a ocasião de sua plena automanifestação. Não houve nada serenamente controlado nessa performance, nada da ironia lúdica que sentimos nos atos do hindu Krishna. Em vez disso, a abundância do poder de Cuchullin revelou-se pela primeira vez a ele mesmo, assim como a todos os outros. Esse poder irrompeu das profundezas de seu ser, e foi preciso lidar com ele, de modo improvisado e rápido.

O acontecimento foi, novamente, na corte do Rei Conchobar, no dia em que Cathbad, o Druida, declarou a profecia de que qualquer jovem que naquele dia assumisse armas e armaduras, "o nome deste transcenderia todos os jovens da Irlanda: sua vida, no entanto, seria fugaz e curta". Cuchullin imediatamente exigiu equipamentos de luta. Os dezessete conjuntos de armas que lhe foram dados, ele destruiu com sua força, até que Conchobar investiu sobre ele a própria armadura. Então reduziu as carruagens a fragmentos. Apenas a do rei era forte o suficiente para suportar seu ataque.

Cuchullin ordenou ao cocheiro de Conchobar que o conduzisse além do distante "Vau de Vigia", e eles chegaram a uma fortaleza remota, a Cidadela dos Filhos de Nechtan, onde ele decepou as cabeças dos que a defendiam. Prendeu suas cabeças nas laterais do carro. Na estrada de volta, pulou para o chão e "somente correndo e por sua velocidade" capturou dois dos maiores veados. Com duas pedras ele derrubou no ar duas dúzias de cisnes voadores. E com correias e outros equipamentos ele amarrou todos, tanto os animais quanto os pássaros, à carruagem.

Levarchan, a Profetisa, contemplou o espetáculo alarmada, quando se aproximava da cidade e do castelo de Emania. "A carruagem está adornada com as cabeças sangrentas de seus inimigos", declarou ela, "belos pássaros brancos ele tem, que na carruagem lhe fazem companhia, e veados selvagens intactos, unidos e amarrados à ela". "Conheço esse lutador da carruagem", disse o rei, "é o pequeno garoto, filho de minha irmã, que neste mesmo dia foi às marchas. Certamente ele terá ensanguentado as mãos; e se sua fúria não for equiparada a tempo, todos os jovens de Emania perecerão nas mãos dele". Muito rapidamente, um método teve de ser inventado para diminuir seu fogo; e foi. Cento e cinquenta mulheres do castelo, com Scandlach, sua líder, à frente delas, "reduziram-se criteriosamente aos trajes da natureza e, sem subterfúgios de qualquer tipo, saíram para encontrá-lo". O pequeno guerreiro, constrangido ou talvez oprimido por tal exibição de feminilidade, desviou os olhos, momento em que foi agarrado pelos homens e mergulhado em um tonel de água fria. As aduelas e aros da barrica voaram em pedaços. Um segundo tonel ferveu. O terceiro ficou apenas muito quente. Assim Cuchullin foi subjugado e a cidade salva.[12]

> De fato, aquele era um menino bonito: sete dedos para cada pé Cuchullin tinha, e para cada mão o mesmo tanto; seus olhos eram brilhantes com sete pupilas cada, cada uma das quais cintilava com sete brilhos semelhantes a pedras preciosas. Em cada bochecha ele tinha quatro pintas: uma azul, uma púrpura, uma verde e uma amarela. Entre uma orelha e a outra, ele tinha cinquenta longas madeixas amarelo-claras que eram como a cera amarela das abelhas, ou como um broche de ouro branco que brilha ao sol sem ser obscurecido. Ele usava um manto verde preso no peito com um broche prateado e uma camisa de fios de ouro.[13]

Mas quando era tomado por seu paroxismo ou distorção "tornava-se um ser temível, multiforme, espantoso e até então desconhecido". Por todo ele, da cabeça aos pés, sua carne e cada membro, junta, ponto e articulação estremeciam. Seus pés, canelas e joelhos se moviam e viravam para trás. Os tendões frontais de sua cabeça eram arrastados para a parte de trás de seu pescoço, onde se mostravam em protuberâncias maiores que a cabeça de uma criança humana de um mês.

> Um olho acabava penetrando tão profundamente em sua cabeça que é de se duvidar que uma garça selvagem conseguisse alcançá-lo, onde estava, atrás de seu occipital, e arrastá-lo até a superfície de sua bochecha; o outro olho, ao contrário, tornava-se subitamente protuberante e repousava, por si só, sobre a bochecha. Sua boca ficava retorcida a tal

ponto que chegava em suas orelhas [...] fagulhas jorravam dela. Os golpes retumbantes do coração que palpitava dentro dele eram como o uivo de um cão de guarda cumprindo seu dever, ou de um leão prestes a atacar ursos. Entre as nuvens aéreas sobre sua cabeça, viam-se virulentas chuvas e faíscas de fogo avermelhado que o fervilhar de sua ira selvagem faziam subir acima dele. Seu cabelo embaraçava-se em torno de sua cabeça [...] sobre a qual, ainda que uma macieira nobre fosse sacudida, nenhuma daquelas maçãs alcançaria o chão, mas antes cada uma delas seria empalada, cada uma em um cabelo individual, pois seus cabelos ficavam eriçados de fúria. Seu "paroxismo de herói" projetava-se de sua testa, e mostrava-se mais longo e mais grosso do que a pedra de amolar de um homem de armas de primeira classe. [E finalmente:] mais alto, mais grosso, mais rígido, mais longo que o mastro de um grande navio era o jato perpendicular de sangue escuro que saía do ponto central de seu couro cabeludo espalhando-se pelos quatro pontos cardeais; em virtude do qual se formava uma névoa mágica de escuridão semelhante ao manto esfumaçado que envolve uma residência majestosa no momento em que um rei, ao cair de uma noite de inverno, se aproxima dela.[14]

3. O herói como guerreiro

O LUGAR DE nascimento do herói, ou a remota terra de exílio de onde ele retorna para realizar seus feitos de adulto entre os homens, é o ponto médio ou umbigo do mundo. Assim como as ondulações surgem de uma fonte submersa, as formas do universo se expandem em círculos a partir da origem.

"Acima das profundezas amplas e imóveis, sob as nove esferas e os sete andares do céu, no ponto central, o Umbigo do Mundo, o lugar mais tranquilo da terra, onde o verão eterno reina e o cuco canta eternamente, lá o Jovem Branco chegou à consciência." Assim começa o mito de um herói dos iacutos da Sibéria. O Jovem Branco saiu para saber onde estava e como era sua morada. A leste dele estendia-se um amplo campo cultivado, no meio do qual se erguia uma portentosa colina e, no cume da colina, uma árvore gigantesca. A resina daquela árvore era transparente e perfumada; a casca nunca secava ou rachava; a seiva brilhava, prateada; as folhas luxuriantes nunca murchavam, e os amentos pareciam um conjunto de xícaras invertidas. A copa da árvore erguia-se por cima dos sete andares do céu e servia de poste de amarração para o Deus Supremo, Yryn-ai-tojon. As raízes penetravam nos abismos subterrâneos, onde formavam os pilares das habitações das criaturas míticas próprias daquela região. A árvore mantinha conversas, através de sua folhagem, com os seres do céu.

Quando o Jovem Branco se virou para o sul, percebeu no meio de uma planície verde e gramada o tranquilo Lago de Leite que nenhum sopro de vento jamais agita; e ao redor das margens do lago havia pântanos de coalhada. Ao norte dele havia uma floresta sombria com árvores que farfalhavam dia e noite; e ali se movia todo tipo de animal. Altas montanhas se erguiam além dela, e pareciam estar usando gorros de pele de coelho branca; apoiavam-se contra o céu e protegiam este lugar mediano do vento norte. Uma moita de arbustos se estendia a oeste e, para além dela, havia uma floresta de altos pinheiros; atrás da floresta brilhavam vários picos solitários sem ponta.

Esse era o aspecto do mundo em que o Jovem Branco contemplava a luz do dia. Porém, cansado de estar sozinho, naquele momento ele foi até a gigantesca árvore da vida. "Honrada Grande Senhora, Mãe de minha Árvore e minha Morada", ele orou: "Tudo o que vive existe aos pares e propaga descendência, mas eu estou sozinho. Agora quero viajar e procurar uma esposa da minha espécie. Desejo medir minha força contra minha espécie. Quero conhecer os homens – viver de acordo com os costumes dos homens. Não me negue sua bênção. Eu oro humildemente. Curvo minha cabeça e dobro meu joelho".

Figura 72. *Petroglifo paleolítico*. Rocha entalhada, paleolítico, Argélia, data incerta.

Então as folhas da árvore começaram a murmurar, e uma chuva fina e branca como leite desceu delas sobre o Jovem Branco. Era possível sentir um sopro quente de vento. A árvore começou a gemer, e de suas raízes emergiu uma figura feminina até a cintura: uma mulher de meia-idade, com aspecto sério, cabelos soltos e seios nus. A deusa ofereceu ao jovem seu leite de um seio suntuoso, e depois de tomá-lo ele sentiu sua força aumentar cem vezes. Ao mesmo tempo, a deusa prometeu ao jovem toda a felicidade e o abençoou de tal maneira que nem a água, nem o fogo, nem o ferro, nem qualquer outra coisa lhe faria mal.[15]

Do ponto umbilical o herói parte para realizar seu destino. Seus feitos adultos derramam poder criativo no mundo.

Cantou o velho Väinämöinen;
Os lagos entumeceram, e a terra foi sacudida,
E as montanhas acobreadas tremeram,
E as portentosas rochas ressoaram.
E as montanhas se partiram;
Na praia as pedras foram esmagadas.[16]

Essa estrofe do herói-bardo ressoa com a magia de uma palavra de poder. Da mesma forma, o fio da espada do herói-guerreiro brilha com a energia da Fonte criativa: diante dela caem as cascas do Desgastado.

Pois o herói mitológico não é o defensor das coisas que foram, mas do devir; o dragão a ser morto por ele é precisamente o monstro do *status quo*: Holdfast, o guardião do passado. Da obscuridade emerge o herói, mas o inimigo é grande e notável na sede do poder; ele é inimigo, dragão e tirano porque usa em seu próprio benefício a autoridade de sua posição. Ele é Holdfast não porque guarda o *passado,* mas porque *guarda.*

Estou mantendo aqui a distinção entre o antigo titã-herói semianimal (fundador da cidade, doador de cultura) e o tipo posterior, totalmente humano (ver p. 295-299). Os feitos deste último frequentemente incluem o assassinato dos primeiros, os Pitões e Minotauros que concederam as bênçãos do passado. (Um deus superado torna-se imediatamente um demônio destruidor de vidas. A forma tem de ser quebrada e suas energias liberadas.) Não raro, ações que pertencem aos estágios iniciais do ciclo são atribuídas ao herói humano, ou um dos heróis anteriores pode ser humanizado e levado adiante para um tempo futuro; mas tais contaminações e variações não alteram a fórmula geral.

O tirano é orgulhoso, e aí reside sua perdição. Ele é orgulhoso porque pensa que sua força é sua; portanto, ele está no papel de palhaço, como alguém que confunde sombra com substância; é seu destino ser enganado. O herói mitológico, ressurgindo da escuridão que é a fonte das formas do dia, traz o conhecimento do segredo da perdição do tirano. Com um gesto tão simples quanto apertar um botão, ele aniquila a impressionante configuração. O feito heroico é um contínuo estilhaçamento das cristalizações do momento. O ciclo roda: a mitologia se concentra no ponto de crescimento. Transformação e fluidez, ao invés de teimosa ponderação, são as características do Deus vivo. A grande figura do momento existe apenas para ser quebrada, cortada em pedaços e espalhada para todos os lados. Resumidamente: o ogro-tirano é o defensor do fato prodigioso, o herói é o defensor da vida criativa.

O período mundano do herói em forma *humana* começa apenas quando as aldeias e as cidades se expandem sobre a terra. Muitos monstros remanescentes dos tempos primevos ainda espreitam nas regiões periféricas e, por malícia ou desespero, vão contra a comunidade humana. Eles têm de ser tirados do caminho. Além disso, surgem tiranos de raça humana, usurpando para si os bens de seus vizinhos, e são a causa de desgraça generalizada. Estes têm de ser reprimidos. Os atos elementares do herói são os da desobstrução do campo.

Kut-o-yis, ou "Menino Coágulo de Sangue", quando foi tirado do pote e se tornou adulto em um dia, matou o genro assassino de seus pais adotivos, então procedeu contra os ogros do campo. Ele exterminou uma tribo de ursos cruéis, com exceção de uma fêmea que estava prestes a se tornar mãe. "Ela implorou tão lastimavelmente por sua vida, que ele a poupou. Se ele não tivesse feito isso, não haveria ursos no mundo." Então abateu uma tribo de cobras, mas novamente com exceção de uma "que estava prestes a se tornar mãe". Em seguida, deliberadamente caminhou por uma estrada que lhe disseram ser perigosa.

> Enquanto caminhava, um grande vendaval o atingiu e, por fim, o levou para a boca de um grande peixe. Era um peixe-sugador e o vento era sua sucção. Quando entrou no estômago do peixe, viu muitas pessoas. A maioria estava morta, mas alguns ainda viviam. Ele disse ao povo: "Ah, deve haver um coração em algum lugar aqui. Faremos um baile". Então ele pintou o rosto de branco, os olhos e a boca com círculos pretos, e amarrou uma faca de pedra branca na cabeça, para que a ponta ficasse para cima. Alguns chocalhos feitos de cascos também foram trazidos.

CAPÍTULO III – *As transformações do herói*

Então as pessoas começaram a dançar. Por um tempo, Coágulo de Sangue ficou sentado fazendo movimentos de asa com as mãos e cantando. Então ele se levantou e dançou, pulando para cima e para baixo até que a faca em sua cabeça atingiu o coração. Então ele cortou e extirpou o coração. Em seguida, fez um talho entre as costelas do peixe e deixou todas as pessoas saírem.

Mais uma vez, Coágulo de Sangue disse que deveria seguir em suas viagens. Antes de começar, as pessoas o avisaram que depois de um tempo ele veria uma mulher que estava sempre desafiando as pessoas a lutarem com ela, mas que ele não deveria falar com aquela mulher. Ele não deu atenção ao que as pessoas disseram, e, depois de ter andado um pouco, viu uma mulher que o chamou para se aproximar. "Não", disse Coágulo de Sangue. "Estou com pressa." No entanto, na quarta vez que a mulher pediu que viesse, ele disse: "Sim, mas você deve esperar um pouco, pois estou cansado. Preciso descansar. Quando eu estiver descansado, virei e lutarei com você". Mas enquanto descansava, ele viu muitas facas grandes saindo do chão, meio escondidas pela palha. Então percebeu que a mulher matava as pessoas com quem lutava jogando-as sobre as facas. Quando estava descansado, foi até lá. A mulher pediu-lhe que ficasse em pé no lugar onde ele tinha visto as facas; mas ele disse: "Não, não estou totalmente pronto. Vamos brincar um pouco, antes de começarmos". Então começou a brincar com a mulher, mas rapidamente a agarrou, jogou-a sobre as facas e a cortou em dois.

Coágulo de Sangue retomou suas viagens e depois de um tempo chegou a um acampamento onde havia algumas senhoras idosas. As anciãs lhe disseram que um pouco mais adiante ele encontraria uma mulher com um balanço, mas que ele de modo algum deveria balançar com ela. Depois de algum tempo, chegou a um lugar onde viu um balanço na margem de um riacho rápido. Havia uma mulher balançando nele. Ele a observou por um tempo e viu que ela matava pessoas balançando com elas e jogando-as na água. Quando descobriu isso, foi até a mulher. "Você tem um balanço aqui; deixe-me ver você balançar", disse ele. "Não", disse a mulher, "Quero ver você balançar". "Bem", disse Coágulo de Sangue, "Mas você deve balançar primeiro". "Bem", disse a mulher, "agora vou balançar. Olhe. Depois eu verei você fazê-lo". Então a mulher balançou sobre o riacho. Enquanto ela balançava, ele viu como funcionava. Então disse para a mulher: "Você balança de novo enquanto eu me preparo"; mas assim que a mulher balançou desta vez, ele cortou a videira e ela caiu na água. Isso aconteceu em Cut Bank Creek.[17]

Figura 73. *O faraó Narmer mata um inimigo derrotado.*
Xisto entalhado, Reino Antigo, Egito, *c.*3100 a.C.

Estamos familiarizados com esses feitos por causa de contos infantis como o de "João o matador de gigantes" e os relatos clássicos dos trabalhos de heróis como Héracles e Teseu. Eles abundam também nas lendas dos santos cristãos, como no encantador conto francês de Santa Marta.

> Havia naquela época, nas margens do Ródano, numa floresta situada entre Avignon e Arles, um dragão, meio animal, meio peixe, maior que um boi, mais comprido que um cavalo, com dentes afiados como chifres,

CAPÍTULO III – As transformações do herói

e grandes asas dos dois lados de seu corpo; e este monstro matava todos os viajantes e afundava todos os barcos. Chegara por mar da Galácia. Seus pais eram o Leviatã – um monstro em forma de serpente que habitava o mar – e Onagro – uma fera terrível criada na Galácia, que queima com fogo tudo o que toca.

Santa Marta, mediante pedido sincero do povo, colocou-se contra o dragão. Encontrando-o na floresta no ato de devorar um homem, ela aspergiu água benta sobre ele e exibiu um crucifixo. Imediatamente o monstro, vencido, aproximou-se como um cordeiro ao lado da santa, que lhe passou o cinto no pescoço e o conduziu à aldeia vizinha. Lá o povo o matou com pedras e cajados.

E como o dragão era popularmente conhecido pelo nome de Tarasque, a cidade tomou o nome de Tarascon, em sua memória. Até então chamava-se Nerluc, ou seja, Lago Negro, por causa das florestas sombrias que margeavam o riacho.[18]

Os reis guerreiros da antiguidade consideravam seu trabalho nesse espírito de matador de monstros. De fato, esta fórmula, do herói brilhante indo contra o dragão, tem sido o grande dispositivo de autojustificação para todas as cruzadas. Inúmeras tabuletas memoriais foram compostas com a mesma grandiosa complacência que vemos na seguinte inscrição cuneiforme de Sargão de Acad, destruidor das antigas cidades dos sumérios, de quem seu próprio povo herdara sua civilização.

> Sargão, rei de Acad, vice-regente da deusa Ishtar, rei de Kish, *pashishu** do deus Anu, rei da terra, grande *ishakku*† do deus Enlil: a cidade de Uruk ele feriu e sua muralha ele destruiu. Com o povo de Uruk ele lutou e o capturou e em grilhões o levou pelo portão de Enlil. Sargão, rei de Acad, lutou com o homem de Ur e o derrotou; sua cidade ele arrasou e sua muralha ele destruiu. E-Ninmar ele feriu e sua muralha ele destruiu, e todo o seu território, de Lagash ao mar, ele golpeou. Suas armas foram lavadas no mar [...].

---

* Uma ordem de sacerdotes, encarregada da preparação e aplicação dos unguentos sagrados.
† Sacerdote principal, que governa como vice-regente do deus.

4. O herói como amante

A HEGEMONIA SOBRE o inimigo, arrancada à força, a liberdade conquistada ao vencer a maldade do monstro, a energia vital liberada pela labuta do tirano Holdfast Agarra Tudo, é simbolizada por uma mulher. Ela é a donzela que aparece nos inúmeros assassinatos de dragões, a noiva raptada do pai ciumento, a virgem resgatada do amante profano. Ela é a "outra porção" do próprio herói, pois "cada um é ambos": se sua estatura for a do monarca do mundo, ela é o mundo; e se for a de um guerreiro, ela é a fama. Ela é a imagem do destino do herói, que ele deve libertar da prisão da circunstância que o envolve. Mas quando ele ignora seu destino, ou está iludido por falsas considerações, nenhum esforço de sua parte superará os obstáculos.*

O magnífico jovem Cuchullin, na corte de seu tio, o rei Conchobar, despertou a ansiedade dos barões em relação à virtude de suas esposas. Estes sugeriram que fosse encontrada uma esposa adequada para ele. Mensageiros do rei foram despachados a todas as províncias da Irlanda, mas não encontraram ninguém que ele quisesse cortejar. Então o próprio Cuchullin procurou uma donzela que conhecia em Luglochta Loga, "os Jardins de Lugh". Ele a encontrou no local onde ela costumava brincar com suas irmãs adotivas, ensinando-lhes bordados e trabalhos manuais finos. Emer ergueu seu lindo rosto, reconheceu Cuchullin, e disse: "Que você esteja a salvo de todo mal!".

Quando o pai da menina, Forgall, o Astuto, soube que o casal havia conversado, elaborou um meio de conseguir que Cuchullin fosse enviado a Alba para aprender habilidades de batalha com Donall, o Soldado, supondo que o jovem jamais retornaria. E Donall deu-lhe outra tarefa, a saber: fazer a jornada impossível até uma certa guerreira-mulher, Scathach, e então obrigá-la a dar-lhe instruções em suas artes de valor sobrenatural. A jornada do herói de Cuchullin demonstra com extraordinária simplicidade e clareza todos os elementos essenciais da realização clássica da tarefa impossível.

---

* Um exemplo divertido e instrutivo do fracasso abjeto de um grande herói pode ser encontrado no *Kalevala* finlandês, Runas IV-VIII, onde Väinämöinen não consegue cortejar e conquistar, nem Aino, nem depois a "serva de Pohjola". A história é longa demais para o contexto desta obra.

CAPÍTULO III – *As transformações do herói*

O caminho passava por uma planície agourenta: na primeira metade, os pés dos homens grudavam; na segunda, a grama se erguia e os prendia firmemente às pontas de suas folhas. Mas apareceu um belo jovem que apresentou a Cuchullin uma roda e uma maçã. Na primeira parte da planície a roda rolaria sempre adiante, e na segunda parte, a maçã. Cuchullin tinha apenas que se ater à esta afilada linha guia, sem dar um passo para qualquer dos lados, e chegaria ao estreito e perigoso vale mais além.

A residência de Scathach se situava em uma ilha, acessível apenas por uma ponte difícil: tinha duas extremidades baixas, e o meio da ponte era alto, mas sempre que alguém pulava em uma extremidade, a outra se erguia e o jogava de costas. Cuchullin foi arremessado três vezes. Então sua distorção tomou conta dele e, recompondo-se, pulou na ponta da ponte, executou o salto de salmão heroico de tal modo que aterrissou no meio da ponte; mas a outra extremidade da ponte não havia se erguido totalmente quando ele a alcançou, e se jogou de lá caindo na ilha.

A mulher-guerreira Scathach tinha uma filha – como os monstros tantas vezes têm – e em seu isolamento esta jovem donzela nunca havia contemplado qualquer um nem de longe tão belo quanto o jovem que saltou pelo ar até a fortaleza de sua mãe. Quando ela ouviu do rapaz qual era o seu projeto, descreveu para ele a melhor forma de abordagem para persuadir sua mãe a ensinar-lhe os segredos do valor sobrenatural. Ele deveria ir, por meio de seu salto do salmão do herói até o grande teixo onde Scathach estava dando instruções aos seus filhos, colocar a espada entre os seios dela e anunciar sua reivindicação.

Seguindo essas instruções, Cuchullin ganhou da feiticeira guerreira o relato de suas façanhas, o casamento com sua filha sem pagamento do dote, conhecimento do futuro dele e relações sexuais com ela própria. Permaneceu um ano, durante o qual participou de uma grande batalha contra a Amazona Aife, com quem gerou um filho. Finalmente, matando uma bruxa que disputava com ele um caminho estreito ao longo da beira de um penhasco, voltou para a Irlanda.

Depois de mais uma aventura de batalha e amor, Cuchullin voltou e encontrou Forgall, o Astuto, ainda contra ele. Desta vez, o herói simplesmente levou a filha dele embora, casando-se com ela na corte do rei. A própria aventura lhe dera a capacidade de aniquilar toda oposição. O único aborrecimento foi que seu tio Conchobar, o rei, exerceu sobre a noiva sua prerrogativa real antes que ela passasse oficialmente às mãos do noivo.[19]

O tema da tarefa difícil como pré-requisito para o leito nupcial teceu os feitos heroicos de todos os tempos e no mundo inteiro. Nas histórias com esse padrão, o pai está no papel de Holdfast; a astuta solução do herói para a tarefa equivale a matar o dragão. Os testes impostos são difíceis além da conta. Parecem representar uma recusa absoluta, por parte do pai ogro, em permitir que a vida siga seu caminho. No entanto, quando um candidato apto aparece, nenhuma tarefa no mundo está além de sua habilidade. Auxiliares imprevistos, milagres de tempo e espaço, promovem seu projeto; o próprio destino (a donzela) dá uma mão e revela um ponto fraco no sistema parental. Barreiras, grilhões, abismos, frentes de batalha de todo tipo se dissolvem diante da presença e autoridade do herói. O olho do vencedor predestinado imediatamente percebe a falha em cada fortaleza de circunstâncias, e seu golpe consegue parti-la.

O mais eloquente e impressionante dos traços desta colorida aventura de Cuchullin é o do caminho único e invisível, que se abriu ao herói com o rolar da roda e da maçã. Devemos lê-lo como simbólico e instrutivo sobre o milagre do destino. Para um homem que não desvia de si mesmo por sentimentos decorrentes da superfície do que ele vê, mas que responde corajosamente à dinâmica de sua própria natureza (um homem que é, como Nietzsche diz, "uma roda rolando por si mesma") as dificuldades se derretem e a estrada imprevisível se abre à medida que ele avança.

5. O herói como imperador e tirano

O HERÓI DA ação é o agente do ciclo, dando continuidade, no momento vivo, àquele primeiro impulso que moveu o mundo. Como nossos olhos estão fechados para o paradoxo do duplo foco, consideramos a façanha como tendo sido realizada por um braço vigoroso em meio a grande dor. No entanto, por outra perspectiva, ele apenas faz acontecer o inevitável, como a morte arquetípica do dragão de Tiamat por Marduk.

Contudo, o herói supremo não é aquele que tão somente dá sequência à dinâmica do ciclo cosmogônico, mas aquele que reabre o olho – para que através de todas as idas e vindas, prazeres e agonias do panorama mundial, a Presença Única seja vista novamente. Isso requer

CAPÍTULO III – *As transformações do herói*

uma sabedoria mais profunda do que a outra, e resulta em um padrão, não de ação, mas de representação significativa. O símbolo do primeiro é a espada virtuosa; do segundo, o cetro do domínio, ou o livro da lei. A aventura característica do primeiro é a conquista da noiva – a noiva é a vida. A aventura do segundo é ir ao pai – o pai é o desconhecido invisível.

As aventuras do segundo tipo se encaixam diretamente nos padrões da iconografia religiosa. Mesmo no mais simples conto popular, uma profundidade subitamente se faz sentir quando o filho da virgem um dia pergunta à sua mãe: "Quem é meu pai?". A questão toca o problema do homem e do invisível. Os conhecidos temas míticos da reconciliação inevitavelmente se seguem.

O herói pueblo, Menino Jarro d'Água, fez essa pergunta para sua mãe.

> "Quem é meu pai?", perguntou. "Eu não sei", disse ela. Ele perguntou novamente: "Quem é meu pai?"; mas ela continuou chorando e não respondeu. "Onde é a casa do meu pai?", inquiriu. Ela não soube dizer. "Amanhã vou encontrar meu pai." "Você não pode encontrar seu pai", disse ela. "Nunca vou com nenhum garoto, então não há lugar onde você possa procurar seu pai." Mas o menino disse: "Tenho pai, sei onde ele mora, vou vê-lo". A mãe não queria que ele fosse, mas ele queria ir. Assim, logo cedo na manhã seguinte, ela preparou-lhe um lanche, e ele partiu em direção ao sudeste, onde ficava o que eles chamavam de fonte Waiyu powidi, em Horse Mesa. Ele estava chegando perto da fonte e avistou alguém andando um pouco mais adiante. Foi até lá. Era um homem. Ele perguntou ao menino: "Aonde você vai?". "Vou ver meu pai", disse. "Quem é seu pai?", perguntou o homem. "Bem, meu pai mora na fonte." "Você nunca vai encontrar seu pai." "Bem, eu quero entrar na fonte, ele mora dentro dela." "Quem é seu pai?", perguntou o homem novamente. "Bem, acho que você é meu pai", disse o menino. "Como você sabe que eu sou seu pai?", disse o homem. "Bem, eu sei que você é meu pai." Então o homem apenas o encarou, para assustá-lo. O menino continuou a afirmar: "Você é meu pai". Logo o homem disse: "Sim, eu sou seu pai. Eu saí daquela fonte para conhecê-lo", e colocou o braço em volta do pescoço do menino. Seu pai ficou muito feliz por seu filho ter vindo e o levou para dentro da nascente.[20]

Quando o objetivo do esforço do herói é a descoberta do pai desconhecido, o simbolismo básico continua sendo o das provações e o do caminho da autorrevelação. No exemplo acima, a provação é reduzida às perguntas persistentes e ao olhar assustador. No conto mencionado antes, da esposa-molusco, os filhos foram testados com a faca de bambu. Vimos, em nossa revisão da aventura do herói, até que ponto pode chegar a severidade do pai. Para a congregação de Jonathan Edwards ele se tornou um verdadeiro ogro.

O herói abençoado pelo pai volta para representar o pai entre os homens. Como professor (Moisés) ou como imperador (Huang Ti), sua palavra é lei. Uma vez que está, agora, centrado na fonte, ele torna visível o repouso e a harmonia do lugar central. Ele é um reflexo do Eixo do Mundo a partir do qual os círculos concêntricos se espalham – a Montanha do Mundo, a Árvore do Mundo –, é o perfeito espelho microcósmico do macrocosmo. Vê-lo é perceber o sentido da existência. De sua presença emergem bênçãos; sua palavra é o sopro da vida.

Mas pode ocorrer uma deterioração no caráter do representante do pai. Tal crise é descrita na lenda persa zoroastrista do imperador da Idade de Ouro, Jemshid.

> *Todos olharam para o trono, e ouviram e viram*
> *Nada além de Jemshid, só ele era Rei,*
> *Absorvendo cada pensamento; e em seu louvor*
> *E adoração por aquele homem mortal,*
> *Esqueceram a adoração do grande Criador.*
> *Então orgulhosamente ele falou com seus nobres,*
> *Intoxicado por seus eloquentes aplausos,*
> *"Sou inigualável, pois a mim a terra*
> *Deve toda a sua ciência, nunca existiu*
> *Uma soberania como a minha, benéfica*
> *E gloriosa, expulsando da terra populosa*
> *Doença e carência. Alegria doméstica e descanso*
> *Procedem de mim, tudo o que é bom e grande*
> *Espera minha ordem; a voz universal*
> *Declara o esplendor do meu governo,*
> *Além de qualquer coração humano concebido,*
> *E eu o único monarca do mundo".*
> *– Assim que essas palavras deixaram seus lábios,*
> *Palavras ímpias e insultantes ao elevado céu,*
> *Sua grandeza terrena se desvaneceu – então todas as línguas*
> *Tornaram-se clamorosas e ousadas. O dia de Jemshid*

CAPÍTULO III – As transformações do herói

*Passou para a escuridão, seu brilho todo obscurecido.
O que disse o moralista? "Quando tu eras rei,
Teus súditos eram obedientes, mas quem
Orgulhosamente negligencia a adoração de seu Deus
Traz desolação sobre sua casa e lar."
– E quando ele notou a insolência de seu povo,
Soube que a ira do céu havia sido provocada,
E o terror o dominou.*[21]

A mitologia persa está enraizada no sistema indo-europeu comum que foi levado das estepes aralo-caspianas para a Índia e o Irã, bem como para a Europa. As principais divindades dos primeiros escritos sagrados (Avesta) dos persas correspondem muito de perto às dos primeiros textos indianos (Vedas: ver p. 113, acima). Mas os dois ramos sofreram influências muito diferentes em seus novos lares, a tradição védica submetendo-se gradualmente às forças dravídicas da Índia, a persa às sumero-babilônicas.

No início do primeiro milênio antes da era cristã, a crença persa foi reorganizada pelo profeta Zaratustra (Zoroastro) de acordo com um estrito dualismo de princípios do bem e do mal, luz e escuridão, anjos e demônios. Essa crise afetou profundamente não apenas as crenças persas, mas também as hebraicas e, portanto, (séculos depois) o cristianismo. Representa um afastamento radical da interpretação mitológica mais usual do bem e do mal como efeitos provenientes de uma fonte única de ser que transcende e reconcilia toda polaridade.

A Pérsia foi invadida pelos fanáticos de Muhammad em 642. Os não convertidos morreram no fio da espada. Um escasso grupo remanescente refugiou-se na Índia, onde sobrevive até hoje como os parsis ("persas") de Mumbai. Após um período de cerca de três séculos, no entanto, ocorreu uma "Restauração" literária islâmica--persa. Os grandes nomes são: Firdausi (940-1020?), Omar Khayyam (?-1123?), Nizami (1140-1203), Jalalu'ddin Rumi (1207-1273), Saadi (1184-1291), Hafiz (?-1389?) e Jami (1414-1492). O *Shah Nameh* ("Epopeia dos Reis") de Firdausi é um ensaio em verso narrativo, simples e imponente, da história da antiga Pérsia até a conquista muçulmana.

Não mais remetendo as dádivas de seu reinado à sua fonte transcendente, o imperador quebra a visão binocular, a qual é seu papel sustentar. Ele não é mais o mediador entre os dois mundos. A perspectiva do homem se achata para incluir apenas o termo humano da equação, e a experiência de um poder supremo imediatamente lhe falta. A ideia sustentadora da comunidade se perde. A força é tudo o que a une. O imperador torna-se o ogro tirano (Herodes-Nimrod), o usurpador de quem o mundo deve agora ser salvo.

6. O herói como redentor do mundo

HÁ QUE SE distinguir dois graus de iniciação na mansão do pai. Do primeiro, o filho volta como emissário, mas do segundo, com o conhecimento de que "eu e o pai somos um". Os heróis desta segunda e mais elevada iluminação são os redentores do mundo, as chamadas encarnações, no sentido mais elevado da palavra. Seus mitos assumem proporções cósmicas. Suas palavras carregam uma autoridade além de qualquer coisa pronunciada pelos heróis do cetro ou do livro.

"Todos vocês me observem. Não olhem em volta", disse o herói Matador de Inimigos, dos jicarilla apache:

> Ouçam o que eu digo. O mundo é do tamanho do meu corpo. O mundo é do tamanho da minha palavra. E o mundo é do tamanho das minhas orações. O céu é do tamanho das minhas palavras e orações. As estações são do tamanho do meu corpo, das minhas palavras e da minha oração. O mesmo acontece com as águas; meu corpo, minhas palavras, minha oração, são maiores que as águas.
>
> Quem acredita em mim, quem ouve o que digo, terá vida longa. Aquele que não escuta, que pensa de alguma forma maldosa, terá vida curta.
>
> Não pense que estou no leste, sul, oeste ou norte. A terra é meu corpo. Eu estou lá. Estou em todos os cantos. Não pense que estou apenas debaixo da terra ou no céu, ou apenas nas estações, ou do outro lado das águas. Tudo isso é meu corpo. A verdade é que o submundo, o céu, as estações, as águas, são todos o meu corpo. Estou em todo lugar.
>
> Já lhes dei aquilo com que tens de me fazer uma oferenda. Vocês têm dois tipos de cachimbo e têm o tabaco da montanha.[22]

O trabalho da encarnação é refutar as pretensões do ogro tirano por meio de sua presença. O ogro tirano ocultou a fonte da graça com a sombra de sua personalidade limitada. A encarnação, totalmente livre de tal consciência do ego, é uma manifestação direta da lei. Encena a vida do herói em grande escala – realiza os feitos do herói, mata o monstro – mas tudo com a liberdade de um trabalho feito apenas para tornar evidente aos olhos o que poderia ter sido compreendido igualmente bem com um mero pensamento.

CAPÍTULO III – *As transformações do herói*

Kans, o cruel tio de Krishna, usurpador do trono de seu próprio pai na cidade de Matura, ouviu certo dia uma voz que lhe disse: "Teu inimigo nasceu, tua morte é certa". Krishna e seu irmão mais velho, Balarama, tinham sido deixados com vaqueiros desde o ventre de sua mãe para protegê-los dessa contraparte indiana de Nimrod. E ele enviara demônios atrás deles – Putana, do leite venenoso, foi o primeiro – mas tudo deu para trás. Quando seus planos falharam, Kans decidiu atrair os jovens para sua cidade. Um mensageiro foi enviado para convidar os vaqueiros a participar de um sacrifício e um grande torneio. O convite foi aceito. Com os irmãos entre eles, os vaqueiros vieram e acamparam do lado de fora dos muros da cidade.

Krishna e Balarama, seu irmão, entraram para admirar as maravilhas da cidade. Havia grandes jardins, palácios e bosques. Encontraram um lavador de roupas e lhe pediram alguns trajes finos; quando ele riu e recusou, tomaram as roupas à força e se puseram muito vistosos. Então uma mulher corcunda pediu a Krishna que a deixasse passar pasta de sândalo em seu corpo. Ele foi até ela, colocou seus pés sobre os dela, e com dois dedos sob seu queixo, levantou-a, deixando-a ereta e bela. E lhe disse: "Quando eu tiver matado Kans, voltarei e ficarei com você".

Os irmãos chegaram ao estádio vazio. Ali fora erguido o arco do deus Shiva, grande e pesado, alto como três palmeiras. Krishna avançou para o arco, puxou-o, e este se partiu com um poderoso estrondo. Kans em seu palácio ouviu o som e ficou aterrorizado.

O tirano enviou suas tropas para massacrar os irmãos na cidade. Mas os rapazes mataram os soldados e voltaram para o acampamento. Disseram aos vaqueiros que tinham feito um passeio interessante, depois jantaram e foram dormir.

Naquela noite, Kans teve sonhos sinistros. Ao acordar, mandou preparar o estádio para o torneio e tocar as trombetas a fim de reunir a todos. Krishna e Balarama chegaram como se fossem malabaristas, seguidos pelos vaqueiros, seus amigos. Quando entraram pelo portão, um elefante furioso estava pronto para esmagá-los, era forte como dez mil elefantes comuns. O condutor o dirigiu diretamente à Krishna. Balarama deu um golpe tão forte com o punho que o animal parou e começou a recuar. O condutor o fez atacar novamente, mas os dois irmãos o derrubaram no chão e o elefante morreu.

Figura 74. *Jovem deus do milho*. Pedra esculpida, maia, Honduras, c.680-750.

Os jovens entraram no estádio. Cada um viu o que sua própria natureza lhe revelava: os lutadores acharam que Krishna era um lutador; as mulheres o consideraram um tesouro de beleza; os deuses o conheciam como seu senhor; e Kans achou que ele era Mara, a própria Morte. Quando Krishna acabou com todos os lutadores enviados contra ele, finalmente matando o mais forte, saltou para o estrado real, arrastou o tirano pelos cabelos e tirou sua vida. Homens, deuses e santos ficaram encantados, mas as esposas do rei surgiram chorando. Krishna, vendo tamanha dor, consolou-as com sua sabedoria primordial: "Mãe", disse ele, "não sofra. Ninguém pode viver e não morrer. Imaginar-se possuindo alguma coisa é estar errado; ninguém é pai, mãe ou filho. Existe apenas o ciclo contínuo de nascimento e morte".[23]

As lendas do redentor descrevem o período de desolação como tendo sido causado por uma falha moral da parte do homem (Adão no jardim, Jemshid no trono). No entanto, do ponto de vista do ciclo cosmogônico, uma alternância regular entre o belo e o feio é característica do espetáculo do tempo. Assim como na história do universo, sucede também na das nações: a emanação leva à dissolução, a juventude à velhice, o nascimento à morte, a vitalidade criadora da forma ao peso morto da inércia. Como a maré, a vida sobe, precipitando formas, e depois desce, deixando o refugo na praia atrás de si. No pulso de cada momento da vida, a idade de ouro, o reinado do imperador mundial, se alterna com a terra devastada, o reinado do tirano. O deus que é o criador se torna o destruidor no final.

Desse ponto de vista, o ogro tirano não é menos representativo do pai do que o imperador do mundo anterior, cuja posição ele usurpou, ou do que o herói brilhante (o filho) que deve suplantá-lo. Ele é o representante da estabilidade, pois o herói é o portador da mudança. E como cada momento do tempo se liberta dos grilhões do momento anterior, então este dragão, Holdfast, é retratado como pertencendo à geração imediatamente anterior à do salvador do mundo.

Dito em termos mais diretos: o trabalho do herói é matar o aspecto tenaz do pai (dragão, testador, rei ogro) e desinterditar as energias vitais que alimentarão o universo.

> Isso pode ser feito em conformidade com a vontade do Pai ou contra ela. Ele [o Pai] pode "escolher a morte por causa de seus filhos", ou pode ser que os deuses lhe imponham a paixão, fazendo dele sua vítima sacrificial. Não são doutrinas contraditórias, mas maneiras diferentes de contar a mesmíssima história. Na realidade, Matador e Dragão, sacrificador e vítima, estão de acordo nos bastidores, onde não há polaridade de contrários, embora sejam inimigos mortais no palco, onde a guerra eterna dos Deuses e dos Titãs é encenada. Em todo caso, o Pai Dragão permanece um Pleroma, não diminuído pelo que exala nem aumentado pelo que inala. Ele é a Morte de quem nossa vida depende. E diante da pergunta "A morte é uma ou muitas?", a resposta dada é que "Ele é um, estando lá, mas é muitos, estando em seus filhos aqui".[24]

O herói de ontem torna-se o tirano de amanhã, a menos que crucifique *a si mesmo* hoje.

Do ponto de vista do presente, há tanta imprudência nesta libertação do futuro que pode soar como niilismo. As palavras de Krishna, salvador do mundo, para as esposas do falecido Kans carregam um tom assustador, assim como as palavras de Jesus: "Não vim trazer paz, mas espada. De fato, vim pôr o homem contra seu pai, e a filha contra sua mãe, e a nora contra sua sogra. E os inimigos do homem serão os de sua própria casa. Aquele que ama o pai ou a mãe mais do que a mim não é digno de mim; e aquele que ama o filho ou a filha mais do que a mim não é digno de mim".[25] Para proteger os despreparados, a mitologia vela essas revelações finais sob disfarces semiobscuros, embora insistindo na forma gradualmente instrutiva. A figura salvadora que elimina o pai tirano e então assume, ele mesmo, a coroa está (como Édipo) entrando no lugar de seu reprodutor. Para suavizar o duro parricídio, a lenda representa o pai como um tio cruel ou Nimrod usurpador. Ainda assim, o fato semioculto permanece. Depois de ter sido vislumbrado, todo o espetáculo se desmancha: o filho mata o pai, mas o filho e o pai são um. As figuras enigmáticas se dissolvem no caos primordial. Esta é a sabedoria do fim (e recomeço) do mundo.

7. O herói como santo

ANTES DE PASSARMOS ao último episódio da vida, resta mencionar mais um tipo de herói: o santo ou asceta, aquele que renuncia ao mundo.

> Dotado de uma compreensão pura, restringindo o eu com firmeza, afastando-se do som e de outros objetos e abandonando o amor e o ódio; morando na solidão, comendo pouco, controlando a fala, o corpo e a mente, sempre engajado em meditação e concentração, e cultivando a liberdade com relação às paixões; abandonando a presunção e o poder, o orgulho e a luxúria, a ira e as posses, tranquilo de coração e livre do ego – ele se torna digno de ser um com o Imperecível.[26]

O padrão é ir ao pai, mas ao seu aspecto não manifesto ao invés do aspecto manifesto: dar o passo ao qual o bodisatva renunciou – aquele do qual não há retorno. A intenção aqui não é chegar ao paradoxo da perspectiva dual, mas à reivindicação final do invisível. O ego está incinerado. Como uma folha morta ao vento, o corpo continua a se mover

CAPÍTULO III – *As transformações do herói*

pela terra, mas a alma já se dissolveu no oceano da bem-aventurança.

Como consequência de uma experiência mística durante a celebração da missa em Nápoles, Tomás de Aquino colocou sua pena e tinta na prateleira e deixou os últimos capítulos de sua *Summa Teologica* para serem completados por outra mão. "Meus dias de escritor", afirmou, "acabaram; pois me foram reveladas tais coisas, que tudo o que escrevi e ensinei me parece de pouca importância. Portanto, espero em Deus, que, assim como chegou o fim do meu ensino, logo chegue o fim da minha vida". Pouco tempo depois, em seu 49º ano de vida, ele morreu.

Figura 75. *Édipo arrancando seus olhos*. Detalhe;
pedra esculpida, Roma, Itália, *c.* século II-III.

Além da vida, esses heróis também estão além do mito. Nem eles tratam mais disso, nem o mito pode tratá-los adequadamente. Procura-se construir suas lendas, mas os sentimentos piedosos e as lições que aparecem nas biografias são necessariamente inadequados; pouco melhores do que um anticlímax retórico. Eles se retiraram do reino das formas, ao qual a encarnação desce e no qual o bodisatva permanece, o âmbito do perfil *manifesto* da Grande Face. Quando o perfil *oculto* é descoberto, o mito é a penúltima palavra, o silêncio é a última. No momento em que o espírito passa para o oculto, só o silêncio permanece.

O rei Édipo veio a saber que a mulher com quem se casou era sua mãe, que o homem que ele havia matado era seu pai. Ele arrancou os olhos e vagou em penitência sobre a terra. Os freudianos declaram que cada um de nós está matando seu pai e se casando com sua mãe, o tempo todo – só que inconscientemente. As tortuosas maneiras simbólicas de fazer isso e a racionalização das consequentes atividades compulsivas constituem nossas vidas individuais e nossa civilização comum. Se os sentimentos acaso se tornassem conscientes da real significação dos atos e pensamentos do mundo, saberíamos o que Édipo sabia: a carne de repente nos pareceria um oceano de autoviolação. Este é o sentido da lenda do Papa Gregório Magno, nascido de incesto, vivendo em incesto. Horrorizado, ele foge para uma rocha no mar, e lá faz penitência pondo em risco sua própria vida.

A árvore agora se tornou a cruz: o Jovem Branco que suga o leite tornou-se o Crucificado engolindo o fel. A corrupção rasteja onde antes havia os brotos da primavera. No entanto, além deste limiar da cruz – pois a cruz é um caminho (a porta do sol), não um fim – está a bem-aventurança em Deus.

> Ele colocou seu selo sobre mim para que eu não prefira nenhum amor à Ele.
>
> O inverno passou; a rola canta; as vinhas explodem em flor.
>
> Com Seu próprio anel meu Senhor Jesus Cristo se casou comigo, e me coroou com uma coroa, para que eu seja Sua noiva.
>
> O manto com que o Senhor me vestiu é um manto de esplendor com ouro entrelaçado, e o colar com o qual ele me adornou não tem preço.[27]

CAPÍTULO III – As transformações do herói

8. A partida do herói

O ÚLTIMO ATO na biografia do herói é a morte ou partida. Ela resume todo o sentido de sua vida. Desnecessário dizer que o herói não seria herói se a morte lhe trouxesse algum terror; a primeira condição do heroísmo é a reconciliação com a sepultura.

> Sentado sob o carvalho de Manre, Abraão percebeu um lampejo de luz e um odor doce. Ao voltar-se, viu a Morte vindo na sua direção em grande glória e beleza. E a Morte disse a Abraão: "Não penses, Abraão, que esta beleza é minha, ou que venho assim para todo homem. Não. Mas se alguém é justo como tu, vou até ele assim, com uma coroa; mas se é um pecador, venho em grande corrupção, e de seus pecados arranjo uma coroa para minha cabeça, e o faço estremecer com grande temor, de modo que acaba desolado". Abraão lhe disse: "E tu és, de fato, aquela que se chama Morte?". Ela respondeu, dizendo: "Sou o nome amargo". Mas Abraão retorquiu: "Não irei contigo". E Abraão disse à Morte: "Mostra-nos a tua corrupção". E a Morte revelou sua corrupção, exibindo duas cabeças; uma tinha o rosto de uma serpente, a outra era como uma espada. Todos os servos de Abraão, olhando para o aspecto feroz da Morte, morreram, mas Abraão orou ao Senhor, e ele os ressuscitou. Como os olhares da morte não conseguiram fazer com que a alma de Abraão o deixasse, Deus removeu a alma de Abraão como em um sonho, e o Arcanjo Miguel a levou para o céu. Depois que grande louvor e glória foram dados ao Senhor pelos anjos que trouxeram a alma de Abraão, e depois que Abraão se inclinou para adorar, então veio a voz de Deus, dizendo assim: "Leve meu amigo Abraão para o Paraíso, onde estão os tabernáculos de Meus justos e as moradas de Meus santos Isaac e Jacó em seu seio, onde não há angústia, nem tristeza, nem suspiro, mas paz e alegria e vida sem fim".[28]

Compare com o seguinte sonho:

> Eu estava em uma ponte onde encontrei um violinista cego. Todo mundo jogava moedas em seu chapéu. Aproximei-me e percebi que o músico não era cego. Ele tinha um estrabismo, e estava olhando para mim com um olhar torto, de esguelha. De repente, havia uma velhinha sentada na

beira de uma estrada. Estava escuro e eu senti medo. "Aonde leva essa estrada?", pensei. Um jovem camponês veio pelo caminho, me pegou pela mão e perguntou: "Você quer voltar para casa e tomar café?". "Me solta! Você está segurando muito forte!" Eu chorei e acordei.²⁹

O herói que, em sua vida, representava a perspectiva dual, após sua morte continua sendo uma imagem sintetizadora. Como Carlos Magno, ele dorme apenas, e se levantará na hora azada, ou está entre nós sob outra forma.

Os astecas contam da serpente emplumada, Quetzalcoatl, que era monarca da antiga cidade de Tollan, na idade de ouro de sua prosperidade. Ela era a professora das artes, criadora do calendário e doadora do milho. Ela e seu povo foram vencidos, no fim de seu tempo, pela magia mais forte de uma raça invasora, os astecas. Tezcatlipoca, o herói guerreiro dos jovens de sua época, arrasou a cidade de Tollan; e a serpente emplumada, rei da idade de ouro, queimou suas habitações atrás de si, enterrou seus tesouros nas montanhas, transformou seus cacaueiros em espinheiros, ordenou que os pássaros multicoloridos, seus servos, voassem diante dele, e partiu em grande pesar. Chegou a uma cidade chamada Quauhtitlan, onde havia uma árvore muito alta e grande. Foi até a árvore, sentou-se debaixo dela e olhou num espelho que lhe foi trazido. "Sou velho", disse. Este lugar foi chamado "A velha Quauhtitlan". Descansando novamente em outro lugar ao longo do caminho, e olhando para trás na direção de Tollan, sua cidade, ele chorou, e suas lágrimas atravessaram uma rocha. Deixou naquele lugar a marca de onde se sentou e a impressão de suas palmas. Mais adiante, encontrou e foi desafiado por um grupo de necromantes, que o proibiram de prosseguir até que passasse a eles o conhecimento de como trabalhar prata, madeira e penas, e a arte da pintura. Ao cruzar as montanhas, todos os seus assistentes, que eram anões e corcundas, morreram de frio. Em outro lugar ele encontrou seu antagonista, Tezcatlipoca, que o derrotou em um jogo de bola. Ainda em outro, apontou com uma flecha para uma grande árvore pochotl; a flecha também era uma árvore pochotl inteira; de modo que quando ele disparou e a flecha atravessou a grande árvore, formou-se uma cruz. E assim, foi passando e deixando muitos sinais e nomes de lugares atrás de si até que, chegando finalmente ao mar, partiu em uma jangada de serpentes. Não se sabe como ele chegou ao seu destino, Tlapállan, sua casa de origem.³⁰

Ou, de acordo com outra tradição, ele se imolou na praia em uma pira funerária, e pássaros com penas multicoloridas surgiram de suas cinzas. Sua alma tornou-se a Estrela da Manhã.[31]

O herói com sede de vida pode resistir à morte e adiar seu destino por um certo tempo. Está escrito que Cuchullin, em seu sono, ouviu um grito "tão terrível e amedrontador, que caiu de sua cama no chão, como um saco, na ala leste da casa". Ele saiu correndo sem armas, seguido por Emer, sua esposa, que carregava suas armas e roupas. Encontrou uma carruagem atrelada a um cavalo castanho que tinha somente uma perna, a vara passando por seu corpo e saindo na testa. Dentro estava sentada uma mulher, com sobrancelhas vermelhas e envolvida em um manto carmesim. Um homem grandalhão caminhava ao lado, também de manto carmesim, carregando um cajado bifurcado de aveleira e conduzindo uma vaca.

Cuchullin reivindicou a vaca como sua; a mulher o desafiou, e Cuchullin então exigiu saber por que ela estava falando em lugar do homem grande. Ela respondeu que o homem era Uar-gaeth-sceo Lua-chair-sceo. "Bem, com certeza", disse Cuchullin, "o tamanho do nome é surpreendente!". "A mulher com quem você fala", disse o grandalhão, "chama-se Faebor beg-beoil cuimdiuir fot sceubgairit sceo uath". "Você está me fazendo de bobo", disse Cuchullin, que saltou para a carruagem, pôs os dois pés nos dois ombros dela e sua lança na repartição de seus cabelos. "Não brinque com suas armas afiadas em mim!", disse ela. "Então me diga seu verdadeiro nome", retorquiu Cuchullin.

"Afaste-se de mim então", disse ela. "Sou uma satirista feminina e carrego esta vaca como recompensa por um poema." "Vamos ouvir seu poema", disse Cuchullin. "Apenas afaste-se mais um pouco", disse a mulher, "sua agitação sobre minha cabeça não me influenciará".

Cuchullin afastou-se até estar entre as duas rodas da carruagem. A mulher cantou para ele uma canção de desafio e insulto. Ele se preparou para saltar para cima dela novamente, mas, em um instante, cavalo, mulher, carruagem, homem e vaca desapareceram, e no galho de uma árvore havia um pássaro preto.

"Que mulher encantada e perigosa você é!", disse Cuchullin ao pássaro preto; pois agora ele percebia que ela era a deusa da batalha, Badb, ou Morrigan. "Se soubesse que era você, não teríamos nos separado assim." "O que você fez", respondeu o pássaro, "lhe trará má sorte". "Você não pode me fazer mal algum", disse Cuchullin. "Certamente que posso", respondeu a mulher, "estou guardando seu leito de morte, e o estarei guardando daqui em diante".

Então a feiticeira lhe disse que estava levando a vaca da colina das fadas de Cruachan para ser criada pelo touro do grande homem, que era Cuailgne; e quando seu bezerro tivesse um ano de idade, Cuchullin morreria. Ela mesma viria contra ele quando estivesse em um certo vau atracado com um homem "tão forte, tão vitorioso, tão hábil, tão terrível, tão incansável, tão nobre, tão corajoso, tão grande" quanto ele. "Vou me tornar uma enguia", disse ela, "e jogarei um laço nos seus pés nesse vau". Cuchullin trocou ameaças com a feiticeira, e ela desapareceu no chão. Mas, no ano seguinte, na dita incursão no vau, ele a derrotou e realmente viveu para morrer outro dia.[32]

Um curioso, talvez divertido, eco do simbolismo da salvação em um mundo distante ressoa vagamente na passagem final do conto popular pueblo do Menino Jarro d'Água.

> Muitas pessoas viviam no interior da fonte, mulheres e meninas. Todas correram em direção ao menino e o abraçaram pois estavam felizes porque a criança viera visitar sua casa. Assim, o menino encontrou seu pai e suas tias também. Bem, o menino ficou lá uma noite e no dia seguinte voltou para casa e contou à mãe que encontrara seu pai. Então sua mãe adoeceu e morreu. E o menino disse a si mesmo: "Não tenho por que viver com estas pessoas". Ele as deixou e foi para a fonte. E lá estava sua mãe. Foi assim que ele e sua mãe foram morar com seu pai. Seu pai era Avaiyo'pi'i (vermelho cobra d'água). Ele explicou que não poderia viver com eles em Sikyat'ki. Eis a razão que fez a mãe do menino adoecer; então ela morreu e "veio para cá morar comigo", disse seu pai. "Agora vamos morar aqui juntos", disse Avaiyo' ao filho. Foi assim que aquele menino e sua mãe foram morar lá na fonte.[33]

Essa história, como a da esposa-marisco, repete ponto por ponto a narrativa mítica. As duas histórias são encantadoras pela aparente inocência quanto ao seu próprio poder. No extremo oposto está o relato da morte do Buda: bem-humorado, como todo grande mito, mas consciente até o último grau.

> O Abençoado, acompanhado por uma grande congregação de sacerdotes, seguiu em direção à outra margem do rio Hiranavati, da cidade de Kusinara, no bosque de Upavattana, das árvores sal dos mallas; aproximando-se, dirigiu-se ao venerável Ananda:
>
> "Tenha a bondade, Ananda, de me estender um leito com a cabeceira para o norte entre as árvores sal gêmeas. Estou cansado, Ananda, e desejo me deitar."

CAPÍTULO III – *As transformações do herói*

Figura 76. *Morte do Buda*. Pedra esculpida, Índia, final do século V.

"Sim, Reverendo Senhor", disse o venerável Ananda ao Abençoado em concordância, e estendeu o leito com a cabeça para o norte entre as árvores sal gêmeas. Então, O Abençoado deitou-se sobre o seu lado direito à maneira de um leão, e colocando pé sobre pé, permaneceu atento e consciente.

Ora, naquela época, as árvores sal gêmeas floriram de modo exuberante embora não fosse época de floração; e as flores se espalharam sobre o corpo do Tathagata, e se esparramaram e se derramaram em adoração ao Tathagata.* Também o pó de sândalo celestial caiu do céu; e se espalhou sobre o corpo do Tathagata, e se esparramou e salpicou tudo em adoração ao Tathagata. E a música soou no céu em adoração ao Tathagata, e o canto de coros celestiais soou em adoração ao Tathagata.

Durante as conversas que se seguiram, enquanto o Tathagata estava deitado de lado como um leão, um grande sacerdote, o venerável Upavana, permanecia em pé na sua frente, abanando-o. O Abençoado

---

* Tathagata: "chegou ou está em (gata) tal estado ou condição (tatha)"; ou seja, um Iluminado, um Buda.

ordenou brevemente que ele se afastasse; então o atendente pessoal do Abençoado, Ananda, queixou-se ao Abençoado: "Reverendo Senhor", disse, "qual, por favor, foi a razão, e qual foi a causa, que fez com que o Abençoado fosse duro com o venerável Upavana , dizendo 'Afaste-se, ó sacerdote; não fique na minha frente'?".

O Abençoado respondeu:

> Ananda, quase todas as divindades em dez mundos se reuniram para contemplar O Tathagata. Por uma extensão, Ananda, de doze léguas ao redor da cidade Kusinara em Upavatana, e do bosque de árvores shala, dos mallas, não há um só pedaço de terra, do tamanho suficiente para cravar a ponta de um fio de cabelo, que não esteja permeado de divindades poderosas. E essas divindades, Ananda, estão iradas, dizendo: "De longe viemos para contemplar o Tathagata, pois raramente, e em poucas ocasiões, um Tathagata, um santo e Buda Supremo surge no mundo; e agora, esta noite, na última vigília, o Tathagata passará para o Nirvana; mas este poderoso sacerdote está na frente do Abençoado, escondendo-o, e não temos oportunidade de ver o Tathagata, embora seus últimos momentos estejam próximos". Por isso, Ananda, essas divindades estão iradas.

"O que as divindades estão fazendo, reverendo Senhor; a quem o Abençoado percebe?"

"Algumas das divindades, Ananda, estão no ar com suas mentes absorvidas por coisas terrenas, e elas soltam seus cabelos e gritam alto, estendem seus braços e gritam alto, caem de cabeça no chão e rolam de lá para cá, dizendo: 'Muito em breve o Abençoado passará para o Nirvana; muito em breve A Luz do Mundo desaparecerá de vista!'. Algumas das divindades, Ananda, estão na terra com suas mentes absorvidas nas coisas terrenas, e elas soltam seus cabelos e gritam alto, estendem seus braços e gritam alto, caem de cabeça no chão e rolam de lá para cá, dizendo: 'Muito em breve o Abençoado passará para o Nirvana; muito em breve o Bem-Aventurado passará para o Nirvana; muito em breve A Luz do Mundo desaparecerá de vista!'. Mas as divindades que estão livres de paixão, atentas e conscientes, suportam pacientemente, dizendo: 'Todas as coisas são transitórias. Como é possível que tudo o que nasceu, veio a existir, é organizado e perecível, não pereça? Essa condição não é possível'."

As últimas conversas continuaram por algum tempo, e durante elas

CAPÍTULO III – *As transformações do herói*

o Abençoado consola seus sacerdotes. Em seguida, dirige-se a eles: "E agora, Ó sacerdotes, despeço-me de vós; todos os componentes do ser são transitórios. Preparem com diligência a vossa salvação." E esta foi a última palavra do Tathagata.

Então o Abençoado entrou no primeiro transe; e elevando-se do primeiro transe, entrou no segundo transe; e elevando-se do segundo transe, entrou no terceiro transe; e elevando-se do terceiro transe, entrou no quarto transe; e elevando-se do quarto transe, entrou no reino da infinitude do espaço; e elevando-se do reino da infinitude do espaço, entrou no reino da infinitude da consciência; e elevando-se do reino da infinitude da consciência, entrou no reino do nada; e elevando-se do reino do nada, entrou no reino onde não há nem percepção nem não percepção; e elevando-se do reino da nem percepção nem não percepção, chegou à cessação da percepção e sensação.

Então o venerável Ananda falou ao venerável Anuruddha como segue: "Reverendo Anuruddha, o Abençoado passou para o Nirvana."

"Não, irmão Ananda, o Abençoado ainda não passou para o Nirvana; ele chegou à cessação da percepção e sensação."

Então, o Abençoado, elevando-se da cessação de sua percepção e sensação, entrou no reino nem da percepção nem da não percepção; e elevando-se do reino nem da percepção nem da não percepção, entrou no reino do nada; e elevando-se do reino do nada, entrou no reino da infinitude da consciência; e elevando-se do reino da infinitude da consciência, entrou no reino da infinitude do espaço; e elevando-se do reino da infinitude do espaço, entrou no quarto transe; e elevando-se do quarto transe, entrou no terceiro transe; e elevando-se do terceiro transe, entrou no segundo transe; e elevando-se do segundo transe, entrou no primeiro transe; e elevando-se do primeiro transe, entrou no segundo transe; e elevando-se do segundo transe, entrou no terceiro transe; e elevando-se do terceiro transe, entrou no quarto transe; e elevando-se do quarto transe, imediatamente O Abençoado passou para o Nirvana.[34]

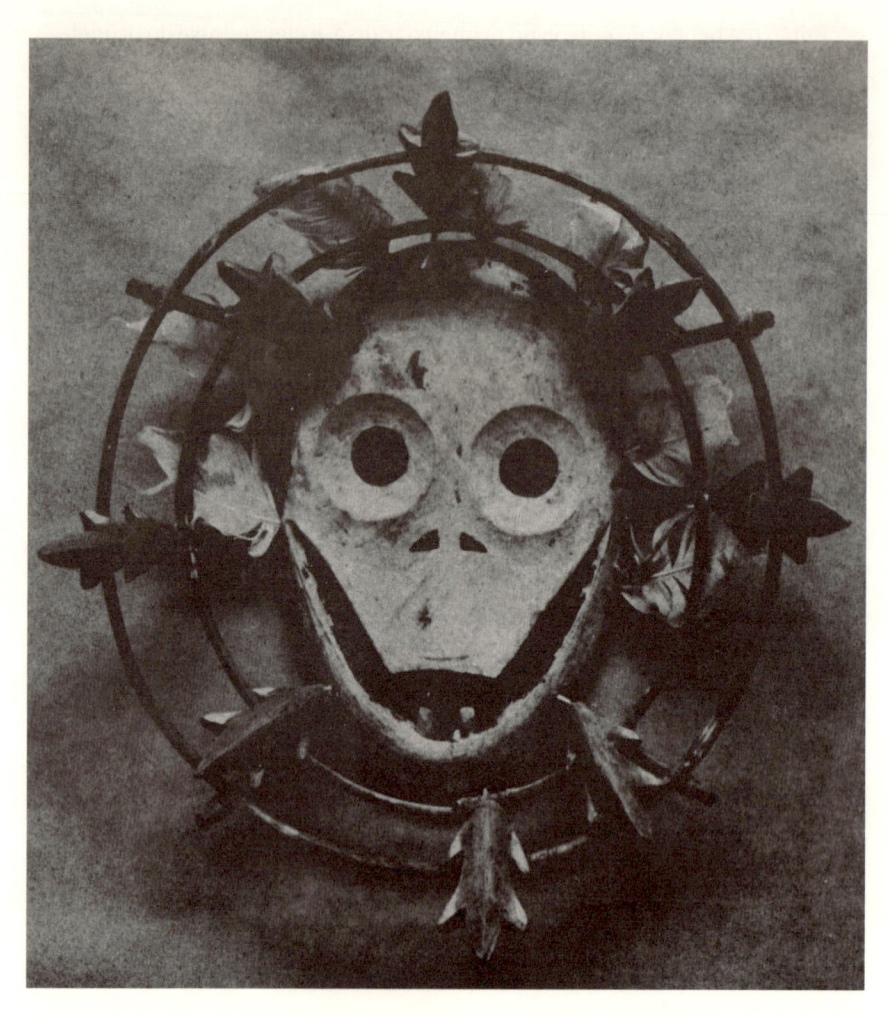

Figura 77. *Outono (Máscara da Morte)*. Madeira policromada, inuit, América do Norte, data incerta.

CAPÍTULO IV

Dissoluções

1. O fim do microcosmo

O PODEROSO HERÓI de extraordinárias façanhas – capaz de levantar o Monte Govardhan com um dedo, e se preencher com a tremenda glória do universo – é cada um de nós: não a individualidade que é visível no espelho, mas o rei interior. Krishna declara: "Eu sou o Si-Mesmo, sentado no coração de todas as criaturas. Eu sou o começo, o meio e o fim de todos os seres".[1] Este é, precisamente, o sentido das preces para os mortos, no momento de sua dissolução pessoal: que o indivíduo possa agora retornar ao pristino conhecimento da divindade criadora de mundos que, durante sua vida, estava refletida em seu coração.

> Quando chega a fragilidade – quer se tenha enfraquecido por causa da idade avançada ou da doença – a pessoa se liberta desses membros assim como uma manga, ou um figo, ou uma baga se liberta do talo; e ele se apressa novamente, de acordo com a entrada e local de origem, de volta à vida. Um nobre, um policial, um cocheiro e um chefe de vila esperam com comida, bebida, e acomodações para um rei que vem vindo, e grita: "Aqui vem ele! Aqui vem ele!". Então, de fato, todas as coisas esperam por aquele que possui esse conhecimento e gritam: "Aqui está o imperecível que vem vindo! Aqui está o imperecível que vem vindo!".[2]

A ideia já ressoa nos Textos dos Sarcófagos do antigo Egito, quando o falecido canta a respeito de si mesmo como sendo um com Deus.

> *Eu sou Atum, eu que estava sozinho;*
> *Eu sou Rá em sua primeira aparição*
> *Eu sou o Grande Deus, autogerado;*
> *Que moldou seus nomes, senhor dos deuses,*

Do qual nenhum entre os deuses se aproxima.
Eu era ontem, eu conheço o amanhã.
O campo de batalha dos deuses foi feito quando eu falei.
Eu conheço o nome daquele Grande Deus que está lá dentro.
"Louvor a Rá" é seu nome.
*Eu sou a grande Fênix que está em Heliópolis.*³

Figura 78. *Osíris, Juiz dos Mortos*. Papiro, Egito, c.1275 a.C.

Entretanto, como na morte do Buda, o poder de fazer um trânsito completo de volta, passando por todas as épocas de emanação, depende do caráter do homem quando ele estava vivo. Os mitos nos falam de uma perigosa jornada da alma, com obstáculos a serem sobrepujados. Os esquimós da Groelândia enumeram: uma chaleira fervente, um osso pélvico, uma grande lâmpada acesa, monstros guardiões e duas rochas que se chocam e se apartam novamente.⁴ Tais elementos

CAPÍTULO IV – Dissoluções

são características padrão do folclore e das lendas heroicas do mundo todo. Nós os discutimos acima, no capítulo "A aventura do herói". Tais obstáculos receberam seu mais elaborado e significativo desenvolvimento na mitologia da última jornada da alma.

Uma oração asteca que deve ser feita no leito de morte avisa ao falecido sobre os perigos ao longo do caminho de volta ao deus esqueleto dos mortos, Tzontémoc, "Aquele cujos cabelos caem".

> Querido filho, tu passaste através dos labores da vida e sobreviveste. Agora é do agrado do Senhor te levar embora. Pois não desfrutamos desse mundo para sempre, apenas brevemente; nossa vida é como alguém se aquecendo ao sol. E o Senhor nos conferiu nessa existência a bênção de conhecer e conversar uns com os outros; mas agora, nesse momento, o deus que é chamado de Mictlantecuhtli, ou Aculnahuácatl, ou ainda Tzontémoc, e a deusa conhecida como Mictecacíhuatl, te transportaram para longe. Tu foste trazido diante do trono Dele; pois todos devemos ir para lá: esse lugar é destinado a todos nós, e é vasto.
>
> Nós não teremos de ti mais nenhuma lembrança. Tu residirás em um lugar muito sombrio, onde não existe nem luz nem janela. Tu não retornarás ou partirás dali, nem pensarás ou te preocuparás tu mesmo com a questão do retorno. Tu estarás ausente do meio de nós para todo sempre. Pobres e órfãos deixaste teus filhos, teus netos; nem saberás como eles terminarão, como passarão através dos labores dessa vida. No que concerne a nós mesmos, logo iremos para onde tu estás.

Os anciãos e autoridades astecas preparavam o corpo para o funeral e, quando o tinham embrulhado apropriadamente, pegavam um pouco de água e vertiam-na sobre a cabeça do defunto, dizendo: "Isto tu desfrutaste quando vivias no mundo". E pegavam um pequeno jarro de água e apresentavam a ele, dizendo: "Aqui está algo para a tua jornada"; e colocavam o jarro na dobra de sua mortalha. Então eles enrolavam o falecido em seus cobertores, prendiam-no fortemente, e dispunham diante dele, um por vez, certos papéis que tinham sido preparados: "Vede, com isto conseguirás passar entre as montanhas que se chocam". "Com isto passarás pela estrada onde a serpente vigia." "Isto irá satisfazer o pequeno lagarto verde, Xochitónal." "E contempla, com isto tu poderás fazer o trânsito pelos oito desertos de frio congelante." "Aqui está o que te permitirá atravessar as oito pequenas colinas." "Aqui está aquilo pelo qual tu sobreviverás ao vento de facas de obsidiana."

O defunto devia levar com ele um cãozinho de pelagem avermelhada e brilhante. Ao redor do pescoço do cão eles colocavam um fio macio de algodão; ele era morto e cremado junto com o cadáver. O defunto nadava em cima desse animalzinho quando passava pelo rio do submundo. E, depois de quatro anos da passagem, o falecido chegava com ele diante de deus, a quem presenteava com os papéis e dádivas. Com isso ele era admitido, junto de seu fiel companheiro, no "Nono Abismo".[5*]

Os chineses contam sobre atravessar a Ponte Feérica guiados pela Donzela de Jade e o Jovem Dourado. Os hindus retratam um elevado firmamento dos céus e um submundo de muitos níveis. A alma gravita depois da morte para o andar apropriado à sua densidade relativa, para que ali possa digerir e assimilar todo o significado de sua vida passada. Quando a lição foi aprendida, a alma retorna ao mundo, para se preparar para o novo grau de experiência. Então, gradualmente, ela vai galgando o caminho através de todos os níveis de valor da vida até quebrar o confinamento do ovo cósmico. A *Divina Comédia* de Dante é uma revisão exaustiva dos estágios: "Inferno", a desolação do espírito preso aos orgulhos e às ações da carne; "Purgatório", o processo de transmutação da experiência carnal em espiritual; "Paraíso", os graus da realização espiritual.

Uma profunda e fabulosa visão da jornada é aquela contida no *Livro Egípcio dos Mortos*. O homem ou mulher que morrem são identificados com (e de fato chamados de) Osíris. O texto inicia com hinos de louvor a Rá e Osíris e então passa a abordar os mistérios do desamortalhar o espírito no mundo ínfero. No "Capítulo de como dar uma boca a Osíris N.", lê-se a frase: "Eu me ergo de dentro de um ovo na terra escondida". (Onde aparece N. pronuncia-se o nome do falecido, por exemplo: Osíris Aunfankh, Osíris Ani.) Esta é a anunciação da ideia de morte como um renascimento. Então, no "Capítulo de como abrir a boca de Osíris N.", o espírito que está despertando reza: "Que o deus Ptá abra a minha boca, e o deus da minha cidade solte o enfaixamento, mesmo das faixas que estão sobre a minha boca". O "Capítulo de como fazer Osíris N. possuir memória no mundo inferior" e o "Capítulo de como dar um coração a Osíris N. no mundo inferior" levam o processo de renascimento dois estágios adiante. Então começam os capítulos dos

---

* Cães brancos ou negros não poderiam nadar no rio, porque o branco diria "Eu acabo de me lavar!"; e o preto, "Eu me sujei!". Apenas os de pelagem avermelhada brilhante podem passar para a margem dos mortos.

CAPÍTULO IV – *Dissoluções*

perigos que o solitário viajante precisa enfrentar e sobrepujar em seu percurso em direção ao trono do fabuloso juiz.

O Livro dos Mortos era enterrado com a múmia como um livro guia para os perigos e dificuldades do caminho, e alguns capítulos eram recitados no momento do funeral. Em certo estágio da preparação da múmia, o coração do morto era aberto e um escaravelho de basalto em uma fixação de ouro, simbólico do sol, era colocado nele com uma prece: "Meu coração, minha mãe, meu coração, minha mãe, meu coração das transformações". Isso é prescrito no "Capítulo de como não deixar o coração de Osíris N. ser tomado dele no mundo inferior". Depois, lemos, no "Capítulo de como fazer recuar o crocodilo":

> Retorna, Ó crocodilo que habitas no oeste [...] Retorna Ó crocodilo que habitas no sul [...] Retorna, Ó crocodilo que habitas no norte [...] As coisas que foram criadas estão no oco da minha mão, e aquelas que ainda não vieram a ser estão no meu corpo. Estou vestido e completamente provido com vossas palavras mágicas, Ó Rá, que estais no céu acima de mim e na terra abaixo de mim [...]

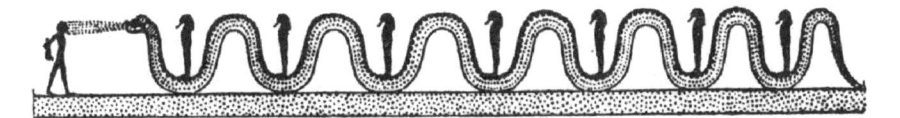

Figura 79. *A Serpente Kheti no mundo inferior consome pelo fogo um inimigo de Osíris.* Alabastro esculpido, Reino Novo, Egito, 1278 a.C.

Segue-se o "Capítulo de como rechaçar serpentes" e, em seguida, o "Capítulo de como afastar Apshait". A alma grita a este último demônio: "Afastai-vos de mim, Ó vós que possuís lábios que mordem". No "Capítulo de como conduzir de volta as duas deusas Merti" a alma declara seu propósito, e protege a si mesma ao reivindicar para si a condição de filho do pai: "[...] Eu brilho a partir do barco de Sektet, eu sou Hórus, o filho de Osíris, e vim ver meu pai Osíris". O "Capítulo sobre como viver de ar no mundo inferior" e o "Capítulo de como afugentar a serpente Rerek no mundo inferior" leva o herói ainda mais longe em seu caminho, e então vem a grande proclamação do "Capítulo de como acabar com as matanças que são realizadas no mundo inferior":

> Meu cabelo é o cabelo de Nu. Minha face é a face do Disco. Meus olhos são os olhos de Hátor. Minhas orelhas são as orelhas de Apuat. Meu nariz é o nariz de Khenti-khas. Meus lábios são os lábios de Anpu. Meus dentes são os dentes de Serget. Meu pescoço é o pescoço da divina deusa Ísis. Minhas mãos são as mãos de Ba-neb-Tattu. Meus antebraços são os antebraços de Neith, A Senhora de Sais. Minha espinha dorsal é a espinha dorsal de Suti. Meu falo é o falo de Osíris. Minhas virilhas são as virilhas dos Senhores de Kher-aba. Meu peito é o peito do poderoso Um do Terror [...] não existe nenhum membro no meu corpo que não seja o membro de algum Deus. O deus Tot protege meu corpo completamente, e Eu sou Rá dia a dia. Eu não serei arrastado de volta pelos braços, e ninguém agarrará com violência minhas mãos [...].

Como na imagem budista (muito posterior) do bodisatva cujo resplendor contém quinhentos budas transformados, cada um assistido por quinhentos bodisatvas, e cada um desses, por sua vez, por inumeráveis deuses, da mesma forma, aqui a alma chega à plenitude de sua estatura e poder por meio da assimilação das divindades que outrora pensava-se estarem separadas e fora dele. Elas são projeções de seu próprio ser; e quando a alma retorna para seu verdadeiro estado elas são todas reassumidas.

No "Capítulo de como aspirar o ar e ter o domínio sobre a água do submundo", a alma se autoproclama guardiã do ovo cósmico: "Salve, tu, árvore de sicômoro da deusa Nut! Concede-me um pouco da água e do ar que em ti habitam. Eu abraço o trono que está em Hermópolis, e velo e guardo o ovo do Grande Ganso Palrador. Ele cresce, eu cresço; Ele vive, eu vivo; ele aspira o ar, eu aspiro o ar, eu Osíris N., em triunfo".

Então se seguem o "Capítulo de como não deixar a alma de um homem ser tomada dele no mundo inferior" e o "Capítulo de como beber água no submundo e não ser queimado pelo fogo", e depois vem o grande ponto culminante – o "Capítulo de como chegar de dia no submundo", onde a alma e o ser universal são reconhecidos como sendo um:

> Eu sou o Ontem, o Hoje, e o Amanhã, eu tenho o poder de nascer uma segunda vez; eu sou a Alma divina escondida que criou os deuses, e que deu refeições sepulcrais aos habitantes do submundo de Amentet e do Paraíso. Eu sou o leme do leste, o possuidor de duas faces divinas onde seus raios são vistos. Eu sou o senhor dos homens que estão soerguidos; o senhor que sai das trevas, cujas formas de existência são da casa onde

CAPÍTULO IV – Dissoluções

estão os mortos. Salve, vós, dois falcões que estão empoleirados sobre suas sepulturas, que ouvem as coisas que são ditas por ele, que guiam o esquife para o lugar escondido, que conduzem Rá, e o seguem ao local mais elevado do santuário que é nas alturas celestiais! Salve! Senhor do santuário que está no meio da terra. Ele é eu, e eu sou ele, e Ptá cobriu o céu dele com cristal [...].

Figura 80. *Os duplos de Ani e sua esposa bebendo água no outro mundo.* Papiro, Egito ptolomaico, c.240 a.C.

Posteriormente, a alma pode percorrer o universo à vontade como se descreve no "Capítulo de como erguer os pés e sair sobre a terra", no "Capítulo de Como Viajar para Heliópolis e receber o trono naquele local", no "Capítulo do homem que se transforma em qualquer forma que lhe agrade", no "Capítulo de como entrar na casa grande", e no "Capítulo de como entrar na presença dos divinos príncipes soberanos de Osíris". Os capítulos das chamadas Confissões Negativas declaram a pureza moral do homem que foi redimido: "Eu não pratiquei iniquidades [...] Eu não roubei com violência [...] Eu não pratiquei violência contra nenhum homem [...] Eu não roubei [...] Eu não assassinei homem ou mulher [...]". O livro conclui endereçando louvores aos deuses, e então vem o "Capítulo de viver perto de Rá", o "Capítulo de fazer um homem retornar para ver sua casa na terra", o "Capítulo de tornar a alma perfeita", e o "Capítulo de navegar no grande barco do sol de Rá".[6]

2. O fim do macrocosmo

ASSIM COMO A forma criada do indivíduo deve se dissolver, também a do universo:

> Quando é sabido que depois de um período de cem mil anos o ciclo precisa ser renovado, os deuses chamados Loka-byuhas, habitantes do paraíso dos prazeres sensuais, vagam pelo mundo, com os cabelos soltos e voando ao vento, chorando e enxugando suas lágrimas com as mãos, vestidos com roupas vermelhas e desarrumadas. E então anunciam:
>
> "Senhores, após um período de cem mil anos, o ciclo será renovado; este mundo será destruído. O poderoso oceano também secará; e esta ampla terra, e Sumeru, o monarca das montanhas, todos serão queimados e destruídos – a destruição do mundo se estenderá até o mundo de Brahma. Portanto, senhores, cultivai afabilidade; cultivai a compaixão, alegria, equanimidade; servi vossas mães; servi vossos pais; e honrai vossos anciãos entre vossos parentes."
>
> Isto é chamado de dissolução cíclica.[7]

A versão maia do fim do mundo é representada em uma ilustração que cobre a última página do Dresden Codex.[8] Esse antigo manuscrito registra os ciclos dos planetas e a partir destes, deduz cálculos sobre vastos ciclos cósmicos. Os números serpentinos que aparece quando nos aproximamos do final do texto (assim chamado porque sua aparência se assemelha ao símbolo da serpente) representam períodos mundiais de cerca de 34 mil anos – doze milhões e meio de dias – e estes acontecem repetidas vezes.

> Nesses períodos quase inconcebíveis, pode-se considerar que todas as unidades de tempo menores chegaram a um fim mais ou menos exato. O que importam alguns anos a mais ou a menos nesse período praticamente eterno? Finalmente, na última página do manuscrito, é retratada a Destruição do Mundo, para a qual os grandes números tinham pavimentado o caminho. Aqui vemos a serpente da chuva, esticando-se pelo céu, arrotando torrentes de água. Grandes enxurradas jorram do sol e da lua. A velha deusa, das garras de tigre e aspectos proibidos, a padroeira malévola das enchentes e aguaceiros, entorna a tigela das águas celestiais. Os ossos cruzados, temido símbolo da morte, decoram

CAPÍTULO IV – *Dissoluções*

Figura 81. *Fim do mundo, serpente da chuva e deusa da garra de tigre.*
Tinta sobre papel de casca de árvore, maia, América Central, *c.*1200-1250.

sua saia, e uma cobra contorcida coroa sua cabeça. Abaixo dela, com a lança voltada para baixo, símbolo da destruição universal, o deus preto espreita no exterior, com uma coruja gritando ameaçadoramente sobre sua cabeça assustadora. Aqui, de fato, é retratado com tons explícitos o cataclisma final que tudo engolfa.[9]

Uma das representações mais intensas aparece na Eda Poética dos antigos vikings. Odin (Wotan), o principal dos deuses, pediu para saber qual será seu fim, de seu panteão e da "Mulher Sábia", ela mesma uma personificação da própria Mãe do Mundo. A voz do Destino disse:[10]

Irmãos lutarão e derrubarão um ao outro,
E os filhos de irmãs macularão o parentesco;
Será duro na terra, com poderosa prostituição;
Tempo do machado, tempo de espada, escudos partidos,
Tempo do vento, tempo do lobo, então cairá o mundo,
Nunca os homens pouparão uns aos outros.

Na terra dos gigantes, Jotunheim, um belo galo vermelho cacarejará; em Valhalla o galo Crista Dourada; e no Inferno uma ave vermelho-ferruginoso. O cão Garm na caverna do penhasco, a entrada do mundo dos mortos, abrirá suas mandíbulas gigantes e uivará. A terra tremerá, os rochedos e árvores serão dilacerados, o oceano jorrará na terra. Arrebentar-se-ão as algemas dos monstros que foram acorrentados no princípio: O lobo Fenrir andará à solta, e avançará com suas mandíbulas inferiores em direção à terra e as superiores em direção ao céu ("ele as abriria ainda mais se houvesse espaço para isso"); fogo arderá em seus olhos e narinas. A serpente que envolve o mundo se levantará do oceano cósmico em gigantesca ira e avançará sobre a terra ao lado do lobo, cuspindo veneno, de tal forma que aspergirá todo ar e toda água. Naglfar será solto (o navio feito das unhas dos homens mortos) e servirá de transporte dos gigantes. Outro navio navegará com os habitantes do inferno. E o povo do fogo avançará pelo sul.

Quando o vigia dos deuses soar alto o chifre estridente, os guerreiros, filhos de Odin, serão convocados para a batalha final. De todos os quadrantes os deuses, gigantes, demônios, anões e elfos cavalgarão para o campo. O Freixo do Mundo, Yggdrasil, tremerá, e então nada estará livre do medo no céu e na terra.

CAPÍTULO IV – Dissoluções

Figura 82. *Ragnarök: o lobo Fenrir devorando Odin*.
Pedra talhada, viking, Bretanha, c.1000.

Odin avançará contra o lobo, Tor contra a serpente, Tyr contra o cão – o pior de todos os monstros – e Freyr contra Surt, o homem de chamas. Tor abaterá a serpente, caminhará dez passos daquele ponto e, devido à sua picada venenosa, cairá morto em terra. Odin será engolido pelo lobo; e depois Vidar, colocando um pé na mandíbula inferior do lobo, tomará a mandíbula superior em suas mãos e rasgará em pedaços sua goela. Loki matará Heimdallr e será morto por ele. Surt lançará fogo sobre a terra e queimará o mundo inteiro.

O sol se torna preto, a terra afunda no mar,
As estrelas ardentes são atiradas céu abaixo;
Feroz cresce o vapor e a chama que se alimenta da vida,
Até que o fogo salte sobre o próprio céu.

Garm uiva alto diante de Gnipahellir,
As algemas se abrirão, e o lobo estará à solta;
Muito sei, e mais posso ver
Do destino dos deuses, os poderosos na luta.

A seguinte visão apocalíptica nos vem do Evangelho segundo Mateus:

> E, estando Jesus assentado no Monte das Oliveiras, chegaram-se a ele os seus discípulos e lhe disseram em particular: Dize-nos, quando serão essas coisas, e que sinal haverá da tua vinda e do fim do mundo? E Jesus, respondendo, lhes disse: Acautelai-vos, que ninguém vos engane; porque muitos virão em meu nome, dizendo: Eu sou o Cristo; e enganarão a muitos. E ouvireis de guerras e de rumores de guerras; cuidado, não vos assusteis, porque é mister que tudo isso aconteça, mas ainda não é o fim. Porquanto se levantará nação contra nação, e reino contra reino, e haverá fomes, e pestes, e terremotos, em vários lugares. Mas todas estas coisas são o princípio das dores. Então vos hão de entregar para serdes torturados, e matar-vos-ão; e sereis odiados de todas as nações por causa do meu nome. Nesse tempo, muitos serão escandalizados, e trair-se-ão uns aos outros, e uns aos outros se odiarão. E surgirão muitos falsos profetas, e enganarão a muitos. E, por se multiplicar a iniquidade, o amor de muitos esfriará. Mas aquele que perseverar até o fim, esse será salvo. E esta boa notícia do reino será pregada em todo o mundo, em testemunho a todas as nações, e então virá o fim.

Quando, pois, virdes que a abominação da desolação instalada no lugar santo, de que falou o profeta Daniel, – quem lê, entenda – então, os que estiverem na Judeia, fujam para os montes. E quem estiver no terraço não desça a tirar alguma coisa de sua casa. E quem estiver no campo não volte atrás a buscar as suas vestes. Mas ai das grávidas e das que amamentarem naqueles dias! E orai para que a vossa fuga não aconteça no inverno nem no sábado. Porque haverá então grande aflição, como nunca houve desde o princípio do mundo até agora, nem tampouco há de haver. E, se esses dias não fossem abreviados, nenhuma carne se salvaria. Mas por causa dos escolhidos, serão abreviados aqueles dias.

Portanto, se alguém vos disser: Eis que o Cristo está aqui, ou ali, não lhe deis crédito. Porque surgirão falsos cristos e falsos profetas, e farão tão grandes sinais e prodígios que, se possível fora, enganariam até os escolhidos. Eis que eu vos tenho predito. Portanto, se vos disserem: Eis que ele está no deserto, não saiais. Eis que ele está no interior da casa; não acrediteis. Porque, assim como o relâmpago sai do oriente e se mostra até ao ocidente, assim será também a vinda do Filho do Homem. Pois onde estiver o cadáver, aí se ajuntarão os urubus. E, logo depois da aflição daqueles dias, o sol escurecerá, e a lua não dará a sua luz, e as estrelas cairão do céu, e as potências dos céus serão abaladas. Então aparecerá no céu o sinal do Filho do Homem; e todas as tribos da terra se lamentarão, e verão o Filho do Homem vindo sobre as nuvens do céu, com poder e grande glória. E ele enviará os seus anjos que, com grande clamor de trombeta, ajuntarão os seus escolhidos desde os quatro ventos, de uma à outra extremidade dos céus [...] Mas esse dia e hora nenhum homem conhece, não, nem os anjos no céu, mas apenas meu Pai.[11]

Figura 83. *Luta com Proteu*. Mármore entalhado, França, 1723.

EPÍLOGO

Mito e sociedade

1. O metamorfo

NÃO EXISTE UM sistema definitivo para interpretação de mitos, e nunca haverá. Mitologia é como o deus Proteu: "O ancião do mar, cuja fala é mansa". O deus "tentará fugir, e assumirá todo tipo de forma de coisas que rastejam pela terra, bem como na água, e do feroz fogo ardente".[1]

O viajante desta vida, desejoso de aprender com Proteu, deve "agarrá-lo resolutamente e pressioná-lo ainda mais", e por fim ele aparecerá em sua própria forma. Mas esse astuto deus nunca revela, nem mesmo ao questionador habilidoso, todo o conteúdo de sua sabedoria. Ele responderá apenas à questão colocada a ele, e aquilo que revelar será grandioso ou trivial, de acordo com a pergunta formulada.

> Tão frequente como o sol se ergue no meio do céu em seu curso, também sai da água salgada o velho deus do mar, cuja fala é mansa. Diante do sopro do Vento Oeste ele vem, e as ondulações escuras do mar o encobrem. E quando ele emerge, deita-se para dormir no oco das cavernas. Ao seu redor dormem as focas, a ninhada da bela filha da água do mar, todas em bando, sub-repticiamente saídas da água cinzenta do oceano, e amargo é o odor que exalam das profundezas do mar salgado.[2]

Menelau, o rei guerreiro grego que foi guiado até seu covil selvagem por uma filha prestativa deste velho pai-oceano, e instruído por ela sobre como tirar do deus a resposta, e desejava apenas perguntar o segredo de suas próprias dificuldades pessoais e o paradeiro de seus amigos. E o deus não desdenhou a pergunta.

A mitologia tem sido interpretada pelo moderno intelecto como uma tentativa primitiva e desajeitada de explicar o mundo da natureza

(Frazer); como uma produção poética da fantasia de tempos pré-históricos, mal compreendida pelas eras posteriores (Müller); como um repositório de instruções alegóricas, para moldar o indivíduo ao seu grupo (Durkheim); como um sonho coletivo, sintomático de impulsos arquetípicos no interior das profundezas da psique humana (Jung); como o veículo tradicional dos mais profundos insights metafísicos do homem (Coomaraswamy); e como revelação de deus aos seus filhos (a Igreja). Mitologia é tudo isso. Os vários julgamentos são determinados pelos pontos de vista de cada juiz. Pois quando examinada em termos não do que é, mas de como funciona, ou como tem servido à humanidade no passado, de como pode servi-la hoje, a mitologia se mostra tão adaptável quanto a própria vida às obsessões e exigências do indivíduo, da raça e da era.

——— 2. A função do mito, do culto e da meditação

EM SUA VIDA-FORMA o indivíduo é necessariamente apenas uma fração e distorção da imagem total do humano. Ele é limitado por ser homem ou mulher; em qualquer período de sua vida ele é novamente limitado pela condição de criança, jovem, adulto maduro, ou ancião. Além do mais, em seu papel na vida ele necessariamente se especializa como artesão, comerciante, servo, ladrão, sacerdote, líder, esposa, freira ou prostituta. O indivíduo não pode ser tudo. Portanto, a totalidade – a plenitude do humano – não está no membro separado, mas no corpo da sociedade como um todo; o indivíduo pode ser apenas um órgão. De seu grupo ele recebeu técnicas de vida, o idioma no qual ele pensa, as ideias que viabilizam sua sobrevivência; do passado dessa sociedade lhe vêm os genes que constroem o seu corpo. Se ele tem a presunção de separar a si mesmo dos outros, seja em ações ou em pensamentos e sentimentos, consegue apenas quebrar a conexão com a fonte de sua existência.

As cerimônias tribais de nascimento, iniciação, casamento, sepultamento, nomeação e assim por diante, servem para traduzir as crises e os feitos da vida do indivíduo em formas clássicas impessoais. As cerimônias o revelam a si mesmo, não como essa personalidade ou aquela, mas como o guerreiro, a noiva, a viúva, o sacerdote, o chefe de clã; ao mesmo tempo repassam para o resto da comunidade as velhas lições dos estágios arquetípicos. Todos participam na cerimônia de acordo com a sua posição e função. A sociedade inteira se torna visível a si mesma como uma unidade viva e imperecível. Gerações de indivíduos passam, como células anônimas de um corpo vivo; mas a forma sustentadora e atemporal persiste. Através do alargamento da visão para abraçar essa instância supraindividual, cada um descobre a si mesmo aprimorado, enriquecido, apoiado e magnificado. Seu papel, embora inexpressivo, é visto como sendo intrínseco ao belo festival de imagens do humano – a imagem potencial, mas ainda assim necessariamente inibida, dentro de si mesmo.

Na existência cotidiana os deveres sociais dão continuidade à lição do festival, e o indivíduo é validado. Inversamente, indiferença, revolta – ou exílio – rompem os conectores vitalizantes. Da perspectiva da unidade social, o indivíduo separado é simplesmente um nada – é um desperdício. Mas o homem ou mulher que pode honestamente dizer ter cumprido seu papel – seja como sacerdote, prostituta, rainha, ou escravo – *são* alguma coisa, no pleno sentido do verbo ser.

Portanto, os ritos de iniciação e nomeação ensinam a lição da unidade essencial entre o indivíduo e o grupo; festivais sazonais abrem um horizonte maior. Assim como o indivíduo é um órgão da sociedade, também a tribo ou a cidade – e a humanidade inteira – são apenas uma fase do poderoso organismo do cosmos.

É costumeiro descrever os festivais sazonais dos assim chamados povos nativos como esforços para controlar a natureza. Isso é uma deturpação. Há muito da vontade de controlar em cada ato humano, e particularmente nas cerimônias mágicas que são pensadas para trazer nuvens de chuva, curar doenças, ou parar as enchentes. Contudo, o tema dominante em todos os cerimoniais verdadeiramente religiosos (em oposição aos de magia negra) é o da submissão às coisas inevitáveis do destino – e nos festivais sazonais esse tema é particularmente evidente.

Até agora não se tem notícia de nenhum rito tribal que tentasse impedir a chegada do inverno. Pelo contrário, os ritos todos preparam a comunidade para suportar, junto ao restante da natureza, a estação de frio terrível. E na primavera, os ritos não procuram compelir a natureza a verter imediatamente milho, feijões e abóbora para a comunidade emagrecida; pelo contrário, o rito consagra toda a comunidade ao trabalho próprio à estação da natureza. O maravilhoso ciclo do ano, com suas dificuldades e períodos de alegria, é celebrado, e delineado, e representado como continuidade do círculo vital do grupo humano.

Muitas outras simbolizações dessa continuidade preenchem o mundo das comunidades instruídas mitologicamente. Por exemplo, os clãs das comunidades caçadoras norte-americanas comumente se consideram descendentes de ancestrais meio animais, meio humanos. Esses ancestrais foram pais não apenas dos membros humanos do clã, mas também das espécies animais que deram origem ao nome do clã. Portanto, os membros humanos do clã do castor eram primos de sangue dos castores animais, protetores da espécie e, por seu turno, protegidos pela sabedoria animal do povo da floresta. Outro exemplo: as hogans, ou cabanas de barro dos navajos do Novo México e Arizona são construídas segundo a imagem do cosmos dos navajos. A entrada encara o leste. Os oito lados representam as quatro direções e seus pontos de intersecção. Cada trave e viga corresponde a um elemento na grande hogan da terra e céu todo-abrangentes. E desde que a alma do homem em si mesma é compreendida como idêntica ao universo em forma, a cabana de barro é representação da harmonia básica do homem e do mundo, e um lembrete do caminho-vivo oculto que leva à perfeição.

Mas existe um outro caminho – diametralmente oposto ao do dever social e culto popular. Da perspectiva do caminho do dever, qualquer um que esteja exilado da comunidade é um nada. Contudo, de outro ponto de vista, o exílio é o primeiro passo da jornada. Cada um carrega o todo dentro de si mesmo. Por conseguinte, o todo pode ser procurado e descoberto interiormente. As diferenciações de sexo, idade e ocupação não são o essencial do nosso caráter, mas meros figurinos que usamos por um tempo no palco do mundo. A imagem do homem interior não deve ser confundida com os trajes. Pensamos em nós mesmos como americanos, filhos do vigésimo século, ocidentais, cristãos, civilizados. Somos virtuosos ou pecadores. No entanto, tais designações não nos dizem o que é ser humano; elas denotam apenas os acidentes da geografia, data de nascimento, e renda. Qual é o nosso cerne? Qual é a natureza básica do nosso ser?

O ascetismo dos santos medievais e dos iogues da Índia, os mistérios iniciáticos helenísticos, as antigas filosofias do Leste e do Oeste são técnicas para deslocar a consciência individual para longe dos trajes. As meditações preliminares do aspirante desapegam sua mente e sentimentos dos acidentes da vida e o conduzem ao cerne. "Eu não sou isso, não sou aquilo", ele medita, "nem sou minha mãe nem meu filho que acaba de morrer, nem meu corpo, que está doente ou envelhecendo; nem meu braço, meu olho, minha cabeça; nem a somatória de todas essas coisas. Eu não sou meus sentimentos; nem a minha mente; nem meu poder de intuição". Por meio de tais meditações o indivíduo é conduzido à sua própria profundidade e se liberta, finalmente, para desfrutar de insondáveis percepções. Nenhum humano pode retornar de tais exercícios e levar-se muito a sério como o senhor fulano de tal deste ou daquele município dos Estados Unidos. Sociedade e deveres caem por terra. O Senhor Fulano de Tal, tendo descoberto sua grandeza, torna-se introspectivo e desapegado.

Esse é o estágio do Narciso olhando para o lago, de Buda sentado contemplativo debaixo da árvore, mas não é o objetivo supremo; é um passo necessário, mas não o fim. O objetivo não é *ver*, mas perceber que *somos* aquela essência. Só então se é livre para vagar por este mundo como a essência. Ademais, o mundo também possui essa essência. A essência de si próprio e a essência do mundo: essas duas são uma só. Portanto, separação, afastamento, não são mais necessários. Onde quer que o herói perambule, o que quer que ele faça, está sempre na presença de sua própria essência – pois ele possui o olho aperfeiçoado para ver. Não há separação. Assim como o caminho da participação social pode levar no final à realização do Todo no individual, também o caminho do exílio leva o herói ao Ser em tudo.

Centrado nesse eixo, a questão do egoísmo ou altruísmo desaparece. O indivíduo se perdeu na lei e sua identidade renasceu junto com todo o significado do universo. Para Ele e por Ele o mundo foi feito. "Ó Muhammad", Deus disse, "se não tivesses existido, Eu não teria criado o céu".

3. O herói hoje

TUDO ISSO ESTÁ realmente muito distante da visão contemporânea. Pois o ideal democrático da autodeterminação do indivíduo, a invenção da máquina movida à energia, e o desenvolvimento do método de pesquisa científica transformaram de tal modo a vida humana que aquele universo atemporal de símbolos há muito herdado entrou em colapso. Nas palavras fatídicas que anunciaram uma época, escritas por Nietzsche em *Zaratustra*: "Mortos estão todos os deuses".[3] Conhecemos essa história, ela foi contada de mil maneiras. É o ciclo do herói da era moderna, a história maravilhosa da espécie humana chegando à maturidade. O feitiço do passado e a escravidão à tradição foram despedaçados com golpes certeiros e poderosos. A teia onírica do mito se desfez; a mente se abriu para a consciência totalmente desperta; e o homem moderno emergiu da antiga ignorância, como uma borboleta de seu casulo, ou como o sol a despontar do ventre da mãe noite.

Não é apenas que deixou de existir um lugar para os deuses se esconderem dos penetrantes telescópio e microscópio; não existem mais sociedades tais como as que os deuses outrora sustentavam. A unidade social não é mais um veículo para o conteúdo religioso, mas uma organização político-econômica. Seus ideais não são mais aqueles da pantomima hierática, fazendo visíveis na terra as formas do céu. É um estado secular, em difícil e incessante competição por supremacia material e recursos. Sociedades isoladas, delimitadas oniricamente por um horizonte carregado de mitos não mais existem a não ser em áreas ainda a serem exploradas. E dentro mesmo das sociedades progressistas, cada último vestígio da antiga herança humana de ritual, moralidade, e arte está em plena decadência.

Portanto, o problema da humanidade é hoje precisamente o oposto daquele dos homens nos períodos comparativamente estáveis das grandes mitologias coordenativas, que agora são conhecidas como mentiras. Naquela época, todo o significado estava no grupo, nas grandes formas anônimas, nenhum no indivíduo autoexpressivo. Hoje nenhum significado está no grupo – nenhum no mundo: tudo está no indivíduo. Mas ali o significado é absolutamente inconsciente. Não sabemos em direção a quê nos movemos, não sabemos o que nos impele. As linhas de comunicação entre as zonas consciente e inconsciente da psique humana foram todas cortadas, e estamos partidos em dois.

O feito do herói a ser realizado não é hoje o que foi no século de Galileu. Onde havia trevas, agora há luz. Mas também, onde havia luz, agora temos treva. O moderno feito do herói deve ser a missão de trazer para a luz a Atlantis perdida da alma coordenada.

Obviamente, esse trabalho não pode ser realizado virando as costas, ou se afastando do que foi alcançado pela revolução moderna; pois o problema não é outro senão o de tornar o mundo moderno espiritualmente significativo – ou ainda (expressando o mesmo princípio ao contrário), não é outro senão possibilitar a homens e mulheres chegarem à plena maturidade por meio das condições da vida contemporânea. De fato, essas condições, elas mesmas, são o que tornaram as antigas fórmulas ineficazes, enganosas, e até mesmo perniciosas. Hoje a comunidade é o planeta, e não uma nação delimitada. Portanto, os padrões de agressão projetada que anteriormente serviam para coordenar o grupo interno agora conseguem apenas segmentá-lo em facções.

EPÍLOGO – *Mito e sociedade*

A ideia nacional, tendo a bandeira como totem, é hoje um magnificador do ego pueril, não o aniquilador da situação infantil. Seus rituais de paródia das tropas em desfile servem aos fins de Holdfast, do dragão tirano, não do Deus em quem o autointeresse é aniquilado. Os inúmeros santos desse anticulto – ou seja, os patriotas cujas fotografias onipresentes, drapejadas de bandeiras, servem como ícones oficiais – são precisamente os guardiões locais do limiar (nosso demônio do cabelo pegajoso), que é o primeiro problema que o herói deve superar.

Tampouco as grandes religiões mundiais, como atualmente compreendidas, podem satisfazer o requisito. Pois elas se associaram às causas das facções, como instrumentos de propaganda e autocongratulação (mesmo o Budismo tem sofrido ultimamente esta degradação em reação as lições do Ocidente). O triunfo universal do estado secular jogou todas as organizações religiosas em uma posição tão definitivamente secundária, e por fim ineficaz, que hoje a pantomima religiosa dificilmente é mais do que um exercício hipócrita das manhãs de domingo, enquanto a ética dos negócios e o patriotismo reinam no restante da semana. Tal imitação de santidade não é o que o funcionamento do mundo requer. Ao contrário, a transmutação de toda a ordem social é necessária, para que através de cada detalhe e ato da vida secular a imagem revitalizante do homem-deus universal, que é de fato imanente e efetivo em todos nós, possa de alguma maneira ser conhecido pela consciência.

E isso não é um trabalho que a consciência possa realizar sozinha. A consciência tem tanta capacidade de inventar, ou mesmo prever um símbolo eficaz, quanto de predizer o sonho desta noite. A coisa toda está sendo trabalhada em outro nível, por meio do que está destinado a ser um processo longo e muito assustador, não apenas nas profundezas de cada psique viva no mundo moderno, mas também naqueles titânicos campos de batalha em que ultimamente todo o planeta se converteu. Estamos assistindo ao terrível entrechoque das Simplégades, através das quais a alma deve passar – sem se identificar com nenhum dos lados.

Mas existe uma coisa que talvez já saibamos, ou seja: à medida que os novos símbolos se tornarem visíveis, eles não serão idênticos nas várias partes do globo; as circunstâncias da vida local, da raça, da tradição, precisam ser amalgamadas em formas eficazes. Portanto, é necessário que os humanos compreendam e consigam ver que através de vários símbolos a mesma redenção se revela. "A verdade é uma só", lemos nos Vedas, mas "os sábios a chamam por muitos nomes". A mesma canção está sendo entoada através de todos os timbres do coral humano. Assim, propaganda generalizada para uma ou outra das soluções locais é supérflua, ou mais: é uma ameaça. A maneira de se tornar humano é aprender a reconhecer os contornos de Deus em todas as maravilhosas modulações da face de homens e mulheres.

Com isso chegamos à dica final sobre qual deve ser a orientação específica da moderna tarefa do herói, e à descoberta da verdadeira causa da desintegração de todas as nossas fórmulas religiosas herdadas. O centro de gravidade, ou seja, o reino do mistério e perigo, definitivamente se deslocou. Para os primitivos povos caçadores daquele mais remoto milênio humano, em que o tigre-dentes-de-sabre, o mamute e as presenças menores do reino animal eram a manifestação primária do alienígena – ao mesmo tempo fonte de perigo e sustento –, o grande problema humano era o de se ligar psicologicamente ao trabalho de dividir as regiões selvagens com esses seres. Uma identificação inconsciente acontecia, e isso finalmente tornou-se consciente através das figuras metade-humanas metade-animais dos mitológicos ancestrais totêmicos. Os animais se tornaram os tutores da humanidade. Por meio de atos de imitação literal – como os que hoje aparecem apenas no parquinho das crianças (ou no asilo de loucos) – operou-se uma aniquilação efetiva do ego humano e a sociedade alcançou uma organização coesa. De modo similar, as tribos que se sustentavam de alimentos vegetais investiram energias mentais e emocionais nas plantas; os rituais de vida do plantio e da colheita eram identificados com aqueles da procriação humana, nascimento, e progresso para a maturidade. Todavia, ambos, o mundo das plantas e dos animais, foram por fim colocados sob o controle social. Com isso, o grande campo de maravilha instrutiva se deslocou – para os céus – e a humanidade estabeleceu a grande pantomima do rei-lua sagrado, o rei-sol sagrado, o estado hierático e planetário, e os festivais simbólicos de regulação mundial das esferas.

Hoje todos esses mistérios perderam sua força, seus símbolos não interessam mais à nossa psique. A noção de uma lei cósmica, à qual todas as existências servem e à qual mesmo o homem deve se dobrar, há muito passou através dos estágios místicos preliminares representados na antiga astrologia, e agora é aceita simplesmente em termos mecânicos como uma questão óbvia. A descida das ciências ocidentais dos céus para a terra (da astronomia do século XVII à biologia do século XIX) e hoje sua concentração, finalmente, no próprio homem (a antropologia e psicologia do século XX), marcam o caminho de uma prodigiosa transferência do ponto focal da admiração humana.

EPÍLOGO – *Mito e sociedade*

Não o mundo animal, nem o vegetal, nem o milagre das esferas, mas o próprio humano é agora o mistério crucial. O *homem* é a presença alienígena com quem as forças do egoísmo deve se entender, por meio da qual o ego deve ser crucificado e ressuscitado, e em cuja imagem a sociedade deve ser reformada. O homem, compreendido, no entanto, não como um "EU" mas como "VÓS": pois os ideais e instituições temporais de nenhuma tribo, raça, continente, classe social, ou o século podem servir de medida da inexaurível e multifacetada maravilhosa existência divina que vive em todos nós.

O herói moderno, o indivíduo contemporâneo que ousa acatar o chamado e buscar a mansão daquela presença com a qual é nosso destino nos reconciliarmos, não pode – e de fato não deve – esperar que a sua comunidade descarte o seu lamaçal de orgulho, medo, avareza racionalizada, e incompreensão santificada. "Viva", diz Nietzsche, "como se o dia estivesse aqui". Não é a sociedade que deve guiar e salvar o herói criativo, mas precisamente o reverso. Portanto, cada um de nós partilha desse ordálio supremo – carrega a cruz do redentor – não nos momentos luminosos das grandes vitórias de sua tribo, mas nos silêncios de seu desespero pessoal.

Figura 84. *O nascer da Terra*. Fotografia, órbita lunar, 1968.

AGRADECIMENTOS

ESTA EDIÇÃO FOI preparada pela Joseph Campbell Foundation (JCF) como parte das Obras Completas de Joseph Campbell (Robert Walter, editor-executivo; David Kudler, editor-chefe). Todas as notas marcadas com [Ed.] originaram-se dos editores da JCF. O editor da New World Library foi Jason Gardner. A bibliografia é cortesia da Opus Archive and Research Center, que reserva todos os direitos sobre ela. Imagens de C. G. Jung e Sigmund Freud aparecem com a permissão de HIP/Art Resource, New York. A imagem de Franz Boas aparece com a permissão do Museu Phoebe E. Hearst e dos Regentes da Universidade da Califórnia. Todas as outras imagens e citações aparecem com a permissão de seus detentores de direitos autorais, exceto quando pertencem ao domínio público. Para as fontes, ver notas finais e lista de ilustrações. A assistência à pesquisa de imagem foi fornecida por Sabra Moore, Diana Brown, M.A., e associados da Joseph Campbell Foundation.

NOTAS

PREFÁCIO À EDIÇÃO DE 1949

1. Freud, Sigmund. *The Future of an Illusion* (tradução de James Strachey et al., Standard Edition, XXI; London: Hogarth Press, 1961), p. 44-45. (Orig. 1927.)
2. Rig Veda 1.164.46.

PRÓLOGO – O MONOMITO

1. Wood, Clement. *Dreams: Their Meaning and Practical Application.* New York: Greenberg, 1931, p. 124. "O material dos sonhos neste livro", afirma o autor (p. viii), "é extraído principalmente dos mil e mais sonhos que me são submetidos todas as semanas para análise, em conexão com meu artigo diário distribuído em todos os jornais do país. Isso foi complementado por sonhos analisados por mim em meu consultório particular". Em contraste com a maioria dos sonhos apresentados nas obras-padrão sobre o assunto, os desta popular introdução a Freud vêm de pessoas que não estão sendo analisadas. Eles são notavelmente ingênuos.
2. Róheim, Géza. *The Origin and Function of Culture.* Nervous and Mental Disease Monographs, nº 69, New York, 1943, p. 17-25.
3. Burlingham, D. T. "Die Einfühlung des Kleinkindes in die Mutter", *Imago*, XXI, p. 429; citado por Géza Róheim, *War, Crime and the Covenant. Journal of Clinical Psychopathology, Monograph Series,* No. 1, Monticello, NY: Medical Journal Press, 1945, p. 1.
4. Róheim, *War, Crime and the Covenant,* op. cit., p. 3.
5. Freud. *The Interpretation of Dreams,* tradução de James Strachey (Standard Edition, IV. London: The Hogarth Press, 1953), p. 262. (Orig. 1900.)
6. Freud. *Three Essays on the Theory of Sexuality,* III: "The Transformations of Puberty" (trad. James Strachey). Standard Edition, VII. London: The Hogarth Press, 1953), p. 208. (Orig. 1905.)
7. Sófocles, *Oedipus Tyrannus,* p. 981-983.
8. Wood, op. cit., p. 92-93.
9. Van Gennep, A.. *Les rites de passage.* (Paris, 1909.)
10. Róheim. *The Eternal Ones of the Dream.* New York: International Universities Press, 1945, p. 178.
11. Jung, C. G. *Symbols of Transformation* (trad. R. F. C. Hull). *Collected Works*, vol. 5, New York e London, 2ª ed., 1967, par. 585. (Orig. 1911-12, *Wandlungen und Symbole der Libido,* traduzido por Beatrice M. Hinkle como *Psychology of the Unconscious,* 1916. Revisado por Jung, 1952.)

12. Peake, Harold e Herbert John Fleure. *The Way of the Sea and Merchant Venturers in Bronze.* New Haven, CT: Yale University Press, 1929 e 1931.
13. Frobenius, Leo. *Das unbekannte Afrika.* Munich: Oskar Beck, 1923, p. 10-11.
14. Ovídio. *Metamorphoses,* VIII, 132 ss.; IX, 736 ss.
15. Eliot, T. S. *The Waste Land.* New York: Harcourt, Brace and Company; London: Faber and Faber, 1922, p. 340-345.
16. Toynbee, Arnold J. *A Study of History.* Oxford University Press, 1934; vol. VI, p. 169-175.
17. "Formas ou imagens de natureza coletiva que ocorrem praticamente em toda a terra como constituintes de mitos e ao mesmo tempo como produtos autóctones, individuais de origem inconsciente." Jung, C. G. *Psychology and Religion* [*Collected Works,* vol. 11; New York e London, 1958], par. 88. Original escrito em inglês, 1937. Ver também o índice remissivo em *Psychological Types.*
18. Jung. *Psychology and Religion,* op. cit. par., 89.
19. Nietzsche, Friedrich. *Human, All Too Human,* vol. I, p. 13; citado por Jung, *Psychology and Religion,* par. 89, n. 17.
20. Bastian, Adolph. *Ethnische Elementargedanken in der Lehre vom Menschen.* Berlin, 1895, vol. I, p. ix.
21. Boas, Franz. *The Mind of Primitive Man.* New York: Macmillan, 1911, p. 104, 155, 228.
22. Frazer, James G. *The Golden Bough,* edição de um volume, p. 386. Copyright 1922 da Macmillan Company e usado com sua permissão.
23. Freud. *The Interpretation of Dreams,* traduzido por James Strachey, Standard Edition, V, p. 350–351.
24. Jung. *Psychology and Religion,* par. 89.
25. Esta é a tradução de Géza Róheim de um termo australiano *Aranda, altjiranga mitjina,* que se refere aos ancestrais míticos que vagavam pela terra no tempo chamado *altjiranga nakala,* "era ancestral". A palavra *altjira* significa: (a) um sonho, (b) ancestral, seres que aparecem no sonho, (c) uma história (Róheim, *The Eternal Ones of the Dream,* op. cit., p. 210-211).
26. Pierce, Frederick. *Dreams and Personality.* Copyright 1931 da D. Appleton and Co., editores, p. 108-109.
27. Palavras inscritas sobre o Portal do Inferno:
    Per me si va nella città dolente
    Per me si va nell' eterno dolore
    Per me si va tra la Perduta Gente.
    – Dante, "Inferno", III, 1-3.
    A tradução é de Charles Eliot Norton, *The Divine Comedy of Dante Alighieri.* Boston e New York: Houghton Mifflin Company, 1902; esta e outras citações listadas em notas de rodapé usadas com permissão dos editores.
28. *Katha Upanishad,* 3-14. (Exceto se indicado ao contrário em nota, minhas citações das Upanishads serão tiradas de Robert Ernest Hume, *The Thirteen Principal Upanishads,* traduzidas do sânscrito, Oxford University Press, 1931.) As Upanishads são uma classe de tratados hindus sobre a natureza do homem e do universo, formando uma parte tardia da tradição ortodoxa de debates espirituais. A mais antiga data do século VIII a.C.

29. Joyce, James. *A Portrait of the Artist as a Young Man*. New York: The Modern Library; Random House, Inc., p. 239.
30. Aristóteles, *On the Art of Poetry* (trad. de Ingram Bywater, com prefácio de Gilbert Murray). Oxford University Press, 1920, p. 14-16.
31. Jeffers, Robinson. *Roan Stallion*. New York: Horace Liveright, 1925, p. 20.
32. Eurípides, *Bacchae*, p. 1017 (tradução de Gilbert Murray).
33. Eurípides, *The Cretans*, frg. 475, ap. Porphyry, *De abstinentia*, IV, p. 19, tradução de Gilbert Murray. Ver a discussão deste versículo por Jane Harrison, em *Prolegomena to a Study of Greek Religion*, 3rd ed., Cambridge University Press, 1992, p. 478-500.
34. Ovídio, *Metamorphoses*, XV, 165-167, 184-185 (tradução de Frank Justus Miller, Loeb Classical Library).
35. *Bhagavad Gita*, 2:18 (tradução de Swami Nikhilananda, New York, 1944).
36. A palavra *monomito* vem de James Joyce, *Finnegans Wake*. New York: Viking Press, Inc., 1939, p. 581.
37. Virgil, *Aeneid*, VI, p. 892.
38. Bastante abreviado de *Jataka*, Introduction, i, p. 58-75 (tradução de Henry Clarke Warren, *Buddhism in Translations* [Harvard Oriental Series 3], [Cambridge, MA: Harvard University Press, 1896], p. 56-87), e o *Lalitavistara* conforme apresentado por Ananda K. Coomaraswamy, *Buddha and the Gospel of Buddhism*, New York: G.P. Putnam's Sons, 1916, p. 24-38.
39. Êxodo, 19:3-5.
40. Ginzberg, Louis. *The Legends of the Jews*. Philadelphia: The Jewish Publication Society of America, 1911, vol. III, p. 90-94.
41. O presente volume não está preocupado com a discussão histórica desta circunstância. Essa tarefa está reservada para um trabalho em preparação. [A obra mencionada acabaria tornando-se a obra em quatro partes de Campbell: As Máscaras de Deus – Ed.] O presente volume é um estudo comparativo, não genético. Seu objetivo é mostrar que existem paralelos essenciais nos próprios mitos, bem como nas interpretações e aplicações que os sábios anunciaram para eles.
42. Tradução de Dom Ansgar Nelson, O.S.B., em *The Soul Afire*. New York: Pantheon Books, 1944, p. 303.
43. Citado por Epifânio, *Adversus haereses*, xxvi, 3.
44. Ver p. 41.
45. Esta é a serpente que protegeu o Buda na quinta semana após sua iluminação. Ver p. 43.
46. Fletcher, Alice C. *The Hako: A Pawnee Ceremony*. Twenty-second Annual Report, Bureau of American Ethnology, part 2; Washington, DC, 1904, p. 243-244.
    "Na criação do mundo", disse um sumo sacerdote pawnee à Srta. Fletcher, explicando as divindades homenageadas na cerimônia, "foi combinado que haveria poderes menores. *Tirawa-atius*, o grande poder, não podia se aproximar do homem, não podia ser visto ou sentido por ele, portanto, poderes menores eram permitidos. Eles tinham de fazer a mediação entre o homem e *Tirawa*". (Ibid., p. 27).

47. Ver Ananda K. Coomaraswamy, "Symbolism of the Dome", *The Indian Historical Quarterly*, vol. XIV, No. 1 (March 1938).
48. João, 6:55.
49. Ibid., 10:9.
50. Ibid., 6:56.
51. Alcorão, 5:105.
52. Heráclito, fragmento 102.
53. Heráclito, fragmento 46.
54. Blake, William. *The Marriage of Heaven and Hell*, "Proverbs of Hell".
55. Frobenius., Leo. *Und Afrika sprach*. Berlim: Vita, Deutsches Verlagshaus, 1912, p. 243-245. Compare ao episódio notavelmente semelhante relatado de Odin (Wotan) na *Edda* em Prosa, "Skáldskaparmál" I, "Skandinavian Classics", vol. V, New York, 1929, p. 96. Compare também à ordem de Jeová em Êxodo, 32:27: "Põe, cada um, a sua espada ao lado, entra e sai de porta em porta pelo arraial, e mata cada homem seu irmão, e todo homem seu companheiro, e todo homem seu vizinho".

PARTE I

CAPÍTULO I – PARTIDA

1. Contos de Grimm, No. 1, "O Rei Sapo".
2. *The Psychopathology of Everyday Life*. (Standard Edition, VI; orig. 1901.)
3. Underhill, Evelyn. *Mysticism, A Study in the Nature and Development of Man's Spiritual Consciousness*. New York: E.P. Dutton and Co., 1911, Part II, "The Mystic Way", Chapter II, "The Awakening of the Self".
4. Freud, Sigmund. *Introductory Lectures on Psycho-Analysis* (tradução de James Strachey, Standard Edition, XVI) London: Hogarth Press, 1963, p. 396-397. (Orig. 1916-1917).
5. Malory, *Le Morte d'Arthur*, I, p. xix. Essa busca do cervo e a visão da "besta buscando" marca o início dos mistérios associados à Busca do Santo Graal.
6. Dorsey, George A. e Alfred L. Kroeber, *Traditions of the Arapaho*. Chicago: Field Columbia Museum, Publication 81, Anthropological Series, vol. V; 1903, p. 300. Reimpresso em *Tales of the North American Indians* de Stith Thompson. Cambridge, MA, 1929, p. 128.
7. Jung, C. G. *Psychology and Alchemy. Collected Works*, vol. 12; New York and London: 1953, pars. 71, 73. (Orig. 1935.)
8. Stekel, Wilhelm. *Die Sprache des Traumes*. Wiesbaden: Verlag von J. F. Bergmann, 1911, p. 352. O Dr. Stekel aponta para a relação do brilho vermelho-sangue com o pensamento do sangue tossido na tuberculose.
9. Reproduzido com permissão dos editores de Henry Clarke Warren, *Budism in Translations*, Harvard Oriental Series 3. Cambridge, MA: Harvard University Press, 1896, p. 56-57.
10. Provérbios, 1:24-27, 32.
11. "Livros espirituais ocasionalmente citam [este] ditado latino que aterrorizou mais de uma alma". Ernest Dimnet, *The Art of Thinking*, New York: Simon and Schuster, Inc., 1929, p. 203-204.

12. Thompson, Francis. *The Hound of Heaven*. Portland, ME: Thomas B. Mosher, 1908, linhas iniciais.
13. Ibid., conclusão.
14. Ovídio, *Metamorphoses*, II, linhas 504-553 (tradução de Frank Justus Miller, Loeb Classical Library).
15. Ver p. 18-19.
16. Jung. *Psychology and Alchemy*, pars. 58, 62.
17. Contos de Grimm, nº 50.
18. *The Thousand Nights and One Night*, tradução de Richard F. Burton. Bombay, 1885, vol. I, p. 164-167.
19. Gênesis, 19:26.
20. Zirus, Werner. *Ahasverus, der ewige Jude*. Stoff- und Motivgeschichte der deutschen Literatur 6, Berlin and Leipzig, 1930, p. 1.
21. Ver p. 62.
22. Ver Otto Rank, *Art and Artist*, tradução de Charles Francis Atkinson. New York: Alfred A. Knopf, Inc., 1943, p. 40-41: "Se compararmos o neurótico com o produtivo, é evidente que o primeiro sofre de um controle excessivo de sua vida impulsiva. [...] Ambos se distinguem fundamentalmente do tipo médio, que se aceita como é, por sua tendência a exercer sua volição para se remodelar. Há, no entanto, esta diferença: que o neurótico, nessa reconstrução voluntária de seu ego, não vai além do trabalho preliminar destrutivo e, portanto, é incapaz de separar todo o processo criativo de sua própria pessoa e transferi-lo para uma abstração ideológica. O artista produtivo também começa [...] com aquela recriação de si mesmo que resulta em um ego ideologicamente construído; [mas no caso dele] esse ego está então em posição de transferir a força de vontade criativa de sua própria pessoa para as representações ideológicas dessa pessoa e, assim, torná-la objetiva. Deve-se admitir que esse processo está em certa medida limitado ao interior do próprio indivíduo, e isso não apenas em seus aspectos construtivos, mas também destrutivos. Isso explica por que quase nenhum trabalho produtivo passa sem crises mórbidas de natureza 'neurótica'".
23. Resumo de Burton, op. cit., v. III, p. 213-228.
24. Gutmann, Bruno. *Volksbuch der Wadschagga* (Leipzig, 1914), p. 144.
25. Matthews, Washington. *Navaho Legends*. Memoirs of the American Folklore Society, vol. V, New York, 1897, p. 109.
    [Para uma discussão do simbolismo navajo da aventura do herói, ver Jeff King, Maud Oakes e Joseph Campbell, *Where the Two Came to Their Father: A Navaho War Ceremonial*, Bollingen Series I, 2nd ed. Princeton, NJ: Princeton University Press, 1969, p. 33-49; Joseph Campbell, *The Inner Reach of Outer Space: Myth as Metaphor and Religion*. Novato, CA: New World Library, 2002, p. 63-70; e Joseph Campbell, "The Spirit Land", *Mythos: The Shaping of Our Modern Tradition*. Silver Spring, MD: Acorn Media, 2007. – Ed.]
26. Dante, "Paradiso", XXXIII, 12-21, tradução de Charles Eliot Norton, op. cit., vol. III, p. 252; citado com permissão de Houghton Mifflin Company.
27. Ver Oswald Spengler, *The Decline of the West*, tradução de Charles Francis Atkinson. New York: Alfred A. Knopf, Inc., 1926-28, vol. I, p. 144. "Supondo",

acrescenta Spengler, "que o próprio Napoleão, como 'pessoa empírica', houvesse morrido em Marengo – então o que ele significou teria sido atualizado de outra maneira". O herói, que nesse sentido e nesse grau se despersonalizou, encarna, no período de sua ação épica, o dinamismo do processo cultural; "entre ele como um fato, e os outros fatos, há uma harmonia de ritmo metafísico" (ibid., p. 142). Isso corresponde à ideia de Thomas Carlyle do Rei Herói, como "Ableman" (*On Heroes, Hero Worship and the Heroic in History*, Lecture VI).

28. Durante os tempos helenísticos, uma amálgama de Hermes e Tot foi efetuada na figura de Hermes Trismegisto, "Hermes Três Vezes Maior", que era considerado o patrono e professor de todas as artes, e especialmente da alquimia. A retorta "hermeticamente" selada, na qual os metais místicos foram colocados, era considerada um reino à parte – uma região especial de forças elevadas comparável ao reino mitológico; e aí os metais sofriam estranhas metamorfoses e transmutações, simbólicas das transfigurações da alma sob a tutela do sobrenatural. Hermes era o mestre dos antigos mistérios da iniciação e representava aquela descida da sabedoria divina ao mundo, que também é representada nas encarnações dos divinos salvadores (ver p. 324-328.). (Ver C. G. Jung, *Psychology and Alchemy*, parte III, "Religious Ideas in Alchemy". [Orig. 1936.] Para a retorta, ver par. 338. Para Hermes Trismegisto, ver par. 173 e index, s.v.)
29. Stekel, Wilhelm. *Die Sprache des Traumes*, op. cit., p. 70-71.
30. Ibid., p. 71.
31. Alcorão, 37:158.
32. Adaptado de Burton, op. cit., v. III, p. 223-230.
33. Compare à serpente do sonho; ver p. 68.
34. Schultze, Leonhard S. *Aus Namaland und Kalahari* (Jena, 1907), p. 392.
35. Ibid., p. 404 e 448.
36. Scott, David Clement. *A Cyclopaedic Dictionary of the Mang'anja Language Spoken in British Central Africa* (Edinburgh, 1892), p. 97.
    Compare com o seguinte sonho de um menino de doze anos: "Uma noite sonhei com um pé. Achei que estava pousado no chão e eu, não esperando algo desse tipo, caí sobre ele. Parecia ter a mesma forma do meu próprio pé. O pé de repente saltou e começou a correr atrás de mim; acho que eu saltei direto pela janela, saí correndo pelo pátio para a rua, correndo o mais rápido que minhas pernas podiam me carregar. Eu pensei que tinha corrido até Woolwich, e então ele de repente me pegou e me sacudiu, e aí eu acordei. Já sonhei com esse pé várias vezes".
    O menino ouvira o relato de que seu pai, que era marinheiro, sofrera recentemente um acidente no mar no qual quebrara o tornozelo. C. W. Kimmins, *Children's Dreams, An Unexplored Land*, London: George Allen and Unwin, Ltd. ., 1937, p. 107.
    "O pé", escreve o Dr. Freud, "é um antigo símbolo sexual que ocorre mesmo na mitologia". *Three Essays on the Theory of Sexuality* , p. 155. O nome Édipo, deve-se notar, significa "o pé inchado".
37. Compare com V. J. Mansikka, *Encyclopaedia of Religion and Ethics*, editada por James Hastings. vol. IV, p. 628; verbete "Demons and Spirits (Slavic)". O

conjunto de artigos de várias autoridades, reunidos nesse volume sob o título geral "Demons and Spirits" (tratando separadamente dos povos africanos, oceânicos, assírio-babilônicos, budistas, celtas, chineses, cristãos, coptas, egípcios, gregos, hebraicos, indianos, jainistas, japoneses, judeus, muçulmanos, persas, romanos, eslavos, teutônicos e tibetanos), é uma excelente introdução ao assunto.

38. Ibid., p. 629. Compare com Lorelei. A discussão de Mansikka sobre os espíritos eslavos da floresta, do campo e da água é baseada no abrangente *Nákres slovanského bájeslovi* de Hanus Máchal (Praga, 1891), um resumo em inglês do que será encontrado na mitologia eslava de Máchal (*The Mythology of All Races*, vol. III, Boston, 1918).
39. Stekel, Wilhelm. *Fortschritte und Technik der Traumdeutung*. Vienna-Leipzig-Bern: Verlag für Medizin, Weidmann und Cie., 1935, p. 37.
40. Radcliffe-Brown, A.R. *The Andaman Islanders* 2nd ed. Cambridge University Press, 1933, p. 175-177.
41. Codrington, R. H. *The Melanesians, Their Anthropology and Folklore*. Oxford University Press, 1891, p. 189.
42. *Jataka*, 1:1. Versão resumida da tradução de Eugene Watson Burlingame, *Buddhist Parables*. Yale University Press, 1922, p. 32-34. Reproduzido com permissão dos editores.
43. Coomaraswamy, *Journal of American Folklore* 57, 1944, p. 129.
44. *Jataka*, 55:1, 272-275. Adaptado, com ligeira abreviação, da tradução de Eugene Watson Burlingame, op. cit., p. 41-44. Reproduzido com permissão da editora Yale University Press.
45. Cusa, Nicolau de. *De visione Dei*, 9, 11; citado por Ananda K. Coomaraswamy, "On the One and OnlyTransmigrant", *Supplement to the Journal of the American Oriental Society*, April-June, 1944, p. 25
46. Ovídio, *Metamorphoses*, VII, p. 62; XV, p. 338.
47. Ver p. 74.
48. Longfellow, *The Song of Hiawatha*, VIII. As aventuras atribuídas por Longfellow ao chefe iroquês Hiawatha pertencem propriamente ao herói da cultura algonquina Manabozho. Hiawatha foi um personagem histórico real do século XVI. Ver p. 280.
49. Frobenius, Leo. *Das Zeitalter des Sonnengottes* (Berlin, 1904), p. 85.
50. Callaway, Henry. *Nursery Tales and Traditions of the Zulus*. London: Trübner, 1868, p. 331.
51. Coomaraswamy, Ananda K. "Akimcanna: Self-Naughting" (*New Indian Antiquary*, vol. III, Bombay, 1940), p. 6, nota 14, citando e discutindo Tomás de Aquino, *Summa Theologica*, I, p. 63, 3.
52. Frazer, Sir James G. *The Golden Bough* (edição de um volume), p. 347-349. Copyright 1922 da Macmillan Company e usado com sua permissão.
53. Ibid., p. 280.
54. Barbosa, Duarte. *A Description of the Coast of East Africa and Malabar in the Beginning of the Sixteenth Century*, London: Hakluyt Society, 1866, p. 172; citado por Frazer, op. cit., p. 274-275. Reproduzido com permissão da editora Macmillan Company.

CAPÍTULO II: INICIAÇÃO

1. Apuleio, *The Golden Ass* (edição da Modern Library), p. 131-141. [*O asno de ouro*, tradução do latim de Ruth Guimarães. São Paulo: Cultrix, 1963; Editora 34 (edição bilíngue), 2019.]
2. Leem, Knud. *Beskrivelse over Finmarkens Lapper* (Copenhagen, 1767), p. 475-478. Uma tradução para o inglês pode ser encontrada em John Pinkerton, *A General Collection of the Best and Most Interesting Voyages and Travels in All Parts of the World* (London, 1808), vol. I, p. 477-478.
3. Jessen, E.J. *Afhandling om de Norske Finners og Lappers Hedenske Religion*, p. 31. Esta obra está incluída no volume de Leem, op. cit., como apêndice com paginação independente.
4. Harva, Uno. *Die religiösen Vorstellungen der altaischen Völker* ("Folklore Fellows Communications", No. 125, Helsinki, 1938), p. 558-559; seguindo G. N. Potanin, *Očerki severo-zapodnoy Mongolii* (St. Petersburg, 1881), vol. IV, p. 64-65.
5. Róheim. *The Origin and Function of Culture*. Nervous and Mental Disease Monographs, No. 69, p. 38-39.
6. Ibid., p. 38.
7. Ibid., p. 51.
8. Underhill, op. cit., Parte II, Capítulo III. Compare à p. 58, nota 3.
9. Stekel, Wilhelm. *Fortschritte und Technik der Traumdeutung* (Vienna-Leipzig-Bern: Verlag für Medizin, Weidmann und Cie., 1935), p. 124.
10. *Svedenborgs Drömmar, 1774*, "Jemte andra hans anteckningar efter original-handskrifter meddelade af G.E. Klemming" (Estocolmo, 1859), citado em Ignaz Ježower, *Das Buch der Träume* (Berlin: Ernst Rowohlt Verlag, 1928), p. 97.
11. Ježower, op. cit., p. 166.
12. Plutarco, *Themistocles*, 26; Ježower, op. cit., p. 18.
13. Stekel. *Fortschritte und Technik der Traumdeutung*, op. cit., p. 150.
14. Ibid., p. 153.
15. Ibid., p. 45.
16. Ibid., p. 208.
17. Ibid., p. 216.
18. Ibid., p. 224.
19. Ibid., p. 159.
20. Ibid., p. 21.
21. Stekel. *Die Sprache des Traumes*, p. 200. Ver também Heinrich Zimmer, *The King and the Corpse*, ed. J. Campbell. New York: Bollingen Series, 1948, p. 171-172 [*A conquista psicológica do mal*. São Paulo: Palas Athena, 1988, 2021; p. 114-115]; também D. L. Coomaraswamy, "The Perilous Bridge of Welfare", *Harvard Journal of Asiatic Studies* 8.
22. Stekel. *Die Sprache des Traumes*, op. cit., p. 287.
23. Ibid., p. 286.
24. Alcorão, 2:214.
25. Kramer, S. N. *Sumerian Mythology*. American Philosophical Society Memoirs, vol. XXI; Philadelphia, 1944, p. 86-93. A mitologia da Suméria é de especial importância para nós do Ocidente; pois foi a fonte das tradições babilônica, assíria, fenícia e bíblica (a última, dando origem ao islamismo e ao

cristianismo), bem como uma importante influência nas religiões dos pagãos celtas, gregos, romanos, eslavos e alemães.
26. Curtin, Jeremiah. *Myths and Folk-Lore of Ireland*. Boston: Little, Brown and Company, 1890, p. 101-106.
27. Ver p. 68-69.
28. Ovídio, *Metamorphoses*, III, 138-252.
29. Cf. J.C. Flügel, *The Psycho-Analytic Study of the Family*, "The International Psycho- Analytical Library", No. 3, 4th edition; London: The Hogarth Press, 1931, capítulos 12 e 13.
"Existe", observa o professor Flügel, "uma associação muito geral, por um lado, entre a noção de mente, espírito ou alma e a ideia do pai ou da masculinidade; e por outro lado, entre a noção de corpo ou de matéria (*materia*, aquilo que pertence à mãe) e a ideia de mãe ou do princípio feminino. A repressão das emoções e sentimentos relativos à mãe [no nosso monoteísmo judaico-cristão] produziu, em virtude dessa associação, uma tendência a adotar uma atitude de desconfiança, desprezo, repulsa ou hostilidade para com o corpo humano, a Terra, e todo o universo material, com a correspondente tendência de exaltar e superenfatizar os elementos espirituais, seja no homem ou no esquema geral das coisas. Parece bastante provável que muitas das tendências mais pronunciadamente idealistas na filosofia devam muito de sua atratividade em muitas mentes a uma sublimação dessa reação contra a mãe, enquanto as formas mais dogmáticas e estreitas de materialismo talvez possam, por sua vez, representar um retorno dos sentimentos reprimidos originalmente ligados à mãe". (Ibid., p. 145, nota 2.)
30. *The Gospel of Sri Ramakrishna*, tradução para o inglês e introdução de Swami Nikhilananda (New York, 1942), p. 9.
31. Ibid., p. 21-22.
32. O'Grady, Standish H. *Silva Gadelica*. London: Williams and Norgate, 1892, vol. II, p. 370-372. Versões divergentes podem ser encontradas em *Canterbury Tales de Chauser*, "The Tale of the Wyf of Bathe"; em Tale of Florent de Gowner; no poema de meados do século XV "The Weddynge of Sir Gawen and Dame Ragnell"; e na balada do século XVII, "The Marriage of Sir Gawaine". Ver W.F. Bryan e Germaine Dempster, *Sources and Analogues of Chaucer's Canterbury Tales* (Chicago, 1941).
33. Guido Guinicelli di Magnano (1230-1275?), "Of the Gentle Heart", tradução de Dante Gabriel Rossetti, *Dante and His Circle*. London: Ellis and White, 1874, p. 291.
34. Antífonas para a Festa da Assunção da Bem-Aventurada Virgem Maria (15 de agosto), às Vésperas: do Missal Romano.
35. *Hamlet*, Ato I, cena ii, ll. 129-137.
36. Sófocles, *Oedipus Coloneus*, 1615-1617.
37. Shankaracharya, *Vivekachudamani*, p. 396 e 414, tradução de Swami Madhavananda (Mayavati, 1932).
38. Jacobus de Voragine, *The Golden Legend*, LXXVI, "Saint Petronilla, Virgin". (Compare à história de Dafne, p. 66-68.) A Igreja, mais tarde, não querendo pensar em São Pedro como tendo gerado um filho, fala de Petronilla como sua ala.

39. Ibid., CXVII.
40. Flaubert, Gustave. *La tentation de Saint Antoine (La reine de Saba)*.
41. Mather, Cotton. *Wonders of the Invisible World* (Boston, 1693), p. 63.
42. Edwards, Jonathan. *Sinners in the Hands of an Angry God* (Boston, 1742).
43. Coomaraswamy. *The Dance of Siva* (New York, 1917), p. 56-66.
44. Zimmer, Heinrich. Myths and Symbols in Indian Art and Civilization, p. 151-175. [*Mitos e símbolos na arte e civilização da Índia*. São Paulo: Palas Athena Editora, 1989, p. 122-138.]
45. O cordão bramânico é um cordão de algodão usado pelos membros das três castas superiores (os chamados nascidos duas vezes) da Índia. É passado sobre a cabeça e o braço direito, de modo que repousa sobre o ombro esquerdo e percorre o corpo (peito e costas) até o quadril direito. Isso simboliza o segundo nascimento do nascido duas vezes, o próprio cordão representando o limiar, ou porta do sol, de modo que o nascido duas vezes mora ao mesmo tempo no tempo e na eternidade.
46. Para uma discussão sobre esta sílaba, ver p. 252.
47. Matthews, Washington. Op. cit., p. 110-113.
48. Ovídio, *Metamorphoses*, II (adaptado de Miller: Loeb Library).
49. Kimmins, C. W. Op. cit., p. 22.
50. Wood. Op. cit., p. 218-219.
51. Warner, W. Lloyd. *A Black Civilization*. New York and London: Harper and Brothers, 1937, p. 260-285.
52. Róheim. *The Eternal Ones of the Dream*, p. 72-73.
53. Alcorão, 4:116, 4:117.
54. Spencer, Sir Baldwin e F. J. Gillen, *The Arunta*. London: Macmillan and Co., 1927, vol. I, p. 201-203.
55. Róheim. *The Eternal Ones of the Dream*, p. 49 e ss.
56. Ibid., p. 75.
57. Ibid., p. 227, citando R. e C. Berndt, "A Preliminary Report of Field Work in the Ooldea Region, Western South Australia", *Oceania* XII (1942), p. 323.
58. Róheim. *The Eternal Ones of the Dream*, p. 227-228, citando D. Bates, *The Passing of the Aborigines* (1939), p. 41- 43.
59. Róheim. *The Eternal Ones of the Dream*, p. 231.
60. Mathews, R.H. "The Walloonggura Ceremony", *Queensland Geographical Journal*, N. S., XV (1899-1900), p. 70; citado por, The Eternal Ones of the Dream, p. 232.
61. K. Parker, Langloh. *The Euahlayi Tribe*, 1905, p. 72-73; citado por Róheim, *The Eternal Ones of the Dream*, p. 232.
62. Layard, John. *Stone Men of Malekula*. London: Chatto and Windus, 1942.
63. Knight, W. F. J., em seu *Cumaean Gates*. Oxford: B. Blackwell, 1936.
64. Perry, W. J. *The Children of the Sun*. New York: E. P. Dutton and Co., 1923.
65. Harrison, Jane. *Themis: A Study of the Social Origins of Greek Religion*, 2nd revised edition, Cambridge University Press, 1927.
66. [Esta era uma questão à qual Campbell retornaria várias vezes, principalmente em "Mythogenesis", um ensaio publicado em *The Flight of the Wild Gander*, 3rd ed.; Novato, CA: New World Library, 2001 – Ed.]

67. Eurípides, *The Bacchae*, 526 s.
68. Ésquilo, Figura 57 (Nauck); citado por Jane Harrison (*Themis*, p. 61) em sua discussão sobre o papel do rugidor de touros nos ritos de iniciação clássicos e australianos. Para uma introdução ao assunto do rugidor de touros, ver Andrew Lang, *Custom and Myth*, 2nd revised ed. London: Longmans, Green, and Co., 1885, p. 29-44.
69. Todos estes são descritos e discutidos longamente por Sir James G. Frazer em *The Golden Bough*.
70. Carta aos Hebreus, 9:13-14.
71. Le P.A. Capus des Pères-Blancs, "Contes, chants et proverbes des Basumbwa dans l'Afrique Orientale", *Zeitschrift für afrikanische und oceanische Sprachen*. Vol. III (Berlin, 1897), p. 363-364.
72. Alcorão, 10:31.
73. Ver p. 73.
74. Ver p. 53-54. Os basumbwa (conto do Grande Chefe, Morte) e os wachaga (conto de Kyazimba) são povos da África Oriental; os iorubás (conto de Exú) habitam a colônia da costa oeste da Nigéria.
75. Alcorão, 6:59, 6:60.
76. Evangelho segundo Lucas, 2:7.
77. Ovídio, *Metamorphoses*, VIII, p. 618-724.
78. Alcorão, 2:115.
79. *Katha Upanishad*, 3:12.
80. Evangelho segundo Tomás, 77.
81. Livro de Jó, 40:7-14.
82. Ibid., 42:5-6.
83. Ibid., 42:16-17.
84. Stein, Leon. "Hassidic Music", *The Chicago Jewish Forum*, vol. II, No. 1 (Fall 1943), p. 16.
85. *Pranja-Paramita-Hridaya Sutra*; "Sacred Books of the East", vol. XLIX, Part II, p. 148; também, p. 154.
86. *Vajracchedika* ("The Diamond Cutter"), 17; ibid., p. 134.
87. Compare à p. 89-90.
88. *Amitayur Dhyana Sutra*, 19; "Sacred Books of the East", vol. XLIX, Part II, p. 182-183.
89. "Para os homens eu sou Hermes; para as mulheres pareço Afrodite: trago os emblemas de ambos os meus pais." *Anthologia Graeca ad Fidem Codicis*, vol. II. "Uma parte dele é de seu senhor, tudo o mais ele tem de sua mãe." Martial, Epigrams, 4, 174; Loeb Library, vol. II, p. 501.
O relato de Ovídio sobre hermafroditas aparece nas *Metamorphoses*, IV, p. 288 e ss.
Muitas imagens clássicas de hermafroditas chegaram até nós. Ver Hugh Hampton Young, *Genital Abnormalities, Hermaphroditism, and Related Adrenal Diseases*. Baltimore: Williams e Wilkins, 1937, Chapter I, "Hermaphroditism in Literature and Art".
90. Platão, *Symposium*, 178.
91. Livro do Gênesis, 1:27.

92. *Midrash*, comentário no Gênesis, Rabbah 8:1.
93. Ver p. 90-91.
94. Ver p. 262-264.
95. Compare James Joyce: "Na economia do céu [...] não há mais casamentos, homem glorificado, anjo andrógino, sendo uma esposa para si mesmo". *Ulysses*, edição da Modern Library, p. 210.
96. Sófocles, *Oedipus Tyrannus* [Édipo Tirano]. Ver também Ovídio, *Metamorphoses*, III, p. 324 e ss., 511 e 516. Para outros exemplos do hermafrodita como sacerdote, deus ou vidente, ver Heródoto, 4, 67 (edição Rawlinson, vol. III, p. 46-47); Teofrasto, *Characteres*, 16.10-11; e *Voyage and Travels*, de J. Pinkerton, Capítulo 8, p. 427, "Um novo relato das Índias Orientais", de Alexander Hamilton. Estes são citados por Young, op. cit., p. 2 e 9.
97. Ver Zimmer, *Mitos e símbolos na arte e civilização da Índia,* Figura 70.
98. Ver Figura 34.
99. Ver B. Spencer e F.J. Gillen, *Native Tribes of Central Australia* (London, 1899), p. 263; Róheim, *The Eternal Ones of the Dream*, p. 164-65. A subincisão produz artificialmente uma hipospádia semelhante à de certa classe de hermafroditas. (Ver o retrato da hermafrodita Marie Angé, em Young, op. cit., p. 20.)
100. Róheim, *The Eternal Ones of the Dream*, p. 94.
101. Ibid., p. 218-219.
102. Compare à seguinte visão do Bodisatva Dharmakara: "De sua boca exalava um cheiro doce e mais que celestial de sândalo. De todos os poros de seu cabelo emergia o cheiro de lótus, e ele agradava a todos, gracioso e belo; dotado da plenitude da melhor cor brilhante. Como seu corpo estava adornado com todos os bons sinais e marcas, surgiram dos poros de seu cabelo e das palmas de suas mãos todos os tipos de ornamentos preciosos em forma de todos os tipos de flores, incensos, perfumes, guirlandas, unguentos, guarda-chuvas, bandeiras e estandartes, e na forma de todos os tipos de música instrumental. E apareceu também, fluindo das palmas de suas mãos, todos os tipos de iguarias e bebidas, comida, dura e macia, e doces, e todos os tipos de prazeres e prazeres". *The Larger Sukhavati-Vyuha*, 10, "Sacred Books of the Oriente", vol. XLIX, Part II, p. 26-27.
103. Róheim, *War, Crime, and the Covenant,* p. 57.
104. Ibid., p. 48-68.
105. Primeiro Livro de Samuel, 17:26.
106. Alcorão, 4:104.
107. "Pois o ódio não cessa pelo ódio em nenhum momento: o ódio cessa pelo amor, esta é uma regra antiga." Do cânone budista, *Dhammapada*, 1:5, "Sacred Books of East", vol. X, Parte I, p. 5, tradução de F. Max Müller.
108. Evangelho Segundo Lucas, 6:27-36.
109. Reimpresso pelo Professor Robert Phillips, Governo American Government and Its Problems, Houghton Mifflin Company, 1941, e pelo Dr. Karl Menninger, *Love Against Hate,* Harcourt, Brace and Company, 1942, p. 211.
110. Evangelho Segundo Mateus, 22:37-40; Marcos, 12:28-34; Lucas, 10:25-37. Relata-se também que Jesus comissionou seus apóstolos a "ensinar todas as nações" (Mateus, 28:19), mas não a perseguir e pilhar, ou entregar ao "braço

secular" aqueles que não queriam ouvir. "Eis que vos envio como ovelhas ao meio de lobos; portanto, sede prudentes como as serpentes e inofensivos como as pombas." (Ibid., 10:16.)

111. Evangelho segundo Mateus, 7:1.
112. "E como tropas de ladrões esperam por um homem, assim a companhia de sacerdotes mata por consentimento. [...] Eles alegram o rei com as suas maldades, e os príncipes com as suas mentiras." Oseias, 6:9; 7:3.
113. Menninger, op. cit., p. 195-196.
114. Swami Nikhilananda, *The Gospel of Sri Ramakrishna* (New York, 1941), p. 559.
115. Rumi, *Mathnawi*, 2. 2525.
116. "The Hymn of the Final Precepts of the Great Saint and Bodhisattva Milarepa" (c.1051-1135), do *Jetsün-Kahbum*, ou Biographycal History of Jetsün-Milarepa, de acordo com a tradução inglesa do Lama Kazi Dawa-Samdup, editada por W. Y. Evans-Wentz, *Tibet's Great Yogi Milarepa*, Oxford University Press, 1928, p. 285.
117. "The Hymn of the Yogic Precepts of Milarepa", ibid., p. 273.
118. Evans-Wentz, "Hymn of Milarepa in praise of his teacher", p. 137.
119. A mesma ideia é frequentemente expressa nas Upanishads, a saber: "Este eu se dá a esse eu, esse eu se dá a este eu. Assim eles ganham um ao outro. Nesta forma ele ganha o mundo além, naquela forma ele experimenta este mundo". *Aitareya Aranyaka*, 2.3.7. É sabido também pelos místicos do Islã: "Trinta anos o Deus transcendente foi meu espelho, agora sou meu próprio espelho; isto é, o que eu era não sou mais, o Deus transcendente é seu próprio espelho. Digo que sou meu próprio espelho; é Deus que fala com a minha língua, e eu desapareci". Bayazid, conforme citado em *The Legacy of Islam*, T. W. Arnold e A. Guillaume, editores, Oxford Press, 1931, p. 216.
120. "Eu saí de Bayazid-ness como uma cobra de sua pele. Então eu olhei. Eu vi que amante, amado e amor são um, pois no mundo da unidade todos podem ser um." Bayazid, loc. cit.
121. Livro de Oseias, 6:1-3.
122. *Brhadaranyaka*, 1.4.3. Ver p. 262-263.
123. Ananda K. Coomaraswamy, *Hinduism and Buddhism*. New York: The Philosophical Library, n.d., p. 63.
124. Freud, Sigmund. *Beyond the Pleasure Principle*, tradução de James Strachey; Standard Edition, XVIII; London: The Hogarth Press, 1955. Ver também Karl Menninger, *Love against Hate*, p. 262.
125. Vajracchedika Sutra, 32; ver "Sacred Books of the East", op. cit., p. 144.
126. O menor Prajnaparamita Hadaya Sutra; ibid., p. 153.
127. Nagarjuna, *Madhyamika Shastra*.
"O que é imortal e o que é mortal estão harmoniosamente misturados, pois não são um, nem estão separados." Ashvaghosha.
"Esta visão", escreve o Dr. Coomaraswamy, citando esses textos, "é expressa com força dramática no aforismo *Yas klesas so bodhi, yas samsaras tat nirvanum*, 'Aquilo que é pecado é também Sabedoria, o reino de Tornar-se também é Nirvana'". Ananda K. Coomaraswamy, *Buddha and the Gospel of Buddhism*, New York: G. P. Putnam's Sons, 1916, p. 245.

128. *Bhagavad Gita,* 6:29, 6:31.
    Isso representa o cumprimento perfeito do que Evelyn Underhill denominou "a meta do Caminho Místico: a Verdadeira Vida Unitiva: o estado da Fecundidade Divina: Deificação" (op. cit., passim). Underhill, no entanto, como o professor Toynbee (ver p. 31), comete o erro popular de supor que esse ideal é peculiar ao cristianismo. "É seguro dizer", escreve o professor Salmony, "que o julgamento ocidental foi falsificado, até o presente, pela necessidade de autoafirmação". Alfred Salmony, "Die Rassenfrage in der Indienforschung", *Sozialistische Monatshefte,* 8, Berlim, 1926, p. 534.
129. Coomaraswamy, *Hinduism and Buddhism,* p. 74.
130. Ver E. T. C. Werner, *A Dictionary of Chinese Mythology* (Shanghai, 1932), p. 163.
131. Ver Okakura Kakuzo, *The Book of Tea* (New York, 1906). Ver também Daisetz Teitaro Suzuki, *Essays in Zen Budism* (London, 1927), e Lafcadio Hearn, *Japan* (New York, 1904). [Ver também a exploração de Campbell do simbolismo da cerimônia do chá em *Myths of Light: Eastern Metaphors of the Eternal,* editado por David Kudler. Novato, CA: New World Library, 2003, p. 133-136. – Ed.]
132. Opler, Morris Edward. *Myths and Tales of the Jicarilla Apache Indians,* Memoirs of the American Folklore Society, vol. XXXI, 1938, p. 110.
133. Compare à p. 149.
134. Ver p. 114.
135. Ver p. 112.
136. Ver Zimmer, *Myths and Symbols in Indian Art and Civilization,* p. 210-214. [*Mitos e símbolos na arte e civilização da Índia,* p. 167-170.
137. Compare ao tambor da criação na mão do Shiva Dançarino Hindu, p. 126.
138. Curtin, op. cit., p. 106-107.
139. Ver Melanie Klein, *The Psycho-Analysis of Children,* The International Psycho-Analytical Library, No. 27 (1937).
140. Róheim, *War, Crime, and the Covenant,* p. 137-138.
141. Róheim, *The Origin and Function of Culture,* p. 50.
142. Ibid., p. 48-50.
143. Ibid., p. 50. Compare com a indestrutibilidade do xamã siberiano (ver p. 100), tirando brasas do fogo com as próprias mãos e batendo nas pernas com um machado.
144. Ver discussão de Frazer sobre a alma externa, op. cit., p. 667-691.
145. Ibid., p. 671.
146. Pierce, *Dreams and Personality,* p. 298.
147. "The Descent of the Sun", in F. W. Bain, *A Digit of the Moon.* New York: G. P. Putnam's Sons, 1910, p. 213-325.
148. Róheim. *The Eternal Ones of the Dream,* p. 237. Este talismã é o chamado *tjurunga* (ou *churinga*) do ancestral totêmico do jovem. O jovem recebeu outra *tjurunga* no momento de sua circuncisão, representando seu ancestral totêmico materno. Ainda antes, na época de seu nascimento, uma *tjurunga* protetora foi colocada em seu berço. O rombo é uma variedade de *tjurunga.* "O *tjurunga*", escreve o Dr. Róheim, "é um duplo material, e certos seres sobrenaturais mais intimamente ligados com o *tjurunga* na crença da Austrália Central são duplos invisíveis dos nativos [...]. Tal como o *tjurunga,* esses sobrenaturais são chamados de *arpuna mborka* (outro corpo) dos seres humanos reais que eles protegem". Ibid., p. 98.

149. Livro de Isaías, 66:10-12.
150. Ginzberg, op. cit., vol. I, p. 20, 26-30. Ver as extensas notas sobre o banquete messiânico em Ginzberg, vol. V, p. 43-46.
151. Dante, "Paradiso", II, 1–9. Tradução de Norton, op. cit., vol. III, p. 10; com permissão de Houghton Mifflin Company, editores.
152. Ramayana, I, 45, *Mahabharata*, I, 18, Matsya Purana, 249–51, e muitos outros textos. Ver Zimmer, *Myths and Symbols in Indian Art and Civilization*, p. 105 ss. [*Mitos e símbolos na arte e civilização da Índia*. São Paulo: Palas Athena Editora, 1989, p. 87 e ss.
153. Pallis, Marco. *Peaks and Lamas*, 4th edition; London: Cassell and Co., 1946, p. 324.
154. *Shri-Chakra-Sambhara Tantra*, traduzido do tibetano pelo Lama Kazi Dawa--Samdup, editado por Sir John Woodroffe (pseudônimo Arthur Avalon), Volume VII de "Tantric Texts" (London, 1919), p. 41. "Se surgirem dúvidas quanto à divindade dessas deidades visualizadas", continua o texto, "deve-se dizer: 'Esta Deusa é apenas a lembrança do corpo', e lembre-se de que as divindades constituem o Caminho" (loc. cit.). Para mais sobre o Tantra, ver p. 113 e p. 164-165 (budismo tântrico).
155. Compare, e.g., C. G. Jung, "Archetypes of the Collective Unconscious" (orig. 1934; *Collected Works*, vol. 9, part i; New York and London, 1959).
"Talvez existam muitos", escreve o Dr. J. C. Flügel, "que ainda manteriam a noção de um Deus-Pai quase antropomórfico como uma realidade extramental, mesmo que a origem puramente mental de tal Deus tenha se tornado aparente". *The Psycho-Analytic Study of the Family*, p. 236.
156. "Paradiso", XXXIII, 82 e ss.
157. Ver p. 166.
158. Stimson, J.F. *The Legends of Maui and Tahaki*, Bernice P. Bishop Museum Bulletin, No. 127; Honolulu, 1934, p. 19-21.
159. Meissner, Bruno. "Ein altbabylonisches Fragment des Gilgamosepos", *Mitteilungen der vorderasiatischen Gesellschaft*, VII, 1; Berlin, 1902, p. 9.
160. Ver, por exemplo, o Katha Upanißad, 1:21, 23-25.
161. A tradução acima é baseada em P. Jensen, *Assyrisch-babylonische Mythen und Epen* . Kellinschriftliche Bibliothek, VI, I; Berlin, 1900, p. 116-273. Os versos citados aparecem nas páginas 223, 251, 251-253. A versão de Jensen é uma tradução linha por linha do texto principal existente, uma versão assíria da biblioteca do rei Ashurbanipal (668-626 a.C.). Fragmentos da versão babilônica muito mais antiga (ver p. 178) e do original sumério ainda mais antigo (terceiro milênio a.C.) também foram descobertos e decifrados.
162. Ko Hung (também conhecido como Pao Pu Tzu), *Nei P'ien*, Capítulo VII, tradução citada de Obed Simon Johnson, *A Study of Chinese Alchemy*, Shanghai, 1928, p. 63. Ko Hung desenvolveu várias outras receitas muito interessantes, uma concebendo um corpo "flutuante e luxuoso", outra a capacidade de andar sobre a água. Para uma discussão sobre o lugar de Ko Hung na filosofia chinesa, ver Alfred Forke, "Ko Hung, der Philosoph und Alchimist", *Archiv für Geschichte der Philosophie*, XLI, 1–2 (Berlin, 1932), p. 115-126.

163. Giles, Herbert A. *A Chinese Biographical Dictionary* (London e Shanghai, 1898), p. 372.
164. Um aforismo tântrico.
165. Lao Tze, *Tao Teh Ching*, 16. Tradução de Dwight Goddard, *Laotzu's Tao and Wu Wei*, New York, 1919, p. 18. Compare à p. 149.
166. "Paradiso", XXXIII, 49-57. Tradução de Norton, op. cit., vol. III, p. 253-254, com a permissão da Houghton Mifflin Company, editores).
167. *Kena Upaniṣad*, 1:3. Tradução de Swami Sharvananda; Sri Ramakrishna Math, Mylapore, Madras, 1932.
168. Poetic Edda, "Hovamol", 139. Tradução de Henry Adams Bellows, The American- Scandinavian Foundation, New York, 1923.
169. *Jataka*, Introduction, i, 75 (reproduzido com permissão dos editores de Henry Clarke Warren, *Buddhism in Translations* [Harvard Oriental Series 3], Cambridge, MA: Harvard University Press, 1896, p. 82-83).

CAPÍTULO III - RETORNO

1. *Vishnu Purana*, 23; *Bhagavata Purana*, 10:51; *Harivansha*, 114. Baseado na versão de Heinrich Zimmer, *Maya, der indische Mythos* (Stuttgart e Berlim, 1936), p. 89-99.
    Compare com Krishna, como o mago do mundo, o Exu africano (p. 53-54). Compare também com o trapaceiro polinésio, Maui (p. 175 e 177).
2. "Taliesin", tradução de Lady Charlotte Guest in *The Mabinogion*. Everyman's Library, No. 97, p. 263-264.
3. Ver Gertrude Schoepperle, *Tristan and Isolt: A Study of the Sources of the Romance,* (London and Frankfurt-am-Main, 1913).
4. Harva, op. cit., p. 543-544; citando "Pervyi buryatsii šaman Morgon-Kara", *Isvestiya Vostočno Siberskago Otdela Russkago Geografičeskago Obščestva,* XI, 1-2 (Irkutsk, 1880), p. 87 e ss.
5. White, John. *The Ancient History of the Maori, His Mythology and Traditions* (Wellington, 1886-89), vol. II, p. 167-171.
6. *Contos de Grimm*, No. 79.
7. Jung. *The Integration of the Personality* (New York, 1939), p. 59.
8. Ver Apollonios of Rhodes, *Argonautika*. A fuga é narrada no Tomo IV.
9. *Ko-ji-ki,* "Records of Ancient Matters" (A.D. 712), adaptado da tradução de C. H. Chamberlain, *Transactions of The Asiatic Society of Japan,* vol. X, Supplement (Yokohama, 1882), p. 24-28.
10. *Jaiminiya Upanishad Brahmana*, 3.28.5.
11. Frobenius, *Das Zeitalter des Sonnengottes,* p. 85-87.
12. Tomobe-no-Yasutaka, *Shintō-Shoden-Kuju*.
13. *Shintō-Gobusho*.
14. Izawa-Nagahide, *Shintō-Ameno-Nuboko-no-Ki*.
15. Ichijo-Kaneyoshi, *Nihonshoki-Sanso*.
16. Urabe-no-Kanekuni.
17. Todas as citações acima podem ser encontradas em Genchi Kato, *What Is Shintō?* Tokyo: Maruzen Company Ltd., 1935; ver também Lafcadio Hearn, *Japan, an Attempt at Interpretation,* New York: Grosset and Dunlap, 1904.

18. *Ko-ji-ki,* after Chamberlain, op. cit., p. 52-59.
19. Kramer, op. cit., p. 87, 95. A conclusão do poema, deste valioso documento sobre as fontes dos mitos e símbolos de nossa civilização, perdeu-se para sempre.
20. Evangelho segundo Mateus, 26:51; Evangelho segundo Marcos, 14:47; Evangelho segundo João, 18:10.
21. *Mandukya Upanishad,* 5.
22. Irving, Washington. *The Sketch Book,* "Rip van Winkle".
23. Livro do Gênesis, 5.
24. Curtin, op. cit., p. 332-333.
25. De Sir James G. Frazer, *The Golden Bough,* edição de um volume, p. 593-594. Copyright 1922 da Macmillan Company e usado com a sua permissão.
26. Ibid., p. 594-595. Com a permissão da Macmillan Company, editores
27. Adaptado de Burton, op. cit., III, p. 231-256.
28. Evangelho segundo Mateus, 17:1-9.
29. Um certo elemento de alívio cômico pode ser percebido no projeto imediato de Pedro (enquanto a visão estava diante de seus olhos) de converter o inefável numa fundação de pedra. Seis dias antes, Jesus tinha dito a ele: "Tu és Pedro, e sobre esta rocha construirei minha igreja", e um momento depois, "Tu não pensas as coisas que são de Deus, mas as dos homens". (Mateus, 16:18,23)
30. *Bhagavad Gita,* 11; 1:45-46; 2:9. Da tradução de Swami Nikhilananda (New York, 1944).
31. *Brhadaranyaka Upanishad,* 1.1.1. Traduzido pelo Swami Madhavananda (Mayavati, 1934).
32. Jeffers, Robinson. *Cawdor,* p. 116. Copyright 1928 de Robinson Jeffers. Reimpresso com permissão da Random House, Inc.
33. *Summa contra Gentiles,* I, 5, par. 3.
34. *Kena Upanishad,* 2:3.
35. *Bhagavad Gita,* 11:53-55.
36. Evangelho segundo Mateus, 16:25.
37. Shankaracharya, *Vivekachudamani,* 542 e 555.
38. *Bhagavad Gita,* 2:22-24.
39. Ibid., 3:19 e 3:30.
40. "Taliesin", op. cit., p. 264-274.
41. Evangelho segundo João, 8:58.
42. Ovídio, *Metamorphoses,* XV, 252-255.
43. Contos de Grimm, No. 50, "Little Briar-Rose" (mais conhecida como Bela Adormecida"); conclusão.

CAPÍTULO IV – AS CHAVES

1. Para uma discussão desse assunto, veja meu comentário na edição da Pantheon Books do *Grimm's Fairy Tales* (New York, 1944), p. 846-856. [Esse comentário está disponível também como parte da coleção de ensaios de Joseph Campbell, *The Flight of the Wild Gander,* p. 1-19 – Ed.]
2. Salmo XLI, 2-4, Douay.

3. Ver o Missal Católico sob o título "Sábado Santo". A citação é um resumo da tradução inglesa feita por Dom Gaspar Lefebvre, O.S.B., publicada nos Estados Unidos pela E. M. Lohmann Co., Saint Paul, MN. [À época da publicação original desta obra, é claro, o ritual da missa católica era falado e cantado inteiramente em latim.]
4. Na Índia o poder (*shakti*) de um deus é personificado em forma feminina e representado como sua consorte; neste ritual a graça é igualmente representada.
5. Evangelho segundo João 3:3-5.

PARTE II – O CICLO COSMOGÔNICO
CAPÍTULO I – EMANAÇÕES

1. Ver C. G. Jung, "On Psychic Energy" (original de 1928, *Collected Works*, vol. 8), intitulado em seu primeiro rascunho "The Theory of the Libido".
2. Ver Kant, *Crítica da razão pura*.
3. Freud. *Moses and Monotheism*, traduzido por James Strachey (Standard Edition, XXIII, 1964). (Orig. 1939.)
4. Evangelho Segundo Lucas, 17:21.
5. Ver p. 183.
6. Ver p. 95.
7. Ver p. 87-91.
8. Ver p. 91.
9. Ixtlilxochitl, Fernando de Alva, *Historia de la Nación Chichimeca* (1608), Capítulo I. Publicado em *Antiquities of Mexico* de Lord Kingsborough, London, 1830-48, vol. IX, p. 205; também por Alfredo Chavero, em *Obras Historicas de Alva Ixtlilxochitl*, Mexico, 1891-92, vol. II, p. 21-22.
10. Hastings. *Encyclopaedia of Religion and Ethics*, vol. V, p. 375.
11. Ver Mrs. Sinclair Stevenson, *The Heart of Jainism*. Oxford University Press, 1915, p. 272-278.
12. Ver *Mandukya Upanishad*, 3-6.
13. *Mandukya Upanishad*, 8-12. [Para mais considerações de Campbell sobre a sílaba sagrada, AUM, Ver *Myths of Light*, p. 33-35. – Ed.]
14. *Mandukya Upanishad*, 7.
15. Ha idra zuta, Zohar, iii, 288a. Compare com p. 174.
16. *Ha idra rabba qadisha*, xi, 212-214 e 233, tradução de S. L. MacGregor Mathers, *The Kabbalah Unveiled*. London: Kegan Paul, Trench, Trübner & Company, Ltd., 1887, p. 134-135.
17. *Summa contra Gentiles*, I.i.
18. Ver p. 35-39.
19. Anderson, Johannes C. *Maori Life in Aotea*. Christchurch [New Zealand], n.d [1907?], p. 127.
20. Ver *The Vedantasara of Sadananda*, traduzido com introdução, texto sânscrito e comentários por Swami Nikhilananda (Mayavati, 1931).

21. Tradução de Richard Wilhelm, *Chinesische Märchen*. Jena: Eugen Diederichs Verlag, 1921, p. 29-31.
22. Rev. Richard Taylor, *Te ika a Maui, or New Zealand and Its Inhabitants* (London, 1855), p. 14-15.
23. O pequeno círculo abaixo da parte principal da Figura 59. Compare ao Tao chinês ou yin-yang; ver p. 149.
24. Emory, Kenneth P. "The Tuamotuan Creation Charts by Paiore," *Journal of the Polynesian Society*, vol. 48, no. 1 (March 1939), p. 1-29.
25. Ibid., p. 12.
26. *Chandogya Upanishad*, 3.19.1–3.
27. Eddington, A. S. *The Nature of the Physical World*, p. 83. Copyright 1928 da Macmillan Company e usado com a sua permissão. [A imagem mítica do ovo cósmico também ressoa com aquela teoria conhecida pelos físicos modernos como o Big Bang, proposta pela primeira vez por Georges Lemaître, um padre católico romano belga. – Ed.]
28. "A entropia sempre aumenta." Ver Eddington, p. 63 e ss. [Esta é uma reafirmação do que é conhecido como a Segunda Lei da Termodinâmica, formulada pela primeira vez em 1824 pelo cientista francês Sadi Carnot. – Ed.]
29. Emory, Kenneth P. "The Tahitian Account of Creation by Mare," *Journal of the Polynesian Society*, vol. 47, No. 2 (June 1938), p. 53-54.
30. Budge, E. A. Wallis. *The Gods of the Egyptians* (London, 1904), vol. I, p. 282-292.
31. Kalika Purana, I. Traduzido em Heinrich Zimmer, *The King and the Corpse*, editado por Joseph Campbell, The Bollingen Series XI, Pantheon Books, 1948, p. 239 e ss. [*A conquista psicológica do mal*. São Paulo: Palas Athena Editora, 1988, p. 163 e ss.]
32. *Brhadaranyaka Upanishad*, 1.4.1-5. Tradução de Swami Madhavananda (Mayavati, 1934). Compare ao tema folclórico do vôo de transformação, p. 203-204. Ver também Cypria 8, onde Nemesis "não gosta de se apaixonar por seu pai Zeus" e foge dele, assumindo as formas de peixes e animais (citado por Ananda K. Coomaraswamy,Spiritual *Authority and Temporal Power in the Indian Theory of Government American Oriental Society*, 1942, p. 361).
33. *Mundaka Upanishad*, 2.2.5.
34. Zohar, i, 91 b. Citado por C. G. Ginsburg, *The Kabbalah: Its Doctrines, Development, and Literature* (London, 1920), p. 116.
35. *Taittiriya Upanishad*, 3.10.5.
36. As mitologias do sudoeste americano descrevem tal emergência em grande detalhe, assim também as histórias de criação dos berberes cabilas da Argélia. Ver Morris Edward Opler, *Myths and Tales of the Jicarilla Apache Indians*, Memoirs of the American Folklore Society, vol. XXXI, 1938; e Leo Frobenius e Douglas C. Fox, *African Genesis* (New York, 1927), p. 49-50.
37. Grey, George. *Polynesian Mythology and Ancient Traditional History of the New Zealand Race, as Furnished by Their Priests and Chiefs* (London, 1855), p. 1-3.
38. *Theogony*, 116 ss. Na versão grega, a mãe não reluta; ela mesma fornece a foice.
39. Compare à polaridade maori de Mahora-nui-a-rangi e Maku, p. 256.

40. Kramer, S. N. op. cit., p. 40-41.
41. Prose Edda, "Gylfaginning," IV-VIII, da tradução de Arthur Gilchrist Brodeur, The American-Scandinavian Foundation, New York, 1916; com a permissão dos editores). Ver também Poetic Edda, "Voluspa".
42. "The Epic of Creation," Tablet IV, lines 35-143, adaptado da tradução de L. W. King, *Babylonian Religion and Mythology*. London and New York: Kegan Paul, Trench, Trübner and Co. Ltd., 1899, p. 72-78.
43. Ver Dante, "Paradiso," XXX–XXXII. Esta é a rosa aberta à humanidade pela cruz.
44. Livro do Gênesis, 3:7.
45. Grinnell, George Bird. *Blackfoot Lodge Tales*. New York: Charles Scribner's Sons, 1892, 1916, p. 137-138.
46. Polack, J.S. *Manners and Customs of the New Zealanders* (London, 1840), vol. 1, p. 17. Considerar tal conto como um mito cosmogônico seria tão inepto quanto ilustrar a doutrina da Trindade com um parágrafo da história infantil "Marienkind" (Contos de Grimm, No. 3).
47. Harva, op. cit., p. 109, citando S. Krašeninnikov, *Opisanie Zemli Kamčatki* (St. Petersburg, 1819), vol. II, p. 101.
48. Harva, op. cit., p. 109, citando Potanin, op. cit., vol. II, p. 153.
49. Meier, P. J. *Mythen und Erzählungen der Küstenbewohner der GazelleHalbinsel (Neu Pommern)*. Anthropos Bibliothek, Band I, Heft 1, Münster i. W., 1909, p. 15-16.
50. Ibid., p. 59-61.
51. "O universo em geral não age como se estivesse sob uma supervisão e um controle pessoal eficiente. Quando ouço alguns hinos, sermões e orações que dão como certo ou afirmam com simplicidade ingênua que este vasto e implacável cosmos, com todos os monstruosos acidentes que envolve, é um passeio bem planejado e conduzido pessoalmente, lembro-me da hipótese mais razoável de uma tribo da África Oriental. 'Dizem', relata um observador, 'que embora Deus seja bom e deseje o bem de todos, infelizmente ele tem um irmão estúpido que está sempre interferindo no que ele faz'. O irmão estúpido de Deus pode explicar algumas das tragédias doentias e insanas da vida que a ideia de um indivíduo onipotente de ilimitada boa vontade para com cada alma certamente não explica." Harry Emerson Fosdick, *As I See Religion*, New York: Harper e Irmãos, 1932, p. 53-54.
52. Harva, op. cit., p. 114-115, citando W. Radloff, *Proben der Volksliteratur der türkischen Stämme SüdSiberians* (St. Petersburg, 1866-1870), vol. I, p. 285.

CAPÍTULO II – O NASCIMENTO VIRGINAL

1. A versão citada aqui vem da tradução de W. F. Kirby (Everyman's Library, nºs 259-260).
2. *Kalevala*, Runo I, p. 127-136.
3. Ibid., p. 263-280.
4. Ibid., p. 287-328.

5. Ibid., p. 329-344.
6. Frobenius, Leo e Douglas C. Fox, *African Genesis* (New York, 1937), p 215-220.
7. O Evangelho do Pseudo-Mateus, capítulo IX.
8. Kingsborough, op. cit., vol. VIII, p. 263-264.
9. Kalidasa, *Kumarasamibhavan* ("O nascimento de Kumara, Deus da Guerra") Existe uma tradução para o inglês de R. Griffith (2nd ed., London: Trübner and Company, 1897).
10. Collocott, E. E. V. *Tales and Poems of Tonga*. Berenice P. Bishop Museum Bulletin, n° 46. Honolulu, 1928, p. 32-33.

CAPÍTULO III – AS TRANSFORMAÇÕES DO HERÓI

1. Giles, op. cit., p. 233-234; Rev. J. MacGowan, *The Imperial History of China* (Shanghai, 1906), p. 4-5; Friedrich Hirth, *The Ancient History of China*, Columbia University Press, 1908, p. 8-9.
2. Giles, op. cit., p. 656; MacGowan, op. cit., p. 5-6; Hirth, op. cit., p. 10-12.
3. Giles, op. cit., p. 338; MacGowan, op. cit., p. 6-8; Edouard Chavannes, *Les mémoires historiques de Se-ma Ts'ien* (Paris, 1895-1905), vol. I, p. 25-36. Ver também John C. Ferguson, *Chinese Mythology*, "The Mythology of All Races" vol. VIII, Boston, 1928, p. 27-28, 29-31.
4. Essas três lendas aparecem no excelente estudo psicológico do Dr. Otto Rank, *The Myth of the Birth of the Hero* (Nervous and Mental Disease Monographs; New York, 1910). Uma variante da terceira aparece na *Gesta Romanorum*, Tale LXXXI.
5. Os ciclos de Carlos Magno são exaustivamente discutidos por Joseph Bédier, Les légendes épiques (3ème ed.; Paris, 1926).
6. Ginzberg, Louis. *The Legends of the Jews*. Philadelphia: The Jewish Publication Society of America, 1911, vol. III, p. 90-94.
7. Grinnell, George Bird. *Blackfoot Lodge Tales*. New York: Charles Scribner's Sons, 1892, 1916, p. 31-32.
8. Parsons, Elsie Clews, *Tewa Tales* (Memoirs of the American Folklore Society, XIX, 1926), p. 193.
9. Adaptado de Sister Nivedita e Ananda K. Coomaraswamy, *Myths of the Hindus and Buddhists*. New York: Henry Holt and Company, 1914, p. 221-232.
10. Parsons, op. cit., p. 193.
11. "Táin bó Cúalnge" (da versão do *Book of Leinster*, 62 a-b): editado por Wh. Stokes e E. Windisch, *Irische Texte* (Extraband zu Series I bis IV; Leipzig, 1905), p. 106-117; Tradução inglesa de Eleanor Hull em *The Cuchullin Saga in Irish Literature* (London, 1898), p. 135-137.
12. *Book of Leinster*, 64b-67b (Stokes and Windisch, op. cit., p. 130-169); Hull, op. cit., p. 142-154.
13. Hull, Eleanor, op. cit., p. 154; traduzido do *Book of Leinster*, 68a. Stokes e Windisch, op. cit., p. 168-171.
14. Hull, op. cit., p. 174-176; do *Book of Leinster*, 77. Stokes and Windisch, op. cit., p. 368-377. Compare à transfiguração de Krishna, p. 219-223; ver também Figura 32.

15. Uno Holmberg (Uno Harva), *Der Baum des Lebens* (Annales Academiae Scientiarum Fennicae, Ser. B, Tom. XVI, No. 3; Helsinki, 1923), p. 57-59; de N. Gorochov, "Yryn Uolan" (*Izvestia Vostočno-Siberskago Otdela I. Russkago Geografičeskago Obščestva*, XV), p. 43 ss.
16. *Kalevala*, III, p. 295-300.
17. Wissler, Clark e D.C. Duvall. *Mythology of the Blackfeet Indians*. Anthropological Papers of the American Museum of Natural History, vol. II, Part I, New York, 1909, p. 55-57. Citado por Thompson, op. cit., p. 111-113.
18. Voragine, Jacobus de, op. cit., CIV, "Saint Martha, Virgin.".
19. *The Wooing of Emer*, extraído da tradução de Kuno Meyer em E. Hull, op. cit., p. 57-84.
20. Parsons, op. cit., p. 194.
21. Firdausi, *Shah-Nameh*, tradução de James Atkinson (London and New York, 1886), p. 7.
22. Opler, op. cit., p. 133-134.
23. Adaptado de Nivedita e Coomaraswamy, op. cit., p. 236-237.
24. Coomaraswamy, *Hinduism and Buddhism*, p. 6-7.
25. Evangelho segundo Mateus, 10:34-37.
26. *Bhagavad Gita*, 18:51-53.
27. Antífona das freiras, na sua consagração como noivas de Cristo, do *The Roman Pontifical*. Reimpresso em The Soul Afire, p. 289-292.
28. Ginzberg, op. cit., vol. I, p. 305-306. Com permissão da Jewesh Publication Society of America.
29. Stekel, Wilhelm. *Die Sprache des Traumes*, sonho no. 421. A morte aparece aqui, observa o Dr. Stekel, em quatro símbolos: o Velho Violinista, o Vesgo, a Velha e o Jovem Camponês (o Camponês é o Semeador e o Ceifador).
30. Sahagún, Bernardino de. *História General de las Cosas de Nueva España* (México, 1829), Lib. III, Cap. xii-xiv (condensado). A obra foi republicada por Pedro Robredo (México, 1938), vol. I, p. 278-282.
31. Joyce, Thomas A. *Mexican Archaeology* (London, 1914), p. 46.
32. "Taín bó Regamna", editado por Stokes e Windisch, *Irische Texte* (zweite Series, Heft 2; Leipzig, 1887), p. 241-254. O acima é condensado de Hull, op. cit., p. 103-107.
33. Parsons, op. cit., p. 194-195.
34. Reproduzido com permissão dos editores de Henry Clarke Warren, *Buddhism in Translations* (Harvard Oriental Series 3), Cambridge, MA: Harvard University Press, 1896, p. 95-110.
    Compare com os estágios de emanação cósmica, p. 255-256.

CAPÍTULO IV – DISSOLUÇÕES

1. *Bhagavad Gita*, 10: 20.
2. *Brhadaranyaka Upanishad*, 4.3.36-37.
3. Breasted, James Henry. *Development of Religion and Thought in Egypt*. New York: Charles Scribner's Sons, 1912, p. 275. Reproduzido com permissão dos editores.

4. Boas, Franz. *Race, Language and Culture* (New York, 1940), p. 514. Ver p. 100-102.
5. Sahagún, op. cit., Lib I. Apêndice, Cap. I ed. Robredo, vol. I, p. 284-286.
6. Baseado na tradução de E. A. W. Budge: *The Book of the Dead, The Papyrus of Ani, Scribe and Treasurer of the Temples of Egypt,* c.1450 a.C. (New York, 1913).
7. Reproduzido com permissão da Harvard University Press. Henry Clarke Warren, *Buddhism in Translations,* p. 38-39.
8. Morely, Sylvanus G. *An Introduction to the Study of Maya Hieroglyphics.* 57th Bulletin, Bureau of American Ethnology, Washington, D.C., 1915. Plate 3 (contíguo à p. 32).
9. Ibid., p. 32.
10. O relato que se segue está baseado na Poetic Edda, "Voluspa", p. 42 e ss. Os versos foram citados da tradução de Bellows, op. cit., p. 19-20, e do Prose Edda, "Gylfaginning", LI, tradução de Brodeur, op. cit., p. 77-81. Reproduzido com permissão da American-Scandinavian Foundation, editores.
11. Evangelho segundo Mateus, 24:3-36.

EPÍLOGO: MITO E SOCIEDADE

1. *Odyssey,* IV, 401, 417-418, tradução de S. H. Butcher e Andrew Lang (London, 1879).
2. Ibid., IV, 400-406.
3. Nietzsche. *Thus Spake Zarathustra,* 1.22.3. [A tradução parece ser do próprio Campbell – Ed.]

BIBLIOGRAFIA

Nota sobre o método e a organização

O OBJETIVO PRINCIPAL desta lista é ajudar os leitores a encontrar as fontes que Campbell usou para escrever este livro. Também mostra a notável amplitude de leitura - mitologia, etnologia, folclore, literaturas modernas e medievais da Europa, psicologia, filosofia e escrituras religiosas do Ocidente e do Oriente - que ele incorporou em seu primeiro grande trabalho independente.

O livro passou por muitas revisões entre o primeiro rascunho em 1944, quando era conhecido como Como Ler um Mito, e sua publicação pela Bollingen Foundation em 1949. Uma carta nos Arquivos da Opus escrita para o amigo de Campbell, Henry Morton Robinson, datada de 13 de março, 1946, indica que ele havia planejado originalmente citar menos fontes, confiando fortemente no conjunto de treze volumes do *The Mythology of All Races,* publicado entre 1916 e 1932 sob a direção de Louis Gray e John McCulloch. Infelizmente, a Macmillan Company havia comprado os direitos de republicação do conjunto e se recusou a dar-lhe permissão para fazer citações enquanto consideravam lançar uma nova edição, forçando Campbell a procurar novas fontes para ilustrar seus argumentos.

A lista inclui todas as citações desta terceira edição do Herói, exceto algumas menores. Inclui aquelas obras das quais uma citação significativa é extraída, obras que são citadas mais de uma vez, e obras que tiveram um grande efeito em seu pensamento. Citações secundárias (onde Campbell cita uma fonte "como citada em" outro trabalho) não foram incluídas, embora as obras em que Campbell as encontrou estejam incluídas. Quando a segunda edição foi publicada em 1968, Campbell colocou a maioria de suas citações dos escritos de C. G. Jung como apareceram em *The Collected Works of C. G. Jung,* enquanto tirou suas citações dos escritos de Freud de *The Standard Edition of the Collected Works of Sigmund Freud.*

A lista está em quatro seções. A primeira inclui as obras citadas por Campbell para as quais uma edição específica é identificada. Exceto quando observado, estas foram verificados em catálogos de bibliotecas ou em livros da coleção de livros pessoais de Joseph Campbell, preservados nos Arquivos da Opus.

A segunda seção lista artigos de periódicos citados no livro. A maioria deles não foi verificada.

Pela dificuldade de alfabetização das obras canônicas, estas formam a terceira seção, organizada por tradição religiosa. Esta seção contém obras de escritura religiosa citadas por Campbell. As obras foram repartidas pela fé ou tradição. Já que Campbell usou fontes disponíveis há meio século, indiquei as formas modernas dos títulos usadas nas Obras Completas de Joseph Campbell, bem como, quando elas variam, como aquelas usadas pela Biblioteca do Congresso, e adicionei uma nota quando reimpressões ou traduções mais recentes estão disponíveis.

Com obras literárias conhecidas e cânones religiosos, Campbell às vezes citava a obra sem edição. Listei-as separadamente na quarta seção. Meus comentários aparecem entre colchetes com as iniciais R. B.

– RICHARD BUCHEN, bibliotecário de coleções especiais, Coleção Joseph Campbell da Opus Archives and Research Center nos campi do Pacifica Graduate Institute, Santa Barbara, Califórnia

Lista bibliográfica principal

Anderson, Johannes C. *Maori Life in AoTea*. Christchurch, [N.Z.]: n.d.
Apuleio. *The Golden Ass of Apuleius*. Tradução para o inglês por W. Adlington. New York: The Modern Library, n.d. [*O asno de ouro*. São Paulo: 34 Editora, 2019.]
Alcorão. *The Holy QurAn: Text, Translation and Commentary*. Traduzido por Abdullah Yusuf Ali. 2 vol. New York: Hafner Pub. Co., [1946].
Aristóteles. *Aristotle on the Art of Poetry*. Traduzido por Ingram Bywater, com prefácio de Gilbert Murray. Oxford: Oxford University Press, 1920.
Arnold, Thomas Walker, e Alfred Guillaume, eds. *The Legacy of Islam*. Oxford: The Clarendon Press, 1931.
Bain, F. W. *A Digit of the Moon and Other Love Stories from the Hindoo*. New York e London: G. P. Putnam's Sons, 1910.
Bastian, Adolf. *Ethnische Elementargedanken in der Lehre vom Menschen*. Berlin: Weidmann, 1895.
Bédier, Joseph. *Les légendes épiques: Recherches sur la formation des chansons de geste*. 3ème ed. Paris: H. Champion, 1926.
Bellows, Henry Adams, ed. *The Poetic Edda*, Scandinavian Classics, 21/22. New York: The American-Scandinavian Foundation, 1923.
Bhagavad Gita. *Bhagavad Gita: Translated from the Sanskrit with Notes, Comments, and Introduction by Swami Nikhilananda*. New York: Ramakrishna-Vivekananda Center, 1944.
Boas, Franz. *The Mind of Primitive Man*. New York: Macmillan, 1911. [*A mente do ser humano primitivo*. Petrópolis, RJ: Vozes, 2010.]
_____. *Race, Language and Culture*. New York: Macmillan, 1940. [*Raça, linguagem e cultura*, vol. I e II, e-book. Curitiba: antoniofontoura, 2023.]
Breasted, James Henry. *Development of Religion and Thought in Ancient Egypt*. New York: Charles Scribner's Sons, 1912.
Brhadaranyaka Upanishad: *The Brihadaranyaka Upanishad, With the Commentary of Shankaracharya. Translated by Swami Madhavananda, with an Introd. by S. Kuppuswami Shastri*. Traduzido por Madhavananda. Mayavati: Advaita Ashrama, [1934?].
Bryan, William Frank, e Germaine Dempster. *Sources and Analogues of Chaucer's "Canterbury Tales."* Chicago: University of Chicago Press, 1941.
Budge, E.A. Wallis, ed., *The Gods of the Egyptians*. London: Methuen, 1904.

_____.*The Papyrus of Ani*. Translated by E. A. Wallis Budge. New York: Putnam, 1913.

Burlingame, Eugene Watson, ed. *Buddhist Parables*. New Haven: Yale University Press, 1922.

Burton, Richard Francis. Ver Thousand Nights and a Night.

Callaway, Henry. *Nursery Tales, Traditions, and Histories of the Zulus, in Their Own Words, with a Translation into English, and Notes, by Canon Callaway*. Springvale, Natal: J.A. Blair; London: Trübner, 1868.

Campbell, Joseph. "Folkloristic Commentary." *Grimm's Fairy Tales, by Jacob and Wilhelm Grimm*, p. 833-864. New York: Pantheon, 1944.

Catholic Church. *Saint Andrew Daily Missal, by Dom Gaspar Lefebvre O.S.B. of the Abbey of S. André*. Bruges, Belgium: Abbey of St. André; St. Paul: E. M. Lohmann Co., [1943?].

Chavannes, Edouard. *Les mémoires historiques de SeMaTs'ien*. Traduzido por Edouard Chavannes. Paris: E. Leroux, 1895.

Codrington, R. H. *The Melanesians: Studies in Their Anthropology and FolkLore*. Oxford: Clarendon Press, 1891.

Collocott, E. E. V. *Tales and Poems of Tonga*. Bernice P. Bishop Museum Bulletin 46. Honolulu, HI: The Museum, 1928.

Coomaraswamy, Ananda Kentish. *Buddha and the Gospel of Buddhism*. New York: G. P. Putnam's Sons, 1916.

_____. *The Dance of Siva: Fourteen Indian Essays*. New York: Sunwise Turn, 1924.

_____. *Hinduism and Buddhism*. New York: Philosophical Library, n.d.

_____. *Spiritual Authority and Temporal Power in the Indian Theory of Government*. American Oriental Series, V. 22. New Haven, CT: American Oriental Society, 1942.

Curtin, Jeremiah. *Myths and FolkLore of Ireland*. Boston: Little, Brown, 1890.

Dante Alighieri. *The Divine Comedy of Dante Alighieri*. Traduzido por Charles Eliot Norton. Rev. ed. 3 vols. Boston: Houghton Mifflin and Co., 1902. [*A divina comédia*. Edição bilíngue português/italiano. Tradução de Italo Eugenio Mauro. São Paulo: Editora 34, 1998.]

Dimnet, Ernest. *The Art of Thinking*. New York: Simon and Schuster, 1929. [*A arte de pensar*. Tradução de Bruno Alexander. Campinas, SP: Kírion, 2020.]

Edda, Poetic. Ver Bellows, Henry Adams.

Edda, Prose. Ver Sturluson, Snorri.

Eddington, Arthur Stanley. *The Nature of the Physical World*. Gifford Lectures, 1927. New York: Macmillan, 1928.

Edwards, Jonathan. *Sinners in the Hands of an Angry God: A Sermon Preached at Enfield, July 8th*. 2nd ed. Boston: n.p., 1742.

Eliot, T. S. "The Waste Land (1922)" In *Collected Poemes 1909-1935*. New York: Harcourt, Brace, [s.d.]. [*A terra devastada*. Lisboa: Relógio D'Água, 1999.]

Evans-Wentz, W. Y., ed. *Tibetan Yoga and Secret Doctrines, or, Seven Books of Wisdom of the Great Path, According to the Late Lama Kazi Dawa Samdup's*

English Rendering. London: Oxford University Press, 1935.

_____, ed. *Tibet's Great Yogi, Milarepa: A Biography from the Tibetan; Being the JetsünKahbum or Biographical History of JetsünMilarepa According to the Late Lama Kazi DawaSamdup's English Rendering*. London: Oxford University Press, 1928.

Firdausi. *The Shah Nameh of the Persian Poet Firdausi*. Tradução de James Atkinson. London, New York: F. Warne, 1886.

Fletcher, Alice C. *The Hako: A Pawnee Ceremony*. Bureau of American Ethnology Annual Report. Washington, DC: Government Printing Office, 1904.

Flügel, J. C. *The PsychoAnalytic Study of the Family*. 4th ed. The International Psycho-Analytical Library, no. 3. London: L. and Virginia Woolf, no Hogarth Press no Institute of Psycho-Analysis, 1931.

Fosdick, Harry Emerson. *As I See Religion*. New York, London: Harper & Brothers, 1932.

Frazer, James George. *The Golden Bough: A Study in Magic and Religion*. Edição resumida. New York: Macmillan, 1922. [*O ramo de ouro*. São Paulo: Guanabara, 1982.]

Freud, Sigmund. *Beyond the Pleasure Principle*. In *The Standard Edition of the Collected Works of Sigmund Freud*, vol. 18, Editado e traduzido por James Strachey et al. London: The Hogarth Press, 1955. Originalmente publicado em 1920. [*Além do princípio do prazer*. Obras Completas, vol. 14, São Paulo: Companhia das Letras, 2010.]

_____. *The Future of an Illusion*. In *The Standard Edition of the Collected Works of Sigmund Freud*, vol. 21, editado e traduzido por James Strachey et al. London: Hogarth Press, 1961, p. 1-56. Originalmente publicado em 1927. [*O futuro de uma Ilusão*. Obras Completas [1926-1929], vol. 17, São Paulo: Companhia das Letras, 2014. São Paulo: Martin Claret, 2021.]

_____. *The Interpretation of Dreams*. In *The Standard Edition of the Collected Works of Sigmund Freud*. Editado e traduzido por James Strachey et al. London: The Hogarth Press, 1953. Originalmente publicado em 1900. [*A interpretação dos sonhos*. Obras Completas [1900], vol. 4, São Paulo: Companhia das Letras, 2019.]

_____. *The Interpretation of Dreams (second part)*. In *The Standard Edition of the Collected Works of Sigmund Freud*. Editado e traduzido por James Strachey et al. London: Hogarth Press, 1953. Originalmente publicado em 1900-1901. [*A interpretação dos sonhos*. Obras Completas [1900], vol. 4, São Paulo: Companhia das Letras, 2021.]

_____. *Introductory Lectures on Psycho-analysis (part III)*. In *The Standard Edition of the Collected Works of Sigmund Freud*, vol. 16, editado e traduzido por James Strachey et al. London: Hogarth Press, 1963. Originalmente publicado em 1916–1917. [*Conferências introdutórias sobre Psicanálise (parte III)*. Obras Completas [1916-1917], vol. 13, São Paulo: Companhia das Letras, 2014.]

_____. *Moses and Monotheism*. In *The Standard Edition of the Collected Works of Sigmund Freud*, vol. 23, editado e traduzido por James Strachey et al., p. 1-137. London: Hogarth Press, 1964. Originalmente publicado em 1939. [*Moisés e o monoteísmo. Obras Completas [1937-1939]*, vol. 19, São Paulo: Companhia das Letras, 2018.]

_____. *The Psychopathology of Everyday Life*. In *The Standard Edition of the Collected Works of Sigmund Freud*, vol. 6, editado e traduzido por James Strachey et al. London: Hogarth Press, 1960. Originalmente publicado em 1901. [*A psicopatologia da vida cotidiana. Obras Completas [1901]*, vol. 5, São Paulo: Companhia das Letras, 2014.]

_____. *Three Essays on the Theory of Sexuality*. In *The Standard Edition of the Collected Works of Sigmund Freud*, vol. 7, editado e traduzido por James Strachey et al., p. 123-245. London: Hogarth Press, 1953. Originalmente publicado em 1905. [*Três ensaios sobre a teoria da sexualidade. Obras Completas [1901-1905]* vol. 6, São Paulo: Companhia das Letras, 2016.]

Frobenius, Leo. *Das unbekannte Afrika: Aufhellung der Schicksale eines Erdteils. Veröffentlichung des Forschungsinstitutes für Kulturmorphologie*. Munich: Oskar Beck, 1923.

_____. *Und Afrika sprach*. Berlin: Vita, 1912.

_____. *Das Zeitalter des Sonnengottes*. Berlin: G. Reimer, 1904.

Frobenius, Leo, e Douglas Claughton Fox. *African Genesis*. New York: Stackpole Sons, 1937. [*A gênese africana*. São Paulo: Martin Claret, 2011.]

Gennep, Arnold van. *Les rites de passage*. Paris: É. Nourry, 1909. [*Os ritos de passagem*. São Paulo: Vozes, 1977.]

Giles, Herbert Allen. *A Chinese Biographical Dictionary*. London: B. Quaritch; Shanghai: Kelly & Walsh, 1898.

Ginsburg, Christian D. *The Kabbalah: Its Doctrines, Development, and Literature*. London: G. Routledge & Sons, 1920.

Ginzberg, Louis. *The Legends of the Jews*. Trad. Henrietta Szold e Paul Radin. 7 vols. Philadelphia: The Jewish Publication Society of America, 1911.

Gray, Louis H., e J. A. MacCulloch, eds. *The Mythology of All Races*. 13 vols. Boston: Archaeological Institute of America; Marshall Jones Company, 1916-1932. Conteúdos:

I. Greek and Roman, by William Sherwood Fox. 1916.

II. Eddic, by J. A. MacCulloch. 1930.

III. Celtic, by J. A. MacCulloch; Slavic, by Jan Máchal. 1918.

IV. Finno-Ugric, Siberian, by Uno Holmberg. 1927.

V. Semitic, by S. H. Langdon. 1931.

VI. Indian, by A. B. Keith; Iranian, by A.J. Carnvy. 1917.

VII. Armenian, by M. H. Ananikian; African, by Alice Werner. 1925.

VIII. Chinese, by J. C. Ferguson; Japanese, by Masaharu Anesaki. 1928.

IX. Oceanic, by R. B. Dixon. 1916.

X. North American, by H. B. Alexander. 1916.

XI. Latin-American, by H. B. Alexander. 1920.

XII. Egyptian, by W. M. Müller; Indo-Chinese, by J. G. Scott. 1918.

XIII. Complete index to volumes I-XII. 1932.

Grey, George. *Polynesian Mythology and Ancient Traditional History of the New Zealand Race, as Furnished by Their Priests and Chiefs.* London: J. Murray, 1855.

Grimm, Jacob, e Wilhelm Grimm. *Grimm's Fairy Tales.* Unabridged edition. New York: Pantheon Books, 1944. [*Contos maravilhosos infantis e domésticos* [1812-1815]. São Paulo: Editora 34, 2018.]

Grinnell, George Bird. *Blackfoot Lodge Tales: The Story of a Prairie People.* New York: Scribner, 1892.

Guest, Charlotte. Ver Mabinogion.

Gutmann, Bruno. *Volksbuch der Wadschagga: Sagen, Märchen, Fabeln und Schwänke den Dschagganegern nacherzählt.* Leipzig: Verlag der Evang. – Luth. Mission, 1914.

Harrison, Jane Ellen. *Prolegomena to the Study of Greek Religion.* 3rd ed. Cambridge: Cambridge University Press, 1922.

_____. *Themis: A Study of the Social Origins of Greek Religion.* 2nd rev. ed. London: Cambridge University Press, 1927.

Harva, Uno. *Der Baum des Lebens.* Suomalaisen Tiedeakatemian Toimituksia, Annales; Sarja B, Nide 16, 3. Helsinki: Suomalainen Tiedeakatemia, 1923.

_____. *Die religiösen Vorstellungen der altaischen Völker.* FF Communications no. 125. Helsinki: Suomalainen Tiedeakatemia, 1938.

Hastings, James, ed. *Encyclopaedia of Religion and Ethics.* 13 vols. New York: Charles Scribner's Sons, 1928.

Hearn, Lafcadio. *Japan, an Attempt at Interpretation.* New York: Grosset & Dunlap, 1904.

Hirth, Friedrich. *The Ancient History of China to the End of the Chou Dynasty.* New York: The Columbia University Press, 1908.

Holmberg, Uno. Ver Harva, Uno.

Homero. *The Odyssey of Homer.* Translated by Samuel Henry Butcher and Andrew Lang. 2nd ed. London: Macmillan, 1879. [*Odisseia.* Tradução de Frederico Lourenço. São Paulo: Penguin-Companhia, 2011.]

Hull, Eleanor. *The Cuchullin Saga in Irish Literature: Being a Collection of Stories Relating to the Hero Cuchullin.* London: D. Nutt, 1898.

Hume, Robert Ernest, ed. *The Thirteen Principal Upanishads,* traduzido do sânscrito com um esboço da filosofia das Upanishads; 2nd ed. London; New York: Oxford University Press, 1931

Jeffers, Robinson. *The Roan Stallion [...] and Other Poems.* New York: Horace Liveright, 1925.

Jensen, Peter Christian Albrecht. *Assyrischbabylonische Mythen und Epen.* Kellinschriftliche Bibliothek Bd. VI, I. Berlin: Reuther & Reichard, 1900.

Jeżower, Ignaz. *Das Buch der Träume.* Berlin: E. Rowohlt, 1928.

Johnson, Obed Simon. *A Study of Chinese Alchemy*. Shanghai, China: n.p., 1928.
Joyce, James. *Finnegans Wake*. New York: The Viking Press, 1939. [*Finnegans Wake (por um fio)*. São Paulo: Iluminuras, 2018.]
_____. *A Portrait of the Artist as a Young Man*. New York: Modern Library, [1928?]. [*Um retrato do artista quando jovem*. São Paulo: Penguin-Companhia, 2016.]
_____. *Ulysses*. New York: Modern Library, [n.d.]. [*Ulysses*. São Paulo: Penguin-Companhia, 2012; Edição especial com ilustrações: Companhia das Letras, 2022.]
Joyce, Thomas Athol. *Mexican Archaeology, an Introduction to the Archaeology of the Mexican and Mayan Civilizations of PreSpanish America*. London: P. L. Warner, 1914.
Jung, Carl Gustav. "Archetypes of the Collective Unconscious" In *The Collected Works of C. G. Jung*, vol. 9, part I, editado por Herbert Read et al., tradução de R.F.C. Hull, p. 3-41. Bollingen Series 20. New York: Pantheon, 1959. (Escrito originalmente em 1934.) [*Os arquétipos e o inconsciente coletivo. Obras Completas*, vol. 9/ I. Petrópolis, RJ: Editora Vozes, 2000.]
_____.*The Integration of the Personality*. New York, Toronto: Farrar and Rinehart, 1939. Republicado com revisões, no vol. 9, part i, de *Collected Works*.
_____. "On Psychic Energy" In *The Collected Works of C. G. Jung*, vol. 8, editado por Herbert Read et al., traduzido por R.F.C. Hull, 3-66. Bollingen Series 20. New York: Pantheon, 1960. (Escrito originalmente em 1928.) [*A energia psíquica. Obras Completas*, vol. 8/ I. Petrópolis, RJ: Editora Vozes, 1983.]
_____. *Psychological Types, or, the Psychology of Individuation*, traduzido por H. Godwin Baynes. London: K. Paul, Trench Trübner; New York: Harcourt Brace, [1946?]. Republicado como volume do *The Collected Works of C. G. Jung*. Princeton, NJ: Princeton University Press, 1971. (Escrito originalmente em 1921.) [*Tipos psicológicos. Obras Completas*, vol. 6. Petrópolis, RJ: Editora Vozes, 1991.]
_____. *Psychology and Alchemy*. In *The Collected Works of C. G. Jung*, vol. 12, editado por Herbert Read et al., traduzido por R.F.C. Hull. Bollingen Series 20. New York: Pantheon, 1953. (Escrito originalmente em 1935-1936.) [*Psicologia e alquimia. Obras Completas*, vol. 12. Petrópolis, RJ: Editora Vozes, 1991.]
_____. "Psychology and Religion" In *The Collected Works of C. G. Jung*, vol. 11, edited by Herbert Read et al., translated by R.F.C. Hull, 3–105. Bollingen Series 20. New York: Pantheon, 1958. (Originalmente escrito em 1938.) *Psicologia e religião. Obras Completas*, vol. 11/I, Petrópolis, RJ: Editora Vozes, 1979.]
_____. *Symbols of Transformation*. In *The Collected Works of C. G. Jung*, edited by Herbert Read et al., translated by R.F.C. Hull. 2nd ed., vol. 5, Bollingen Series 20. Princeton, NJ: Princeton University Press, 1967. (Originalmente escrito em 1912.) *Símbolos da transformação. Obras Completas*, v. 5. Petrópolis, RJ: Editora Vozes, 1986.]

Kakuzo, Okakura. Ver Okakura, Kakuzo.

Kalevala. *Kalevala, the Land of Heroes*. Traduzido por William Forsell Kirby. Everyman's Library.London & Toronto: J. M. Dent & Sons, 1907.

Kalidasa. *The Birth of the War-God: A Poem*. Translated by Ralph T.H. Griffith. 2nd ed. London: Trübner, 1897. (Edição não verificada. A citação é possivelmente da edição de 1879 listada no catálogo da biblioteca da UCLA.)

Kato, Genchi. *What Is Shinto?* Tourist Library 8. Tokyo: Maruzen Co., Ltd., 1935.

Kena Upanishad. *Kena-Upanishad, with Sanskrit Text, Paraphrase with Word-for-Word Literal Translation, English Rendering, and Comments*. Traduzido por Sharvananda. Mylapore, Madras: Sri Ramakrishna Math, 1932.

Kimmins, Charles William. *Children's Dreams*. London: G. Allen & Unwin, 1937.

King, Jeff, Maud Oakes, e Joseph Campbell. *Where the Two Came to Their Father: A Navaho War Ceremonial*. 2nd ed. Bollingen Series, vol. I. Princeton, NJ: Princeton University Press, 1969. (Publicado originalmente em 1943.)

King, L. W. *Babylonian Religion and Mythology*. Books on Egypt and Chaldaea, vol. 4. London: K. Paul, Trench, Trübner & Co., 1899.

Kingsborough, Edward King. *Antiquities of Mexico: Comprising FacSimiles of Ancient Mexican Paintings and Hieroglyphics*. 9 vols. London: R. Havell [etc.], 1831-1848.

Klein, Melanie. *The Psycho-Analysis of Children*. International Psycho-Analytical Library, no. 22. London: L. & Virginia Woolf at the Hogarth Press and the Institute of Psycho-Analysis, 1932.

Knight, W. F. Jackson. *Cumaean Gates: A Reference of the Sixth Aeneid to the Initiation Pattern*. Oxford: B. Blackwell, 1936.

Kramer, Samuel Noah. *Sumerian Mythology: A Study of Spiritual and Literary Achievement in the Third Millennium, B.C.* Memoirs of the American Philosophical Society, vol. XXI. Philadelphia: The American Philosophical Society, 1944.

Lang, Andrew. *Custom and Myth*. 2nd ed. London: Longmans, Green, and Co., 1885.

Lao Tsé. *Laotzu's Tao and Wu Wei*. Tradução de Dwight Goddard. New York: Brentano's, 1919.

Layard, John. *Stone Men of Malekula*. London: Chatto & Windus, 1942.

Livro dos Mortos. Ver Budge, E. A. Wallis, *The Papyrus of Ani*.

Loomis, Gertrude Schoepperle. *Tristan and Isolt: A Study of the Sources of the Romance*. Frankfurt a. M.: J. Baer & Co., 1913.

Mabinogion. *The Mabinogion*. Traduzido por Charlotte Elizabeth Guest Schreiber. Everyman's Library. New York: E. P. Dutton & Co., 1906.

MacGowan, J. *The Imperial History of China*. 2nd ed. Shanghai: American Presbyterian Mission Press, 1906.

Malory, Thomas. *Le Morte D'Arthur*. Everyman's Library. London, Toronto: J.M. Dent & Sons, 1919.

Mather, Cotton. *The Wonders of the Invisible World: Observations as Well Historical as Theological Upon the Nature, the Number, and the Operations of the Devils* [...] Boston, 1693.

Mathers, S. L. MacGregor. *Kabbala Denudata, the Kabbalah Unveiled, Containing the Following Books of the Zohar. 1. The Book of Concealed Mystery. 2. The Greater Holy Assembly. 3. The Lesser Holy Assembly.* London: Kegan Paul, Trench, Trübner & Co, [1887?].

Matthews, Washington. *Navaho Legends*. Boston, New York: Publicado para a American Folk-Lore Society pela Houghton, Mifflin and Company, 1897.

Meier, Joseph. *Mythen und Erzählungen der Küstenbewohner der Gazelle-Halbinsel (NeuPommern)*. Münster i. W.: Aschendorff, 1909.

Menninger, Karl A. *Love Against Hate*. New York: Harcourt, 1942.

Mil e uma noites: ver Thousand Nights and a Night.

Morley, Sylvanus Griswold. *An Introduction to the Study of the Maya Hieroglyphs*. Bureau of American Ethnology Bulletin 57. Washington: Government Printing Office, 1915.

Müller, F. Max, ed. *Buddhist Mahāyāna Texts, The Sacred Books of the East*, vol. 49. Oxford: Clarendon Press, 1894.

– parte. 1. The Buddha-karita of Asvaghosha, traduzido do sânscrito por E.B. Cowell.

– parte. 2. The larger Sukhāvatī-vyūha, the smaller Sukhāvatāi-vyūha, the Vagrakkedikā, the larger Pragñā-Pāramitā-Hridaya-Sūtra, the smaller Pragñā-Pāramitā-Hridaya-Sūtra, traduzido por F. Max Müller. The Amitāyur Dhyāna-Sūtra, traduzido por J. Takakusu.

———, ed. *The Dhammapada*. Tradução de Max Müller. *The Sacred Books of the East*, vol. 10. Oxford: Clarendon Press, 1881.

Nelson, Ansgar. Ver Reinhold, Hans Ansgar.

Nivedita, and Ananda Kentish Coomaraswamy. *Myths of the Hindus & Buddhists*. New York: Henry Holt, 1914. [*Mitos hindus e budistas*. São Paulo: Landy, 2002.]

O'Grady, Standish Hayes, ed. e trad. *Silva Gadelica (I-XXXI): A Collection of Tales in Irish with Extracts Illustrating Persons and Places*. London: Williams and Norgate, 1892.

Okakura, Kakuzo. *The Book of Tea*. New York: Duffield, 1906. [*O livro do chá*. São Paulo: Estação Liberdade, 2008.]

Opler, Morris Edward. *Myths and Tales of the Jicarilla Apache Indians*. Memoirs of the American Folk-Lore Society, vol. XXXI. New York: American Folk-Lore Society, 1938.

Ovid. *Metamorphoses*. Translated by Frank Justus Miller. The Loeb Classical Library. London: W. Heinemann, 1933. [*Metamorfoses*. São Paulo: Editora 34, 2017. Penguim-Companhia, 2023.]

Pallis, Marco. *Peaks and Lamas*. 4th ed. London: Cassell, 1946.

Parsons, Elsie Clews. *Tewa Tales*. Memoirs of the American Folk-Lore Society, vol. XIX. New York: American Folk-Lore Society, 1926.

Peake, Harold, e H. J. Fleure. *Merchant Venturers in Bronze*. New Haven, CT: Yale University Press, 1931.

_____. *The Way of the Sea*. New Haven, CT: Yale University Press, 1929.

Perry, W. J. *The Children of the Sun*. London: Methuen & Co., 1923.

Phillips, Robert. *American Government and Its Problems*. Rev. ed. Boston, New York: Houghton Mifflin Company, 1941.

Pierce, Frederick. *Dreams and Personality: A Study of Our Dual Lives*. New York, London: D. Appleton and Company, 1931.

Pinkerton, John. *A General Collection of the Best and Most Interesting Voyages and Travels in All Parts of the World*. 17 vols. London: Longman, Hurst, Rees, 1808. [Uma importante fonte para os mitos da Lapônia e da Sibéria – R.B.]

Polack, J. S. *Manners and Customs of the New Zealanders: With Notes Corroborative of Their Habits, Usages, etc*. London: J. Madden, 1840.

Radcliffe-Brown, A. R. *The Adaman Islanders*. 2nd ed. Cambridge: University Press, 1933.

Ramakrishna. *The Gospel of Sri Ramakrishna*. Tradução de Swami Nikhilananda. New York: Ramakrishna-Vivekananda Center, 1942.

Rank, Otto. *Art and Artist: Creative Urge and Personality Development*. Translated by Charles Francis Atkinson. New York: A. A. Knopf, 1943.

_____. *The Myth of the Birth of the Hero: A Psychological Interpretation of Mythology*. Traduzido por F. Robbins e Smith Ely Jelliffe. Nervous and Mental Disease Monograph Series, no. 18. New York: The Journal of Nervous and Mental Disease Publishing Company, 1914. [*O mito do nascimento do herói: uma interpretação psicológica dos mitos*. São Paulo: Cienbook, 2015].

Reinhold, Hans Ansgar, ed. The *Soul Afire: Revelations of the Mystics*. New York: Pantheon Books, 1944.

Róheim, Géza. *The Eternal Ones of the Dream: A Psychoanalytic Interpretation of Australian Myth and Ritual*. New York: International Universities Press, 1945.

_____. *The Origin and Function of Culture*. New York: Nervous and Mental Disease Monographs, 1943. (Publicado originalmente em 1942.)

_____. *War, Crime and the Covenant*. Journal of Clinical Psychopathology Monograph Series, no. 1. Monticello, NY: Medical Journal Press, 1945.

Rossetti, Dante Gabriel. *Dante and His Circle: With the Italian Poets Preceding Him (1100-1200-1300). A Collection of Lyrics, ed., and tr. in the Original Metres*. London: Ellis and White, 1874.

Sadananda. *Vedantasara of Sadananda with Introduction, Text, English Translation and Comments by Swami Nikhilananda*. Mayavati: Advaita Ashrama, 1931.

Sahagún, Bernardino de. *Historia general de las cosas de Nueva España*. México, D. F.: P. Robredo, 1938.

Sankaracarya. *Vivekachudamani, of Sri Sankaracharya: Text with English Translation, Notes and Index by Swami Madhavananda*. Mayavati: Advaita

Ashrama, 1932. [*Viveka-Chudamani: a joia suprema da sabedoria*. São Paulo: Teosófica, 1992.]

Schoepperle, Gertrude. Ver Loomis, Gertrude Schoepperle.

Schultze, Leonhard. *Aus Namaland und Kalahari. Bericht an die Kgl. Preuss. Akademie der Wissenschaften zu Berlin über eine Forschungsreise im westlichen und zentralen Südafrika, ausgeführt in den Jahren 1903-1905*. Jena: G. Fischer, 1907.

Scott, David Clement Ruffelle. *A Cyclopaedic Dictionary of the Mang'anja Language Spoken in British Central Africa*. Edinburgh: The Foreign Mission Committee of the Church of Scotland, 1892.

Shrichakrasambhara Tantra: A Buddhist Tantra. Ed. John Woodroffe. Trad. Kazi Dawa-Samdup. *Tantrik Texts*, vol. 7. London: Luzac & Co., 1919.

Spencer, Baldwin, e Francis James Gillen. *The Arunta: A Study of a Stone Age People*. 2 vols. London: Macmillan, 1927.

_____. *The Native Tribes of Central Australia*. London: Macmillan, 1899.

Spengler, Oswald. *The Decline of the West*. Traduzido por Charles Francis Atkinson. 2 vols. New York: A.A. Knopf, 1926-1928.

Stekel, Wilhelm. *Fortschritte und Technik der Traumdeutung*. Wien: n.p., 1935.

_____. *Die Sprache des Traumes: Eine Darstellung der Symbolik und Deutung des Traumes in ihren Beziehungen zur kranken und gesunden Seele*. Wiesbaden: J. F. Bergmann, 1911.

Stevenson, (Mrs.) Sinclair. *The Heart of Jainism*. London, New York: Humphrey Milford, Oxford University Press, 1915.

Stimson, J. F., Edwin G. Burrows, e Kenneth Pike Emory. *The Legends of Maui and Tahaki*. Bernice P. Bishop Museum Bulletin 127. Honolulu, Hawaii: The Museum, 1934.

Sturluson, Snorri. *The Prose Edda*. Translated by Arthur Gilchrist Brodeur. New York: The American-Scandinavian Foundation, 1929. [*Edda em prosa*. Belo Horizonte: Barbudânia, 2014.]

Suzuki, Daisetz Teitaro. *Essays in Zen Buddhism*. London: Luzac and Company, 1927.

Taylor, Richard. *Te ika a Maui, or, New Zealand and its Inhabitants*. London: n.p., 1855.

Thompson, Stith. *Tales of the North American Indians*. Cambridge, MA: Harvard University Press, 1929.

Thousand Nights and a Night: A Plain and Literal Translation of the Arabian Nights Entertainments, Now Entituled the Book of the Thousand Nights and a Night. Trad. Richard Francis Burton. 10 vols. Benares: Impresso pela Kamashastra Society somente para assinantes, 1885. (Provavelmente a edição chamada de "Bombay, 1885.")

Toynbee, Arnold Joseph. *A Study of History*. London: Oxford University Press, 1934.

Underhill, Evelyn. *Mysticism: A Study in the Nature and Development of Man's Spiritual Consciousness.* New York: Dutton, 1911.

Warner, W. Lloyd. *A Black Civilization: A Social Study of an Australian Tribe.* New York, London: Harper & Brothers, 1937.

Warren, Henry Clarke, ed. *Buddhism in Translations.* Cambridge, MA: Harvard University, 1896.

Werner, Edward Theodore Chalmers. *A Dictionary of Chinese Mythology.* Shanghai: Kelly and Walsh, 1932.

White, John. *The Ancient History of the Maori, His Mythology and Traditions.* Wellington: G. Didsbury, 1887.

Wilhelm, Richard. *Chinesische Volksmärchen.* Jena: E. Diederichs, 1921.

Windisch, Wilhelm Oscar Ernst. *Die altirische Heldensage Táin bó Cúalnge. Nach dem Buch von Leinster* [...]. Irische Texte, Extraband zu Serie I bis IV. Leipzig: n.p., 1905.

Wood, Clement. *Dreams: Their Meaning and Practical Application.* New York: Greenberg, 1931.

Woodroffe, John George. *Shakti and Shākta.* 3rd ed. Madras: Ganesh, 1929.

Young, Hugh. *Genital Abnormalities, Hermaphroditism & Related Adrenal Diseases.* Baltimore: Williams & Wilkins Company, 1937.

Zimmer, Heinrich Robert. *The King and the Corpse: Tales of the Soul's Conquest of Evil.* Ed. Joseph Campbell. Bollingen Series, vol. XI. [New York]: Pantheon Books, 1948. [*A conquista psicológica do mal.* São Paulo: Palas Athena Editora, 1988.]

_____. *Maya: Der indische Mythos.* Stuttgart: Deutsche Verlags-Anstalt, 1936.

_____. *Myths and Symbols in Indian Art and Civilization.* Ed. Joseph Campbell. Bollingen Series, vol VI. [New York]: Pantheon Books, 1946. [*Mitos e símbolos na arte e civilização da Índia.* São Paulo: Palas Athena Editora, 1989.]

Zirus, Werner. *Ahasverus, der ewige Jude.* Stoff- und Motivgeschichte der deutschen Literatur, 6. Berlin and Leipzig: W. de Gruyter & Co., 1930.

Artigos em periódicos

Capus, A. "Contes, chants et proverbes des Basumbwa dans l'Afrique orientale." *Zeitschrift fur afrikanische und oceanische Sprachen,* vol. 3 (1897).

Chamberlain, B. H "Ko-ji-ki: Records of Ancient Matters." *Transactions of the Asiatic Society of Japan.* Vol. 10, Supplement (1883). (Cópia no Arquivo Opus Archive está publicada, com paginação diferente, pela Asiatic Society of Japan, 1906.)

Coomaraswamy, Ananda Kentish. "Akimcanna: Self Naughting." *New Indian Antiquary,* vol. 3 (1940). Republicado em Coomaraswamy: Selected Papers, Bollingen Series, LXXXIX. Princeton, NJ: Princeton University Press, 1977.

_____. "A Note on the Stick Fast Motif." *Journal of American Folklore*, vol. 57 (1944).

_____. "On the One and Only Transmigrant." Suplemento para o *Journal of the American Oriental Society* (April-June 1944). Republicado em Coomaraswamy: Selected Papers, 2, Metaphysics.

_____. "Symbolism of the Dome." *Indian Historical Quarterly*, vol. 14 (March 1938).

Coomaraswamy, L. "The Perilous Bridge of Welfare". *Harvard Journal of Asiatic Studies*, vol. 8 (1944). (Por Doña Luisa Coomaraswamy, esposa de Ananda Coomaraswamy, citada como D. L. Coomaraswamy.)

Emory, Kenneth. "The Tahitian Account of Creation by Mare". *Journal of the Polynesian Society*, vol. 47, no. 2 (June 1938).

_____. "The Tuamotuan Creation Charts by Paiore." *Journal of the Polynesian Society*, vol. 48, no. 1 (March 1939): 1-29.

Espinosa, Aurelio. "A New Classification of the Fundamental Elements of the Tar-Baby Story on the Basis of Two Hundred and Sixty-seven Versions." *Journal of American Folklore*, vol. 56 (1943).

_____. "Notes on the Origin and History of the Tar-Baby Story."*Journal of American Folklore*, vol. 43 (1930).

Forke, Alfred. "Ko Hung der Philosoph und Alchimist." *Archiv für Geschichte der Philosophie*, vol. 41, nos. 1-2 (1932): 115-126.

Meissner, Bruno. "Ein altbabylonisches Fragment des Gilgamosepos." *Mitteilungen der Vorderasiatischen Gesellschaft*, vol. 7, no. 1 (1902).

Salmony, Alfred. "Die Rassenfrage in der Indienforschung." *Sozialistische Monatshefte*, vol. 8 (1926).

Stein, Leon. "Hassidic Music." *Chicago Jewish Forum*, vol. 2, no. 1 (1943).

——————— *Obras canônicas e escrituras religiosas*

HINDU

[Campbell não conseguia traduzir bem o sânscrito, mas havia trabalhado em estreita colaboração com três estudiosos que o fizeram. Na época em que escrevia *O herói de mil faces*, ele estava editando as obras inéditas e notas de aula do estudioso de sânscrito, que falecera há pouco, Heinrich Zimmer (falecido em 1943), e também estava se correspondendo com Ananda Kentish Coomaraswamy, curador de arte asiática no The Boston Museum of Fine Art. Ele também estava ajudando na tradução das Upanishads (incluindo o comentário do grande erudito vedantista Shankaracharya, fl. c.800) por Swami Nikhilananda do Ramakrishna-Vivekananda Center em Nova York (New York: Harper, 1949-1959; reimpresso por Dover Publications, 2003).

Outras traduções das Upanishads incluem *Thirteen Principal Upanishads* (edição revisada em 1931; republicada em 1983) e *The Principal Upanisads* de Sarvepalli Radhakrishnan (New York, 1953, republicada em Atlantic Highlands, NJ: Humanities Press, 1992)—R.B.]

Āranyakas
Aitareya Āranyaka (Aitareyāranyaka). O texto citado é encontrado em uma nota atribuída a Ananda Kentish Coomaraswamy de *A Conquista Psicológica do Mal*, de Heinrich Zimmer. (Nota 11, p. 49.)

Brāhmaṇas
Jaiminiya Upanishad Brahmana (Jaiminīyabrāhmana Upaniṣad Brahmana). Este Brahmana está relacionado com o Jaiminīyabrāhmana. Citação de fonte desconhecida. [Um texto e tradução com redação diferente de Hanns Ortel, "The Jāiminīya or Talavakāra Upaniṣad Brāhmaṇa" (*Journal of the American Oriental Society*, vol. 16, no. 1, 1894), está na coleção de livros de Campbell e foi citado por Zimmer em uma palestra proferida na Conferência Eranos de 1938. – R.B.]

Mahābhārata
Bhagavad Gītā (Bhagavadgītā). As citações são do *The Bhagavad Gita*. Traduzido por Swami Nikhilananda. New York: Ramakrishna-Vivekananda Center, 1944.

Purāṇa
A maioria das citações são de *Mitos e símbolos na arte e civilização da Índia*, de Heinrich Zimmer.

Upaniṣads
Bṛhadāranyaka Upaniṣad (Brhadaranyakopanisad). As citações são de *The Brihadaranyaka Upanishad*. Traduzido por Swami Madhavananda. Mayavati: Advaita Ashrama, [1934?].
Chāndogya Upaniṣad (Chāndogyopanisad). As citações são de Robert Ernest Hume (ed. e trad.), *Thirteen Principal Upanishads*. Oxford University Press, 1931.
Katha Upanissad (Kathopanisad). De Hume.
Kauṣītaki Upaniṣad (Kausītakibrāmanopanisad). De Hume. Existem outras poucas traduções deste texto.
Kena Upaniṣad (Kenopanissad). Citações de *Kena-Upanishad*. Traduzido por Swami Sharvananda. Mylapore, Madras: Sri Ramakrishna Math, 1932.
Māṇḍūkya Upaniṣad (Māndūkyopanisad), de Hume.
Mundaka Upaniṣad (Mundakopanisad), de Hume.
Taittirīya Upaniṣad (Taittirīyopanisad), de Hume.

BUDISTA

Jātakas (Vidas do Buda)
As citações são de Henry Clarke Warren, ed., *Buddhism in Translations*; e Eugene Watson Burlingame, *Buddhist Parables*.

Sutras
[Os sutras Mahayana são traduzidos do sânscrito. Muitas traduções estão disponíveis, embora a maioria delas sejam traduções das versões chinesas, que muitas vezes variam um pouco dos originais em sânscrito. O Dhammapada foi traduzido do idioma pali. – R.B.]
Amitāyur-dhyāna Sūtra (Amitāyurdhyānasūtra). In Max Müller, ed., *Buddhist Mahāyāna Texts*.
Dhammapada. In Max Müller, ed. e trad., *The Dhammapada*. Oxford: Clarendon Press, 1881. Republicado com revisões, Woodstock, VT, 2002.
Larger Sukhāvatī-vyūha (Sukhāvatīvyūha [Maior]). In Max Müller, ed., *Buddhist Mahāyāna Texts*.
Prajñāpāramitā-hṛdaya Sūtra (Hrdaya, or Heart Sutra). In Max Müller, ed., *Buddhist Mahāyāna Texts*.
Smaller Prajñāpāramitā-hṛdaya Sūtra (Hrdaya). In Max Müller, ed., *Buddhist Mahāyāna Texts*.
Vajracchedikā ("The Diamond Cutter") (Vajracchedikā, também chamado de "Sutra do Diamante"). In Max Müller, ed., *Buddhist Mahāyāna Texts*. Uma tradução mais recente de Edward Conze foi publicada em *Buddhist Wisdom: Containing the Diamond Sutra and the Heart Sutra* (Nova York, 2001).

Tantras
Cakrasamvāra Tantra (Cakrasamvāratantra). Citações do *Shricha krasambhara Tantra: A Buddhist Tantra*, editado por Kazi DawaSamdup. (London, 1919; republicado em New Delhi, 1987.)

TAOISTA

Tao Teh Ching (Tao Te Ching, algumas vezes chamado de Lao Tzu ou [na romanizaçao Pinyin] Laozi, em homenagem ao seu autor). Citações atribuidas ao *Tao* e ao *Wu Wei* de Laotzu. Traduzido por Dwight Goddard (New York, 1919).

JUDAICA

Midrash Rabbah, comentário sobre o Gênesis (Midrash Rabbah, Gênesis). A fonte de Campbell é incerta. Há uma tradução recente de Jacob Neusner, *Genesis Rabbah: The Judaic Commentary to the Book of Genesis*. Atlanta: Scholar Press for Brown Judaic Studies, 1985.
Zohar. Citações de C. G. Ginsburg, *The Kabbalah: Its Doctrines, Development, and Literature* (London, 1920); também de MacGregor Mathers, *Kabbala Denudata, the Kabbalah Unveiled*, que usa uma versificação diferente da padrão.

CRISTÃ

Bíblia. A versão de King James é citada.
Missal Diário Católico. Provavelmente o *Saint Andrew Daily Missal, by Dom Gaspar Lefebvre O.S.B. of the Abbey of S. André* (Bruges, Belgium: Abadia de St. André; São Paulo, MN: E.M. Lohmann Co., [1943?]).
Gospel of Pseudo-Matthew. Edição incerta.
Roman Missal. Edição incerta.

ISLÂMICA

Alcorão. As citações correspondem ao texto do *The Holy Qur'An: Text, Translaton and Commentary*. Traduzido por Abdullah Yusuf Ali (New York, [1946?]).

Obras citadas sem edição

Anthologia Graeca ad Fidem Codices, vol. II.
Apolônio de Rodes (Apolônio Rhodius). *Argonautika*.
Blake, William. *The Marriage of Heaven and Hell*.
Carlyle, Thomas. *On Heroes, Hero Worship, and the Heroic in History*.
Epiphanius. *Adversus Heareses* (citação do evangeçho apócrifo de Eva).
Euripides. *The Bacchae* (traduzido por Gilbert Murray).
Flaubert, Gustave. *La tentation de Saint Antoine*.
Gesta Romanorum.
Grimm's Fairy Tales. "The Frog King." [As citações de Campbell desta história não correspondem ao texto da edição do Pantheon de 1944, nem ao texto mais antigo da tradução de Hunt. É possível que ele estivesse traduzindo de uma edição alemã. – R.B.]
Heráclito (fragmentos).
Hesíodo. *Theogony*.
Irving, Washington. "Rip van Winkle." In *The Sketch Book*.
Jeffers, Robinson. *Cawdor*. Copyright 1928.
Kant, Immanuel. *Critique of Pure Reason*.
Longfellow, Henry Wadsworth. *The Song of Hiawatha*.
Martial. *Epigrams* (Loeb Library edition).
Nietzsche, Friedrich. *Thus Spake Zarathustra*.
Plato. *Symposium*.
Plutarch. "Themistocles."
Rumi. *Mathnawi*.
Shakespeare. *Hamlet*.
Sophocles. *Oedipus Coloneus*.
_____. *Oedipus Tyrannus*.

Thomas Aquinas. *Summa Contra Gentiles.*
Thompson, Francis. *The Hound of Heaven.*
Virgil. *Aeneid.*
Voragine, Jacobus de. *The Golden Legend.* Nenhuma edição é dada para esta compilação medieval influente da vida dos santos. Campbell possuía uma edição francesa de 1925 intitulada *La légende dorée, traduite du latin par Teodor de Wyzewa* (Paris: Perrin, 1925).

LISTA DE ILUSTRAÇÕES

Página 16   Figura 1. *Medusa*. Mármore esculpido, romano, Itália, data incerta. Do Palácio Rondanini, Roma. Coleção da Glyptothek, Munique. Foto de H. Brunn e F. Bruckmann, *Denkmäler griechischer und römischer Skulptur,* Verlagsanstalt für Kunst und *Wissenschaft,* Munique, 1888-1932.

Página 19   Figura 2. *Vishnu sonhando o universo*. Pedra esculpida. Índia, c.400-700. Templo Dasavatara (Templo dos Dez Avatares). Deogarh, Índia Central. Archaeological Sorvey of India, cortesia da Sra. A.K. Coomaraswamy.

Página 25   Figura 3. *Silenos e Mênades*. Ânfora de figuras negras, helênico, Sicília, c.500-450 a.C. Encontrado em um túmulo em Gela, Sicília. *Monumenti Antichi, pubblicati per cura della Reale Accademia dei Lincei,* vol. XVII, Milão, 1907, placa XXXVII.

Página 31   Figura 4. *Minotauromaquia*. Cratera de figuras vermelhas, Grécia, c.470 a.C. Aqui Teseu mata o Minotauro com uma espada curta; esta é a versão usual nas pinturas de vasos. Nos relatos escritos, o herói usa as próprias mãos. *Collection des vases grecs de M. le Comte de Lamberg, expliqué et publiqué par Alexandre de la Borde,* Paris, 1813, placa XXX.

Página 34   Figura 5. *Ritual do fogo xintoísta*. Fotografia de Joseph Campbell, Japão, 1956. [Em 21 de maio de 1956, Campbell participou de um ritual em Kyoto, Japão, conduzido por um grupo de *yamabushi* (magos da montanha). Para mais informações sobre este evento, ver Joseph Campbell, *Sake and Satori: Asian Journals*–Japan, Novato, CA: New World Library, 2002, p. 119-126. – Ed.] © Joseph Campbell Foundation (www.jcf.org).

Página 39   Figura 6. *O Domador de Monstro*. Concha incrustada e lápis-lazúli, sumério, Iraque, c.2650-2400 a.C.). A figura central é provavelmente Gilgamesh. [Este é o principal registro da placa da caixa de ressonância de uma lira ornamentada, encontrada nas chamadas Tumbas Reais em Ur por Sir Leonard Woolley. – Ed.] Cortesia do Museu de Arqueologia e Antropologia da Universidade da Pensilvânia, Filadélfia.

Página 42 Figura 7. *Buda Shakyamuni sob a Árvore Bodhi*. Xisto esculpido, Índia, c. final do século IX ao início do século X. Bihar, distrito de Gaya. Da coleção Nasli and Alice Heeramaneck. Cortesia do Museu de Arte do Condado de Los Angeles.

Página 50 Figura 8. *Yggdrasil, a Árvore do Mundo*. Gravura, Escandinávia, início do século XIX. Richard Folkard, *Plant Lore, Legends and Lyrics* (c.1844), depois de Finnur Magnusson, "The World Tree of the Edda", *Eddalàeren og dens Oprindelse, book III* (1825).

Página 53 Figura 9. *Ônfalo*. Frasco de ouro, Trácia, Bulgária, século IV-III a.C. Parte do chamado Tesouro Panagyurishte. Museu Arqueológico, Plovdiv, Bulgária. © Erich Lessing/Art Resource, NY.

Página 56 Figura 10. *Psique entrando no Jardim do Cupido*. Óleo sobre tela, Inglaterra, 1903. John William Waterhouse (1849-1917). © Harris Museum and Art Gallery, Preston, Lancashire, Reino Unido. The Bridgeman Art Library.

Página 59 Figura 11. *Ápis na forma de um touro transporta o falecido como Osíris para o submundo*. Madeira entalhada, Egito, c.700-650 a.C. De um caixão egípcio no The British Museum. [Na edição original deste livro, Campbell repetiu Budge ao atribuir a identidade do touro incorretamente a Osíris. Ápis era filho de Hátor e protegia o recém-falecido na jornada para a vida após a morte. De acordo com Diana Brown, da Universidade de Edimburgo: "As imagens no topo simbolizam a unificação das Duas Terras – o lótus do Alto Egito e o papiro do Baixo Egito. As linhas onduladas na parte inferior em que o touro está parado representam a água. No antigo Egito, o céu (Nut) era pensado como uma extensão aquosa. Portanto, o touro Ápis está carregando a figura de Osíris para o céu. O touro é identificado com a força criadora e regeneradora através da qual o falecido é transfigurado em Osíris, um ser sobrenatural." – Ed.] E. A. Wallis Budge, *Osiris and the Egyptian Resurrection*, London: Philip Lee Warner; New York: G. P. Putnam's Sons, 1911, vol. I, p. 13.

Página 61 Figura 12. *Ísis na forma de falcão se junta a Osíris no inframundo*. Pedra esculpida, Egito ptolomaico, c. século I. Este é o momento da concepção de Hórus, que deve desempenhar um papel importante na ressurreição de seu pai. (Compare à Figura 47.) De uma série de baixos-relevos nas paredes do templo de Osíris em Dendera, ilustrando os mistérios realizados anualmente naquela cidade em homenagem ao deus. E. A. Wallis Budge, *Osiris and the Egyptian Resurrection*, London: Philip Lee Warner; New York: G. P. Putnam's Sons, 1911, vol. II, p. 28.

LISTA DE ILUSTRAÇÕES

Página 67   Figura 13. *Apolo e Dafne*. Marfim esculpido, copta, Egito, século V d.C. Museu Nacional, Ravena, Itália. © Scala/Art Resource, NY.

Página 75   Figura 14. *As rochas que se chocam, os juncos que cortam*. Pintura de areia, navaho, América do Norte, 1943). [Observe a pena mágica à esquerda; o minúsculo retângulo preto representa os gêmeos, transportados em segurança através do perigo. – Ed.] Reprodução de uma pintura original em areia de Jeff King. De Maude Oakes e Joseph Campbell, Where the Two Came to the Father: A Navaho War Ceremonial, Bollinger Series, Pantheon Books, 1943, placa III.

Página 76   Figura 15. *Virgílio guiando Dante*. Tinta sobre velino, Itália, século XIV. Dante e Virgílio entrando em uma fortaleza encoberta por corujas, do "Inferno" de Dante Alighieri (1265-1321). © Musée Conde, Chantilly, França. Giraudon/The Bridgeman Art Library.

Página 81   Figura 16. *Odisseu e as sereias*. Detalhe, lécito branco com figuras policromadas, Grécia, século V a.C. Agora no Museu Central, Atenas. Eugénie Sellers, "Three Attic Lekythoi from Eretria," Journal of Hellenic Studies, vol. XIII, 1892, placa I.

Página 88   Figura 17. *Baal com lança de raio*. Estela de calcário, Assíria, século XV-XIII a.C. Encontrado na acrópole em Ras Shamra (antiga cidade de Ugarit). © Musée du Louvre. The Bridgeman Art Library.

Página 93   Figura 18. *Saturno engolindo seus filhos*. Detalhe; óleo sobre gesso montado sobre tela, Espanha, 1819. Francisco José de Goya y Lucientes (1746-1828). Da série "Pinturas Negras". Museu do Prado, Madri, Espanha. © Erich Lessing/Art Resource, NY.

Página 94   Figura 19. *Guardiões do limiar, armados com relâmpagos*. Madeira pintada, Japão, 1203. Unkei (falecido em 1223). Kongo-rikishi (sânscrito, Vajrapani, "Thunderbolt Handler"), guardiões do limiar alojados em lados opostos da entrada do Grande Portal Sul antes de Todaiji, Templo do Grande Buda do Sol, Mahavairocana (japonês, Dainichi-nyorai). Nara, Japão.

Página 97   Figura 20. *O retorno de Jasão*. Cálice de figuras vermelhas, etrusco, Itália, *c*.470 a.C. De um vaso encontrado em Cerveteri, atribuído a Douris, agora na Coleção Etrusca do Vaticano, Roma. Depois de uma foto de D. Anderson. Esta é uma visão da aventura de Jasão não representada na tradição literária. "O pintor de vasos parece ter lembrado, de maneira estranhamente assustadora, que o matador de dragões vem da semente do dragão. Ele está nascendo de novo de suas mandíbulas" (Jane Harrison, Themis: A Study of the Social Origins of Greek Religions, 2nd rev. ed., Cambridge: Cambridge University Press, 1927, p. 435. O Velocino de Ouro está pendurado na árvore. Atena, patrona dos heróis, está presente com sua coruja. Observe o Gorgoneum em sua Égide (compare à Figura 1).

Página 98   Figura 21. *A tentação de Santo Antão.* Gravura em cobre, Alemanha, *c.*1470. Martin Schongauer (*c.*1448-1491). © The Trustees of British Museum.

Página 101   Figura 22. *Psiquê e Caronte.* Óleo sobre tela, Inglaterra, *c.*1873. John Roddam Spencer Stanhope (1829-1908). Coleção particular, Roy Miles Fine Paintings. © The Bridgeman Art Library.

Página 108   Figura 23. *Mãe dos deuses.* Madeira entalhada, egba-iorubá, Nigéria, data incerta. Odudua, com o infante Ogum, deus da guerra e do ferro, no colo. O cão é sagrado para Ogum. Um atendente, de estatura humana, toca o tambor. Horniman Museum, London. Foto de Michael E. Sadler, *Arts of West Africa,* International Institute of African Languages and Cultures, Oxford Press, London: Humphrey Milford, 1935.

Página 111   Figura 24. *Diana e Actéon.* Métope de mármore, helênica, Sicília, *c.*460 a.C. Actéon é devorado por seus cães enquanto Diana observa. Métope do Templo E em Selinus, Sicília. Museu Arqueológico, Palermo, Sicília, Itália. © Scala/Art Resource, NY.

Página 114   Figura 25. *Kali Devoradora.* Madeira entalhada, Nepal, séculos XVIII-XIX. Londres: Victoria & Albert, Museu da Índia.

Página 118   Figura 26. Vierge Ouvrante (madeira policromada, França, século XV). © Musée National du Moyen Age et des Thermes de Cluny, Paris. Giraudon/ The Bridgeman Art Library.

Página 125   Figura 27. *Criação.* Detalhe; afresco, Itália, 1508-1512. Michelangelo Buonarroti (1475-1564), Roma, Capela Sistina: A Criação do Sol e da Lua (pós-restauração). Museus e Galerias do Vaticano, Cidade do Vaticano, Itália. © Erich Lessing/Art Resource, NY.

Página 127   Figura 28. *Shiva, Senhor da Dança Cósmica.* Bronze fundido, Índia, c. século X-XII. Museu de Madras, Madras, Índia. Foto de Auguste Rodin, Ananda Coomaraswamy, E. B. Havell, Victor Goloubeu, *Sculptures Çivaïtes de l'Inde,* Ars Asiatica III. Bruxelas e Paris: G. van West et Cie., 1921.

Página 132   Figura 29. *A Queda de Faetonte.* Tinta sobre pergaminho, Itália, 1533. Michelangelo Buonarroti. [Júpiter, acima, senta-se em sua águia e lança um raio em Féton, filho de Apolo, que pediu para dirigir a carruagem do sol. Para salvar a terra, Júpiter destruiu Faetonte. Embaixo, suas irmãs Helíades, chorando, são transformadas em álamos. O deus do rio Eridanus (o rio Po) em cujo rio Faetonte caiu, está por baixo. De *Metamorfoses,* de Ovídio. – Ed.] © The British Museum.

LISTA DE ILUSTRAÇÕES

Página 140 Figura 30. *O feiticeiro*. Gravura rupestre com preenchimento de tinta preta, paleolítico, França, *c*.10 000 a.C. O mais antigo retrato conhecido de um curandeiro, *c*.10 000 a.C., na caverna Aurignaciana-Madaleniana conhecida como "Trois Frères", Ariège, França. Desenho de George Armstrong. De Joseph Campbell, *The Flight of the Wild Gander*. Novato, CA: New World Library, 2002, Fig. 5.

Página 141 Figura 31. *O Pai Universal, Viracocha, chorando*. Bronze, pré-inca, Argentina, *c*.650-750. Placa encontrada em Andalgalá, Catamarca, no noroeste da Argentina, provisoriamente identificada como a divindade pré-inca Viracocha. A cabeça é encoberta pelo disco solar raiado, as mãos seguram raios, lágrimas descem dos olhos. As criaturas nos ombros talvez sejam Imaymana e Tacapu, os dois filhos e mensageiros de Viracocha, em forma animal. Foto de *The Proceedings of the International Congress of Americanists*, vol. XII, Paris, 1902.

Página 146 Figura 32. *Bodisatva*. Estandarte de templo, Tibete, século XIX. O bodisatva conhecido como Ushnishasitātapatrā cercado por budas e bodisatvas, e tendo cento e dezessete cabeças, simbolizando sua influência nas várias esferas do ser. A mão esquerda segura o Guarda-Chuva do Mundo (*axis mundi*) e a direita a Roda da Lei (dharmacakra). Sob os numerosos pés abençoados do Bodisatva estão as pessoas do mundo que oraram pela Iluminação, enquanto sob os pés dos três poderes "furiosos" na parte inferior do quadro estão aqueles ainda torturados pela luxúria, ressentimento e ilusão. O sol e a lua nos cantos superiores simbolizam o milagre do casamento, ou identidade, da eternidade e do tempo, do nirvana e do mundo (ver p. 138 e ss.). Os lamas no centro superior representam a linha ortodoxa dos professores tibetanos da doutrina simbolizada nesta pintura de bandeira religiosa. Cortesia do American Museum of Natural History, Nova York.

Página 148 Figura 33. *Kuan Yin, Bodisatva Avalokiteshvara*. Madeira pintada, China, séculos XI-XIII. Cortesia do The Metropolitan Museum of Art, Nova York.

Página 150 Figura 34. *Ancestral andrógino*. Madeira entalhada, Mali, século XX. Escultura em madeira da região de Bandiagara, Sudão Francês [agora conhecido como Mal – Ed.]. Coleção de Laura Harden, Nova York. Foto de Walker Evans, cortesia do Museum of Modern Art de Nova York.

Página 159 Figura 35. *Bodhidharma*. Pintura sobre seda, Japão, século XVI. Bodhidharma (falecido por volta de 532), conhecido como Daruma em japonês, foi o fundador indiano do Budismo Ch'an (Zen), que ele trouxe para a China. Diz-se que ele passou nove anos sentado em meditação em uma caverna, perdendo o uso de seus braços e pernas. O Zen tornou-se influente no Japão no século XIII. A partir deste período, os monges zen japoneses começaram a pintar retratos de Daruma com pincel e tinta como auxílio para alcançar a iluminação (*satori*). © The British Museum.

Página 162 Figura 36. *Cerimônia do chá, a morada do vazio*. Fotografada por Joseph Campbell, 1958. [Gueixa e atendentes servindo chá, Tóquio, Japão. Campbell compareceu a esta cerimônia enquanto participava do Congresso Internacional de História das Religiões. – Ed.] © Joseph Campbell Foundation.

Página 163 Figura 37. *Lingam-Yoni*. Pedra talhada, Vietnã, c. século IX. Fundada no santuário Cat Tien, província de Lam Dong, Vietnã.

Página 165 Figura 38. *Kali pisando em Shiva*. Guache sobre papel, Índia, data incerta. De uma coleção particular.

Página 170 Figura 39. *Ísis dando pão e água à alma*. Egito, data incerta. E. A. Wallis Budge, *Osiris and the Egyptian Resurrection*, London: Philip Lee Warner; New York: G. P. Putnam's Sons, 1911, vol. II, p. 134.

Página 172 Figura 40. *Brahma, Vishnu e Shiva com suas consortes*. Miniatura pintada, Índia, início do século XIX. A tríade hindu de Brahma, Vishnu e Shiva com suas consortes Sarasvati, Lakshmi e Parvati. Company School, sul da Índia (presidência de Madras, início do século XIX, mas antes de 1828). Victoria & Albert Museum, Londres, Grã-Bretanha. © Art Resource, NY.

Página 176 Figura 41. *A conquista do monstro: Davi e Golias • A tortura do Inferno • Sansão e o Leão*. Gravura, Alemanha, 1471. Uma página da *Biblia Pauperum* do século XV, edição alemã, 1471, mostrando prefigurações do Antigo Testamento da história de Jesus. Compare à Figura 50. Edição da Weimar Gesellschaft der Bibliophilen, 1906.

Página 179 Figura 42. *O ramo da vida imortal*. Painel de parede em alabastro, Assíria, c.885–860 a.C. Painel de parede do Palácio de Ashurnasirapal II, Rei da Assíria, em Kalhu (moderna Nimrud). Cortesia do The Metropolitan Museum of Art, Nova York.

Página 181 Figura 43. *Bodisatva*. Pedra esculpida, Camboja, século XII. Fragmento das ruínas de Angkor. A figura de Buda coroando a cabeça é um sinal característico do Bodisatva (compare às Figuras 32 e 33; no primeiro, a figura de Buda fica no topo da pirâmide de cabeças). Museu Guimet, Paris. Foto de *Angkor*, Editions "Tel", Paris, 1935.

Página 186 Figura 44. *O retorno do filho pródigo*. Óleo sobre tela, Holanda, 1662. Rembrandt van Rijn (1606-1669). The Hermitage, São Petersburgo. *The Yorck Project: 10.000 Meisterwerke der Malerei* [O Projeto Yorck: 10.000 obras-primas da pintura], DVD-ROM, 2002.

LISTA DE ILUSTRAÇÕES

Página 190 Figura 45a. *Irmã Górgona perseguindo Perseu, que está fugindo com a cabeça de Medusa*. Ânfora de figuras vermelhas, Grécia, século V a.C. Perseu, armado com uma cimitarra que Hermes lhe deu, aproximou-se das três Górgonas enquanto elas dormiam, cortou a cabeça de Medusa, colocou-a em sua carteira e fugiu nas asas de suas sandálias mágicas. Nas versões literárias, o herói parte sem ser descoberto, graças a uma tampa de invisibilidade; aqui, no entanto, vemos uma das duas Irmãs Górgonas sobreviventes em perseguição. Da coleção do Antiquário de Munique. Adolf Furtwängler, Friedrich Hauser e Karl Reichhold, *Griechische Vasenmalerei*, Munique, F. Bruckmann, 1904–1932, Placa 134.

Página 191 Figura 45b. *Perseu fugindo com a cabeça de Medusa em sua bolsa*. Ânfora de figuras vermelhas, Grécia, século V a.C. Esta figura e a que a precede aparecem em lados opostos da mesma ânfora. O efeito do arranjo é divertido e animado. (Ver Furtwängler, Hauser e Reichhold, op. cit., Série III, Texto, p. 77, Fig. 39.)

Página 193 Figura 46. *Cerridwen na forma de galgo perseguindo Gwion Bach na forma de lebre*. Litografia, Grã-Bretanha, 1877. Lady Charlotte Guest, "Taliesin", *The Mabinogion*, 2ª ed., 1877, vol. III, p. 493.

Página 199 Figura 47. *A ressurreição de Osíris*. Pedra esculpida, período ptolomaico, Egito, c.282-145 a.C. O deus surge do ovo; Ísis (o Falcão da Fig. 12) o protege com sua asa. Hórus (o filho concebido no Casamento Sagrado da Fig. 12) segura o Ankh, ou sinal de vida, diante do rosto de seu pai. De um baixo-relevo em Philae. E. A. Wallis Budge, *Osiris and the Egyptian Resurrection*, London: Philip Lee Warner; New York: G. P. Putnam's Sons, 1911, vol. II, p. 58.

Página 203 Figura 48. *Amaterasu emerge da caverna*. Xilogravura, Japão, 1860. Utagawa Kunisada (1785-1864). Victoria & Albert Museum, London. Art Resource, NY.

Página 206 Figura 49. *Deusa ascendente*. Mármore entalhado, Itália/Grécia, c.460 a.C. [Este relevo de mármore compõe o painel traseiro de um assento encontrado em 1887 em um terreno anteriormente pertencente à Villa Ludovisi; é conhecido por esta razão como o Trono Ludovisi. Talvez de obra grega primitiva. – Ed.] Museo delle Terme, Roma. Foto: *Antike Denkmäler*, herausgegeben vom Kaiserlich Deutschen Archaeologischen Institut, Berlin: Georg Reimer, vol. II, 1908.

Página 208 Figura 50. *O reaparecimento do herói: Sansão e as portas do templo* • *Cristo ressuscitado* • *Jonas*. Gravura, Alemanha, 1471. Uma página da *Biblia Pauperum* do século XV, edição alemã, 1471, mostrando prefigurações do Antigo Testamento da história de Jesus. Compare à Figura 41. Edição da Weimar Gesellschaft der Bibliophilen, 1906.

Página 220 Figura 51. *Krishna conduz Arjuna ao campo de batalha.* Guache sobre cartão, Índia, século XVIII. Foto de Iris Papadopoulos. Museum für Asiatische Kunst, Staatliche Museen zu Berlin, Berlim, Alemanha. Bildarchiv Preussischer Kulturbesitz/ Art Resource, NY.

Página 225 Figura 52. *A Deusa-Leão Cósmica, segurando o Sol.* Manuscrito de folha única, Índia, século XVIII. Cortesia da Pierpont Morgan Library, Nova York.

Página 226 Figura 53. *A Mulher Cósmica dos jainistas.* Guache sobre tecido, Índia, século XVIII. Rajastão. Imagem do mundo Jaina na forma de uma grande deusa.

Página 239 Figura 54. *A Fonte da Vida.* Pintura sobre madeira, Flandres, c.1520. Painel central de um tríptico de Jean Bellegambe (de Douai). A figura feminina assistente à direita, com o pequeno galeão na cabeça, é Hope; a figura correspondente à esquerda, Amor. Cortesia do Palácio de Belas Artes de Lille, França.

Página 242 Figura 55. *A Pedra do Sol asteca.* Pedra esculpida, asteca, México, 1479. Tenochtitlán, México. Museu Nacional de Antropologia e História, Cidade do México, D.F., México. The Bridgeman Art Library.

Página 251 Figura 56. *A Mulher Cósmica dos jainistas.* Detalhe da Roda Cósmica; guache sobre tecido, Índia, século XVIII. Este é um detalhe do centro da Figura 53. Sobre esta imagem, Campbell diz o seguinte: "Na altura da cintura do grande ser cósmico, onde a passagem do tempo é marcada pelo ciclo do eterno retorno dos doze estágios já vistos, as encarnações pelas quais todos nós passamos muitas vezes e continuamos a passar". Joseph Campbell, *Mitologia Oriental, As Máscaras de Deus,* vol. II. São Paulo: Palas Athena Editora, 1994. [Para uma maior exploração de Campbell a respeito da cosmologia jainista, ver *Mitologia Oriental,* p. 177-194 – Ed.]

Página 253 Figura 57. *O Makroprosopos.* Gravura, Alemanha, 1684. Christian Knorr Von Rosenroth, *Kabbala Denudata,* Frankfürt-am-Main, 1684.

Página 259 Figura 58. *Tangaroa, produzindo deuses e homens.* Madeira entalhada, Ilha Rurutu, início do século XVIII. Polinésio. Do arquipélago das Austrais ou Ilhas Tubuai, no Pacífico Sul. Cortesia do The British Museum.

Página 260 Figura 59. *Gráfico de criação tuamotuan. Abaixo: O Ovo Cósmico. Acima: As pessoas aparecem e moldam o universo.* Tuamotua, século XIX. Kenneth P. Emory, "Os Gráficos de Criação Tuamotuan por Paiore", *Journal of the Polynesian Society,* vol. 48, nº. 1 (March 1939), p. 3.

LISTA DE ILUSTRAÇÕES

Página 267 Figura 60. *A separação do Céu e da Terra*. Egito, data incerta. Uma figura comum em sarcófagos e papiros egípcios. O deus do ar Shu-Heka separa Nut e Geb por ordem de Ra, que desejava manter os gêmeos incestuosos separados. Este é o momento da criação do mundo. F. Max Müller, *Egyptian Mythology, The Mythology of All Races*, vol. XII, Boston: Marshall Jones Company, 1918, p. 44.

Página 268 Figura 61. *O assassinato de Ymir*. Litogravura, Dinamarca, 1845. Lorenz Frölich (1820-1908).

Página 271 Figura 62. *Monstro do Caos e Deus-Sol*. Alabastro esculpido, Assíria, 885-860 a.C. Painel de parede do Palácio de Ashurnasirpal II (885-860 a.C.), Rei da Assíria, em Kalhu (moderna Nimrud). O deus é talvez a divindade nacional, Assur, no papel desempenhado anteriormente por Marduk da Babilônia e ainda antes por Enlil, um deus sumério da tempestade. Foto de uma gravura em Austen Henry Layard, *Monuments of Nineveh*, Second Series, London: J. Murray, 1853. A laje original, agora no The British Museum, está tão danificada que as formas dificilmente podem ser distinguidas em uma fotografia. O estilo é o mesmo da Figura 42.

Página 274 Figura 63. *Quenúbis molda o filho do faraó em uma roda de oleiro enquanto Tot marca a duração da vida*. Papiro, ptolomaico, Egito, c. século III-I a.C. E. A. Wallis Budge, *The Gods of the Egyptians*, London: Methuen and Co., 1904, vol. II, p. 50.

Página 276 Figura 64. *Exu, o trapaceiro*. Madeira esculpida, conchas e couro, iorubá, Nigéria, século XIX e início do século XX. Coleção Particular, Paul Freeman. © The Bridgeman Art Library.

Página 278 Figura 65. *Tlazolteotl dando à luz*. Aplito esculpido com incrustração de granadas, asteca, México, final do século XV e início do século XVI. Foto, segundo Hamy, cortesia do American Museum of Natural History, Nova York.

Página 280 Figura 66. *Nut (o Céu) dá à luz o Sol; seus raios caem em Hátor no horizonte (amor e vida)*. Pedra talhada, Egito ptolomaico, c. século I a.C. A esfera na boca da deusa representa o Sol à noite, prestes a ser engolido e nascer de novo. [Da chamada Capela do Ano Novo no Templo de Hátor, Dendera, Egito. Construído c. século I a.C. – Ed.] E. A. Wallis Budge, *The Gods of the Egyptians*, London: Methuen and Co., 1904, vol. I, p. 101.

Página 286 Figura 67. *O rei-lua e seu povo*. Pintura em pedra, pré-histórico, Zimbábue, c.1500 a.C. Pintura rupestre pré-histórica, na Fazenda Diana Vow, Distrito de Rusapi, Rodésia do Sul [moderno Zimbábue – Ed.], talvez associada à lenda de Mwuetsi, o Homem da Lua. A mão direita erguida da grande figura reclinada segura um chifre. Provisoriamente datado por seu descobridor, Leo Frobenius, c.1500 a.C. Cortesia de Frobenius-Institut, Frankfurt-am-Main.

Página 292 Figura 68. *Coatlicue da saia de serpentes entrelaçadas, mãe-terra.* Pedra talhada, asteca, México, final do século XV. Sua cabeça é formada a partir das cabeças de duas cascavéis. Em volta do pescoço há um colar de corações, mãos e uma caveira. Uma, de um par de estátuas colossais que ficavam no pátio do Grande Templo em Tenochtitlán. Escavada em 1824 na praça principal, Cidade do México. Museu Nacional de Antropologia e História, Cidade do México, D.F., México. Werner Forman/Art Resource, NY.

Página 294 Figura 69. *A carruagem da Lua*. Pedra talhada, Camboja, c.1113-1150. Baixo-relevo em Angkor Wat. Foto de *Angkor*, Edições "Tel", Paris, 1935.

Página 298 Figura 70. *A filha do faraó encontra Moisés*. Detalhe; óleo sobre tela, Inglaterra, 1886. Edwin Long, 1886. Museu da Cidade de Bristol. *The Yorck Project: 10.000 Meisterwerke der Malerei* [[O Projeto Yorck: 10.000 obras-primas da pintura]. DVD-ROM, 2002.

Página 307 Figura 71. *Krishna segurando o Monte Govardhan*. Tinta sobre papel, Índia, c.1790. Atribuído a Mola Ram (1760-1833). [Observe que a Indra é visível em seu elefante no canto superior esquerdo. – Ed.] Smithsonian Institute Asia Collection.

Página 312 Figura 72. *Petroglifo paleolítico*. Rocha entalhada, paleolítico, Argélia, data incerta. De um sítio pré-histórico nas proximidades de Tiout. O animal felino entre o caçador e o avestruz é talvez alguma variedade de pantera caçadora treinada, e o animal com chifres deixado para trás com a mãe do caçador, um animal domesticado no pasto. Leo Frobenius e Hugo Obermaier, *Hádschra Máktuba*, Munique: K. Wolff, 1925, vol. II, Placa 78.

Página 316 Figura 73. *O faraó Narmer mata um inimigo derrotado*. Xisto entalhado, Reino Antigo, Egito, c.3100 a.C. A "paleta de Narmer" (reverso), uma paleta cerimonial de xisto pré-dinástico tardio. O faraó Narmer é mostrado usando a Coroa Branca, subjugando o Baixo Egito. A cartela retangular de Narmer fica no topo da paleta. De Hierakonpolis, Kom el-Ahmar. Museu Egípcio, Cairo, Egito. Erich Lessing/Art Resource, NY.

Página 326 Figura 74. *Jovem Deus do milho*. Pedra esculpida, maia, Honduras, c.680-750. Fragmento em calcário, da antiga cidade maia de Copan. Cortesia do American Museum of Natural History, Nova York.

Página 329 Figura 75. *Édipo arrancando seus olhos*. Detalhe; pedra esculpida, Roma, Itália, c.século II-III. Detalhe de um relevo em um mausoléu romano de Neumagen no Rheinisches Landesmuseum [Museu Regional Renano], Tréveris, Alemanha. Erich Lessing/Art Resource, NY.

LISTA DE ILUSTRAÇÕES

Página 335 Figura 76. *Morte do Buda*. Pedra esculpida, Índia, final do século V. Cavernas de Ajanta, Cave #26 (Chaitya Hall), Maharashtra, Índia. Vanni/Art Resource, NY.

Página 338 Figura 77. *Outono (Máscara da Morte)*. Madeira policromada, inuit, América do Norte, data incerta. Do distrito de Kuskokwim River, no sudoeste do Alasca. Cortesia da American Indian Heye Foundation, cidade de Nova York.

Página 340 Figura 78. *Osíris, Juiz dos Mortos*. Papiro, Egito, *c.*1275 a.C. Atrás do deus estão as deusas Ísis e Néftis. Diante dele um lótus, ou lírio, sustenta seus netos, os quatro filhos de Hórus. Abaixo (ou ao lado) dele está um lago de água sagrada, a fonte divina do Nilo na terra (cuja origem última está no céu). O deus segura na mão esquerda o mangual ou chicote, e na direita o cajado. A cornija acima é ornamentada com uma fileira de vinte e oito uraei sagrados, cada um dos quais suporta um disco. [Do *Papiro de Hunefer*, Tebas, Egito – XIX Dinastia, por volta de 1275 a.C. – Ed.] E. A. Wallis Budge, *Osiris and the Egyptian Resurrection*, London: Philip Lee Warner; New York: G. P. Putnam's Sons, 1911, vol. I, p. 20.

Página 343 Figura 79. *A Serpente Kheti no mundo inferior consome pelo fogo um inimigo de Osíris*. Alabastro esculpido, Reino Novo, Egito, 1278 a.C. Os braços da vítima estão amarrados atrás dele. Sete deuses presidem. Este é um detalhe de uma cena que representa uma área do submundo atravessada pelo Barco Solar na oitava hora da noite. Do chamado *Book of Pylons* [Livro dos Pilões]. [Também conhecido como *The Book of Doors* [O Livro das Portas]. Esta imagem foi tirada do sarcófago de Seti I. – Ed.] E. A. Wallis Budge, *The Gods of the Egyptians*, London: Methuen and Co., 1904, vol. I, p. 193.

Página 345 Figura 80. *Os duplos de Ani e sua esposa bebendo água no outro mundo*. Papiro, Egito ptolomaico, *c.*240 a.C. Do Papiro de Ani. E. A. Wallis Budge, *Osiris and the Egyptian Resurrection*, London: Philip Lee Warner; New York: G. P. Putnam's Sons, 1911, vol. II, p. 130.

Página 347 Figura 81. *Fim do mundo: serpente da chuva e deusa da garra de tigre*. Tinta sobre papel de casca de árvore, maia, América Central, *c.*1200-1250. De uma cópia fac-símile (1898), American Museum of Natural History, Nova York.

Página 349 Figura 82. *Ragnarök: o lobo Fenrir devorando Odin*. Pedra talhada, viking, Bretanha, *c.*1000. A Pedra de Andreas com um relevo representando uma cena do lendário poema nórdico *Ragnarök*, "Apocalipse dos Deuses", no qual o deus Odin é comido pelo lobo Fenrir. O corvo pousa no ombro de Odin. Viking, da Inglaterra (Ilha de Man), Museu Manx, Ilha de Man, Grã-Bretanha. Werner Forman/Art Resource, NY.

Página 352   Figura 83. *Luta com Proteu*. Mármore entalhado, França, 1723. Aristeu lutando com o transformador deus do mar Proteu. Sébastien Slodtz (1655-1726). Palácio de Versalhes, França.

Página 361   Figura 84. *O nascer da Terra*. Fotografia, órbita lunar, 1968. Tirada pelo membro da tripulação da Apollo 8, Bill Anders, em 24 de dezembro de 1968, mostrando a Terra aparentemente subindo acima da superfície lunar. Observe que esse fenômeno só é visível da órbita ao redor da Lua. Por causa da rotação síncrona da Lua em torno da Terra (ou seja, o mesmo lado da Lua está sempre voltado para a Terra), nenhum nascer da Terra pode ser visível da superfície da Lua. [Esta imagem teve um impacto profundo em muitos que a viram, Joseph Campbell entre eles. Para o pensamento de Campbell sobre a importância mítica desta imagem, ver *Thou Are That: Transforming Religious Metaphor*, Novato, CA: New World Library, 2002, p. 105 e ss. – Ed.]

ÍNDICE REMISSIVO

A

abismo
- a morte como, 204
- águas do, 49, 284
- desafios, 195
- personificação feminina do, 269-271, 271 fig. 62
- poderes demiúrgicos do, 49, 59-60, 266-268
- sonhos com, 103
- sono como, 167-168, 252
- Ver também inframundo, jornada ao

aborígines australianos
- os duplos entre os, 169
- ritos andróginos, 150-151, 376n99
- ritos de circuncisão, 23, 134-135
- rituais em que se bebe sangue, 136-137

Abraão, 254, 301-303, 331
Abraham, Karl, 243
Actéon, 110-112, 111 fig. 24, 115
Adamão, pigmeus da ilha de, 84
Adão, 149, 269, 271
Aditi, 171
Aeëtes, rei, 196-197
Afrodite, 205
Agamas, 113
Agostinho, Santo, 30, 136
água(s)
- abissal, 49, 284
- de transformação, 238-239
- nos sonhos, 104, 105
- serpente como símbolo da, 68n
- Ver também baleia, ventre da; oceano cósmico; poço como símbolo;

Águia Cósmica, 223

águias, 100, 223
Aife, a amazona, 319
Airavata, 306
ajudantes na aventura do herói, 73-80, 76 fig. 15, 99, 128
Alcestis (peça grega satírica), 198
Alcorão, 52, 73, 135, 142
alma
- alimento para a, 170, 170 fig. 39
- cisma da, 28-29
- "eterna" versus divindade, 299
- jornada da, no inframundo, 339-345, 343 fig. 79, 345 fig. 80
- renovação da, 138-139, 193-194, 246-247

Amaterasu (deusa solar japonesa), 201-205, 203 fig. 48
Amazonas, 319
amor
- conceito budista, 376n107
- conceito cristão, 152-154
- travessia do limiar e o, 215-216, 217

amrita, 172-173
amuletos, 73, 99
An (Pai Celestial sumério), 266
Anaa, 260
Anais dos Milesianos (ciclo lendário irlandês), 308
Ananda (atendente de Buda), 336
androginia
- em ritos iniciáticos, 150-151
- Si-Mesmo e, 262-264
- Ver também deuses andróginos

anel quebrado, 215
Anna Karenina (Tolstoi), 35
ânodo, 38

Antão, Santo, 98 fig. 21, 122
Antigo Testamento
    fórmula do monomito no, 44-45
    recusa ao chamado no, 69
Anu (deidade suméria), 317
Anunnaki (juízes do inframundo sumério), 107
apaches, índios, 163, 324
Ápis (deidade egípcia), 59 fig. 11
Apocalipse, 350-351
Apolo, 60-68, 67 fig. 13
apoteose, 145-166
apsaras (ninfas hindus), 173
Apsirto, 197
Arábia, 78, 204
    Mil e uma noites, As, 70-73, 78-80
arapaho, índios, 61-62, 117
arautos do chamado à aventura, 58, 60-64
arcaismo, 28
Ardhanarishvara (avatar indiano de Shiva), 150
Ares, 84
Ariadne, 33-35, 75
Arjuna (príncipe indiano), 219-227, 220 fig. 51, 227
arquétipos
    definição, 366n17
    herói que assimila os, 29-30
    na filosofia e psicologia ocidental, 30
    versões locais dos, 153
    Ver também arquétipos específicos
artista-cientista (tipo), 35
arturiana, lenda, 60-61, 192
arunta, tribo dos 135-136
Árvore Bo, 41, 42 fig 7
Árvore Cósmica, 223, 257
Árvore do Mundo, 223
    a transformação do herói e a, 322, 330,332
    ciclo cosmogônico e, 257
    como Umbigo do Mundo, 42, 49, 59, 204, 311-313
    fim do mundo e a, 348
    na mitologia germânica, 50 fig. 8, 170, 348
    na mitologia siberiana, 311-313
    no budismo (Árvore da Iluminação), 41, 42, 49
    no cristianismo (Árvore da Redenção), 42
árvores que concedem desejos, 248-249
ascetismo, 328-330, 329 fig. 75, 356-357
Assunção, Festa da, 118
Astarté, 205
Átis (personagem de salvador frígio), 95
Atracasis (herói do dilúvio), 206
Audumla (ser primordial nórdico), 267
AUM (sílaba sagrada sânscrita), 127, 252, 254
autoaniquilação, 227
Avaiyo'pi'i, no folclore pueblo, 334
Avalokiteshvara (Bodisatva), 145, 148 fig. 33, 137, 138n
ave (bebida polinésia), 170
Avesta (deidade persa), 327
aware (coração gentil), 117
Awonawilona (deidade zuni), 149
axis mundi, 135, 204, 322; ver também Umbigo do Mundo

B

Baal, 88 fig. 17
Badb (deidade irlandesa), 333
Balarama (irmão de Krishna), 325
baleia, ventre da, 91-98, 93 fig. 18, 95n 97 fig. 20, 200-201, 208 fig. 50
bandeira nacional, culto à, 152, 359
Banquete, O, (Platão), 264
Bastian, Adolf, 29
basumbwa (tribo), 139-140
batismo,139, 239
Báucis, 142
Beatriz, 75, 77
bebê de piche, tema do, 87-91, 89n, 247
Beemote, 170
Bela Adormecida, 68-69, 110
berberes capilas, 383n36
Bernardo de Claraval, São, 121-122
Bhagavad Gita, 113, 219-226, 219n

Bíblia/tradição bíblica
    Apocalipse, 350-351
    ciclo cosmogônico, 149-150
    influência suméria, 372n25
    Mãe Universal, 279
    modernas reinterpretações, 237
    padrão de monomito, 44-45
    reconciliação com o pai, 143-144
    tradição poética galesa coordenada com a, 193
    Ver também Cristianismo; Judaísmo; Queda; livro ou evangelho específico
Big Bang, teoria do, 383n27
bissexualidade, 78, 156
blackfoot, índios, 272-273, 303, 314-315
Boas, Franz, 29
Bodhidharma, 159
bodisatvas, 146 fig. 32, 181 fig. 43
    característica andrógina dos, 147-149, 148 fig. 33, 155-157, 163-165
    compaixão dos, 160
    definição, 145-147
    lótus e, 147-148
    renascimento dos, 156-157
    resplendor, 344
    vida/liberação da vida é indistinguível para os, 157-160, 328-330
Borr (ser primal nórdico), 267
Brahma (deus hindu), 43, 172, 172 fig. 40, 220-221
Brhadaranyaka Upanishad, 157
Brian (filho do rei irlandês), 116
Briar-rose, ver Bela Adormecida
Brunhilda, 68, 69, 110
Buda,
    arautos que precedem o, 62-64
    ciclo cosmogônico e o, 300
    como herói universal, 47
    Grande Luta do, 41-44, 157
    iluminação do, 42, 42 fig. 7, 43-44
    morte do, 334-337, 335 fig. 76
    nascimento virginal do, 291
    postura contemplativa do, 357
    raio do, 174
    traços contraditórios do, 142
    travessia do limiar pelo, 85-91

budismo
    a morte do herói no, 334-337, 335 fig. 76
    busca da bênção no, 183-184
    caminho óctuplo no, 158
    chamado à aventura no, 60, 62-64
    comunhão universal no, 154-155
    fórmula do monomito no, 41-44
    guardiões do limiar no, 87-91, 94 fig. 19
    Hinayana (Theravada), 147
    Mahayana, 147, 256n
    nascimento virginal no, 291
    o amor na visão do, 376n107
    ovo cósmico no, 261
    pai como autocontraditório no, 142
    raio no, 89, 174
    Umbigo do Mundo no, 49
    viveka, 29
    xintoísmo versus, 201
    yab-yum, conceito de, 164
    Ver também bodisatvas
Budur, Princesa, conto da, 70, 79-80
Buri (ser primal nórdico), 267
buriat, povo, 193-194
Burma, 147
Butsudo (Caminho do Buda), 181

C

Cabala, 148, 253-254, 257, 262, 264
Cabelo Pegajoso (monstro budista),
caçadores de cabeças da Nova Guiné, 151
Calvário, Monte, 42
caminho invisível, tema do, 320
Candragupta (fundador da dinastia Maurya), 300
canibalismo, 136-137
Carlos Magno (imperador do sacro império romano), 301,332
Carlyle, Thomas, 369n27
Caronte, 100, 101 fig. 22
casamento místico, 119-122, 238-239, 318-320, 330
castração/complexo de castração, 68, 68n 95-96, 110, 136

catarse, trágica versus ritual, 36-37
Cathbad o Druída, 309
cátodo, 38
Catolicismo, 118, 238-239, 301, 316-317
cavalo, imagem do, 173, 214-215, 223
Cavalo Cósmico, 223
Ceilão, 147
celtas, 372n25
Cérbero, 40, 100
cerimônia do chá, 161-162, 162 fig. 36
Cerridwen (bruxa galesa), 191-192, 193 fig. 46
cetro, 321
céu, 246
chamado para a aventura, 57-64
    arautos do, 58, 60-64
    circunstâncias do, 59-60
    recusa ao, 65-73
    significado do, 58-59
    visão psicanalítica do, 58, 59-60
Chapeuzinho Vermelho, 92, 204
China
    a jornada da alma no inframundo, 342
    bodisatvas, 147, 148 fig. 33
    budismo Mahayana chinês, 145
    elementos primais, 257, 257n
    falta de distinção entre vida/liberação da vida, 161
    pinturas taoistas de paisagens, 161
    simbolismo tântrico, 113
    transformação do herói, 296-297
Chiruwi (ogro meio-homem), 82
churinga (talismã), 378n148
Cibele, 84, 95
Cícero, 30, 248
ciclo cosmogônico, 149-150, 242 fig. 55
    a forma passa para a vida (fase dois), 258-264
    asteca, 248
    bem versus mal no, 327
    como mundo sem fim, 247-248
    deus como finito no, 247-248
    hinduísta, 250
    jainista, 247-251, 251 fig. 56
    Mãe Universal e, 283-284
    nas mitologias folclóricas, 271-277
    o paradoxo do, 271, 320-321
    o sem forma passa para a forma (fase um), 255-257
    planos do ser no, 251-252
    simbolismo mítico e, 244-246, 252-254, 253 fig. 57
    transformação do herói e o, 47-48, 295-297, 299-300, 313-314, 326-327
    Um se torna muitos (fase três), 264-271
    Ver também mitos de criação
ciclo lendário irlandês
    Ciclo do Ulster dos Cavalheiros do Ramo Vermelho, 308
    Ciclo dos Fianna, 308
    Ciclo Mitológico, 308
Cidade de Deus, 31, 152
cidades antigas, 52
Cinco Armas, parábola do Príncipe das, 87-91, 89n, 247; ver também Buda
círculo, quadratura do, 51
circuncisão, ritos, 23, 134-135, 150-151
círio pascal, benção do, 238
Coatlicue, 291, 292 fig. 68
Colombo, Cristóvão, 81
comédia e mito, 36-39, 54
compaixão, 160
comunhão, 136
Conchobar (rei irlandês), 308-309, 318, 319
confucionismo, 160
contos de fada
    a benção, 167
    ajudantes, 75-76
    casamento sagrado, 117-118
    chamado à aventura, 57-58, 59-60
    final feliz, 38
    fuga mágica, 194-195
    herói composto, 47
Coomaraswamy, Ananda K., 90, 95, 126, 354, 377n127
Corão, ver Alcorão
cores simbólicas, 129
Corpus Hermeticum, 30
Corvo (herói malandro esquimó), 91-92, 200-201, 236

ÍNDICE REMISSIVO

Coyote (demônio-palhaço dos nativos norte-americanos), 277
Creta, 24-26, 28, 65-66
criação, ver mitos de criação
Criação (Michelângelo), 125 fig. 27
cristianismo
    ajudantes no, 75, 76-77
    amor como visto/praticado no, 152-154
    androginia no, 149
    Apocalypse no, 350-351
    busca da dádiva no, 182-183
    do início da Idade Média, 299
    dualidade no, 299
    fonte universal no, 245
    influência suméria no, 372n25
    liberal, 299
    matrimônio sagrado no, 118
    mulher como sedutora no, 121-123
    nascimento virginal no, 289
    pai como autocontraditório no, 141
    pai como ogro no, 123-126, 125 fig. 27, 322
    primitivo, 299
    protestante, 299
    renascimento no, 139
    rito da comunhão, 136
    simbolismo mítico, 237-239, 239 fig. 54, 246
    tema das provações no, 98 fig. 21
    transformação do herói no, 31, 301, 316-317, 330
    transformação no, 218-219, 224
    Umbigo do Mundo no, 52
    unificação dos opostos no, 165-166
Cristo, 244
    lenho sagrado, 42
    matrimônio sagrado com, 330
    mito do judeu errante e, 69
    reinterpretação de, como personagem histórico, 237
    ressurreição de, 208 fig. 50
    sangue de, 139
    transfiguração de, 218-219, 224
Cronos, 92, 266
crucificação, 139, 183, 239 fig. 54, 270, 306-308, 330
cruz, como símbolo, 153, 204, 330, 332

cruzadas, 154, 301
Cuchullin (herói irlandês), 308-311, 318-320, 333-334
cultos
    raciais, 151-152
    totêmicos, 151-152, 378n148
    tribais, 151-152
cultura jovem, 23
Cupido, 56 fig. 10, 99, 118
curandeiro, 168

D

dádiva (bênção), busca da
    deus/deusas como guardiões, 174
    fantasias infantis sobre, 167-174
    malandragem, 174-177
    na mitologia assíria, 176 fig. 41
    na mitologia polinésia, 174-177
    na mitologia suméria, 177-180
    no hinduísmo, 171-174
    nos tempos modernos, 180
dádiva, o retorno com a, 46
    fuga mágica, 190-191 figs. 45a e 45b, 190-198,193 fig. 46, 383n32
    recusa da, 187-189, 199
    salvamento vindo de fora, 178-207
    significado, 227-232
    síntese dos dois mundos na, 218-227
    travessia do umbral, 208 fig. 50, 209-218
Dafne, mito de, 66-68, 67 fig. 13
Dahnash (gênio), 79-80, 215-217
Daksha, 171
Dana (Grande Mãe Irlandesa), 308
Dança Cósmica, 127 fig. 28, 126-128, 218
Dante, obra de, 244
    ajudantes, 75, 76 fig. 15
    busca da dádiva, 174, 182
    fantasias infantis, 171
    fórmula do monomito, 32-33
    jornada da alma no inframundo, 342
"De Consolatione ad Marciam" (Sêneca), 248
Decálogo de Moisés, 44-45
Dédalo (artista-artesão cretense), 24, 26, 34-35

deidades trapaceiras, ver demônios-palhaços; Exú (deidade trapaceira iorubá)
Delfos, 84
democracia, 37, 357
demônios
    demônios-palhaços, 274-276, 313-315, 384n51; ver também Exú (deidade trapaceira iorubá)
    femininos, 122-123
desapego, 28
desmembramento, 35-36, 93 fig. 18
desorientação, 35
desprezo, tema do, 304
destino, 320
destrudo, 20, 82, 158
Deus
    aspecto ogro de, 123-125, 125 fig. 27
    Cidade de, 31, 152
    como amor, 153
    como criador/destruidor, 126-128
    como criador/preservador/destruidor, 252
    como símbolo mítico, 245-246
    conhecimento de, 224
    poder de, 245
    reconciliação com, 143-145
    Universal, 141-145
    visão psicanalítica de, 379n155
deus-lua, 206
Deus-Pai, 379n155
deus-sol, 142, 204, 269-271, 271 fig.62
deusa
    encontro do herói com a,
    resgate da,
    sino como símbolo da,
    solar, 201-205, 203 fig.48
    Ver também Mãe Universal
Deusa-Leão Cósmica, 225 fig. 52
deuses
    andróginos, 147-150, 148 fig 34, 156, 163-166
    como símbolo mítico, 245-246, 247-248
    desgastados, como demônios, 313-314
    do milho, 326 fig. 64

Guerreiros Gêmeos (mito navajo), 57-58,
    personalidade dos, como secundários, 246
    poder dos, personificações femininas dos, 382n4 (cap. IV)
Dez Mandamentos, 44-45,
Dhanvantari (médico hindu dos deuses), 173
Dharmakara (bodisatva), 376n102
Diana, 110-112, 111 fig. 24
dilúvio
    herói do, 46, 178, 178n, 179
    mito do, 206, 248, 250-251
Dioniso, 36-37, 83n, 84, 138
dissolução cíclica, 346
Diti, 171
ditirambo, 138
Divina Comédia (Dante), 244, 342; ver também Dante, obra de
Donall o Soldado, 318
dragão
    como falso amor, 103n
    como guardiões do limiar, 196
    como monstro do status quo, 313-314
    como serpente cósmica, 49, 59-60
    matar o, 109, 313-314, 316-317
    nas pinturas taoístas de paisagens, 161
    pai como, 68, 68n
    reconciliação com o pai e, 126
drávidas, 323
dualidade, 149, 258-259, 299, 323; ver também opostos, pares de
duplamente nascido, o, 134
duplo etéreo, 169, 345 fig. 80, 378n148
Durkheim, Émile, 354
Dyedushka Vodyanoy ("Vovô da água" dos russos), 82

E

Edas, 268, 348-350, 368n
Édipo, mito do/complexo de, 18-20, 20n, 110, 120, 136, 150, 328, 329, 329 fig. 75
Edwards, Jonathan, 123-125, 144, 322

ego
    conciliação da vontade universal com o, 226-232
    engrandecimento do, 151-152
    neurótico versus artístico, 369n22
elefante, imagem do, 92, 126
elementos primordiais, 248
elixir, busca do, ver dádiva (benção), busca da
Elphin, na lenda de Taliesin, 228-231
Emania, na lenda de Cuchulainn, 308-309
Emer, na lenda de Cuchulainn, 318, 333
enchente, imagem da, 123-124; ver também dilúvio
Eneias, 40, 45
Enki (deidade suméria), 205
Enlil (deidade suméria), 205-206, 266, 317
Eochaid (rei irlandês), 115-117
Érato, 84
Ereshkigal (deidade suméria), 106-109, 205
Erin, 170
Erlik, 102, 275
eros, 20, 158
Eros (deidade grega), 149
eslavos, 372n25
espada, 204, 321
    ponte da, 104n
espelho, imagem do, 195-196, 202-204
Espírito Santo, 77
estações, festivais das, 355-356
estado desperto no ciclo cosmogônico, 251-252
Estados Unidos, cultura jovem nos, 23
estágio de desenvolvimento infantil
    duplo nascimento no, 133-134
    fantasia de indestrutibilidade, 167-174
    visão psicanalítica do, 24-26
estoicismo, 29, 30, 248
Europa, 25
Eva, 60, 149, 264, 271
    Evangelho de, 48

evolução, biologia da, 262
exílio, 356
    infantil, 301-304
Êxodo, Livro do 368n55
Exú (deidade trapaceira iorubá), 53-54, 129, 140-142, 227, 276 fig. 64

F

Faetonte, mito de, 130-133, 132 fif. 29
falo, 24, 135, 163
família, significado psicanalítico da, 373n29
Fausto (Goethe), 75, 77
Febo (deidade solar grega), 130-131
Fenians, 213
Fênix, 161, 297
Fergus (filho do rei irlandês), 115-117
festivais das estações, 355-356
Fiachra (filho do rei irlandês), 116
Fianna, os, 308
Filêmon, 142
Finn MacCool (herói irlandês), 92, 212, 213
Firdausi (poeta persa), 323
Fletcher, Alice C., 367n46
floresta, tema da, 59
Flügel, J.C., 373n29, 379n155
fogo, 126
    bênção do, 238
    no ciclo cosmogônico, 248, 250-251, 261, 262
    pai como ogro e, 125
    ritual xintoísta, 35 fig. 5
    roubo do, 40, 168
    tríplice/três fogos, no Budismo, 157, 158
folclore irlandês
    ciclos lendários no, 308
    encontro do herói com a deusa, 109-110, 115-117
    fantasias infantis, 170-171
    herói como amante, 318-320
    morte do herói, 332-334
    poderes da infância do herói, 308-311
    travessia do limiar no retorno, 211-213, 215

folclore siberiano, 193-194, 204, 275, 311-314
Follamain, 309
força vital, condensação da, 49
Forgall, o Astuto, 318, 319
Fosdick, Harry Emerson, 384n51
Frazer, James G., 29, 64, 96, 214, 354
Freud, Sigmund, 14, 18, 20, 20n, 24, 30, 58, 370n36
Freyr (deidade germânica), 350
Frígia, 95
Fu Hsi (imperador chinês), 296
fuga do herói, 383n32
    obstáculos para retardar o inimigo, 194-198
    perseguição, 190-191 figs. 45a-45b
futurismo, 28

G

Gaia (Mãe Terra grega), 266
Gênesis, Livro do, 244, 264, 279, 295
gênios (Jinn), 77-78, 215-217
Ghazur (rei da China), 72
gigantes, 213, 248,-249
Gilgamesh, mito de, 138, 177-180, 206
Ginnungagap (abismo nórdico do caos), 267n
gnosticismo, 142, 149, 169
Goethe, Johann Wolfgang von, 75, 77
Górgonas, 190-191 figs. 45a-45b
Govardhan, Monte, 305, 306, 307 fig. 71, 339
Goya, Francisco, 93 fig. 18
Grande Pai Serpente (deidade aborígine australiana), 134-135, 151
Gregório o Grande, Papa, 301, 330
Gretchen (personagem de *Fausto*), 75
Grimm, Irmãos, 57-58, 118
guardiões do limiar, 81 fig. 16, 94 fig. 19, 128
    modernos, 359
    visão psicanalítica dos, 68, 84n
Guinevere, Rainha, 104n
Gwion Bach (herói galês), 190-192, 193 fig. 46, 228-231
Gwyddno Garnhir da lenda galesa, 192, 228-229

H

Hafiz (poeta persa), 323
Hai-uri (ogro metade de homem), 82
Hamlet, 20, 120, 227
Han Hsiang, 59
Hebbel, Friedrich, 103
Heidrun, 170
Helena de Troia, 75
Hera (deidade grega), 304
Héracles (herói grego), 92, 316
Heráclito, 52, 53
Hermafrodita, 149, 375n89
Hermes, 77
Herodes, 289
herói humano
    ciclo cosmogênico e, 295-297, 299-300, 313-314, 326-327
    como amante, 318-320, 318n
    como espelho microcósmico do macrocosmo, 322
    como guerreiro, 311-317, 316 fig. 73
    como imperador/tirano, 320-328, 369n27
    como predestinado versus conquistado, 298-300
    como redentor do mundo, 299, 324-328
    como santo/asceta, 328-330, 329 fig. 75, 326 fig. 74
    despersonalização do, 369n27
    exílio na infância do, 300-305
    infância do, 298 fig. 70, 299-311, 307 fig. 71
    lugar de nascimento do, como Umbigo do Mundo, 311-313, 312 fig. 72
    moderno, 357-361
    partida/morte do, 331-337, 335 fig. 76
    poderes miraculosos atribuídos ao, 297-298/, 307 fig. 71, 339
    transfiguração do, 30
herói mítico
    ciclo cosmogônico e, 47-48, 246, 295-297, 313-314
    deficiência simbólica do, 47
    imagens arquetípicas assimiladas pelo, 28-30
    jornada arquetípica do, 40-45; ver

também monomito
o deus e o, 40-45, 49
submissão autoconquistada do, 27-28
unidade conquistada pelo, 48
Hesíodo, 266
Hesíone, 92
Hiawatha (chefe nativo norte-americano), 371n48
Himalaia (deidade hindu), 290
Hinayana (Theravada), budismo, 147
hinduísmo
    androginia, 150, 163-164, 163 fig. 37
    busca da imortalidade, 171-174
    Caminho da Devoção (*bhakti marga*), 307
    ciclo cosmogônico no, 250-251, 252
    deidades como guadiãs da dádiva, 174
    Deus e o Si-Mesmo, 377n119
    Deusa Mãe no, 112
    duplos no, 169
    escritos sagrados, 113
    fim do mundo, 346
    fonte universal, 245
    herói como redentor do mundo, 324-327
    jornada da alma no inframundo, 342
    mulher como sedutora no, 121
    nascimento virginal, 290-291
    opostos no, 164-165, 165 fig. 38
    ovo cósmico, 261
    pai como criador/destruidor, 126-128, 127 fig. 28
    pai universal no, 142
    poderes da infância do herói no, 305-306
    recusa ao retorno no, 187-189
    sono como estado cognitivo no, 210
    tempo paradisíaco versus tempo terreno, 213
    transfiguração no, 219-226, 220 fig. 51
    transformações do herói no, 300
    trindade criativa no, 172, 172 fig.40
    vida/liberação da vida indistintas no, 160
    visões antropomórficas no, 225 fig. 52
    viveka, 29

Hine-nui-te-po, 92
hogan (moradia navajo), 356
hokmah nistarah (sabedoria oculta de Moisés), 254
Holdfast (pai-tirano), 33, 318, 320, 327
Homem, Velho (demiurgo blackfeet), 272-273
Homem Cósmico, 223-224
Homero, 244
hotentotes, 81-82
Hsi Wang Mu, 161, 161n
Huang Ti (imperador chinês), 47, 296-297, 300, 322
humor nos mitos, 171-174

I

iacutos, tribo dos, 311-313
Idade Média, cristianismo do início da, 299
ídolos, adoração de, 128
ifrite/ifrita (Jinni/Jinnayah; gênios), 78, 78n, 216
Ilat (deusa solar árabe), 204
Ilha Solitária, Príncipe da, 109, 117, 167
Ilhas Novas Hébrides, 85
Ilmarinen (herói finlandês), 280
iluminação, 164, 335-337, 335n
imagens
    cavalo, 173, 214-215, 223
    elefante, 92, 126
    enchente, 123-124
    espelho, 195-196, 202-204
    leite, 168-170, 267, 312-313
    lobo, 92, 349 fig. 82
    lótus, 147-148, 184, 188, 221
    urso, 128
    ventre, 91-92, 93, 162, 187-189, 283, 288-290
    ventre da baleia, ver mitologias específicas
    Ver também herói mítico, imagens arquetípicas assimiladas pelo; iniciação, imagens parentais e
imortalidade, busca da
    deuses/deusas como guardiões na, 174

fantasia infantil, 167-174
física versus espiritual, 180-184
na mitologia assíria, 176 fig. 41
na mitologia polinésia, 174-178
na mitologia suméria, 177-180
no hinduísmo, 171-174, 172 fig. 40
nos tempos modernos, 180
provações iniciáticas, 178
truques utilizados na, 174, 178
imortalidade, Si-Mesmo, e a , 263-264
Imperecível, o, 227, 231, 328
impossível, tema da missão, 318-320
Inanna, mito de, 105-108, 205-207
incesto, 301, 330
inconsciente, 21, 28, 77n, 246
Índia, 257; ver também hinduísmo
indígenas/povo/tribo
    apache, 163, 324
    arapaho, 61-62, 117
    arunta, 135-136
    basumbwa 139-140
    blackfoot, 272-273, 303, 314-315
    buriat, 193-194
    de Sogamoso, 289-290
    de Tunja, 289-290
    iacuto, 311-313
    jicarilla apache, 324
    kamchatkan, 273
    maori, 194, 255-256, 258-259, 265-266, 273
    murngin, 23, 134-135
    navajo, 74, 75 fig. 14, 91, 95, 128-130, 356
    pueblo, 304, 306-308, 321
    sioux, 245
    wachaga, 73, 140, 375n74
    wahungwe makoni. 283-288
    zulu, 92
    zuni, 149
Indra (deidade hindu), 305-306
inferno, 246
inframundo, jornada ao
    da alma na morte, 59 fig. 11,339-345
    do herói, 61 fig. 12, 100-103, 138, 205-207
    resgate do, 205-207

ventre da baleia, 91-97, 93 fig. 18, 95n, 97 fig. 20, 200-201, 200n, 208 fig. 50
Ver também mitologia egípcia
iniciação, 45-46
    apoteose na, 145-166
    encontro com a deusa durante a, 109-118, 111 fig. 24
    função dos ritos de, 354-355
    imagens parentais e, 133-134
    mulher como sedutora na, 119-123
    provações durante a, 75 fig. 14, 98 fig. 21, 99-109, 101 fig. 22
    reconciliação com o pai na, 123-145
    simbolismo da, 23-24, 137-138
introversão intencional, 69-70
Ishtar (deidade suméria), 177-178, 205, 300, 317
Ísis, 61 fig. 12, 170 fig. 39
Islã
    circuncisão no, 135
    Deus e o Si-Mesmo, 377n119
    guerra santa no, 154
    influência suméria no, 372n25
    mitologia persa e, 326
    pai universal no, 142
    recusa do chamado no, 69
    simbolismo mítico no, 246
    Umbigo do Mundo no, 52
Izanagi (deidade japonesa), 197-198
Izanami (deidade japonesa), 197-198

J

jainismo, 224, 224n, 226 fig. 53, 248-251, 251 fig. 56
Jami (poeta persa), 323
Japão
    alimento de corpo e alma no, 170
    bodisatvas no, 147
    budismo Mahayana no, 145
    busca da dádiva, 182
    cerimônia do chá, 161-162, 162 fig. 36
    conceito de *aware*, 117
    fantasias infantis, 170
    fuga mágica no, 196-197
    guardiões do limiar, 94 fig. 19

mitos de resgate externo, 200-205, 203 fig. 48
ovo cósmico, 261
pinturas de paisagens taoistas, 161
simbolismo tântrico, 113
tradição xintoísta, 34 fig. 5, 201-202
Jasão, 40, 97 fig. 20, 196
Jemshid (imperador persa), 322-323
Jeová, 368n55; ver também Yahweh
Jesus
    autoaniquilação e, 224-226
    batismo e, 239
    como herói universal, 47
    como modelo humano, 298
    como tirano, 327-328
    concepção no ventre de Maria, 166n
    e o Reino de Deus interior, 246
    ensinamentos na visão de, 376n110
    recusa ao chamado à aventura de, 65
    ubiquidade de, 142
    Ver também Cristo
jicarilla, apaches, 324
Jó, Livro de, 52, 144-145
João, o matador de gigantes, 316
Jonas, 207 fig. 50
Jovem Branco (herói siberiano), 311-313
Joyce, James, 108n. 367n36, 376n95
judaísmo
    androginia, 149
    circuncisão, 135
    exílio infantil, 301-303
    fantasias infantis no, 169-170
    fórmula do monomito, 44-45
    Makroprosopos, 253-254, 253 fig. 57
    mitos de criação, 262, 264
    morte do herói, 331-332
    pai como autocontraditório, 142-143
    raio no, 174
    reconciliação com o pai, 143-145
    simbolismo mítico, 246
    tempo de vida dos patriarcas, 213
    textos cabalísticos, 253-254, 257, 262, 264
judeu errante, 69, 227
Jung, Carl Gustav, 18, 23, 24, 29, 30, 62, 105n, 195, 243, 354
Júpiter, 133, 142, 206, 291

K

Kalakuta, 173
Kalevala (poesia folclórica finlandesa), 279-283, 318n
Kali (deidade hindu), 113-115, 114 fig. 25, 164, 165 fig. 38
kalpa vriksha (árvores que realizam desejos), 248
kama (desejo), 158
Kama-Mara (deidade hindu), 41-43, 157
Kamar al-Zaman, lenda de, 70-72, 77-80, 215-218
kamchatkan, 273
Kannon (Bodisatva), 147
Kans (tio de Krishna), 325-326
Kashyapa, 171-172
Kaushitaki Upanishad, 166
Kaustubha, 173
Kena Upanishad, 224
Kheti (serpente egípcia do inframundo), 343 fig. 79
Ki (Mãe Terra suméria), 266
Kilacarai, 96
Knight, W. F. J., 138
Ko Hung, 161, 180
Krishna,
    como o Si-Mesmo, 339
    como redentor do mundo, 325-326
    no mito de Muchukunda, 188-189
    poderes da infância de, 305-307, 307 fig. 71
    transfiguração de, 219-226, 220 fig. 51
Kudai (deidade suméria), 275
Kullervo (herói finlandês), 280
Kunitokotachi-no-Kami (deidade japonesa), 201
Kut-o-yis (matador de monstros blackfoot), 303, 314-315
Kwan Yin (Bodisatva), 147-148, 148 fig. 33, 155
Kyazimba, lenda de, 73, 140

L

labirinto, 24, 26, 65-66, 75, 138
Lakshmi (deidade hindu), 173
Lancelote, Sir, 104n
Lao Tsé, 244
leite, imagem do, 168-170, 267, 312-313
Lemminkainen (herói finlandês), 280
lenda(s)
    arturiana, 60-61, 192
    de Cuchulainn, Emania na, 308-309
    de Cuchulainn, Emer na, 318, 333
    de Kamar al-Zaman, 70-72, 77-80, 215-218
    de Kyazimba, 73, 140
    de Taliesin, Elphin na, 228-231
    dos santos, 75
    folclórica judaica, ver judaísmo
    galesa, Gwyddno Garnhir na
lenho sagrado, 42
Levarchan, a Profetisa, 309-310
Leviatã, 170
libido, 20, 82, 158, 245
Licônia, 84
lingam-yoni (símbolo de Shiva), 163, 163 fig. 37, 238
Livro dos Mortos (texto egípcio), 343-345
Ló, 69
lobo, imagem do, 92, 349 fig. 82
Longfellow, Henry Wadsworth, 280, 371n48
Lönnrot, Elias, 280
lótus, imagem do, 147-148, 184, 188, 221
Louva-a-Deus Cósmico, 223
lua, 173
    deus-lua, 206
    homem original como, 284-288, 295
    rei-lua, 286 fig. 67
    renovação da, 138
Lucas, Evangelho de, 376n108

M

Mabinogion, 192-193
MacCool, Finn, (herói irlandês), 92, 212, 213
Madona, 20
mae (demônios-serpente), 85
mãe
    boa versus má, 110
    como guardiã do limiar, 68
    no mito de Édipo, 18-20, 20n
    visão psicanalítica da, 373n29
Mãe das Águas (deidade finlandesa), 280-283
Mãe Terra, 133-135
Mãe Universal
    ciclo cosmogônico e a, 283-288
    como ajudante, 75
    como criadora/destruidora, 112-115
    na mitologia asteca, 278 fig. 65
    na mitologia egípcia, 280 fig. 66
    na mitologia finlandesa, 279-283
    na mitologia iorubá, 108 fig. 23
    nas lendas bíblicas, 279
    nascimento virginal e a, 279-283
    no hinduísmo, 279
    os muitos disfarces da, 283
    redenção através da, 288-291
    Umbigo do Mundo e a, 51
magos, 140 fig. 30
Mahabharata, 113, 219n
Mahavira (profeta-salvador jaina), 248
Mahayana, budismo, 147, 256n
Makroprosopos (A Grande Face), 253-254, 253 fig. 57, 330
Mani-dvipa (morada da deusa hindu), 112
Maniqueus, 169
Maori (deidade africana), 284
maori, povo, 194, 255-256, 258-259, 265-266, 273
mar Euxino ou Negro, 91
Mara (hostilidade/morte), 157-158
Marcos, Evangelho de, 376n110
Marduk (deidade babilônica), 269-271
marids (gênio), 78, 78n
Marta, Santa, 316-317
Marte, 84
Massassi (mulher originária africana), 284-285
masturbação, mitos de criação envolvendo a, 262

Matador de Inimigos (herói jicarilla apache), 324
Mateus, Evangelho de, 350-351, 376n110
Mather, Cotton, 123, 153
Maugham, W. Somerset, 215
Maui (herói polinésio), 92, 175-177
Maymunah (gênio), 78-80, 215-217
Meca como Umbigo do Mundo, 52
Medeia, 196-197
meditação, 356-357
Medusa, 16 fig. 1, 190-191 figs. 45a-45b
Mefistófeles (personagem de *Fausto*), 77
meio-homem (tipo ogro), 82
Mênades, 25 fig. 3
mendicantes, 227
Menelau (rei-guerreiro grego), 353-354
Menino, Madona e o, 20
Menino Coágulo de Sangue, ver Kut-o-yis
Menino Jarro D'Água (herói pueblo), 304, 306-308, 321, 334
Menninger, Karl, 154
Mercúrio, 77, 142
Mestre da Água, 82-83
Metamorfose (Ovídio), 215
método científico, 357
Midas, rei, mito do, 182
Mikroprosopos (A Pequena Face), 254
Mil e uma noites, As, 70-73, 78-80
Milarepa (poeta-santo tibetano), 154
Min (deidade egípcia), 83n
Minos (rei cretense), 24-26, 65, 96
Minotauro (monstro-touro), 26-28, 31 fig. 4, 34, 64, 65, 96, 296, 313
mistagogo, 133-134
mito(s)/mitologia
    ajudantes nos, 75-77
    ciclo cosmogônico e, 243-246, 252-254, 253 fig 57
    comédia e,37-39, 54
    do dilúvio, 206, 248, 250-251
    finais felizes nos, 38
    funções dos, 23, 38-39, 228, 244, 245, 354-357
    humor nos, 171-174
    interpretação, 352 fig. 83, 353-354
    modernidade e, 104-105, 105n
    paradoxo nos, 246-247, 270-271
    psicanálise e, 18-25
    simbolismos revigorantes nos, 236-239
    símbolos dos, como produtos da psique, 17-18, 243-245
    sociedade e, 354-357
    sonhos e, 17-35, 19 fig. 2, 244, 255
    tragédia e, 35-39, 54, 368n55
    Ver também Dafne; deuses, Guerreiros Gêmeos; Édipo; Faetonte; folclore irlandês; folclore siberiano; Gilgamesh; Inanna; lenda(s); mitos de criação; Muchukunda; Orfeu e Eurídice; Perseu; Psiquê; Tonga; Zimbábue.
mitologia africana, 108 fig. 23
    ajudantes, 73
    cores simbólicas, 129
    Deusa Mãe,108 fig. 23
    deuses andróginos, 150 fig. 34
    guardiões do limiar, 80-82
    imagem do ventre da baleia, 92
    Mãe Universal, 283-288
    pai como autocontraditório, 140-141
    personagens trapaceiros, 53-54, 129-130, 142, 227, 276 fig. 64, 277, 384n51
    rei-lua na, 286 fig. 67
    renascimento, 139-142
    visões antropomórficas na, 224
mitologia assíria, 88 fig. 17, 176 fig. 41, 271 fig. 62, 372n25
mitologia asteca
    a jornada da alma no inframundo, 341-342
    a partida do herói, 332
    ciclo cosmogônico, 242 fig. 55, 248
    Deusa Mãe, 278 fig. 65
    fantasias infantis, 170
    nascimento virginal, 291, 292 fig. 68
mitologia babilônica, 138
mitologia dos kamchatkan, 273
mitologia dos nativos norte-americanos
    ajudantes, 74, 128-129

casamento sagrado, 117
chamado à aventura, 61-62
demônios-palhaços, 276
deuses andróginos, 149
exílio infantil, 303-304
fonte universal, 245
guardiões do limiar, 91, 128
herói como redentor do mundo, 324-325
herói guerreiro, 314-317
mitos de criação, 272-273, 367n46, 383n36
morte do herói, 334
pai como autocontraditório, 142
reconciliação com o pai, 128-130
sociedade e natureza, 162-163
tema da crucificação/ressurreição, 306-308
tema das provações, 75 fig. 14
travessia do limiar como autoaniquilação, 95
Umbigo do Mundo, 51

mitologia egípcia
a jornada da alma no inframundo, 340 fig. 78, 342-345, 343 fig. 79, 345 fig. 80
a jornada do herói no inframundo, 59 fig. 11, 61 fig. 12
ajudantes, 77
complexo do labirinto, 138
fantasias infantis, 170 fig. 39
guardiões do limiar, 83n
herói guerreiro, 316 fig. 73
mãe universal, 280 fig. 66
mitos de criação, 260-261, 262-263, 266, 267 fig. 60, 274 fig. 63
morte, 339-340
travessia do umbral como autoaniquiliação, 95, 96

mitologia esquimó, 91, 200-201, 212, 338 fig. 77, 340-341

mitologia finlandesa, 261, 279-283, 300, 313, 318n

mitologia galesa, 190-193, 193 fig. 46, 228-232

mitologia germânica, 372n25

mitologia grega
ajudantes, 75, 77
busca da dádiva, 182

chamado à aventura, 56 fig. 10, 64
complexo do labirinto, 138
deuses andróginos, 149, 375n89
encontro com a Deusa, 111 fig. 24
fórmula do monomito, 40, 45
fuga mágica, 190-191 figs. 45a-45b
guardiões do limiar, 81 fig. 16, 83-84, 89
imagem do ventre da baleia no, 92
influência suméria, 352n25
matrimônio sagrado, 118
ovo cósmico, 261
pai como autocontraditório, 141
poderes da infância do herói, 304
raio, 174
reconciliação com o pai, 129-133, 132 fig. 29
recusa ao chamado, 65-68
renascimento, 138
ritual regicida e a, 96
simbolismo racionalizado/interpretado, 237
tema das provações, 99-100
tempo paradisíaco versus terreno, 213
tirano/monstro, 24-26, 27, 28

mitologia hebraica, ver judaísmo

mitologia iorubá, 53-54, 108 fig. 23, 375 fig. 74

mitologia lapônica, 100-102

mitologia maia, 326 fig. 74, 346-348, 347 fig. 81

mitologia melanésia, 138, 245, 274-275

mitologia nigeriana, 108 fig. 23

mitologia nórdica
busca da dádiva, 183
Eda Poética, 268
fantasias infantis, 170
fim do mundo, 348-350, 349 fig. 82
mitos de criação, 267-269, 268 fig. 61
recusa ao chamado, 68
Umbigo do Mundo, 50 fig. 8

mitologia norte-americana, ver mitologia dos nativos norte-americanos

mitologia pawnee, 51, 367n46

mitologia persa
ajudantes, 77-80

ÍNDICE REMISSIVO

    cruzamento do limiar na volta, 215-218
    herói como imperador/tirano, 322-323
    histórico, 323
    recusa ao chamado, 69
mitologia peruana pré-inca, 141 fig. 31, 140-142, 174
mitologia polinésia
    alimento do corpo/alma, 170
    fuga mágica, 198
    imagem do ventre da baleia, 92
    mitos de criação, 259
    nascimento virginal, 291-293
    roubo da dádiva, 175-177
mitologia romana
    ajudantes, 77
    fórmula do monomito, 40-41
    influência suméria, 372n25
    nascimento virginal, 291
    simbolismo racionalizado/reinterpretado, 237
mitologia russa, 82-83; ver também folclore siberiano
mitologia sulamericana, 289-290
mitologia suméria
    busca da imortalidade, 177-180
    Domador de Monstros, 39 fig. 6
    herói guerreiro, 317
    influência da, 372n25
    jornada no inframundo, 105-108
    Mãe Universal, 283
    mitologia persa e a, 323
    mitos de criação, 266, 269-271, 271 fig. 62
    mitos de resgate externo, 205-207
mitologias primitivas/folclóricas/populares, 244, 271-277, 291-293
mitos de criação
    a forma passa para a vida (fase dois), 258-264
    bíblico, 149
    demiurgo andrógino no, 262
    demônios-palhaços no, 273-276
    egípcio, 262, 267 fig. 60, 274 fig. 63
    hindu, 263
    maori, 255-256, 258-259
    na mitologia folclórica, 272-273

    nórdico, 266-269, 268 fig. 61
    ovo cósmico, 260-262, 265, 273
    poderes menores, 267n46
    polinésio, 259 fig 58
    sem forma passa para a forma (fase um), 255-257
    sumério, 269-271, 271 fig. 62
    um se faz muitos (fase três), 264-271, 267 fig. 60
    Ver também ciclo cosmogônico
modernidade
    falta de simbolismo mitológico na, 105, 105n, 357-359
    mito na interpretação da, 353-354
    tarefa do herói na, 360-361
Moisés, 44-45, 47, 95n, 254, 298 fig. 70, 322
Moisés de Leon, 254
monomito, 227
    ciclo cosmogônico e, 47-48, 2746
    herói composto do, 47
    na mitologia budista, 41-44, 49
    na mitologia folclórica, 291-293
    nas lendas bíblicas, 44-45
    origem do termo, 367n36
    sumário do, 234-235
    tipo dilúvio como forma negativa do, 46
    unidade nuclear do, 40; ver também dádiva, retorno com a; iniciação; separação
monstro tirano, 24-26, 27, 313-314, 324-328
monstros, Domador de, 39 fig. 6
Montanha do Mundo, 322
Montezuma (imperador mexicano), 214
Morgon Kara (xamã siberiano), 193-194
Morongo (mulher originária africana), 261-264
Morrigan (deidade irlandesa), 333
morte, 24
    como abismo, 205
    como despertar, 246
    como renascimento, 342-345
    como vida, 104n
    do herói, 331-337
    fim de mundo (macrocósmica), 346-351, 347 fig. 81

individual (microcósmica), 338 fig. 77, 339-345, 343 fig. 79, 345 fig. 80
  Mãe Universal e a, 283
  reconciliação com o pai e a, 139-141
  resistência à /adiamento da, 333-334
  símbolos de, 386n29
  visão budista da, 256n
Muchukunda, mito de, 187-189, 199, 213
Muhammad, 47, 244, 357; ver também Islã
mulher
  como ajudante, 128-129, 134, 151
  como guerreira-feiticeira, 318-319
  como sedutora, 119-123, 318-320, 318n
  cósmica, 224
  função mitológica da, 115
  Mulher Aranha, 74, 75, 91, 128
  unidade do herói com a, 318
  Ver também deusa; mãe; Mãe Universal
Mulher Aranha, 74, 75, 91, 128
"Mulheres Selvagens" (figuras do folclore russo), 82
Müller, W. Max, 354
mundo, fim do, 346-351, 347 fig. 81
murngin, tribo, 23, 134-135
Murray, Gilbert, 36
Musas, as, 84
Mwuetsi (homem originário africano), 284-291, 295
mysterium coniunctionis, 164

N

Na'pi (demiurgo blackfoot), 272-273
nadir, crise do, 109,235
Náiades, 133
Nanna (deidade suméria), 205
Napoleão, 76, 370n27
Narciso, 357
nascimento, 28
nascimento virginal
  ciclo cosmogônico e o, 283-288
  contos folclóricos de, 291-293
  Mãe Universal e, 279-283
  reconciliação com o pai e, 320-322
  redenção através do, 288-291
navajo, índios 74, 75 fig. 14, 91, 95, 128-130, 356
Nêmesis, 28, 383n32
Neminatha (salvador jainista), 242
Netuno, 206
neurose, 23, 369n22
ngona, chifre, 284, 284n
Niall (filho do rei irlandês), 116-117
Nicodemos, 239
Nicolau de Cusa, 90
Nietzsche, Friedrich, 29, 218, 320, 357, 361
Nilakantha, 173
Nimrod (pai de Abraão), 301-303, 323, 328
ninfas, 173, 291
Ninshubur, 205
nirvana, 31, 43, 148, 157, 336, 377n127
Nizami (poeta persa), 323
Noé, 178n, 179, 206, 254
Noticias historiales de las conquistas de Tierra Firma en las Indias Occidentales (Simón), 289
Nova Guiné, caçadores de cabeças da, 151
Novas Hébridas, Ilhas, 85
Nut (deidade egípcia), 280 fig. 66

O

O Que Inclui o Pensar (deidade japonesa), 202
obstáculos, fuga com, 195-198
oceano cósmico, 283, 348
Odin (deidade germânica), 183, 268, 269, 348-350, 349 fig. 82, 368n55; ver também Wotan
Odisseu, 64, 81 fig. 16
Oisin (herói irlandês), 211-213, 215
oko-jumu (sonhador), 84
Olioll (filho do rei irlandês), 116
Olimpo, Monte, 170, 237
Om mani padme hum (mantra), 145, 148, 166

ÍNDICE REMISSIVO

Omar Kayam (poeta persa), 323
ônfalo, sabedoria do, 53 fig. 9, 84
opostos, fusão dos, 108n
　no hinduísmo, 113-114, 126-128, 164-165
　no taoismo, 149
　nos sonhos, 77
　o pai como autocontraditório e a, 142-145
opostos, pares de
　como limiar, 90-91
　nas fantasias infantis, 24
　no cristianismo, 149, 299
　transcendência dos, 52-53, 148, 299
　Ver também dualidade
oráculos, 84
Orfeu e Eurídice, mito de, 198
ortodoxia grega, 118
Osíris
　como juiz dos mortos, 340 fig. 78, 342-345
　desmembramento de, 95, 96
　jornada pelo inframundo, 59 fig. 11, 61 fig. 12
　ressurreição de, 199 fig. 47
Ovídio, 215, 291
ovo cósmico, 261-262, 265, 273, 279, 342, 344, 383n27

P

Pã (deidade arcadiana), 83-84, 83n
Padmanatha, 250
pai
　aspecto ogro do, 123-126, 125 fig. 27, 135, 320, 321-322, 324-328
　autocontraditório, 140-145, 155-156
　como criador/destruidor, 126-128, 127 fig. 28
　como guardião do limiar, 68
　herói como imperador/tirano e, 321-323
　morte/canibalismo do, beber sangue em rituais, 136-137
　no mito de Édipo, 18-20, 20n
　nos ritos de circuncisão, 134-135
　visão psicanalítica do, 126, 373n29
　Ver também reconciliação com o pai

Pai Universal, 141 fig. 31, 141-144
Paiore (chefe polinésio), 260-261, 264
Pajana (demiurgo siberiano), 275
Paleolítico, gravuras em pedra do, 140 fig. 30, 312 fig. 72
palingenesia (recorrência de nascimentos), 28
panteísmo, 299
Pao Pu Tzu, ver Ko Hung
Papa (mãe dos deuses maori), 256, 260-261
parricídio, 328
Parshvanatha (Salvador-profeta jainista), 248
Parvati, 113, 290
Pasifae (rainha cretense), 24-26
patologia sexual, 20
patriotismo, 359
pecado original, conceito de, 239
Pedro, São, 121
peist (monstro irlandês), 92
Peneu, rio, 68n
Perry, W. J., 138
Perseu, mito de, 190-191 figs. 45a-45b
Pérsia, reis da, 214
pés como símbolo sexual, 370n36
Pítons, 313
Platão, 264; ver também tradição platônica
Plínio, 30
Plutarco, 84
poço como símbolo, 77n, 109-110, 115-117, 124
pólen como símbolo navajo, 74, 74n, 91
Ponce de León, Juan, 180
Ponto Imóvel, 41-42, 42 fig. 7, 49; ver também Umbigo do Mundo
Poseidon (deus do mar grego), 25, 64, 92, 206
povo, ver indígenas/povo/tribo
Prometeu, 40, 45, 174
Proteu, 352 fig. 83, 353-354
provações durante a aventura do herói, 98 fig. 21, 99-109

psicanálise
    Deus na, 379n155
    ensinamentos religiosos versus, 158
    erros na, 58
    fonte universal na, 245
    guardiões do limiar na, 68, 84n
    limitações da, 171
    mito e, 18-24
    mulher como sedutora na, 119-120
    objetivos da, 158
    reconciliação com o pai na, 126
    recusa ao retorno e, 188
    simbolismo mitológico e, 243-245
psicologia, 243-244
psique
    como labirinto, 65-66
    símbolos míticos como produção da, 17-18
Psiquê, mito de, 56 fig. 10, 99-100, 101 fig. 22, 118
Ptá (deidade egípcia), 342
pueblo, indígenas americanos, 304, 306-308, 321
Purana, 113
Putana (duende hindu), 305

Q

Quauhtitlan (cidade asteca), 332
Queda, a 149, 246, 254, 271, 295
Quenúbis (deidade egípcia), 274 fig. 63
Quetzalcoatl (serpente emplumada asteca), 332

R

Ragnarök, 349 fig. 82
Rahu (titã hindu), 173
raio, 88 fig. 17, 89-90, 133, 166
Ramakrishna (místico hindu), 113-115
Ramo de Ouro, O, (Frazer), 64
Rangi-potiki (pai dos deuses maori), 255-256, 265-266
Rank, Otto, 243, 369n22
reconciliação com o pai
    assistência feminina para a, 128-129
    na mitologia aborígine australiana, 134-138
    na mitologia grega, 129-133
    na mitologia navajo, 128-129
    na mitologia pré-inca do Peru, 141-142
    na tradição bíblica, 143-145
    nas mitologias africanas, 139-140
    nascimento virginal e a, 321-322
    no cristianismo, 123-125
    no hinduísmo, 126-128
    status de duplamente nascido e a, 133-134
    visão psicanalítica da, 126, 134
redenção, 359-361
regicida, ritual, 78-79
"Registros das Coisas Antigas", 197
Regra Real, personificação da, 116-117
rei herói, 369n27
"Rei Sapo, O" (Grimm), 57-58, 118
renascimento
    autoaniquilação como pré-requisito do, 227
    batismo e, 238
    do sol, 203
    imagem do ventre da baleia e, 91
    morte como, 342-345
    pai hermafrodita e, 187n
    pai-ogro e, 124
    provações e, 104-105
    reconciliação com o pai e, 138-141
resgate vindo de fora
    atraso e, 199
    do ventre da baleia, 200-201, 200n
    na mitologia esquimó, 200-201
    na tradição xintoísta japonesa, 201-205, 203 fig. 48
    recusa ao retorno e o, 199
ressurreição, 138, 204, 208 fig. 50, 306-308
retorno, ver dádiva, retorno com a
Reynard, a Raposa, 277
Rip Van Winkle, a história de, 210-211, 215, 219
Rishabanatha, 248, 249
ritos de iniciação, função dos, 354
ritos de passagem, 22-24, 22n, 26-27, 33-34, 134-137; ver também iniciação

rituais em que se bebe sangue, 136-137
Roda Cósmica, 251 fig. 56
Róheim, Géza, 102, 135, 137, 243, 378n148
Roma como Umbigo do Mundo, 52
Rumi (poeta persa), 154, 323

S

Saadi (poeta persa), 323
Sabá, Rainha de, 123n
Sábado Santo, simbolismo mítico do, 238-239
sábios, 227, 251
Sæchrimnir (Javali Cósmico), 170
Salmony, Alfred, 378n128
Salvador do Mundo, 42, 147, 324-328, 326 fig. 74
samkhya, filosofia, 257
Sansão, 208 fig. 50
saquê (vinho japonês), 170
sarcófago(s), 95, 95n
    textos, 339-340
Sargão (rei de Acad), 300, 317
sátiros, 83
Saturno engolindo seus filhos (pintura, Goya), 93 fig. 18
Scathach (guerreira irlandesa), 318
Schopenhauer, Arthur, 264
Si-Mesmo / eu
    como andrógino, 262-263
    como herói interior, 339
    como mãe universal, 279
    divindade como revelação do, 298-299
    no budismo, 145
    no hinduísmo, 279, 377n119
    no Islã, 377n119
    purificação dos sentidos, 102
    renascimento, 228-232
    unificação com o, 210
Sêneca, 248
separação, 45
    ajudantes, 73-80, 76 fig. 15
    chamado à aventura, 67-64

cruzamento do limiar, 80-91
o ventre da baleia e a, 91-97, 93 fig. 18, 95n, 97 fig. 20, 200-201, 200n, 208 fig. 50
recusa ao chamado na, 65-73
ser, 245, 245n, 251-252
serpente, 59-60
    como guardiã do limiar, 85, 85n
    como pai ogro, 134-135
    cósmica, 49
    da chuva, 346-348, 347 fig. 81
    do oceano cósmico, 348-350
    no mundo inferior, 343 fig. 79
    rei serpente, 43, 172, 296
    Serpente Poder, 126
    Ver também dragão
Set (deidade egípcia), 95
Shah Nameh (Firdausi), 323
Shahriman (sultão da Pérsia), 70-72
Shakti (deidade hindu), 150
shakti (poder onipresente), 245, 382n4
Shankaracharya (monge hindu), 121
shastras (escrituras sagradas hindus), 113
Shaw, George Bernard, 180
Shen Nung (imperador chinês), 296
shimenawa (corda de palha), 203, 204
Shiva
    a busca da imortalidade e, 172, 173
    arco de, 325
    Ardhanarishvara (avatar), 150
    aspectos andróginos de, 150
    Dança Cósmica de, 126, 127 fig. 28
    mysterium coniunctionis e, 164, 165 fig. 38
    nascimento virginal e, 290-291
    textos sagrados hindus revelados por, 113
Shu (deidade egípcia), 266
Siegfried, 304
Silenos, 25 fig. 3
simbolismo
    da iniciação, 22-24
    veículo versus teor, 224
Simeão, o Jovem, São, 48

Simeon ben Yohai, 254
Simón, Pedro, 289-290
Simplégades, 359
Sinilau (herói polinésio), 291-293
sino como símbolo, 165
sioux, indígenas, 245
Sirenes, 81 fig. 16
"Skáldskaparmál" (Eda em Prosa), 368n55
sociedade, mito e, 354-357
Sogamoso, povo, 289-290
Sol
    ciclo cosmogônico e, 242 fig. 55
    como Umbigo do Mundo, 51
    filho do, 289-291
    na mitologia asteca, 242 fig. 55
    na mitologia navajo, 74, 128-133
    nascimento, 280 fig. 66
    no hinduísmo, 225 fig. 52
    renascimento do, 204
    renovação do, 138
Song of Hiawatha, The (Longfellow) 280, 371n48
sonhos
    ajudantes nos, 77, 103
    arautos nos, 62
    duplos nos, 169
    guardiões do limiar no, 84, 84n, 103
    mitos e, 17-35, 19 fig. 2, 244, 255
    morte nos, 331-332
    mulher como sedutora nos, 119
    no ciclo cosmogônico, 251-252
    pai como ogro nos, 134
    pés nos, 370n36
    recusa ao chamado nos, 68
    tema das provações nos, 102-106
sono, 110, 167-168, 210, 251-252; ver também morte; sonhos
Spengler, Oswald, 369n27
Stekel, Wilhelm, 77, 84n, 104, 104n, 243, 386n29
súcubo, 119-123, 123n
Sujata, 43
Summa Teologica (Tomás de Aquino), 329
superconsciência, 246
Surt (deidade germânica), 350
Susanowo (deus das tempestades japonês), 202
Swedenborg, Emanuel, 103, 103n

T

Ta'aroa (criador do mundo taitiano), 262
Tábuas da criação (texto babilônico), 266
Tailândia, 147
Taiti, 262
Taliesin, 192, 228-231
tambor, 194
Tane-mahuta (deidade polinésia), 266
Tangaroa (deidade polinésia), 259 fig. 58, 261, 262
Tantras, 113, 174
taoismo, 149, 161, 162-163, 181
Taraka (tirano-titã hindu), 290
tártaros negros da Sibéria, 275
tartaruga, 161
Tathagata, 335-337, 335n; ver também Buda
Te Papa (elemento feminino na Polinésia), 260-261
Te Tumu (elemento masculino na Polinésia), 260-261
Temístocles, 103
templo, guardiões do, 94 fig. 19, 95
tempo
    conceito jainista do, 249-251
    paradisíaco versus terreno, 213, 250n
terremoto, 350
Teseu, 28, 31 fig. 4, 34, 64, 75, 316
Tétis, 131
Tezcatilipoca (herói asteca), 47, 332
thanatos, 20, 158
Theravada, budismo, 147
Tiamat (deidade babilônica), 269-271
Tibete, 89, 113, 145
Tirawa-atius (deidade pawnee), 367n46
Tirésias (vidente cego), 150
tjurunga (talismã), 378n148

Tlapállan (morada de Quetzalcoatl), 332
Tlazolteotl (Deusa Mãe asteca), 279 fig. 65
To Kabinana (herói criador melanésio), 274-275
To Karvuvu (primeiro homem melanésio), 274-275
Tollan (cidade asteca), 332
Tolstoi, Liev, 35
Tomás de Aquino, São, 224, 255, 329
Tonga, folclore de, 291-293, 300
Tor (deidade germânica),
Tot (deidade egípcia), 350
Toynbee, Arnold J., 28, 30-31, 378n128
tradição platônica, 42
tragédia e mito, 35-39, 54, 368n55
transfiguração, 28, 30
    no cristianismo, 218, 224
    no hinduísmo, 219-226, 220 fig. 51
    simbolismo da, 218-219, 224, 227
travessia do limiar, 105-107
    como autoaniquilação, 92-96, 108-109
    dificuldades para a, 210-213
    fatores isolantes na, 214-216
    retorno, 208 fig. 50, 209-218
    ventre da baleia como símbolo da, 91-97, 93 fig. 18, 97 fig. 20
tribo, ver ver indígenas/povo/tribo
Trindade, 182
Tristão e Isolda, a história de, 308
Tuatha De Danaan, 170, 308
Tubber Tynte, senhora de, 109-110, 167
Tunja, povo de, 289-290
Tyr (deidade germânica), 350

U

Uccaihshravas, 173
Uganda, reis de, 214
Ukko (deidade finlandesa), 280
Umbigo do Mundo, 49-54, 50 fig. 8, 53 fig. 9, 179
    e a travessia do limiar, 83-84, 92*94
    local de nascimento do herói como, 311-313, 312 fig. 179

na mitologia budista, 41-43, 42 fig. 7, 49
símbolos do, como bênção, 167
símbolos do, como chamado à aventura, 59-60
Underhill, Evelyn, 378n128
unicórnio, 161, 297
Upanishad (escritos filosóficos hindus),
    Brhadaranyaka, 157
    Kaushitaki, 166
    Kena, 224
Upavana (sacerdote), 335
Urano (Pai Celeste grego), 266
Urbano II, Papa, 154
Ursanapi (barqueiro sumério), 178-179
urso, imagem do, 128
Utnapishtim (herói do dilúvio sumério), 178, 179, 206
Uzume (deusa japonesa), 203-204

V

vacuidade/vazio, 155, 160, 161, 181, 245, 245n
    além de todas as categorias, 245, 245n
    consciência da, como dádiva, 181
    espaço criado a partir da, 255-257
    na cerimônia do chá japonesa, 161
    no budismo, 155, 160, 256n
vagina masculina, 151
Väinämöinen (herói finlandês), 280, 283, 300, 313, 318n
vajra (raio), 89-90
Valhalla, 348
varetas de fogo, 200-201
Vasuki (rei serpente hindu), 172
Ve (deidade germânica), 268
Vedas, 113, 323, 359
Velocino de Ouro, 40, 196
ventre, imagem do, 91-92, 93, 162, 187-189, 283, 288-290
ventre da baleia, ver baleia, ventre da
Vênus, 99, 205
Vênus (planeta), 283
Verdade, incomunicabilidade da, 42

Vili (deidade germânica), 268
Viracocha (divindade peruana), 141 fig. 31, 141-142, 174, 227
Virgem, 75, 118, 118 fig.26, 279
Virgílio, 60, 60 fig.15
Vishnu, 19 fig. 2, 172-173, 172 fig. 40, 188; ver também Krishna
visões antropomórficas, 223-224, 225 fig. 52
viveka (discernimento), 29
Volta a Matusalém (Shaw), 180
vontade universal, ego individual reconciliado com a, 228-232
vulva, 163

W

wachaga, tribo, 73, 140, 375n74
wahungwe makoni, tribo, 283-288
Wood, Clement, (prólogo), 365n1
Wotan, 68, 170, 183, 227

X

xamãs, 100-102, 193-194, 244
Xintô, 34 fig. 5, 201-204
Xochitónal, 341

Y

yab-yum (união masculino/feminino, tempo/eternidade no budismo), 164
Yahweh, 142, 174
Yggdrasil (Freixo do Mundo), 50 fig. 8, 170, 223, 348
Yin/Yang no taoismo, 149
Ymir (ser primevo nórdico), 267, 267 fig. 61
yoga, 195, 262, 290
  iogues, 356
Yryn-ai-tojon (deidade siberiana), 312

Z

Zeus, 142, 206
  disfarces de, 227
  fuga mágica de, 383n32
  mito do minotauro e, 25
  raio de, 174
  renascimento e, 138
Zimbábue, folclore do, 284-288, 284n
Zimmer, Heinrich, 126
Ziz, 170
Zohar, 254, 264
zoroastrianismo, 322-323
Zoroastro, 244, 323
zulu, tribo, 92
zuni, tribo, 149
zunidores, 135-136, 378n148

SOBRE O AUTOR

JOSEPH CAMPBELL FOI um autor e professor norte-americano mais conhecido por sua obra no campo da mitologia comparada. Nasceu em Nova York em 1904 e já durante a primeira infância interessou-se por mitologia. Adorava ler sobre a cultura dos índios americanos e frequentemente visitava o American Museum of Natural History, em Nova York, onde ficava fascinado pela coleção de totens. Campbell estudou na Universidade de Colúmbia, onde especializou-se em literatura medieval e, tendo obtido o grau de mestre, prosseguiu seus estudos nas universidades de Paris e Munique. Na Europa foi influenciado pela arte de Pablo Picasso e Henri Matisse, os livros de James Joyce e Thomas Mann, os estudos psicológicos de Sigmund Freud e Carl Jung. Tais encontros levaram Campbell à teoria de que mitos e épicos estão ligados na psique humana e são manifestações culturais da necessidade universal de explicar realidades sociais, cosmológicas e espirituais.

Depois de passar algum tempo na Califórnia, onde teve contato com o autor John Steinbeck e o biólogo Ed Ricketts, Campbell deu aulas na Canterbury School e, mais tarde, em 1934, passou a integrar o departamento de literatura do Sarah Lawrence College, cargo que manteria por longos anos. Durante as décadas de 1940 e 1950 ajudou o Swami Nikhilananda a traduzir as Upanishads e o Evangelho de Sri Ramakrishna. Também editou obras do erudito alemão Heinrich Zimmer sobre arte, mitos e filosofia indianas.

Em 1944, junto com Henry Morton Robinson, Cambell publicou *A Skeleton Key to Finnegans Wake*. Seu primeiro livro, *The Hero with a Thousand Faces* [*O herói de mil faces*], saiu em 1949 e teve uma ótima recepção logo de início; com o tempo seria aclamado como um clássico. Neste estudo sobre o "mito do herói" Campbell afirma que há um único padrão de jornada heroica e que todas as culturas partilham desse padrão essencial em seus variados mitos heroicos. Neste livro ele também esboça as condições, estágios e resultados básicos da jornada arquetípica do herói.

Joseph Campbell morreu em 1987. Em 1988 foi lançada uma série com entrevistas televisivas concedidas a Bill Moyers, *O Poder do Mito*, que levou a visão de Campbell a milhões de telespectadores.

SOBRE A FUNDAÇÃO JOSEPH CAMPBELL

A FUNDAÇÃO JOSEPH Campbell (JCF na sigla em inglês) é uma organização sem fins lucrativos que dá continuidade à obra de Joseph Campbell, explorando os campos da mitologia e religião comparada. A Fundação está voltada para três objetivos principais:

Primeiramente, ela preserva, protege e perpetua a obra pioneira de Joseph Campbell. Isto inclui a catalogação e arquivamento de sua obra, o desenvolvimento de novas publicações baseadas nessa obra, a coordenação da venda e distribuição das obras publicadas, a proteção dos direitos autorais de suas obras, e o crescimento da difusão de sua obra disponibilizando-a em formato digital no website da JCF.

Em segundo lugar, a Fundação promove o estudo da mitologia e religião comparada. Isto envolve a a implementação e/ou apoio a diversos programas educativos sobre mitologia, o apoio/patrocínio de eventos concebidos para conscientização do público em geral, a doação de obras de Campbell arquivadas principalmente no Joseph Cambell and Marija Gimbutas Archive and Library e a utilização do website da JCF como fórum para relevantes diálogos interculturais.

Em terceiro lugar, a Fundação auxilia indivíduos a enriquecerem suas vidas pela participação em uma série de programas, inclusive nosso programa de associados via internet, nossa rede internacional local de Mesas Redondas Mitológicas, e nossos eventos e atividades periódicas relacionados a Joseph Campbell.

Para mais informações sobre a obra de Joseph Campbell e a JCF visite:

Joseph Campbell Foundation
8033 Sunset Blvd. #1114
Los Angeles, CA. 90046-2401
www.jcf.org

Texto composto em Versailles LT Std.
Impresso em papel Chambril Avena 80gr pela **Trust Gráfica**.